普通高等教育"十三五"规划教材·公共基础课系

新编
大学体育与健康教程

主　编　吴咏梅　徐素华　王　涛
副主编　白　光　王　锋　石玉防
编　委　阚文娟　任连祥

XINBIAN
DAXUE TIYU
YU JIANKANG
JIAOCHENG

南开大学出版社

内容提要

本教材以《全国普通高等学校体育课程教学指导纲要》为指导，以大学体育教学内容为主，系统阐述了大学体育与体育文化、体育与身体健康、体育与心理健康、体育与道德教育、大学生体质健康促进，并对相关体育项目进行了详细介绍；在内容排上，针对体育项目或动作特点，设计安排了相当数量的练习方法，这些练习方法具有一定的娱乐性、趣味性，有利于练习者在愉快的练习中掌握技术动作要点。

本书可以作为高校学生公共体育课程的教学用书，也可以作为体育爱好者的参考用书。

图书在版编目（CIP）数据

新编大学体育与健康教程／吴咏梅，徐素华，王涛主编．—天津：南开大学出版社，2018.9
普通高等教育"十三五"规划教材．公共基础课系列
ISBN 978－7－310－05667－5

Ⅰ.①新… Ⅱ.①吴…②徐…③王… Ⅲ.①体育—高等学校—教材②健康教育—高等学校—教材 Ⅳ.①G807.4②G647.9

中国版本图书馆 CIP 数据核字（2018）第 206677 号

版权所有　侵权必究

南开大学出版社出版发行
出版人：刘运峰
地址：天津市南开区卫津路 94 号　邮政编码：300071
营销部电话：(022) 23508339　23500755
营销部传真：(022) 23508542　邮购部电话 (022) 23502200

＊

天津蓟县宏图印务有限公司印刷
全国各地新华书店经销

＊

2018 年 9 月第 1 版　2018 年 9 月第 1 次印刷
787×1092 毫米　16 开　23.5 印张　499 千字
定价：48.00 元

如遇图书印装质量有问题，请与本社营销部联系调换，电话 (022) 23507125

前　言

　　2016年8月20日，习近平总书记在全国卫生与健康大会上提出了大健康的概念，强调要把人民健康放在优先发展的战略地位，加快推进健康中国建设。之后，中共中央、国务院印发了《"健康中国"2030年规划纲要》，将健康教育纳入国民教育体系，把健康教育作为所有教育阶段素质教育的重要内容。习近平总书记在十九大报告中提出了实施健康中国战略，强调指出，人民健康是民族昌盛和国家富强的重要标志。武汉工程大学主动适应和融入健康中国战略，在学校"十三五"规划中重点提出"大健康体制下体育工作机制改革"理念。基于此，我们在"大卫生、大健康、大体育"理念指导下，组织编写了本教材。

　　本教材始终坚持"以学生为本、健康第一"的指导思想，以注重培养大学生的体育与健康知识、实践能力与体育习惯为主线，力求做到既符合现行高等体育教育发展的特点与要求，又充分考虑当代高校学生的爱好、兴趣与需求，以提升大学生的健康素养，使他们形成健康的生活习惯，增强其自我保健能力和对疾病的预防能力。

　　本教材以《全国普通高等学校体育课程教学指导纲要》为指导，以大学体育教学内容为主，系统阐述了大学体育与体育文化、体育与身体健康、体育与心理健康、体育与道德教育、大学生体质健康促进，并对相关体育项目进行了详细介绍；在内容编排上，针对体育项目或动作特点，设计安排了相当数量的练习方法，这些练习方法具有一定的娱乐性、趣味性，有利于练习者在愉快的练习中掌握技术动作要点。

　　本教材在编写过程中，参考并引用了相关的专著、教材和文献资料，得到了有关单位领导、专家和老师的支持和帮助，限于篇幅，恕不一一列出，在此，一并表示诚挚的感谢！

　　由于时间仓促，加上编写人员水平有限，不妥或错误之处，敬请大家批评指正。

编者

目 录

第一篇 大学体育与体育文化

第一章 大学体育概述 ... 3
第一节 大学体育阐释 ... 3
第二节 大学体育的作用与地位 ... 5
第三节 大学体育的形式与内容 ... 9
第四节 大学体育发展趋势 ... 12

第二章 体育文化 ... 14
第一节 体育文化的内涵 ... 14
第二节 体育文化与文明的关系 ... 16
第三节 大学校园体育文化的形式与内容 ... 20
第四节 体育的文化承载与传播 ... 23
第五节 新时代和谐社会体育文化的建构 ... 30

第三章 体育文化与大学生社会发展 ... 32
第一节 大学体育文化构建 ... 32
第二节 当代大学生的历史使命与体育文化素养 ... 35
第三节 "健康中国2030"背景下的大学体育文化价值 ... 39
第四节 新时代大学体育文化建设路径 ... 43

第二篇 体育与身体健康

第四章 体育与身体健康 ... 51
第一节 体育的基本概念 ... 51
第二节 体育与身体健康的关系 ... 52
第三节 体育对身体亚健康的作用 ... 55

第五章 体育与大学生身体健康 ... 58
第一节 大学生青春期生理特点 ... 58
第二节 体育与运动卫生常识 ... 59
第三节 大学体育运动医务监督 ... 61
第四节 运动性疾病的预防与处理 ... 63
第五节 常见运动损伤的预防与处理 ... 67

第六章 身体健康教育实践 ... 72
第一节 体能训练 ... 72

第二节　球类运动 ……………………………………………………… 82
　　第三节　形体健美运动 …………………………………………………… 136
　　第四节　民族传统运动 …………………………………………………… 172
　　第五节　休闲体育运动 …………………………………………………… 253
　　第六节　保健体育 ………………………………………………………… 284

第三篇　体育与心理健康

第七章　心理健康概述 …………………………………………………… 297
　　第一节　心理健康释义 …………………………………………………… 297
　　第二节　心理障碍的预防与运动治疗 …………………………………… 301

第八章　大学体育与大学生心理健康 …………………………………… 306
　　第一节　青春期心理特点 ………………………………………………… 306
　　第二节　生活方式对心理健康的影响 …………………………………… 307
　　第三节　体育活动中的心理障碍及表现形式 …………………………… 312
　　第四节　体育运动与个性特征 …………………………………………… 314

第四篇　体育与道德教育

第九章　道德与体育 ……………………………………………………… 321
　　第一节　道德的起源 ……………………………………………………… 321
　　第二节　体育活动中的道德约束 ………………………………………… 324

第十章　体育教育中的道德 ……………………………………………… 327
　　第一节　道德的功能与作用 ……………………………………………… 327
　　第二节　古代体育活动中的道德规范 …………………………………… 328
　　第三节　新时代体育道德价值观的建构 ………………………………… 331

第十一章　大学生体育道德教育 ………………………………………… 336
　　第一节　大学生体育道德文化精神传承 ………………………………… 336
　　第二节　大学生体育道德教育培养 ……………………………………… 337

第五篇　大学生体质健康促进

第十二章　大学生体质健康 ……………………………………………… 343
　　第一节　体质的基本概念 ………………………………………………… 343
　　第二节　大学生体质健康管理的现状与策略 …………………………… 343

第十三章　大学生体质健康标准与测量评价 …………………………… 346
　　第一节　《国家学生体质健康标准》(2014年修订版) ………………… 346
　　第二节　大学生体质健康测试方法与要求 ……………………………… 363

参考文献 …………………………………………………………………… 369

第一篇

大学体育与体育文化

第一章 大学体育概述

第一节 大学体育阐释

一、大学体育的基本特点

大学体育教育是高等教育的重要组成部分,是学生接受学校体育教育的最后时期,也是学校体育向社会体育的过渡时期,更是建设学校社会主义精神文明和促进学生全面发展的关键时期。大学体育教育在增强学生体质、促进健康的同时,使得学生具有终身体育意识,注重培养良好的心理素质,促进学生全面发展,使之成为德才兼备、体魄强健的社会主义建设者和接班人。

1. 体育是大学教育的组成部分,是培养大学生成为身心健康高级专门人才的一个重要方面

学校教育的目标,是使学生在德育、智育、体育几方面都得到发展,成为身心健康、有理想、有道德、有文化、守纪律的社会主义建设者和接班人。无论是培养高级专门人才,还是发展科学技术和文化,都集中反映了人才规格的要求必须是德、智、体、美等全面发展。体育是大学教育重要组成部分,应通过体育课程、课外体育活动、课余体育训练和体育竞赛等基本组织形式,围绕"健康第一"的目标,全面实现学校体育各项任务。

2. 大学体育是生存教育的重要组成部分

联合国教科文组织1996年发布的关于终身教育的报告中提出:教育的四大支柱观点之一是"学会生存"。该报告认为,学会生存有着十分重要的意义,它的内容极其深广,包括知识的积累和运用、生理上的强健、心理上的健康及对自然、社会的适应能力。在生存教育中,学校体育起到了重要作用。体育是伴随着人类社会的发展而发展的,没有哪门学科像体育一样与人类的生存密切相关。我们的祖先在生存与发展中,发现了走、跑、跳、投、攀、水上求生等基本生存技能,至今现代体育项目中还有许多技能、技巧仍然在人类的生存斗争中起着重要的作用。

提高及改善人类生存质量一直是社会发展的重要课题。随着知识经济和高科技时代的到来,现代社会中城市化速度在不断提高,传统的民居环境被高楼大厦取代,人们的主要劳动形式是脑力劳动,大多数人生活于快节奏、高竞争的现代环境中,体力活动越来越少,情感危机加重,心态往往不够平稳等,出现了"文明病",亚健康人群也在不断增加。现在保持健康的三大基本要素是科学的体育锻炼、合理的营养及良好的生活习惯。通过生存教育,学校体育将交给学生一把提高生存质量、开启健康之门的金钥匙。

3. 大学体育是丰富学生文化生活、建设社会主义精神文明的需要

学生在紧张的学习生活中，需要健康、文明、和谐的课余文化生活，以适应自身身心健康发展的需要。体育活动能令校园充满生机和活力，丰富大学生的课余文化生活，促进校园精神文明建设。另外，参与和观赏丰富多彩的体育活动，可促进学生体能和智能发展，培养勇敢、顽强的意志品质和集体主义精神，树立正确的审美观。

学校体育与德育、智育也有着不可分割的关系，体育离不开学生品德修养培养的过程。在体育教学过程中，学生要承受一定的心理、生理负担，需要克服心理和生理上的一些困难，因此，在这个过程中可以培养学生艰苦耐劳、坚韧不拔、勇于进取的意志。现代体育与竞赛要求学生听指挥、守规则，注意体育卫生和安全，遵纪守法、团结协作，具有集体主义精神，同时也要求学生具有不屈不挠、拼搏进取、争先创优的竞争精神，这些对培养学生的优良品质有着非常积极的作用。

4. 体育是预防未来职业病的有效方法

体育可以培养学生将来担任社会角色所必须具备的体育素养，使得学生掌握基本的体育理论知识，获得自身基本活动能力和运动实践能力，培养进行体育锻炼的兴趣和习惯，提高自觉参与体育的意识。如果大学生具备了以上体育基础和体育素养，步入社会工作时便能更加科学合理地安排身体锻炼，有效预防职业病。

二、大学体育的任务

大学体育的任务主要包括以下几个方面。

1. 全面开展学校体育的各项活动

体育活动是学生从事体育锻炼的载体，开展体育活动不仅是国家教育制度的规定，也是全面培养人才所必需的。一所学校体育活动开展的状态，反映了该学校的精神文明状态。通过体育活动，学生才能参与到运动锻炼中来，并且享受运动的快乐。大学生是高校的主体，发动学生进行各种各样的体育活动，才能使得学校工作开展得有声有色，使学校显得朝气蓬勃，奋发向上。

2. 传授体育知识、技术、技能，树立终身体育的思想

体育知识是人类知识宝库的一个组成部分。大学生正处于求知欲最为旺盛的时期，系统地学习体育知识、技术、技能和科学的锻炼方法，能够提高大学生的体育文化素养，培养良好的锻炼习惯。学生通过大学体育的学习，运用科学的体育知识，正确指导今后的体育活动，树立终身体育的思想。

3. 增强学生体质，提高学生身体工作能力，全面发展学生身体素质

体育运动最基本的功能是健身。大学期间是学生从青少年向成年人转化的一个重要阶段，高校体育是完善人体发育的重要手段。学校体育以它特有的组织形式促进学生身体健康，提高对外界环境的适应能力，增强对疾病的抵抗能力。通过体育活动开发学生的智力潜能，使得学生在身体和智力上得到全面发展。

4. 对学生进行思想品德的教育

体育作为文化教育的组成部分，有助于对学生开展多方面的教育。体育运动的对抗

性、运动中情况的不断变化、获胜后的荣誉感、失败后的奋发努力，这些都是对学生进行思想品德教育的最好时机。通过对体育活动的参与、参观，学生在思想上更加成熟，更容易培养在逆境中艰苦努力、永不言败，在胜利后戒骄戒躁、谦虚谨慎、尊重对手的思想作风。通过体育活动中的团结协作，学生能够树立集体主义精神。通过班级、系级、校级的比赛，学生能够培养爱班、爱系、爱校的思想，并最终达到热爱社会主义祖国、热爱人民的思想境界。

5. 发展学生竞技体育能力，提高学校运动水平

高校运动队在我国教育体制中和省市运动队、俱乐部运动队被共同列为竞技体育的最高层次。高等学校可以利用学校的良好教育氛围、物质条件和科学技术为国家培养优秀的体育运动人才。学校运动技术水平的提高可以激励学生更积极地参与体育活动，推动学校体育活动的开展。高校运动队的表现展现了一所学校的综合实力和精神风貌，可以说高校竞技体育的开展，是向外界展示学校的窗口，是与外界联系的纽带。

第二节　大学体育的作用与地位

一、大学体育的目标

教学是实现教育目的的基本途径，体育是实现学校体育目标的基本途径，因此，体育教学目标的正确确定，对学校体育目标的实现具有重要意义。

1. 确定体育教学目标的基本依据

（1）要反映社会和青少年的发展需要。
（2）要根据体育的实际条件。
（3）要根据学生的身心特点。
（4）要根据体育的功能。

2. 大学体育教学目标

（1）传授体育健康的基本知识，提高学生健康知识水平。

使学生熟练掌握两项以上健身运动的基本方法和技能；能够科学地进行体育锻炼，不断提高自己的运动能力；掌握常见运动损伤的预防和处置方法。

（2）养成良好的行为和生活习惯，增强体质。

使学生基本能测试和评价体质健康状况，掌握有效提高体质、发展体能的锻炼方法，能合理选用人体需要的健康营养食品，养成良好的行为习惯及健康的生活方式，具有良好的体魄。

（3）保持学生心理健康，进行思想道德教育，培养优质品质。

使学生能够通过体育运动改善心理状态、克服心理障碍，养成积极乐观的生活态度；运用适宜的方法调节自己的情绪；根据自己的实际情况设立运动目标，在运动中体验运动的乐趣和成功的喜悦。

（4）培养体育兴趣，养成从事体育的习惯，培养终身体育的能力。

通过理论讲授等各种途径，向学生进行体育与卫生保健基础理论知识的教育，还要让学生通过科学的体育锻炼过程，提高自身的体育素养，学习和掌握1~2项有兴趣、有特长、有延续性的终身体育运动项目的基本技能和科学的锻炼方法，养成经常锻炼身体的习惯，终生受益。

因此，确保健康第一，促使学生身心全面发展，达到学校教育的要求，培养能够更好地为社会主义现代化建设和保卫祖国服务、全面发展的高素质人才，才是大学体育的最终目的。

二、大学体育的作用

1995年第八届全国人大第三次会议通过的《中华人民共和国教育法》第五条规定，"教育必须为社会主义现代化建设服务、为人民服务，必须与生产劳动和社会实践相结合，培养德、智、体、美等全面发展的社会主义建设者和接班人"，明确了德、智、体、美等全面发展的教育方针，明确了体育在高等教育中担负的特殊任务。学校体育是高等教育的重要组成部分，它肩负着培养德、智、体、美等全面发展的高级专门人才的历史使命。这些人才不仅要有坚定的社会主义信念、良好的思想道德素质，掌握和应用现代科学知识，还必须拥有强健的体魄和良好的心理素质，这样才能有坚实的基础和实力参与激烈的竞争，这样才能为祖国的现代化建设贡献自己更多的力量。这就说明大学体育对大学生的健康教育具有重要的功能。

1. 增强体质，增进健康，促进学生身心健康发展

根据大学阶段学生的生理和心理特点，有计划、有组织地进行体育教学和课外锻炼，可以改善人体的生理机能，帮助学生提高身体素质，保持和增进自身的健康水平，使身体形态、机能、心理健康水平和各方面素质得到全面、均衡的协调发展，增强人体对自然环境的适应能力和对疾病的抵抗能力，从而强健体魄、振奋精神，促进大学生的身体发育，使其顺利完成繁重的学习任务。

2. 增进交流，提高学生的适应能力与社交能力

大学生在紧张的学习生活中，需要健康、文明、和谐的课余文化生活，以适应大学生身心全面发展的需要。体育活动能够使大学校园充满活力和生机，其丰富多彩、形式多样的内容吸引广大学生参与和欣赏。通过参与各种体育活动，加强了学生与大自然的接触和与人的交往，这样就可以开阔心胸、扩展视野、调集精神、增长知识、增进友谊和交流，并能提高学生对环境的适应能力和社交能力。

3. 培养学生良好的思想道德和意志品质

社会主义大学的培养目标，归根结底，就是培养和造就一大批政治素质过硬，品质优良，具有扎实的科学文化知识和能力，具备强健体魄的全面发展的建设人才。大学教育始终把育人放在首位。体育是培养共产主义思想品德及完善个性的重要手段。体育活动的内容丰富多彩，结合不同项目的特点和要求，能够全面实现对学生思想品德和个性的培养。体育活动中，严密的组织和严格的纪律都蕴含着生动的道德教育因素，有助于培养学生的自律精神，使学生能正确处理竞争和合作的关系，养成团结互助、遵守纪律、勇敢顽强的优良品质。通过体育教学培养学生良好的思想道德作风和顽强的意志品质，在知、情、

意、行诸方面都有更高层次的追求，从而自觉确立文明、科学、健康的生活方式，促使学生在德、智、体、美诸方面得到全面的发展。

4. 学习体育知识技能，培养学生终身体育意识和体育能力

大学体育旨在让学生掌握体育和卫生保健的基本知识、基本技术和基本技能，养成自觉锻炼身体的习惯，培养良好的体育意识，掌握体育的基本规律，为终身体育打下良好的基础。体育的基本技术和技能是指参加运动的实践能力，通过体育教学、课外体育锻炼等形式，反复实践，达到熟练掌握的程度。

联合国教科文组织在《体育运动国际宪章》中明确指出："体育是全面教育体制内一种必要的终身教育因素……必须有一项全球性的民主化的终身教育制度来保证体育活动和运动实践得以贯彻每个人的一生。"因此，大学体育不仅仅是在校期间的阶段性教育活动，而且是要使学生在学校所受的体育教育受益终生，成为其生活的一部分。

5. 提高运动技术水平，培养高水平体育人才

大学体育在广泛开展群众性体育活动的基础上，应积极培养竞技体育人才。由于竞技运动具有重大的社会意义和政治作用，因而出现了前所未有的规模和声势。大学体育在适应现代体育发展的同时，其优越的师资力量、科研水平和体育设施，能够为国家培养优秀的体育运动人才，发展我国体育事业。

三、大学体育的地位

大学体育是高等教育的重要组成部分，是以身体练习为主要手段，通过合理的理论教育和科学的体育锻炼，达到增强体质、增进健康、提高体育文化素养为主要目标的必修课程。大学体育担负着培养身心健康的高级专门人才、发展我国体育事业、丰富课余文化生活、建设社会主义精神文明的重任。同时，大学体育作为我国学校体育的最高阶段，又是实现人们社会体育、终身体育的基础教育。因此，大学体育的地位不断地提高，主要表现为以下几点。

1. 大学体育是高校全面发展教育的重要组成部分

全面发展教育，是指为促进受教育者的全面发展而实施的德育、智育、体育等多方面的教育。大学体育是全面发展教育的重要组成部分。大学是培养科技人才的基地，要造就健康优秀的科技人才，就必须抓紧针对大学生身心健康的体育教育。学校体育的目标应该从属学校教育的目标。大学体育在大学教育中的地位，是由大学体育的功能与社会发展对大学体育的要求所决定的。大学体育既是大学教育的重要内容，也是大学教育的重要手段。

人们整体素质的发展依赖于人们接受的全面教育，而人们健康的体魄和心理主要由大学体育教育来实现，缺少体育的教育是不完整的教育。毛泽东在1957年就提出："我们的教育方针应该使受教育者在德育、智育、体育方面都得到发展，成为有社会主义觉悟的有文化的劳动者。"实践证明，体育在健全大学生体格、体能，提高其心理、社会适应能力及民族素质，促进大学生的全面发展中起到不可替代的作用，大学体育的价值和地位日益提高。

2. 大学体育是增进大学生身心健康的重要手段

大学生正处于青春期，从人体生理、心理的发展规律来看，其身心发展已进入一个较为成熟的阶段，并处在不断发展与完善之中。大学体育是全民体育的基础，重视高校体育不仅是学校全面教育的需要，更是增进大学生身心健康的需要。大学生经过青春发育期后，同化与异化作用基本达到平衡，人体生长发育渐趋稳定，有机体器官系统的机能和适应能力均已发展到较高水平，性发育也已经成熟，此时正处于人体生命力最旺盛的时期。因此，大学体育应抓住这个良好的契机，在教育过程中将增进学生身心健康放在首位，让学生了解健康的基本常识，掌握体育锻炼的基础知识、基本技术和机能，提高自身的运动能力，并养成良好的锻炼习惯，以促进大学生身心健康发展与自我完善。这对提高全民族的身体素质和全民健身战略的实施都具有深远的意义。对于大学生来说，应牢牢树立健康意识，养成良好的体育习惯，努力全面提高自身体育素质，获得良好的体能，形成良好的生活方式，这对祛病健体、增进健康和生活幸福等都具有深远的影响。

3. 大学体育是校园文化生活的重要组成部分

体育作为社会主义精神文明建设的重要手段，是文化建设的一项重要内容和思想建设的重要手段。大学生在紧张的学习生活中，需要健康、文明、和谐的课余文化生活，以适应身心全面发展的需要。因此，重视校园体育活动的开展，通过丰富多彩、形式多样的体育内容，扩大校园体育教育空间，这对引导学生文明健康生活，抵制精神污染，防止和纠正不良行为等，都具有十分重要的意义。

4. 大学体育是我国体育事业发展的需要

学校体育是国民体育的基础，发展高校体育是学校教育的需要，也是我国体育事业发展的需要。学校体育对增强民族体质，提高国民素质有深远的意义。当前世界范围内的经济竞争、综合国力竞争，实质上是科学技术和民族素质的竞争。大学生是祖国的未来，青少年学生这一代身体强壮了，就能使我国国民的体质一代胜过一代，从而逐步提高中华民族的体质水平。

学校体育对发现和培养体育后备人才，提高运动技术水平有着重要的意义。青少年是我国人口的重要组成部分，学校体育的发展程度，实际上已成为我国群众体育普及的重要标志。同时，大学时代受到的良好体育教育，毕业后可以成为社会体育骨干、社会体育指导员，从而推动我国体育的发展，更好地实施全民健身计划。

5. 大学体育为终身体育打下坚实的基础

体育已成为人类社会生活的重要内容，在文化、社交、生活节奏、社群认同、美育生活、心理建设以及民族凝聚力等领域，都具有重要的意义和作用。科技的发达，生产力和生活设施的日益自动化，客观上促进着人们的体育需要，主观上促进着人们对回归自然的向往；参与体育运动，在参与中得到娱乐，接受熏陶、教育和锻炼。体育已成为现代人不可或缺的重要内容。

终身体育是指人们在一生中所进行的身体锻炼和所受到的各种体育的总和。它是在现代终身教育思想的促进下形成的。大学体育是学生接受体育教育的最后阶段，是人生体育的中间环节，具有承前启后的作用。大学时代受到良好的体育指导和培养，特别是对体育的本质与价值有积极和正确的认识，能使学生成为主动从事体育运动的实践者，从而为终身体育打下坚实的基础。

第三节 大学体育的形式与内容

大学体育的组织形式是实现高校体育目的的关键环节。根据《学校体育工作条例》《全国普通高等学校体育课程教学指导纲要》和教育部《关于进一步加强高等院校体育工作的意见》的要求，为高校逐步推行"完全学分制"，高校体育工作的主要组织形式有体育课程教学、课外体育活动、课余体育训练活动和课余体育竞赛。随着高校体育的不断改革和发展，体育课程的组织形式也在不断更新和完善。

一、体育课程教学

体育课程是学校体育工作的重要组成部分，在培养学生养成良好体育习惯的过程中发挥着重要的作用。体育基础知识、基础技能的掌握，体育兴趣的培养，体育态度的形成以及体育观念的树立，都是通过体育课程教学来实现的。体育课程是学校教学计划中所规定的必修课程，既是学校体育工作的中心环节，又是实现学校体育目标的基础和基本途径。

体育课程教学分为体育理论课和体育实践课。

1. 体育理论课

体育理论课是根据教学计划，在室内讲授体育与卫生保健等基础理论知识的课程。根据实际需要，有的理论课安排在学期开始进行讲授，有的安排在重大体育活动日前讲授等。根据体育理论教材，按照教学计划和课时进度，系统地向学生传授体育科学知识和体育实践方法，加强学生对体育的理性认识和对体育文化内涵的深刻理解，使学生形成体育锻炼的意识，树立终身体育锻炼的思想。

2. 体育实践课

体育实践课教学是以身体练习为基本手段，以教师为主导、学生为主体专门开设的体育教学过程，是高校实现体育教育目标的基本组织形式。目前，我国高校提倡采用"三自主"教学模式开展大学体育课程教学。所谓"三自主"是指学生可以自由选择上课时间、自由选择上课内容、自由选择上课教师。这对于学生而言，选择性更加宽泛，更有利于发挥其参与体育活动的主观能动性。

二、课外体育活动

课外体育活动是体育课的有益补充，是体育体系在时间和空间上的延伸和扩展，是高校体育课程的有机组成部分。由于时间有限，体育课之余大力开展课外体育活动无疑是培养学生体育习惯的重要途径。

课外体育活动主要有以下几种形式。

1. 早操

早操即清晨体育活动，是大学生合理作息制度的重要组成部分。活动方式主要根据个人兴趣爱好，每天坚持20~30分钟的晨练，一般选择散步、健身跑、广播操、武术、太极拳等内容，运动量不宜过大，以免影响学习。学生坚持做早操，不仅是锻炼个人意志、养成良好生活习惯、促进身心健康的有效措施，而且是学生每天进行学习的一项准备活动。开展早操对于校风、学风建设，促进校园精神文明也有重要意义。

2. 课间操

课间操是在课间休息时进行的时间较短的轻微活动。活动方式一般以散步操、太极拳等内容为主，5～10分钟较为适宜。通过课间操，可调节大脑，使之由抑制转为兴奋，消除静坐上课的脑力疲劳，使学生在接下来的学习中保持充沛的精力。

3. 班级体育锻炼

班级体育锻炼，是大学生结束一天课程学习之后，以教学班为单位，分组、分项、定点进行的有目的、有计划、有组织的活动，以选择篮球、足球、羽毛球、排球、乒乓球等集体项目为宜。通过班级体育活动，可以增强学生体质，促进健康，陶冶情操，拓展视野，培养集体主义精神。

4. 单项体育协会或单项体育俱乐部活动

体育协会或体育俱乐部是大学生根据自己的兴趣爱好，自主选择、自愿参加的课余体育组织。它是贯彻实施全民健身计划的重要组织形式，其职能是宣传、发动、组织、指导所属成员参与课余体育锻炼，协助学校体育行政部门和学生会体育部开展群众性体育活动及组织单项训练和竞赛，提高运动技术水平。其主要特征是社团和协会将体育作为开展活动的一项内容，把个体的自觉自愿归结在社团和协会相对固定的计划安排内，实行"自主自律，自我管理，自我发展"的管理方式，通过定期的俱乐部活动提高社团和协会的凝聚力。

5. 体育节

体育节是在课外集中一段时间组织全校学生进行的体育活动。体育节的举办比较灵活，可用一周或几天，有目的、有计划地组织这一活动。体育节活动内容应该丰富多彩，适应大学生的兴趣爱好，既要生动活泼、富有趣味，又要兼顾知识性和教育性。在举办体育节前要做好充分的准备和宣传工作，调动全体学生的积极性，在相对集中的一段时间内在校园中创造一种体育活动的热烈气氛。这对吸引更多的大学生自觉参与体育活动会产生良好的作用，也有利于丰富校园文化生活。

三、课余体育训练活动

课余体育训练是在群众性体育活动普及的基础上，对部分热爱体育运动、身体素质好又有专项运动特长的学生进行的系统体育训练过程，是贯彻普及与提高相结合的一项重要措施。

1. 兴趣运动训练队

只要身体素质好，有专项特长，兴趣浓厚，本人自愿，经过批准就可以参加兴趣运动训练队。项目设置一般根据学校的师资、场地设备、传统运动项目等条件来决定。训练的目的可以为参加校际比赛或上级组织的比赛，也可以不为任何比赛，而仅仅为了增强体质，提高运动技术水平。这种训练队常以单项协会或俱乐部的形式完成训练任务。在这种

基础兴趣运动训练队中可以产生班队、年级队、系队、校队的优秀人才。

2. 学校代表队

组织学校代表队的目的主要是代表学校参加校级或上级组织的比赛，项目设置一般根据学校传统运动项目和上级比赛的竞赛规程来决定，其队数和每队人数均比兴趣训练队少。一般由运动技术水平较高、学习成绩合格、思想素质较好的学生组成。

3. 高水平运动队

高等院校办高水平运动队是我国建立多层次、多渠道培养优秀运动员人才梯队建设的战略举措，旨在为我国培养更多的高水平运动员开辟一条新的途径。1987年，原国家教委颁布了《关于部分普通高校试办招收高水平运动员工作通知》，确立了51所试点学校可以在全国范围内招收高水平运动员，1995年增为53所，运动项目的设置比重最大的为田径项目，其他依次为篮球、排球、足球、乒乓球、游泳。目前，各高等院校根据学校实际，正致力于对局部高水平运动队的招生、学制及训练与管理的探索与创新，为开创竞技体育人才输送渠道和扩大国际交往的需要积极创造条件，使得课余体育训练逐步走向科学化和系统化。

课余体育训练的目的是提高竞技运动水平，既是参加不同层次比赛为学校争荣誉，又是为学校培养体育骨干，以便指导和推动群众性体育活动的开展。

四、课余体育竞赛

竞争是体育竞赛的基本特征。体育竞赛既可以培养学生竞赛意识，又符合学生竞争心理的需求，所以体育竞赛是推动学校群众性体育活动开展的有效组织形式，能起到宣传、教育和鼓励的作用。通过体育竞赛这一形式，可以检查教学和训练情况，总结和交流经验，也可以选拔体育人才。

在高等院校，体育竞赛分为校内和校外两大类，经常采用的形式有以下几种。

1. 学校运动会

高等院校通常有春季或秋季举行的田径运动会。它的特点是项目多、规模大，能够较为全面地检查学校田径运动开展的情况，进一步推动该项运动的普及和提高。

2. 传统项目比赛

各校根据自己的实际情况，设置一项或几项传统项目长期开展比赛，如篮球、排球、越野跑、乒乓球、拔河、跳绳等。要求学生积极参加锻炼和训练，定期举行传统项目比赛。

3. 对抗赛

对抗赛为不同班级、院系及几个学校联合组织的比赛，目的在于互相学习，互相促进，交流经验，共同提高。它的特点是规模较小，便于在业余时间进行。

4. 友谊赛

友谊赛与邀请赛和对抗赛基本相同，只是在对象、水平、规则等方面不像对抗赛那样要求严格。

5. 测试赛

测试赛是为了达到一定的标准或者了解运动员进步情况而组织的比赛。

6. 选拔赛

选拔赛是为了组织某一项运动的运动队（或者代表队）而进行的队员的选拔比赛。它可以单独组织，也可以结合其他比赛进行选拔。

7. 表演赛

表演赛是为了宣传体育运动的意义和扩大影响，或者对要开展的项目做示范性介绍而举行的比赛，如武术、艺术体操、广播体操等。表演赛可以单独组织或者在运动会中附带进行。

第四节　大学体育发展趋势

近二十多年来，学校体育改革和《全国普通高等学校体育课程教学指导纲要》的颁布实施，有力地推动了高等学校体育教学改革的深入发展，选项课教学在很大程度上满足了学生对于体育课的需求。选项课教育重视了学生个性的发展，激发了学生的学习积极性，培养了学生的体育兴趣，发展了学生的体育特长，为学生的终身体育意识打下了一个良好的基础。

一、大学体育课教学将逐渐走向个性化和特长化

选项课教学的开展为高校体育课教学走向个性化和特长化打下了基础。选项课教学尊重学生的兴趣爱好，承认学生的个性差异，重视学生的个性发展，《全国普通高等学校体育与健康教育指导纲要》比较鲜明地反映了这一趋势。

1. 课程目标

根据学生身体发展水平的差异，大学体育与健康课程的目标分为基本目标与发展目标两个层次。基本目标是根据大多数学生的基本要求而定的；发展目标是针对少数学有所长和有余力的学生而定的。发展目标也可以为大多数学生的努力目标。

2. 课程实施

目前高校体育开展的选项教学是学生选择上课内容，以适应学生对体育课教学的需求。

3. 学习评价

学习评价是对学习效果和过程的评价，主要包括体能和运动技能、认知、学习态度与行为、交往与合作精神、情意表现等，通过学生自评、互评和教师评定等方式进行。评价应该强化激励、发展功能，把学生的进步幅度归纳到其中。

二、大学体育的组织形式更加多样化

1. 各类体育社团的兴起

大学的体育社团是由学生自己组织、自己管理、学生自由参加的体育社团，一般由学生会出面发起组织，体育部给予支持和指导，大多以单项体育协会的形式出现，如健美协会、

瑜伽协会等。学生自定协会规章制度，自愿参加，交纳一定的会费，民主选举管理人员，聘请指导教师，要求会员遵守章程。这种形式已经在高校出现，今后将得到进一步发展壮大。

2. 体育俱乐部将成为高校体育的重要组织形式

为了适应大学生的不同体育需要，高校将根据自身的条件，组织多种多样的体育俱乐部。这些体育俱乐部大致可以分为两种类型：一是以发展学生体育特长和提高运动技术水平为目的的体育俱乐部；二是以健身、健美、娱乐为目的的体育俱乐部。学生可以根据自身情况选择参加。

3. 非正式体育群体的活动

所谓非正式的体育群体，就是学生自由组合而形成的体育群体。这种群体的组成，除体育兴趣外，还受到性别、性格、情感、体育基础等多种因素的影响，具有较强的凝聚力和主体意识。这种群体主要活跃在课外体育、校外体育和节假日体育中，其生活方式不受时间、人员、场地等限制，活动的随意性较大，可更加自主、自由地开展活动。同时这种非正式体育群体的活动也为高校体育注入了新的活力。

三、大学体育的活动方式将呈现多样化和小型化

随着高校课外体育活动的开展，学生可以根据自身的身体状况、爱好、兴趣等自主选择锻炼内容，自主确定锻炼的目标。因此，高校体育活动形式将呈现多样化和小型化。

四、大学体育课将由课内向课外延伸

《全国普通高等学校体育课程教学指导纲要》强调要"拓展课堂的时间和空间"，把课外体育俱乐部辅导，有组织的课外活动、训练纳入体育与健康课程，形成课内、课外相结合、相联系的课程体系结构。高校体育的重点不仅仅局限在课内，而应该向课外发展，充分利用课外时间和节假日，开展班级体育、寝室体育、郊游等活动，充分利用日光、空气、水、沙滩、田野、森林、山地、草原、雪原等自然环境开展体育活动。高校体育应改变原有模式，走向自然和社会，高校体育应该更加丰富多彩，更加生动活泼，更能够满足广大同学的不同体育需求。

五、一些新兴的体育项目将在高校开展

随着我国经济社会的发展以及国力的增强，体育的硬件条件已经不再是限制大学体育发展的原因。同时社会竞争的加强要求高校体育在提高学生的心理素质方面做更多的工作，一些新的体育项目也在高校兴起，如攀岩、生存训练与拓展训练等。这些项目的开展对提高学生的心理素质、团体精神、生存能力和社会适应能力等具有良好的效果，因此这些活动项目受到在校大学生的认可和欢迎。

第二章　体育文化

第一节　体育文化的内涵

一、体育文化的概念

体育文化是指对体育活动中各种规律的理性认识，是身体观、运动观、价值观和方法论等精神产品以及以体育产业为代表的体育物质产品的总和。包括体育认识、体育情感、体育价值、体育理想、体育道德、体育制度和体育的物质条件等。同时，体育蕴含的哲学思想、价值判断、健康观、审美观和其他意识形态等，通常反映在一切体育行为中。我们通常所能了解的各种运动形式（如奥林匹克运动项目）、各种竞赛规则、运动场地、运动器材以及奥林匹克仪式、奥林匹克精神等，都属于体育文化。如果再加以归类，还可以根据不同形式、类型和性质，将其划分为竞技体育文化、学校体育文化和社会体育文化等。

二、体育文化的特征

所谓体育文化，广义上是指为丰富人类生活，满足生存需求，以身体为媒介，把满足人类需求的身体活动进行加工、组织和秩序化，形成获得社会承认的、具有独立意义和价值的文化；也即人体在体育生活和体育实践过程中，以身体形态变化和动作技能所表现出来的具有运动属性的文化。从中可以看出，体育文化反映了以下特征。

（1）体育文化总是与人的体育生活紧密联系在一起。时代在不断地演化和发展，各个不同的历史时期有着不同的生产方式，但人们总是生活在一个特定的环境中，这个生活环境对人类产生了重大的影响。因此，文化也具有特定的性质、特定的内容和特定的形态，表现出鲜明的时代性。

（2）反映本民族的、传统的体育特征，这些传统的体育文化规范着本民族的体育行为，也影响着人们不同的体育价值观念。各个不同地域的人类，创造了不同类型、不同形态的文化，又塑造了具有不同文化特征的群体。任何形式的民族文化，都与本民族的形成延续和发展密切相关，都与本民族的地理环境、人种特点、风土人情、经济条件、生产水平乃至社会结构相适应。

（3）体育文化又总是和一个地域或民族的社会文明、物质文明以及自身的发展产生具有互动发展的关系。任何文化都离不开大众，更离不开社会。如果人离开了文化，那么就不能成为真正的人，同样，社会离开了文化就会变成一个愚昧的社会。

（4）从科学分类看，体育文化是一门自然科学和社会科学相结合的综合性科学；从文化学角度看，体育文化是人类整体文化系统中的一个分支。但是，体育文化有着它特有的个性，它的产生和发展有着自身的变化规律，因此它具有独立性的一面。文化的差异性既表现在一个地区、一个民族的行为习惯上，也表现在价值标准和价值观念上。

（5）体育文化具有继承性，也可称为传统性。在养生学的发展中，东方人原先主张以静养生，后来有人主张以动养生，再后来主张动静结合。这是人们对体育文化延续和不断深化认识的过程。

三、体育文化的价值

现代体育教育和世界教育发展潮流是一致的。一百多年来，体育教育不但极大地丰富了体育文化，提高了体育在社会中的地位和价值，而且在促进人的"全面发展""协调发展""完善发展"中起到了重要作用。

1. 竞技体育文化的价值

体育与人类的生存、发展紧密相连，人类创造了体育，也创造了体育文化。体育文化是一种竞技运动文化。正是人类对这一种竞技运动文化进行了改造，经济、社会才不断地获得创新与发展。正如《奥林匹克宪章》中所说："奥林匹克主义是增强体质、意志和精神，并使之全面发展的一种生活哲学。"体育正向着竞技与艺术相结合、形体美与心灵美相结合的形态发展。

2. 大众体育文化的价值

体育是人们相互沟通和建立友谊的重要手段。进入文明社会以后，战争如同梦魇伴随着历史的漫漫长夜，而体育运动所具有的公平、友好精神则在不同国度、不同种族、不同文化参与者之间架起了沟通和友谊的桥梁。在运动场上，人们不分国家和地域，不分肤色与种族，不分宗教与文化，坦诚相见，以情相娱，从而达到减少战争、促进世界和平的目的。体育运动使个体得到全面的发展，它所树立的公正、民主、诚实等观念，促进了和谐社会的建立。顾拜旦认为，如果人人都表现出良好的体育精神，整个社会就会向更文明的方向迈进。

3. 中国传统体育文化的价值

传统文化是中国古圣先贤几千年经验、智慧的结晶，其核心就是道德教育。在当前文化缺失、物欲横流的大环境下，有不少人误认为道德是限制人们行为的条条框框。其实，有道德的生活才是真正正常、幸福的生活。中国的民族精神基本凝结于《周易》的两句名言之中，这就是："天行健，君子以自强不息"，"地势坤，君子以厚德载物"。自强不息、厚德载物是中国传统文化的基本精神，是贯穿于中国古代的社会生产活动和生产力、社会生产关系、社会制度、社会心理和社会意识形态这五个层面的主要线索、本质和核心。

第二节　体育文化与文明的关系

体育是人类共有的社会文化现象，随着时代的发展，体育成为世界上影响范围最大的社会文化活动，目前为止我们似乎还无法想象到有什么国际性活动会比奥林匹克运动会更能吸引全人类。人类社会以科技理性发展为主导，随着时代永不停息地向前发展，人类也遇到了空前的困惑，在人类身心和谐发展举步维艰之时，体育作为以身体感性为主要特征的社会文化活动，帮助人类为"理性"世界解毒。时代呼唤体育，因此体育成为不可缺少的社会文化活动，在人类社会的每个角落扮演着相同而重要的角色，这是人类文明史上体育灿烂辉煌的一面。另一方面，我们也看到，不管在历史上还是在现实中，体育又常常在为人类和谐发展"解毒"的过程中自身也中了毒，它不仅偏离了自身的本体意义，而且同样以异化了的"理性"威胁着人类的感性生命。

不同的时代会有不同问题出现，也会引起不同的科学研究。哲学作为自己时代精神的精华，是文明的活的灵魂，其时代问题的挖掘尤其具有穿透性和前瞻性，因此对待时代问题要以哲学的理论观点来把握统领。

体育文明的提出与进一步研究，无疑是体育彰显其在人类文明发展中的重要性，也是体育自身和谐、谋求可持续发展的重要契机。体育是与人的全面发展、促进社会和谐发展相伴而行的，但正如李力研所说："体育本来就是反抗文明的产物，现在又有人往里面加进了这种诱人而可怕的毒素。人类通过智慧规范了这种本能运动，但人类也一定会因为过分的智慧因素而将自己的这种本能运动引向灭亡。"

体育文明作为一个问题出现，表明现实中的体育实践正在面临着"理性"与"感性"的激烈对峙、历史主义与伦理主义二律背反的双重困境。如何使体育摆脱自身困境，让体育更好地作用于人？这是每一个体育学者不可推卸的责任。理论来源实践，但它不仅仅是对实践的直观反映，更应是对实践的反思和提升。

一、从"体育文化"到"体育文明"，体育发展之必然

1. 文化与文明

要谈体育文明，得从文化与文明谈起。关于文化与文明的不同认识有很多，但归根结底它们都要从"人"谈起，因为只有人才有文化，只有人才有文明。文化与文明往往是通用的，没有什么差别的，最具有代表性的观点应该是文化学家泰勒对文明与文化两个概念进行的统一解释："文化与文明就其广义人类学意义上看，是知识、信念、艺术、伦理、法律、习俗，以及作为社会成员的人所需要的其他能力和习惯所构成的综合体。"将文化与文明相互等同的观点有其一定的道理，因为它们都是人类的意识和情感的产物，其底蕴均反映着人的精神活动。但在我们具体实践过程中，文化与文明还是有差异性的，特别是在我们学术研究中更应该清晰地将两者分开。马克思主义的唯物史观认为："文明是在特定的文化模式下表现出来的人们创造文化活动的方式及其成果的具体形态。"文明是人类

文化中所创造出来的积极而进步的成果。文明是一元的，文化是多元的，文明是文化的内在价值，而文化是文明的外在形式。我们在研究体育文明论题时，以马克思主义唯物史观的先进理论来具体分析体育文化与体育文明之间的关系是必要的。

2. 体育文化与体育文明

体育文化是人类在从事体育实践过程中不断发展形成的具有时代特征、地域风格和民族样式的文化形式，凡是与体育有关的活动、行为、制度、意识、思想均属于体育文化范畴。另外，体育文化是多元的，它会随着民族或地域的母体文化不同而不同。当前中国非常重视体育文化的建设，特别是在2008年北京奥运会时期，对奥林匹克文化的重视大大加强。而在这种特殊的"文化热"中我们也常常迷失了体育的本体目的，因此，仅仅有体育文化是不够的，必须有体育文明。当体育文化建设到一定程度时，我们就应该重视体育文明的建设。体育文明是体育文化的内在价值，体育文化是体育文明的外在形式。体育文明的内在价值通过体育文化的外在形式得以实现，体育文化的外在形式借助体育文明的内在价值而有意义。在学理上体育文明较之体育文化更具有先进性、合理性、方向性、价值性等特征。

3. 体育文明的概念与本质

体育文明是随着体育文化的广泛传播而日益凸显的。它是我国在特定历史时期的产物。它的出现标志着我们对体育实践活动的理性再思考与体育真意的不断接近。在这里可以初步为体育文明下个定义：体育文明就是随着世界文化（尤指体育文化）的广泛交流而凸显出来的我国体育事业的进步状态和积极成果。其本质就是体育事业发展的合理性程度，即合目的性与合规律性的程度。

健康、和谐、可持续地发展我国体育事业是体育文明研究的主要目的，进一步解释研究体育文明应该先从文明的系统结构入手，来回答体育文明的系统结构如何。所谓文明的结构指的是构成文明的系统要素以及这些要素之间的关系。体育文明作为文明中的一种也一定有它自身的系统结构。基于对我国当前体育事业发展的实际情况思考，我国体育文明的系统结构应从体育意识文明、体育制度文明、体育行为文明三个维度入手并做深入细致的研究。

二、体育文明结构体系的三个维度是体育文明实现之前提

1. 体育意识文明

意识是指人脑对客观事物的主观反映，从意识的本源来看，意识来源于人的实践活动，正如马克思所说："观念的东西不外是移入人的头脑并在头脑中改造过的物质的东西。"所以，体育意识是来源于体育实践，它是对体育实践的能动反映。它反映了体育文明的精神内核，是一个国家对体育事业发展目的、本质、关系、态度及价值取向与经验的总结。不同的国家有着自己不同的意识形态，归根结底是由不同的生产关系基础、传统文化特质造成的，因而导致人们对体育事业的发展形成的意识也存在差异性。

体育意识文明是指对体育事业发展规律的正确反映，而在体育意识文明中起主导作用的是"人的发展"。对于人的发展问题，中西方文化有着观念上的差别。中国讲究的是

"血缘根基"、情感主体的"宗族本位主义",而西方则倡导民主、自由、独立、平等、法制等精神,虽然我们现在也倡导民主、自由、平等、独立、法制等现代精神,但由于中华民族五千年来传统的小农经济思想和习惯势力依然深深地扎根在我们的"心理文化结构"中,有时会在观念意识上表现得非常先进,但在实际的行为模式上依旧受传统困扰。实行体育文明的最大阻力实际上首先来自人们的这种行为模式与思想观念的错位脱节。例如,发展我国体育事业过程中,集体主义、"实用理性"的根深蒂固:北京奥运会的举办与参与究竟是为金牌而战,还是为教育培养青年一代?究竟是为体现民族的优越性而努力还是为学习弘扬奥林匹克精神?在这些问题上我们每个人往往不自觉地受传统文化集体主义、"实用理性"等稳定的"心理文化结构"所牵制。马克思曾说:"每个人的自由发展是一切人的自由发展的条件。"这是马克思关于社会发展理论的根本观点,我们应当在从事每项社会活动时重视这一问题。体育本身的意义也在于"人的自然化"(即注重人的全面发展),因此我们在发展体育事业过程中首先应有这样一种先进的体育意识,以此为根本不断创新发展形成体育意识文明。

体育意识文明是体育文明的灵魂,它是体育制度、体育行为的精神指导,正是有了体育意识文明才能指导中国真正地消化和吸收西方体育(如奥林匹克运动),来进一步改造体育教育、高水平竞技体育、大众体育及中国民族传统体育项目的发展问题。最终,进一步地促进整个中华民族传统文化心理结构进行转换性的创造。

2. 体育制度文明

制度是规范的一般模式,这些模式为人们与他们的社会及其各式各样的子系统和群体的其他成员互动规定了指定的、允许的和禁止的社会关系行为的范畴。从制度的定义看,体育制度即是为体育事业发展所规定了指定的、允许的和禁止的社会关系行为的范畴。它作为一种规范形态,具有承载体育意识、规范体育行为的重要作用,它是体育文明的核心。

我国体育事业的发展方向具体如何、体育行为的状态如何,将直接受体育制度文明程度的影响。制度文明就是指制度的合理性和合目的性。我国的体育制度如"举国体制",是对我国体育意识具体的表现形式。说它是具体表现形式即表明它并不一定能与体育意识指向完全吻合,即使是完全符合人的本质的体育意识也不能制定出完美的体育制度,更何况体育制度只是针对当时的社会背景或人在某一时期的体育需求所做出的规范。人与社会都是不断发展的,制度也要不断地革新去适应新的问题。因此我们针对体育制度也要强调合理性、合目的性,重视体育制度文明的建设。有学者认为,中国现行的体育制度在满足公众对体育公共需求方面存在先天缺陷,因为其服务中心和重心都放在提高极少数人的运动成绩上,代表政府的中国体育管理架构还没脱离作为意识形态工具的模式,希望从体育服务于大众、为人民的生存发展创造条件的角度寻找制度创新。对制度的创新即清除原有的旧体制中不相适应、阻碍其发展的不良成分,努力体现制度的价值所在,这也是我们体育制度文明的关键所在。另外,在具体的体育行业中应积极树立制度文明的观念。

体育制度文明的建设应具体体现在平等、合法、责权利对等、利益合理、高效率低成本、严密性、明确性、可执行性、相对稳定性、教育规范、人的自由性等方面,这些问题还需要广大体育学者在今后的研究中进一步探讨与钻研。

3. 体育行为文明

《现代汉语词典》对"行为"的解释是:"行为是受思想支配而表现在外面的活动"。而体育行为则是指人们在从事与体育有关的具体实践中所表现出来的外在活动。不同的体育主体如运动员、教练员、裁判员、城市居民、学生等可以表现出不同的体育行为。另外,不同的体育机构由于职能的不同所表现的体育行为也不同,如体育科研所、学校的体育部门、各级运动训练队、运动俱乐部等在各自的行为上存在着显著性差异。所有的行为总是在激励、制度的约束综合作用下产生动机而发生的。体育行为也一样是体育意识、体育制度的外在表现,它直接反映了体育事业发展状况、体育文化的总体面貌及体育文明的程度。

体育行为文明就是指体育行为的合理性,其实质是体育行为合规律性与合目的性的统一。体育行为合规律性主要表现为体育行为的自由与合理。自由不是在幻想中摆脱自然规律而独立,而在于认识这些规律,从而能有计划地使自然规律为一定的目的而服务。例如,大众有时无法容忍我国优秀运动员在国际大赛中的失利,表现为媒体抨击、大众谩骂,甚至有些人对运动员的亲属进行精神上的伤害,影响其正常生活等。这些行为既不符合体育运动的规律性,也不符合我们从事体育的目的性,同时还明显显示出封建传统思想的"种"文化意识。

体育行为的合目的性是指体育行为的施行能有效地完成体育实践具体目标并达到相对满意的程度。如有些地市级开展的校际篮球、田径、足球等体育类比赛,本身的目的是加强学校之间的体育交流,促进学生积极参与体育运动,以达到学生自觉锻炼身体、健康成长的效果,但由于这些比赛成绩与升学、特招等利益纠缠在一起,结果导致各校队教练、学生家长通过各种非正当手段幕后操作,贿赂裁判者有之,给参赛学生吃"药"者有之,让这类体育比赛的"复杂性"程度甚至可以与高水平竞技体育比赛相"媲美",大大违反了体育行为的合目的性。

体育行为应符合人性。体育是被人用"理性"规范了的"感性"活动,也就是说我们在展示本能能量的同时还要受伦理、道德、良知等因素的限制,例如在高水平竞技体育中的兴奋剂、堕胎、变性等"非法"行为就明显违背了人性。恩格斯曾说过,文明是实践的事情,是社会的品质。所以文明在本质上是实践的,其根本的特征在于人的行为。体育行为文明与体育文明中的意识文明、制度文明相比,是属于实践层面的,是体育文明的外在表现。它既是体育意识文明、体育制度文明的具体表现,也是体育意识和体育制度赖以发展更新的动力,体现整个体育文明的尺度。

三、体育文明的目的是保持每个"世界"的平衡

体育文明的目的很简单,就是保持体育自身的健康、和谐发展,保持体育的纯洁性,保持体育在波普尔划分的"三个世界"中位置的正确,"世界3"是波普尔的认识理论,世界至少包括三个在本体论上泾渭分明的次世界,或者说存在着三个世界:第一个世界是物理世界或物理状态的世界;第二个世界是精神世界或精神状态的世界;第三个世界是概念东西的世界,即客观意义上的观念世界——它是可能的思想客体的世界,即自在的理论及其逻辑关系、自在的论据、自在的问题境况等的世界。体育究竟在"三个世界"中处在什么样的位置,我国体育学者李力研对这个问题做了深入、系统的研究,认为"它不是'世

界3'，也不是'世界1'，它是典型的'世界2'，是连接'世界1'到'世界3'的中介与桥梁"。体育文明就是要使体育在"三个世界"中的位置保持平衡，既要使体育的主体属于"世界2"，还要同时连接"世界1"中的肉体本能与"世界3"中的规则理性。在这里，体育文明体现出了"度"的控制，避免在体育实践中出现失度现象。如脱离了"世界3"的规则，过分亲近肉体的本能则很有可能出现体育活动中的非理性事件；相反，如过分地亲近"世界3"，向体育中加入规则之外的更多东西，而忽略了"世界1"中的肉体本能则必然出现体育的理性异化，我们从事体育运动越来越偏重理性的角逐、科技的较量而忽视其对于身体的意义而越发地苍白。

近年来又有学者在波普尔"三个世界"划分理论的基础上提出"世界4"，认为："'世界4'是指继物质世界、精神世界和客观知识世界之后，借助电脑网络、电子通信、虚拟技术及人类丰富的想象力将光、电、色、能、数字与信息集于一体，将宇宙万物和人类社会的政治、经济、科学、文化、日常生活缩合为一，构建的一个美妙神奇的新天地。它是对赛博空间、虚拟现实和信息社会等新实体的综合。它与'世界3'具有质的区别，突出地展示了人的主体性、想象性、虚构性、模拟性和自由意志。"且不说"世界4"理论的可靠性与"合法性"，但它提示了人类世界发展的总行程越来越远离身体，与后现代思潮形成了历史主义与伦理主义的二律背反。"身体是产生整个人类文明的机器，身体中永远流动的欲望激发出惊人的强力，推动着积极的生产活动。"体育文明的深远意义也在于此，使"生产整个人类文明的这个机器"永远健康地运转。

第三节　大学校园体育文化的形式与内容

一、大学校园体育文化表现形式的分类

1. 从组织发动大学校园体育文化的不同主体进行分类

不同大学校园体育文化的发起者和策划者是不同的，根据其不同的发动主体，可以将大学校园体育文化的表现形式分为三类：一是官办校园体育文化，二是群体"民办"校园体育文化，三是个体自发的校园体育文化。官办校园体育文化是由党、政、团、学等组织的针对时代的形势特点和学校培养目标所创造的一种具有群体普遍性的校园体育文化的表现形式，如校运动委员会、校学生会体育部等；群体"民办"校园体育文化是大学校园热爱体育运动的、思维比较活跃的群体学生自发组织的校园体育文化表现形式，如体育社团、体育俱乐部、体育培训班等；个体自发的校园体育文化，是大学生个体受一定思潮和思想的影响支配而创造传播的一种校园体育文化的表现形式，如爵士舞、拉丁舞、街舞、健美操、瑜伽、街头篮球秀等都曾经被一些前卫的学生接受，并由这些学生掀起大学生参与的热潮。

2. 从大学校园体育文化不同层次的表现形式进行分类

在长期大学体育和训练的基础上，对21世纪大学校园体育文化的具体表现形式形成个人的见解，构思出大学校园体育文化四个层次的表现形式，如图2-3-1所示。

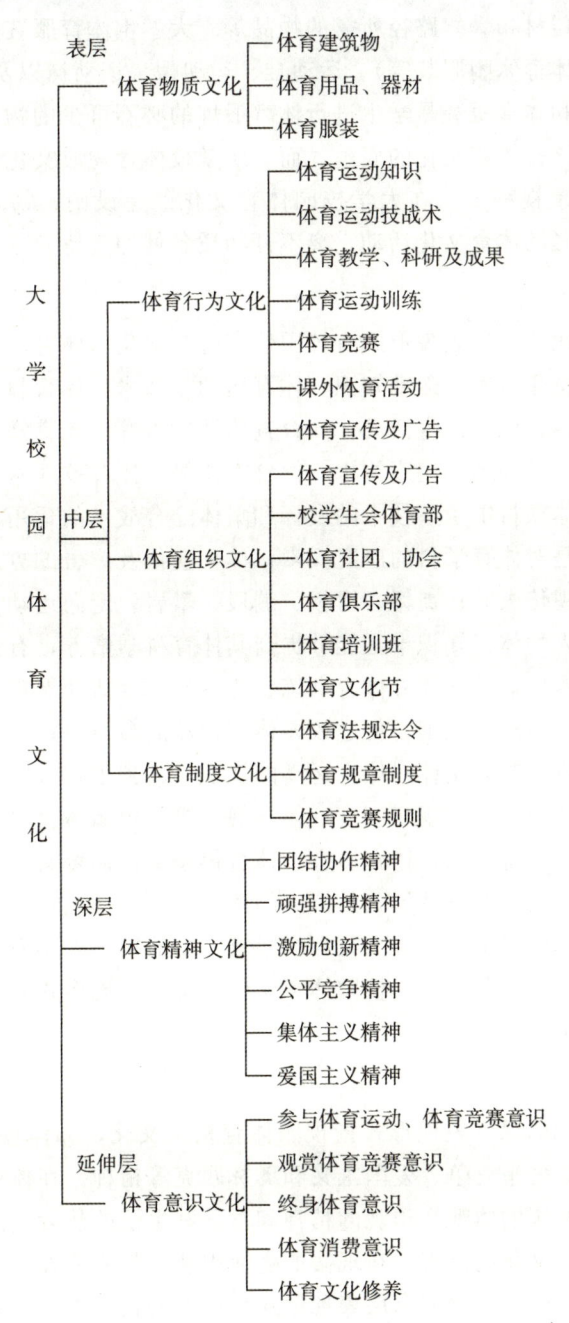

```
                      ┌ 表层          ┌ 体育建筑物
                      │  └ 体育物质文化 ┼ 体育用品、器材
                      │                └ 体育服装
                      │                ┌ 体育运动知识
                      │                ├ 体育运动技战术
                      │                ├ 体育教学、科研及成果
                      │  ┌ 体育行为文化 ┼ 体育运动训练
大                    │  │             ├ 体育竞赛
学                    │  │             ├ 课外体育活动
校                    │  │             └ 体育宣传及广告
园      ┌ 中层 ─┤
体      │             │                ┌ 体育宣传及广告
育                    │                ├ 校学生会体育部
文                    │  ┌ 体育组织文化 ┼ 体育社团、协会
化                    │  │             ├ 体育俱乐部
                      │  │             ├ 体育培训班
                      │  │             └ 体育文化节
                      │                ┌ 体育法规法令
                      │  └ 体育制度文化 ┼ 体育规章制度
                      │                └ 体育竞赛规则
                      │                ┌ 团结协作精神
                      │ ┌ 深层          ├ 顽强拼搏精神
                      │ │              ├ 激励创新精神
                      │ └ 体育精神文化 ┼ 公平竞争精神
                      │                ├ 集体主义精神
                      │                └ 爱国主义精神
                      │                ┌ 参与体育运动、体育竞赛意识
                      │ ┌ 延伸层        ├ 观赏体育竞赛意识
                      │ │              ├ 终身体育意识
                      └ └ 体育意识文化 ┼ 体育消费意识
                                       └ 体育文化修养
```

图 2-3-1　大学校园体育文化表现形式结构图

二、大学校园体育文化不同层次表现形式的内涵

1. 表层表现形式

大学校园体育文化表层的表现形式是体育物质文化，主要包括体育建筑物、体育器材和体育服装。大学校园中的体育建筑物主要有室内外体育场馆、体育方面的雕塑等。大学校园体育建筑文化主要体现在体育场馆建筑风格、建筑物的布局等方面。大学校园的体育器材是指在体育教学和训练中的所需要的器材，如田径系列、体操系列、球类系列、康体

健身器材、健身路径器材和攀岩路径所需的物品等。大学生体育服装主要有运动服装（训练服装和比赛服装、体育休闲服装等）、运动鞋、运动帽、运动袜以及运动挂件、饰品等。体育场地、体育器材和体育服装是学生进行体育锻炼的必不可少的物质基础。一所学校的体育物质文化反映了该校体育文化的底蕴，而一所学校体育物质文化的外在表现形式反映出该校对体育运动的重视程度。在大学校园体育文化的建设中，物质文化是基础，是保障。学校进行丰富多彩的体育文化活动，离不开物质条件的支持。

2. 中层表现形式

大学校园体育文化的中层表现形式有校园体育行为文化、体育制度文化、体育组织文化等。校园体育行为文化指体育运动知识、体育运动技战术、体育教学、科研及成果，体育运动训练、体育竞赛、课外体育活动、体育宣传及广告等。体育知识包括体育史、体育保健、运动损伤的预防及处理、健康饮水、饮食方式等；体育技战术指个人项目中个人技术和战术的运用，集体项目中个人技术的发挥和集体配合战术的运用；体育教学包括体育课和讲座；体育科研是对体育学科的研究探索；体育宣传及广告的方式有横幅、标语、宣传栏、学校广播、电视传媒等；街舞、滑板、蹦极、攀岩、定向运动、嘻哈运动等是时尚校园体育行为文化。人的体育知识丰富能够提高其体育科学素养，有利于养成健康生活方式和提高体育参与及锻炼效益；课外体育训练、竞赛和体育活动展现了丰富多彩的体育运动项目，增加校园体育运动的氛围，促进校园体育运动的参与率；体育宣传及广告和时尚校园体育行为文化促进了参与主体对体育运动的认识，起到了积极宣传的作用。校园体育制度文化指体育法规法令、体育规章制度、体育规则等。校园体育组织文化指校运动委员会、校学生会体育部、体育社团、体育协会、体育俱乐部、体育文化节等。

大学校园体育文化的中层表现形式是以人的体育行为活动或行为的方式表现的，它不像表层文化那样外露，但也不像深层文化那样隐秘，虽然摸不着却看得见或听得到，如体育技战术、体育组织和体育制度等。校园体育文化的中层表现形式是否完善也是衡量学校体育活动开展好坏的标准。

3. 深层表现形式

大学校园体育文化的深层表现形式指校园体育精神文化，如体育运动中的团结协作、顽强拼搏、激励创新、公平竞争、爱国主义和奥林匹克等精神。在体育运动中通过自我锻炼、自我挑战而拥有健康的体魄、乐观的精神和对美好生活的热爱与追求，这种乐观积极的生活态度是体育精神文化的体现，在现实的生活中使参与主体拥有完全自信和战胜一切挑战的强大动力。校园体育文化的深层表现形式是以人的精神形态表现的，是无形的、内隐的且不易察觉的，它是蕴藏在人们头脑中的各种体育观念及信仰，是校园体育文化的核心层。

4. 大学校园体育文化的延伸层表现形式

大学校园体育文化的延伸层表现形式是指校园体育意识文化，包括校园体育文化参与主体的参与体育运动意识、体育竞赛意识、观赏体育竞赛意识、终身体育意识、体育消费意识、体育文化修养等。参与主体良好的体育意识文化的形成是建立在校园体育物质文化、体育行为文化、体育组织文化、体育制度文化、体育精神文化的基础上的，前三个层次的体育文化开展得越好，对体育意识文化的影响越大，更有助于体育意识文化的形成。

大学体育的最终目标是实现学生终身体育的意识,也是学校体育的最好落脚点和归宿。只有加大校园体育物质文化的建设,广泛地开展校园体育行为文化,营造出浓厚的校园体育精神文化氛围,才能实现延伸层的校园体育意识文化。

大学校园体育文化是在长期体育教学实践过程中逐步形成的,更是在大学广大老师和学生共同参与下形成和发展起来的。大学校园体育文化四个不同层次的表现形式内涵丰富,对大学校园的主体和客体产生积极影响。在创建和完善大学校园不同层次的体育文化的过程中,要以表层的校园体育物质文化建设为基础,以中层的内容丰富的体育活动开展为手段,以深层的校园精神文化的培养为核心,以延伸层的校园体育意识文化的形成为归宿,营造出高品位的、内容丰富的21世纪大学校园体育文化活动,满足参与主体不同层次的需求。

第四节　体育的文化承载与传播

打造体育强国,其核心是打造体育文化的强国,因此,我们不仅要正视现实中存在的问题,更应该积极传播各类体育文化,在全社会范围内形成一个个体育文化潮流,营造丰富多彩的体育文化氛围。

一、中国现代体育的人文承载

1. 人文发展的时代背景与中国现代体育发展

20世纪80年代,法学、经济学和社会学发展得越发成熟,因而对社会问题与社会现象分析得更为有效和深入。同时由于人文学大谈主义、理想,加上拜物主义的盛行,其中心位置一下就滑向边缘。现在,人们普遍意识到,对事物发展的认识与评价,太实和太虚都没有太久的生命力。太实则没有精神,生活没有艺术;太虚则只有灵魂,生活没有实体。在市场经济的今天,似乎人文学又开始反弹,因为中国人需要思想和精神,尤其是需要具有自己传统文化内涵的人文精神。体育活动是人文精神的主要载体之一,从发展体育的推动力来看,中国现代体育承受的主要是向内的张力。反过来思考,中国现代体育亦应有向外的反作用力。因此,我们可以寻求内外张力的平衡,即在欧美强势文化主导的环境下,寻求中国现代体育的出路,使具有中国人文特色的现代体育能够长期生存于全球化体育生态系统中。

在全球经济危机之前,我们总是主动喊"与国际接轨"的口号,中国体育也迅速主动地与世界体育对接。经济危机发生后,暴露了"接轨"存在的诸多问题。现在,也是中国体育发展该反省的时候了。中国现代体育,从其现代性的表现来看,与西方体育同源,也就是源于欧洲体育,再细究,其最初源头是古希腊体育。而作为西方传统体育文化的代表,古希腊奥林匹克文化之所以生生不息、欣欣向荣,就在于它能够不断地与现代社会、现代文化融合,从而在开放中获得现代认同与适应。从体育的表现形式来看,中国现代体育已经与西方现代体育基本上没有区别。所以,其中的中国人文的影子越来越难寻。

目前全球的体育发展,以欧洲大陆和北美为主导。如今,虽然在全球政治、经济影响层面上，中国逐渐成为全球化的主角之一，但是在体育文化内涵影响层面上，中国远远不及欧美国家。随着全球化步伐的加快，一方面是高度的趋同性和万物"毕同毕异"式的扩张，另一方面则是"离散化"效应的加剧，这可以说是"全球化"自身所蕴含的悖论。在目前的背景下，有必要探求中国现代体育的自我主动发展，而不是随波逐流。

2. 体育本质与文化载体

哲学的基本任务就是研究事物的本质，为了不断地接近事物的本质，哲学把本质从事物本身抽象出来，并揭示事物以及与其他事物的关系。

探讨体育的本质，尽管不一定是为了提高人类的生活水平和生活境界，但能使我们更好地认识体育，把握体育，推动体育朝着可持续发展的方向发展。可是从哲学层面来看这个问题，又似乎永远得不出确切答案。

一方面，从发展的文化本源来说，中国体育源于西学之流；另一方面，从体育发展哲学来看，中国体育还没有脱离政治体育的哲学理念。有人根据历史唯物论，从体育物质本身出发来研究体育，但由于其没有脱离事物，认识上总会有一些缺陷，不能真正地找到体育的本质。在这种情况下，我们通过研究体育的现象变化来找出其本质，可能有利于把握体育发展的正确方向。

通过现象变化来探索体育本质，就要超越体育本身，也就是说，从思想、文化、精神等方面来探索。但是，这又陷入另外一种困境，如果要脱离体育的本身谈本质，就离不开人的观察、经验、思维等主观因素。若是透过事物的现象来看其本质，而人的认识有时只停留在现象层面，这样也会导致在认识上存在缺陷。人作为研究的主体，在研究过程中，往往会把自己的经验作为借鉴，个人经历的不同会造成经验的不同。在一定程度上，对体育本质的研究又不能脱离经验主义。

根据中国体育的现实表现，对体育本质的探究，可建立在唯物主义、经验主义与现象学等相结合的基础上，而不是仅仅局限于一种哲学理念，以多种哲学理念来看中国现代体育的本质表现。中国现代体育是以西方现代体育活动为母本，以苏联的组织模式为模板形成的。在一个一味讲究利益与效率的中国现代社会里，已使体育功利化和效率化成为事实。无论哪种表现形式，其文化存在都具有合理性，不过在功利化和效率化下的体育发展，却难以做到普及化。

3. 现代体育的生物工具性与人文尴尬

体育是人参与社会的一种活动，因此，从哲学层面看体育，实际上是分析人与其身体活动的关系。文艺复兴以后，西方国家兴起了人文主义思潮，也就在该时期形成了现代体育人文思想的雏形。受人文主义的影响，体育界开始出现与神学观念不同的观点，但是这些观点始终没能完全摆脱神学的影响。

随着休闲社会的到来，中国现代体育的发展紧随其后，但是从公共管理与体制等多方面来看，其还是沿用中国计划经济时代旧有的模式。在中国，体育不仅仅是锻炼身体的形式，还在一定程度上深受政治、经济的影响，变成了官方、产业的工具，作为体育主体的人，也就成了一种生物工具，也许体育的生物工具性是中国现代体育的主要特点之一。

从人类文化角度来看，中国现代体育由于缺乏一些中国传统文化元素，所以具有边缘性、混杂性、夹缝性和第三空间的特点。另外，文化学者普遍认为文化没有优劣之分，从而为中国传统体育文化的发展和传承提供了理论依据。所以基于人文角度，中国现代体育还是有很大的发展空间，其发展就是生物工具性和人文价值博弈的过程。

在现实表现上，中国现代体育的人文精神还比较模糊，即中国的人文精神理论至今还没有定论。法国人认为人文精神就是无神论，德国人则认为人文精神就是没有阶级差别。在新中国成立之初，人文精神就是讲究阶级，尤其是讲究阶级对立。现在，中国讲究社会和谐，使阶级对立有缓和的趋势，那么中国的体育人文精神又是什么？

中国成功举办了北京奥运会，这只是在西方体育游戏的框架下取得了优秀的成绩。如果我们能把体育研究上升到哲理、哲学层面，或者对体育进行超越哲学境界的研究，那么，我们将对体育有着更加清醒的认识，不会追逐潮流，也不会盲目对外示好。当然，我们若能够为世界搭建另外一个体育人文舞台，恐怕也不失为一种良好的构想。

4. 中国体育人文的发展

（1）体育的本质再现——生物健身与文化娱乐。体育的人文精神是人类以健身、娱乐等方式进行身体活动所体现出来的，具体体现为合作、顽强、娱乐、强身健体等。如果违背这一精神，体育就会远离其本质，变的功利起来，成为一种工具。体育应该始终以"人文"为中心，或者说以"人与自然"为中心。因此，体育的发展不能过分偏离普通大众，否则将会受到负面影响。现在，为了发展体育，很多体育形象项目消耗大量的人力和财力，这是不符合体育人文精神的。

在经济上，为了维护国家、民族或者少数政治家的利益，有时候功利性手段起到推动的作用，使其快速发展。体育则不同，而且体育不应成为少数人获取利益的工具，其发展推动力不应该仅仅依靠一些功利性的手段。如果体育只是为了维护某种意识形态而存在，就会与其本质严重偏离，也就不是真正的体育了。因此，体育哲学家不能戴着有色眼镜去看待体育，也不能从描述上改变体育的本质，应还体育以其本质体现，即生物健身与文化娱乐。

（2）中国传统人文的融入——道、理、情、意境。西方现代体育因为具有公平、正义和娱乐的人文特性，所以被推广到全球。中国现代体育既没有完全延续西方体育本有的人文精神，也没有充分吸收中国传统体育文化，这就是中国现代体育人文精神缺失的原因之一。一个民族的存在与发展，其民族文化印记是主要的符号。"在重建现代生态文明的实践中，努力发掘借鉴中国传统生态文化的思想资源至关重要。"中国现代体育文化虽然源于西方体系，但还是可以通过有意识地文化介入，将中国元素融入其中。

"道可道，非常道；名可名，非常名。"用现代人的目光来看，似乎很难将中国的"道"解释清楚。具体一点，其包括天道、人道和物道，主要是指生命的存在与境界的超越。"道"是从人与自然规律的角度，任法融认为，"道"是宇宙之间、大千世界（天地日月）、森罗万象、芸芸众生之起始，亦为人类文化之渊源；毛泽东曾说："有关黄老讲的这个'道'，是宇宙之间的普遍真理。"专家评说，"道"是宇宙的本体根源、运动法则（规律），它的属性是"和"。"理"是从人与人关系的角度，主张"经世致用""天理之和""公天下"的人文理念。"情"是指人与人关系的境界，"情欲""情感"在继承"质实"之"真"的基础上，成为中国传统文化构建"意义世界"的根源动力。"意境"，李泽厚认为其是由"意"与"境"两部分构成，其中"境"由"形—神"范畴构成，"意"由"情—理"范畴构成。对"人的主体性"强调"情和理"的高度统一。

（3）中国体育人文的发展方向——走向自由。自由指的是个人自身以及体育本体的发展状态，是政治学永远的话题，也是社会发展的最高境界。体育发展的自由境地，是人的身体活动不受不必要的限制，最终体现在减少"利用"和"被利用"，更多的是"享用"和"被享用"。

长期受政治环境的影响，中国现代体育也带着强烈的政治色彩。未来中国体育的发展任务是探讨如何使体育摆脱这种环境，只有完成了这个任务，中国现代体育才能真正以独立的姿态面向世界。

西方哲学一般源于神学哲学，而在中国践行的马克思主义哲学是无神论。那么，现代体育传到中国后，是否也会像马克思主义哲学那样发生变化呢？这给我们一个思路，如可在引进西方体育项目的基础上，融入本民族文化，使其具有中国人文精神。然而，遗憾的是，某些竞技体育的发展显得与时代格格不入。

现在，中国在全球经济中的话语权不断扩大，这是民族自信、全球国家地位转型之时，也是中国现代体育发展路径重新定位的时候，更是中国文化发展的良好机遇。如果按照原西式的经济强制文化的模式走下去，可能会形成中强西弱的局面，恐怕这也是智者不愿意看到的。无论是疑惑还是抱着美好的愿望，摆在面前的事实就是：中国现代体育正是在同质化、离散化、多样化等各种呼声中求生存的。

人类发展的理想境界是：人人能够自由与平等。现代体育作为自由和平等的载体，应该在一种相对自由和平等的环境中进行。虽然在现实中，自由、平等等理念与理想存在着很大的差距，但人类并没有放弃对它们的追求。社会主义新时期提倡社会和谐的理念，从政治角度看，这便是在一定程度上承认了个体的自由性。而现代体育的发展，也有利于自由、平等理念的实现。每种体育文化的存在与发展，应该有自由和平等的发展机会，尤其是针对具体基层体育的发展。

总之，不管是以哪一派的哲学方法来研究现代体育，其最终目的都是为人类生活提供指引的明灯。哲学也往往不能用来解释自然科学中的新兴事物，西方有一句宗教式的哲学名言："人类一思考，上帝就发笑。"中国的现代体育具有独特的政治、经济、文化背景，如果简单地用哲学体系对它进行解释，就很难得出一个令人满意的结果。从人文的角度看，可以得出以下三个结论：第一，中国现代体育的哲学体系基本是西化的；第二，中国现代体育的内容、形式也是西化的，但是运作手段是中国化的；第三，中国现代体育人文的发展方向不清晰。

人类在社会发展中，不断地探索与自然界的和谐关系，在避免相互歧视、仇杀的同时鼓励相互学习、借鉴、求同存异，而不只是某个发达族群的发展。因此，在全球人类体育生态的环境里，在发展中国现代体育的同时也不能忽视承载中国人文精神的民族传统体育，由此，可将中国体育放在文化生态的框架之下，去构思中国传统体育人文精神发展之路。中国现代体育人文精神的最终归宿，应该是将体育与儒、释、道等传统人文精神的元素相融合。

二、当前我国的体育文化传播

1. 体育文化的兴盛是体育强国的标志

何为体育强国，恐怕没有一个固定的标准，虽然许多学者对此都进行了各自的解读，但所描述的却又莫衷一是。不过，这些学者都承认的一个共同点就是，所谓体育强国必然有着兴盛而具独特性的体育文化。综观世界范围内的体育大国，基本上都是从少儿阶段开始进行体育熏陶，待孩子成年后，体育已经成为其生活中不可或缺的部分，而这正是体育社会文化的基础。因此理清体育文化与体育强国间的关系是我们深入探讨的前提。

从体育价值观中探寻体育文化的源头。正如南非前总统曼德拉在2000年向球王贝利颁发终身成就奖时所说："体育拥有改变世界的力量。"这种力量更多地来自其自身的文化价值。如果说古代奥林匹克竞技运动是起源于古希腊宗教仪式上的一种非理性的活动，那么现代体育运动则是建立在西方早期资本主义的理性精神之上的。希腊文明中人神比肩的核心是人与自然关系的反映，在讴歌自然伟大力量的同时，强调人类"欲与天公试比高"的理想追求。反观以农耕文明为背景的中国传统文化的价值思想中，人类文明并不与自然相抗衡，反而更强调人类与自然的和谐，换言之，在中国文化中，自然也成为文化的一个组成部分。中国传统文化中的"以人为本"与西方不同的是其包含了人与自然和谐相处这种观念，强调"整体""平衡""统一"的属性，因此，中国传统文化表现出内敛的典型特征。

那么，中国传统文化中是否缺少了成为体育强国的文化基因呢？答案是否定的。中国传统文化有自己独特的文化基因，并且历经数千年历史沧桑而从未中断，只不过这种文化基因相对现代社会的生活节奏、社会环境的快速变化而言，只能起到维系自身的传承作用，而不能像西方强势文化那样快速输出与传播。事实上，中国体育文化和西方体育文化同样是优秀的，没有绝对的孰优孰劣之分。因此，我们在讨论中国实现体育强国梦想的过程中，必须始终坚持将中国传统体育文化与世界现代体育文化多元共存作为我国体育强国的必由之路，任何简单地以外来体育文化替代本土体育文化的思路都无疑是在断送我国成为体育强国的前途。

现代奥林匹克运动实际上是西方体育文化的集中体现，也是西方体育的文化模式，其背后是西方文化全球化推行的一个渠道和缩影。实用主义的文化价值观让我国体育在对待奥林匹克运动时依然采取整体观的功利取向。

要想成为真正的体育强国，不仅要在代表西方体育文化的奥林匹克运动中以我们从西方文化中汲取的精神与世界体育强国抗衡，还要在以西方文化为背景的现代奥林匹克文化"重在参与""更高、更快、更强"的维度内就如何传播独具特色的中国体育文化进行战略层面上的思考。高度关注我们自己的传统体育文化基因和文化模式，努力营造适合中国民众和国情的中国特色体育文化模式，并通过跨文化传播将自己的文化价值观和体育文化理念推向世界，这是我们必须面对的课题。因此，将中国打造成体育强国，首先必须对体育文化的内在属性进行深入认知，彻底摆脱物化层面的对体育的简单理解。从挖掘、建构、传播中国传统文化入手，通过对体育本质认识的深化，打造自有体育文化品牌，在国内外形成中国体育文化的热点和潮流，届时，我们离实现体育强国的理想就不远了。

2. 当前中国体育文化传播的构成及其缺憾

西方化的议程设置使得中国传统体育文化被漠视。由于奥林匹克运动的巨大影响力，金牌体育成为全社会对于体育境界的主要评价，综观国内各类赛事，无不以成绩为舆论的焦点，更有重奖各级比赛冠军的消息不绝于耳，各级体育管理部门将争取奖牌数作为业绩考核的主要指标……凡此种种，恰恰是我们接受了西方竞技体育的核心价值，接受了以奥林匹克运动为代表的西方体育文化使然。而中国传统体育文化的精髓——注重内敛、协

调、修身养性、德技兼修等精神价值往往被忽视。

概括起来，我国在体育文化传播的议程设置中普遍存在以下问题：第一，在传播过程中过于注重狭义竞技性体育从形式到内容的介绍，而文化内涵所占传播信息的比重很小；第二，议程选择上内容比较肤浅，往往忽视了赛事对体育文化进步所产生的意义及影响；第三，传播体育文化和传播体育活动信息往往被定为一般传播内容，忽视体育文化的独特内涵；第四，话题主要围绕中国特色体育文化的议程占比明显偏低，即使存在也多是对历史的回顾与介绍，缺少当代中国体育文化的代表性话题；第五，能够影响体育核心人口——青少年的体育文化议程主要为外来文化。

综上所述，改变我国体育文化传播的被动局面，首先要从体育文化传播的议程设置上进行调整，唯其如此才能把握体育文化传播的话语权。

作为体育文化传播主体的大众传播媒介没有起到很好的把关人作用。传播学研究中强调，在大众传播中存在着把关人的角色，这是媒介引导社会舆论和社会潮流的重要环节。随着以信息化、数字化、网络化为主要特征的知识经济时代的到来，单纯以技术体育为传播对象的体育大众传播，非但没有形成对体育文化层面的传播，反而错误地将受众引向重术轻义的肤浅层面。社会从重视技术体育传播到重视文化体育传播的转变，应该是体育传播的划时代飞跃，因为体育文化的传播，可以真正地让我们认识到体育的精神实质。

人类生活中的体育，过去不是，现在更不是一个技术、文化、社会截然三分的世界，而是一个复杂的建立在技术基础上的受文化、社会影响和识别的相互联系和作用的大系统。现代体育所呈现出的技术、文化、教育之间的强烈渗透与融合的大趋势，就要求我们的体育传播必须适应并成为这种趋势的引领者。如何将体育文化和大众传播的优势结合起来，这不仅是大众传播工作者的职责，也是体育文化研究学者需要考虑的问题。不论是报纸、期刊，还是电视和网络等新媒体，关注体育，传播体育，都应把体育放进社会文化的环境中寻找与发现它存在的价值。

3. 构建体育强国的体育文化传播策略

上海体育学院体育理论教研室体育人文社会学教授、博士生导师徐本力认为，体育强国应是指包含竞技体育和大众体育的体育事业的整个结构的发展水平，并认为竞技体育发达的国家在大众体育发展水平上并不存在必然的对应性规律。如果以奥运会金牌数或者是奖牌数作为评价指标，我国作为竞技体育强国之一应该是当之无愧的。同样，如果按大众体育的相关指标来评价，我国作为大众体育大国之一恐怕也不会有问题。在我们看来，如果将体育视作对世界具有影响力的文化现象，那么体育强国的深层内涵更多的还在于其体育文化的影响力，也就是体育文化的国际竞争力，或者更直白地说是体育有足够分量的国际话语权。

中国要成为体育强国，要让世界上更多的人认识并接受中国的体育价值思想，必须在西方一统的体育文化模式下，通过将中国传统文化"和谐、和爱、和美"的理想与奥林匹克运动"更高、更快、更强"的精神进行文化基因的融合和移植、补充和发展，打通一条中国体育文化模式向世界有效传递的通道。具体来讲，可以从以下几个方面进行运作。

第一，充分利用大众传播媒介，建立体育文化传播结构性机制。现阶段，我国各主要传媒仍然属于政府主导型，这为建立统一有效的体育文化传播机制奠定了基础。通过有关政府部门的协调，建立起长期、稳定、富有实效的传播策略，不仅可以充分利用信息传播主阵地、强化体育文化在国民中的传播效果,而且可以通过互联网等媒体将我国体育文化价值传播到全世界。这当中的关键是步调一致,媒体间相互协调,形成战略分工。

第二,积极扶植体育文化产业。有学者指出,在经济全球化的今天,通过文化消费传播文化价值是最好的途径。体育产业是体育运动的结果,同时也是体育运动得以普及和持续发展的基础,而且还是一个国家体育文化传播的一种渠道。将传播体育文化价值的任务交给体育文化产品的消费,正是西方价值思想深刻影响中国的主要方式,NBA、F1等赛事在世界范围内广泛传播的同时,其品牌消费的热潮更是如火如荼。

体育文化产业不仅能够产生经济价值,更重要的是能够引导文化消费。曾经有学者指出,21世纪的文化竞争必然与经济相结合。体育文化产业的兴盛,不仅可以传播体育文化,更因为其符合当今社会的价值体系而不断衍生和扩大传播效果,形成一个个体育文化消费群体,进而对全社会的体育文化意识产生引导作用。

第三,国家在政策上要对本民族传统体育文化给予支持,提升其文化竞争力。针对中国传统体育文化在传播中的短板,政府有关部门应积极扶植,在各类组织设置、活动形式、场所、时间等方面给予政策倾斜,甚至直接进行经费支持。在本民族体育文化产品的开发和推广中,可以通过设立相应创业基金的形式给予帮扶。在国家文化产业战略中,可采取改革开放初期引进外资的模式,运用行政和市场的双重手段进行政策性引导,从而加快中国传统体育文化的跨文化传播势能。

第四,充分利用各种传播手段,形成立体传播。本着形成社会潮流的目的,媒介机构应遵循国际惯例,结合中国国情,有针对性地进行有关体育文化传播市场的运作。根据WTO的要求,有步骤地与体育主管部门配合,积极进行体育文化传播市场的综合开发。充分发挥中国体育文化传播市场的潜力,形成稳定、规范的游戏规则。从长远来看,这既有利于媒介自身的发展,也有利于我国体育产业的发展,进而能够促进中国体育事业的腾飞。此外,各级政府组织、社会组织要引导组织成员进行人际传播、组织传播,使得主流体育文化渗透到社会生活的各个角落。

第五,要积极进行体育文化传播人才的培养和储备。首先是传媒技术人才,传媒业的发展通常以技术为先导,无论是输入还是输出都需要技术来实现。而体育文化传播中的技术很大一部分由媒介机构负责。数字技术、网络技术、卫星技术如能很好地应用到体育文化传播之中,提高体育文化传播的效果,使体育文化传播能够与国外先进技术接轨,将有利于相互之间的融通。此外,应培养一批既熟悉媒介运作又通晓体育运行规律的管理人才。像NBA、ESPN等世界级的品牌,不仅要依靠公司的影响,同时还需要人才的积极推广。甚至像国际足联、国际奥委会等,能够获得经济上的巨大成功,除了国际经济环境的影响外,更主要的是因为这些机构拥有相应的人才,能够做出正确的决策。

总之,打造体育强国,其核心是打造体育文化的强国,在打造过程中,我们不应排斥现代以奥林匹克运动为代表的体育文化,但也必须加强对民族传统体育文化的挖掘和保护,积极传播各类体育文化。只有在全社会范围内形成一个个体育文化潮流,营造丰富多彩的体育文化氛围,当中国人爱好体育项目像奥地利人热爱音乐、巴西人喜好足球一样时,中国成为真正的体育强国也就为时不远了。

第五节　新时代和谐社会体育文化的建构

　　新中国成立以来，中国体育的发展一直沿着"举国体制"的模式进行，体育尤其是竞技体育被赋予了过多的政治意义；社会主义新时期先进体育文化建设要本着以人为本的精神，以和谐为要义，建设竞技体育与群众体育平衡发展的新模式。先进体育文化需要全民的参与，为提高全民的文化素质，需要有关方面长期地有计划地增加文化投入，加大体育场馆建设的力度，繁荣群众体育文化生活，积极主动地主办具有国际性的、群众性的体育文化交流活动。在外来体育文化的冲击下，为保持体育文化的原创性，需要对中国体育文化产业给予政策性的扶持，对体育文化市场加强管理，保护体育知识产权。

一、推广"人文奥运"精神，建设先进体育文化

　　《奥林匹克宪章》在其"基本原则"中就说："奥林匹克主义是增强体质、意志和精神并使之全面发展的一种生活哲学。奥林匹克主义谋求把体育运动与文化和教育融合起来，创造一种在努力中求欢乐、发挥良好榜样的教育价值并尊重基本公德原则为基础的生活方式。"先进体育文化通过奥林匹克运动扩大影响，并借助教育得以广泛延续和流传。"人文奥运"从根本上是向世界展示中华五千年的文明史，向世界弘扬中华民族深厚文化积淀的悠久历史以及中国人民的精神风貌、伦理道德。这样的人文精神就是"和谐"思想。体育运动体现的人文精神，其"和谐"是以人为本的和谐，是体育运动作为一种社会文化现象与其生存环境的和谐，是符合走可持续发展道路为目标的和谐。

二、由"绿色看台"文化向"绿色行动"文化倾斜，进一步发展全民健身运动

　　体育运动之所以能带给社会、带给人类一种观赏的魅力和一种精神的动力，很大程度上取决于竞技的内在功能（冲突与美）和竞技的社会功利（价值与荣誉），对于和谐社会的意义，就是精神文化生活和素质境界的提升。但是当今中国竞技体育的空前发达并不能代表亿万中国人民的群众性体育得到了很好的发展，大多数中国人对于体育的参与精神的实践仅仅停留在观赏体育的看台文化层面之上，全民健身运动提倡的"终身体育观"受到经济条件、管理体制等因素的制约，正处于进一步发展的瓶颈阶段。随着《全民健身计划纲要》的制定和实施，群众性的社区体育在提高整体国民素质、促进社会主义精神文明和物质文明建设方面日益发挥着重要作用。北京奥运会可以说是中国体育事业发展的分水岭，"绿色奥运"的口号需要更多地落实到看台之外的普通人民的日常生活之中，逐步发展成为中国人民的生活方式之一。

三、鼓励体育产业的多样化发展，促进体育事业的改革

　　建设先进体育文化不能回避如何发展体育产业的话题，体育社会化和产业化是中国体育现阶段改革与发展的方向。客观地说，近年来体育社会化和产业化的进程有所进展，但仍需重新审视体育社会化和产业化的推进方式。体育产业是我国新兴的产业，应趁2008年北京奥运会之际，共同研究、策划近期目标和长远目标，在主攻体育产业发展之前，营

造良性循环的体育竞赛体制，将其纳入法治的轨道，带动第三产业发展。既往的推进方式是体育部门主导的体育化社会、体育化产业的单向的、一维的路径，社会单位、产业单位只能被动地接收，而不能反作用于体育。实际上体育社会化和体育产业化都是双向互动的博弈过程，它既包括体育化社会、体育化产业，也包括社会化体育、产业化体育。近年来高校举办高水平运动队以及企业创办职业俱乐部遇到的各种问题都不同程度与这种有缺陷的推进方式有关。体育事业要在构建社会主义和谐社会的进程中发挥作用，就必须不断扩大体育的社会基础、市场基础，而要扩大这"两个基础"就必须重新审视体育社会化和产业化的推进方式，并切实加以调整和改进。

四、以文化交往为出发点发展先进体育文化

人的社会化是一个不可逆转的发展趋势。在现代社会条件下，体育社会化已成为一种时代潮流。随着现代科技和社会文明的进步，各个行业之间、各个领域之间以及各个学科之间越来越呈现出互相渗透、相互影响、相互依存的发展态势，而体育日益演变为一种最具广泛性、最具发展潜力、最具影响力的全球化与社会化的文化活动。当今中国建设先进体育文化的实践是在全球化背景下展开的，如何利用国际国内两种资源、两个市场、两方人才来激活体制，健全机制，全面提升中国体育文化的核心竞争力，是一个重大的战略性问题。对于先进体育文化而言，其核心理念在于对人生价值和意义的关怀。因此我们在建设先进体育文化过程中要追求一种文化交往意义下的发展方式，在和谐社会的架构下扩充体育文化的交往理性。

我国正经历着从传统社会向现代社会转变的历史时期，体育文化的作用和价值必将随着社会生活方式和内容的改变而发生改变。建设先进体育文化有利于推动精神文明建设，在提高身体素质和思想道德素质、加强精神文明建设、稳定国家大局等方面起着重要的作用。构建社会主义和谐社会为体育文化发展与繁荣提供了社会条件，而先进体育文化的发展与繁荣则是构建社会主义和谐社会宏伟目标实现的有效途径。

第三章 体育文化与大学生社会发展

第一节 大学体育文化构建

  大学体育文化是指在高校这一特定的范围内，人们在历史实践过程中所创造的体育精神财富和物质财富的总和。从广义上讲，大学体育文化是指所有的师生员工在体育教学、健身运动、运动竞赛、体育设施建设等活动中形成和拥有的物质财富和精神财富；从狭义上讲，大学体育文化则是指学校师生员工的体育观念和体育意识。大学体育文化是一种有着深刻内涵和丰富外延的独特文化现象，它与德、智、美等文化一起构成大学体育文化群，又与竞技运动、群众体育文化一起组成了广义的体育文化群。

一、学生参与大学体育文化活动的动因

  任何一种体育现象都必须从人类社会的变迁和人们需要结构的改变入手，个体需要和社会需要必须有机统一才能具有一定的科学性，把二者对立起来的观点和做法是片面、错误的。需要是产生动机的基础，需要是在一定诱因条件下，才能变成活动的动机，并促进人们参与活动。不仅简单活动是在需要的基础上产生的，而且复杂的动机也是由社会的客观现实向人提出要求，进而变成人的内部需要之后才产生的。当任何一级水平的需要未得到充分满足时，其上一级需要会因此受到阻力而不能充分发展，最高级的需要也就可能永远不会出现。随着人们的物质生活水平显著的提高，尤其是国家对高等教育的大量投入，大学的综合实力大大加强。在校的大学生开始注重改善生活方式，提高生活质量，健身娱乐等体育活动逐步进入他们的生活，通过体育活动消除疲劳、愉悦身心已成为多数学生的迫切愿望。学生只有知道了体育锻炼对自身和国家的重要性，才会积极主动地投入到体育锻炼活动中。而且丰富多彩的大学体育文化正好能够适应学生精神需要的多样化和个性化的特点，让学生找到适合自己的内容和形式，并在参与中看到自身价值，增强自信心和积极向上的学习态度，促进健康心理的形成。

  通过对参与大学体育文化活动因素调查的结果显示：26.67%的研究生和30%的本科生参与大学体育文化活动的动因是由于自身健康的需要；23.33%的研究生和20%的本科生是在综合素质的要求下参与大学体育文化活动。研究生基本不受宣传媒体和规章制度的影响，对于运动场地器材（20%）和体育教师（16.67%）的影响下参与大学体育文化活动的比例也不小，对于人文环境（8.33%）和体育传统项目（5%）的影响下参与大学体育文化活动的比例不大。

1. 培养体育意识是创造大学体育文化的前提

  更新观念就是要求我们在新时期勇于冲破旧的观念和束缚，善于从实际出发，认真研

究自身的身体状况，研究市场经济下对人才提出的新要求、新标准，勤于观察、勇于实践，努力开拓进取。随着现代化生产的大力推进和科学技术的迅猛发展，人们传统的生活方式、行为方式、价值观念、是非标准、精神状况都将发生重大变革。工作时间相对缩短，劳动强度相对提高，既为更多的人参加体育活动提供了时间上的保证，又对劳动者身体素质条件提出了更高的要求，因而形成了人们参加体育锻炼的双重动力。

作为21世纪的大学生，要对体育进行再认识、再学习、再提高，用新的理论和观念不断完善自身综合素质，树立正确的终身体育观，并且身体力行。要意识到健康的身体并不是永恒不变的，大学生毕业走上社会后，如果没有养成锻炼的习惯或不能坚持经常锻炼，随着年龄的增长、工作和生活环境及自身状况变化，原来强健的身体也会走向反面。只有培养自己的体育能力，养成锻炼身体的习惯，增强终身体育意识，树立正确的体育观，才是百年大计，才会使自己一生中在任何时候和任何环境条件下都能独立自由地进行科学的身体锻炼，达到终生受益的目的。

目前，一部分学生的体育意识，特别是参与意识比较淡薄。原因之一是与当前社会对体育的理解存在片面性有关。由于社会上多数宣传媒体，如广播、电视等着眼于宣传娱乐、健身等，这就使大多数人很大程度上把体育仅作为文化领域的欣赏对象与生活中的娱乐手段，认为体育就是这些。但是在实际生活中，由于受经济水平制约，体育作为文化娱乐手段的条件还没有完全具备，竞技体育、娱乐体育又使广大学生可望而不可即，加上对学校体育所追求的目标和竞技娱乐的目标不尽相同，产生欣赏重于参与的体育意识，而不能把自己的体育学习与锻炼有机地结合起来，或者体育锻炼中没有长远计划，采取短期"突击锻炼"以应付考试或追求达标，所以，他们的参与意识必然是淡薄的。原因之二是少部分学生在进入高等院校前的学校体育受各种因素影响和制约无法正常开展，从而导致其体育意识的淡薄。

2. 怎样培养学生的体育意识

教材内容和教学形式对大学生体育意识的形成和发展具有最直接的作用。教学内容安排不适，就会造成学生不喜欢体育课，学习无兴趣，因此，学校教学大纲内容的修订，要充分考虑学生的身体、技能、心理、娱乐和文化需要，着重对体育知识技能的特征、结构、分类、逻辑关系进行全面了解和研究，注意优选那些易懂性、综合性、基础性、娱乐性强的知识技能；并注意依据学生年龄特征对纷繁众多的知识技能作结构化处理。素质教育要求体育教学能充分弘扬学生主体精神，使教师的"教法"与学生的"学法"有机结合；从单一的"达标式"教学方法转向"启智、求知、调心、育人、健身"的多样化综合化教学方法体系。通过高校体育，使学生最后发展到热爱体育，同时自身的体育意识也不断得到强化和培养。另外，竞赛也是培养学生自身体育意识的一种功效显著的教育方式。学校体育要培养学生学会利用学校的环境，尽量参与竞赛活动，而不只是做一名旁观者。提倡奥林匹克运动精神，崇尚参与，不以成绩论成败，使每个学生在校期间都不同程度地参与体育运动，并在体育运动中体会与人合作或竞争的情景，从而提高学生的团结协作精神和团队精神，使其在从业之后能更积极地参与各类运动或比赛，增强了体育的参与意识，激发了学生的潜能。学生能够积极主动地寻找各种锻炼机会，为活跃大学体育文化奠定基础。

众所周知，大学体育文化是大学内所呈现的一种特定的体育文化氛围，它是以学生为主体,以课外体育文化活动为主要内容,以大学为主要空间,以大学精神为主要特征的一种群体文化。大学体育文化作为一种社会文化,是学校在长期的教学、科研和行政管理过程中逐步形成的,更是在广大学生直接参与和精心培养下发展起来的。意识是行为表现的先决条件,因此,要使高校全体学生把参与大学体育文化活动变为自觉行为,必须重视对体育意识的培养。调查结果表明:当前高校学生的体育意识较以前有了明显的增强,但不少学生的体育欲求动机还不甚强烈。

二、大学体育文化建设的策略分析

（1）必须把学生群体活动管理规则的制定和实施作为大学体育文化的核心。要使教师和学生在各自的活动中体现出大学体育文化的共同指向,光靠一般的号召和个人一时的道德自觉是不够的。最核心的是管理体系的完善和执行,通过规则引导师生的行为。运用体育的规则来约束和规范自己的行动,处理人与人之间的关系,是大学体育文化走向现代化的必然趋势。

（2）建立科学、合理、民主的评价体系,对实现学生主动参与群体活动的良性运转至关重要。这一评价体系包括组织方案评价、组织实施过程评价、组织效果评价及长效机制评价等方面。不能只看出勤率,教师要明确过程评价的重要性,并制定合理的评价体系,让学生了解努力方向和最终目标,使学生在努力中能看到自己的进步,并得到相应的认可,这样才能激发学生的学习动力,建立自信,养成锻炼习惯,确立终身体育的信念。同时还应注意考虑把学生在参与中的态度、责任心、合作精神等方面作为评价体系的重要因素,让学生真正体会到体育精神,把被动练习变为主动参与,从而体验到运动的快乐。

（3）加强媒体宣传力度。经常运用标语、图展、广播、录像等媒体,进行体育文化的渗透,尤其是利用高校体育馆或体育中心的周围空旷场地修建体育走廊,宣传最新体育消息,使师生真正认识到强健身体的重要性,培养他们对体育的兴趣,提高参与意识,使学生能随时了解体育、参与体育、享受体育。

（4）重视课外体育活动。在保留原有体育项目的基础上,大力开展简单、方便、实用的,大学生喜闻乐见的,集娱乐性、趣味性、健身性于一体的体育活动内容和形式,以满足不同兴趣爱好的学生的锻炼需要。学校应设立课外活动辅导站,体育教师根据学生的不同要求进行课外体育锻炼的辅导与指导,提高课外体育活动质量。

（5）组织体育知识讲座。必须把追求知识、崇尚科学作为大学体育文化建设的宗旨。体育知识讲座是丰富学生体育知识的重要手段,可以请校内外体育专家、运动员配合体育教学任务开展讲座,介绍国内外体育赛事、体育形势、体育文化等,开阔学生视野、丰富学生体育文化知识。

（6）组织体育知识竞赛。体育文化有着很强的渗透力,能够通过竞赛的形式发挥集体的凝聚力。学校组织体育知识竞赛要具有简单易行的特点,可充分利用所掌握的体育知识,组织班级、年级甚至全校的体育知识竞赛活动,来提高学生对体育文化的兴趣和参与的积极性。组建各种项目的健身俱乐部,从招收会员到组织练习,直至最后的比赛,让学生全面体会整个比赛的程序,来激发学生的参与意识。在此期间,必须有专业教师的指导和培训,为学生提供专业的体育知识和竞赛办法,来调动学生的积极性,使比赛能够很好地进行并延续下去,真正发挥俱乐部的作用。

（7）应举办一年一度的体育文化节。体育文化节是建设大学体育文化的主要形式之一，是传播价值观念的最佳载体，是激发学生体育兴趣的有效手段，更是一种享受、一种快乐、一种体验。举办体育文化节可以进一步烘托学校和谐的人文环境，发动所有学生的潜能，力求加大参与对象范围，让更多的学生能够有机会参与到集体活动中去，扩大体育节的影响力，带动更多的学生参与到体育运动中去。不应该把体育文化节办成少数人的节日，如果只是流于形式，只做表面文章，不但不能起到带动作用，反而影响了学生的参与意识。

（8）提高体育教师文化素养已成为教育改革的迫切需要。体育教师必须顺应潮流、面对现实，不断丰富自己的文化内涵，将自己塑造成一个高素质的文化人，这样才能适应社会发展的需要，适应教育改革的需要，适应全面实施素质教育的需要，才能在营造大学体育文化氛围中起主导作用。很多高校体育教师认为体育在高校中不受重视，便放松自己，不求进取，专业水平得不到提高，个人魅力也就无法体现，在教学中按部就班，缺乏激情，没有创新，也就无法带动学生参与运动。某些教师采用的教学方法、手段陈旧落后，是体育课上学生厌学的主要方面。在教师主体论的影响下，体育课堂必然以教师为中心，把学生置于"被管理、被训练"的被动从属地位，很少考虑到学生的主体地位及其在学习活动中的"学法"；同时只注重教材内容的逻辑联系和竞技技术体系去安排教学环节和教学方法，很少从学生在体育活动中的心态情感出发，很少从认识、体验和掌握教材内容的角度去考虑，选择合适的方法和手段。因而，在体育课上，学生往往是在教师的指导下整齐划一地进行被动表演，学生个人的不同兴趣、爱好、特长的培养被忽视，学生个性的发展被压抑。一线体育教师的责任心是影响大学体育文化的重中之重，所以要想丰富大学体育文化必须加大对体育教师的管理和培训。

（9）加强组织领导机构的建设。健全领导机构是保障各项工作畅通的前提。只有领导重视，各职能部门大力支持，一线体育教师全力以赴，工会、学生组织、院系辅导员、学生干部具体落实，共同努力，才能使大学体育文化建设蓬勃发展。同时，整个机构工作流程要符合学生的利益，要围绕学生群体进行。提高服务于学生的思想意识；加强组织机构建设；从换位思考的角度来审视我们的工作，才能将各项工作落到实处。大学体育文化是营造学校人文气息和文化氛围重要的不可或缺的内容。一切有着良好文化氛围的高校，其所形成的体育环境氛围，作为一种无形的力量，促使生活在这个环境的每一个大学生都能正确地调节自己的心理和行为，这对促进他们的个体素质和整体素质的全面和充分发展无疑具有重要的作用。大学体育文化建设是实现学校体育教育目标的重要环节，它为高校师生解开人际交往的心理防线、构筑健康的生活方式、营造良好的大学文化氛围、加强两个文明建设、推进素质教育起着特殊的作用。良好的大学体育文化将把人的发展需要与社会需求统一起来，把教育的社会功能与本体功能有机地结合起来，有利于促进学校良好的体育风气的形成，有利于学校校风、校貌的建设，更有利于培养出全面发展的优秀人才。

第二节　当代大学生的历史使命与体育文化素养

纵观人类历史发展进程，不同的时代有着不同的历史使命。当代大学生的历史使命，并不是任何人的主观臆想，而是由21世纪中国和世界的历史发展和社会条件所决定的。

一、当代大学生的历史使命

1. 继往开来，建设中国特色社会主义

传承历史，开创未来，当代大学生要担当起建设中国特色社会主义的重任，实现百多年来中国人民梦寐以求的国家富强、人民幸福的爱国理想。

党的十一届三中全会以后，党和国家把工作重点全面转向以经济建设为中心的现代化建设，把改善人民群众的物质文化生活水平作为首要任务。因为"科学技术是第一生产力"，所以，我国及时地制定了"科教兴国"的宏伟战略，以此应对世界新技术革命的挑战。也只有这样，国家的富强和人民的富裕才不是空谈。而作为科教兴国的第一受益者，大学生理应承担起用科技文化推动经济发展、依靠经济发展提高人民生活水平的重任；也只有这样，建设中国特色社会主义，实现百多年来中国人民梦寐以求的国家富强、人民幸福的理想才不会只是纸上谈兵。

2. 勇于创新，实现中华民族的伟大复兴

大学生一贯被誉为"天之骄子"，而自身也常以"精英"自居。的确，大学生文化素质相对较高，我们常常以我们有着五千年积淀下来的文化而自豪，但我们同时也似乎应该毫不避讳地承认：我们有着五千年积淀下来的种种陋习，"社会上还存在一些迷信、愚昧、颓废、庸俗等落后文化，甚至还存在一些腐蚀人们精神世界、危害社会主义事业的腐朽文化"。大学不是净土，大学生也或多或少地受着这些腐朽思想的影响。根除这些现象，绝非一朝一夕之功，大学生从自身做起，也就显得特别重要。中国是世界四大文明古国之一，然而，成为近代历史上的落伍者，在现代世界文明交流融合与冲突的洪流中，在一个充满创新、依靠创新的社会，中华民族的创新发展到了一个极为关键的时刻。

3. 积极努力，为世界和平发展、人类社会的进步事业作贡献

人类社会的发展依靠的是一代代人的奋斗努力，靠的是各国和各族人民的共同奉献。中华民族是热爱和平的民族，中国始终是维护世界和平的坚定力量。

大学生作为国家的未来，应当为了国家发展而努力，为了国家存在的环境稳定而努力，为了世界的和平和安定而努力。

作为大学生要将自身责任与当前国家需要密切结合起来，只有这样，我们才会不辱"国家的未来"这样的称号。当代大学生理当有为人类和平进步事业作贡献的历史使命，在未来的人生奋斗中自觉地担当起为世界和平和为人类社会的进步事业作贡献的职责。

二、大学生体育文化素养

体育文化素养是人们在先天自然因素（生理方面）基础上通过环境与体育教育影响所产生的后天社会因素（精神方面）及其体育能力等品质相结合而形成的人的一种体育素质。简而言之，体育文化素养就是人的各种体育精神要素及其品质的综合。它包括体育知识、体育意识、体育行为、体育技能、体育水平、体育个性及体育品德七个方面。其中，体育知识是基础，体育意识是动力，体育行为是目标，体育技能是重点，体育水平是标

尺，体育个性是关键，体育品德是灵魂。

1. 体育知识

体育知识以高校体育理论教材为主要来源。教材内容应当充实，以满足学生对体育知识高层次的需求，使学生从中能够树立正确的体育观，深刻理解体育含义及其功能，明白健身的生理机制及原理，获得健身、卫生保健、身心养护等多方面的知识，懂得竞技运动的竞赛规则、裁判法及欣赏能力等。总之，通过教师多方面的体育知识传授，能够激发学生对体育的兴趣及参与意识，同时也使学生在体育锻炼时能获得必要的理论指导。体育知识的学习，可以使学生对体育有全面的认识，从而有利于培养积极的体育价值观，形成良好的体育意识。学生理解掌握的体育知识是体育意识的重要内容。

2. 体育意识

广义的体育意识是客观存在的体育现象在人们头脑中的反映，是人们对体育感觉、思维、判断的综合，是人们对体育运动总的看法。它既体现为以观念形态出现的精神活动成果（即体育知识），也体现为人脑的精神活动过程。狭义的体育意识主要是指"体育参与意识"。影响体育参与意识的因素有两个：一个是体育价值判断；另一个是体育情感体验。体育意识影响着人们的体育行为，在体育文化素养中占有重要地位。被学生掌握的体育知识是体育意识的重要内容，同时，体育实践（体育行为）是体育意识产生的另一重要源泉。简而言之，体育意识，一方面来源于体育知识的学习，另一方面来源于体育实践（体育行为）。全面的体育知识与积极的体育意识有利于体育技能的形成与发展，体育技能的提高也有利于体育意识的发展。

判断体育意识的标准有：第一，是否具有一定的体育知识和体育技能；第二，是否正确认识体育的作用；第三，是否具有对体育正向积极的情感体验；第四，是否具有体育需要和行为的倾向；第五，是否在体育实践中具有较强的意志力。体育意识的形成与发展受社会环境、学校教育及家庭的影响，其中，学校体育对正确体育意识的形成起决定性作用。

3. 体育行为

体育行为是一个人的体育生活和体育活动的具体表现形式，是体育文化素养在行为中的直接反映。它包括体育活动、体育消费、运动时间与空间利用、体育绩效等。体育行为在体育素养各要素中处于中心的地位，对体育素养的培养与发展具有决定性的影响。体育行为是体育意识的重要源泉，科学合理的体育行为可以促进大学生体质水平的提高，体育技能、体育品德的培养与发展也必须依赖体育行为。此外，体育行为还是表现体育个性的重要方面。体质水平对体育行为有影响，科学合理的体育行为会使体质水平提高。对于大学生来说，应学习和掌握比较全面的体育知识，形成对体育的全面的认识，养成科学健身的习惯，逐渐养成终身体育的意识和习惯是高校体育要追求的目标。同时，学生根据个体的兴趣爱好，适当选修若干运动项目，发展专项运动技能，在比较系统的学习过程中，形成自己独特的风格，发展体育个性，培养体育品德，这既是素质教育的要求，也是发展大学生全面的体育素养的重要任务。要达到以上目的，只有通过课内、课外大学生积极主动的体育行为才能实现。

4. 体育技能

学生个体的体育意识、体育行为、体育品德对体育技能的形成发展具有巨大的影响，同时，体育技能的发展提高也对学生体育意识、体育行为、体育品德的发展具有促进作用。有个人特点的体育技能还是体育个性的具体表现。体育技能，包括专项体育运动技术与各种体育活动能力，如组织能力、体育欣赏能力等。重视学生的体育技术、能力的培养，达到使身体终身受益的目的，是当前学校体育发展的方向。

根据大学生身心发展的特点，应重点提高以下几种体育技能。

（1）自我锻炼能力。主要发展基本运动能力（走、跑、跳、投、支撑、悬垂、攀登、爬越等）及力量、速度、耐力、柔韧、灵敏、协调等身体素质。

（2）自我娱乐能力。参加各种体育文化娱乐活动，既能及时有效地消除疲劳，产生积极性休息的生理反应，又能陶冶情操，丰富生活，增进友谊，提高自信心和荣誉感。

（3）自我保健能力。自我保健即意味着自己有能力科学、合理地安排运动负荷，达到增强体质，减少和防止各种身心疾病的目的，促进身心健康发展，可获得高水平的体育教育效益。

（4）专项运动技能。即各体育运动项目相应的身体与心理素质、基础动作与相对的高难动作、该项目的技战术意识及临场发挥等。

（5）体育组织能力。让学生参加校内各种体育竞赛的组织工作，培养学生观察问题和解决问题的能力，发挥学生的想象力和创造力，把课堂教学和课外活动有机结合起来，既能使大学生课余生活丰富多彩，又为今后参加社会体育活动打下良好的基础。

（6）体育欣赏能力。了解各类体育比赛的规则，了解运动技术的最新发展，学会欣赏体育比赛，不仅丰富了业余文化活动，还可以加深对体育运动的理解，甚至对个人技能的提高也有帮助。

5. 体育水平

体育水平包括以体育知识水平为评价对象，以及进行价值判断所采用的手段和程序。体育知识水平，所指评价对象包括关于人体的基本知识、关于体育和运动技能的基本知识和关于体育道德的基本知识等内容。评价程序和方法主要是用提问、检测和命题考试，以及观察评价对象的实际的过程。

6. 体育个性

体育个性是一个人在体育活动中经常表现出来的、比较稳定的、带有一定倾向性的个性心理特征的总和，具有个体特征的体育意识、体育行为、体育品德和体育技能是体育个性的重要体现。在体育教学过程中，一方面，注重体育基础知识和基本技能的教育；另一方面，尊重学生个体的差异，根据个体的体育兴趣和需要，实行选项教学或俱乐部制，培养与发展专项运动必需的心理与身体素质，完善专项技术动作技术、战术素养，形成独特的技术风格，同时，注重个体体育品德的养成。

7. 体育品德

体育品德是一个人依据一定的体育道德规范，在体育活动中表现出来的稳定的心理特征和倾向，是体育道德在个体体育行为中的反映。通过体育行为表现出的体育品德也是体育个性的重要方面。体育活动追求身心全面和谐的发展，追求更新、更难、更高、更快、更美、更熟练的动作技能，因此勇敢、开拓进取、积极向上、主动是其重要的品德内容。体育主张公平竞争，诚实、公正、平等、尊重对方和裁判是其固有的道德特点。协调一致、互相配合的集体力量不但是取得成功的保证，也是体育活动与运动能够正常运行的必要条件，即使是个人的项目也需要他人、集体的帮助和鼓励，因此团结友爱、互相帮助、互相尊重、顾全大局是其固有的道德风貌。

第三节 "健康中国2030"背景下的大学体育文化价值

一、《"健康中国2030"规划纲要》解读

以习近平同志为总书记的党中央，坚持共享发展理念，高度重视我国的卫生与健康事业的发展。标志性事件集中在三次重要会议：2015年10月26日至29日，党的十八届五中全会首次提出推进健康中国建设，"健康中国"上升为国家战略；2016年8月19日至20日，全国卫生与健康大会全面部署推进"健康中国"建设；2016年8月26日，中共中央政治局会议审议通过《"健康中国2030"规划纲要》。这三个标志性成果凸显了中国共产党"坚持人民主体地位"的执政本色，凸显了习近平总书记"健康中国"的战略思想。

党的十八大以来，习近平总书记就卫生与健康问题有过很多重要的阐述。2012年11月15日，在十八届中央政治局常委同中外记者首次见面会上，习近平指出，"我们的人民热爱生活，期盼有……更可靠的社会保障、更高水平的医疗卫生服务……更优美的环境……"。在2013年8月31日，习近平总书记在沈阳会见体育界代表时谈到"人民身体健康是全面建成小康社会的重要内涵，是每一个人成长和实现幸福生活的重要基础"。2014年12月13日，习近平总书记在考察江苏镇江市世业镇卫生院时，强调"没有全民健康，就没有全面小康"。2016年7月25日，习近平总书记在人民大会堂会见世界卫生组织总干事陈冯富珍时说到"使全体中国人民享有更高水平的医疗卫生服务也是我们两个百年目标的重要组成部分"。2016年8月19日至20日，习近平总书记在全国卫生与健康大会上，要求"要把人民健康放在优先发展的战略地位，以普及健康生活、优化健康服务、完善健康保障、建设健康环境、发展健康产业为重点，加快推进健康中国建设，努力全方位、全周期保障人民健康，为实现'两个一百年'奋斗目标、实现中华民族伟大复兴的中国梦打下坚实健康基础"。从习近平总书记系列重要讲话中不难看出，"健康中国"战略思想的核心要义有三点。一是"健康中国"是一面共同理想的旗帜，以全民健康促进全面小康社会和"两个一百年"宏伟目标的实现，顺应了13亿多人民的期盼。二是"健康中国"是一个创新型发展理念，核心是健康优先，实质是要求政府、社会和个人都树立起健康优先的发展理念，目标是构建全民健康型社会。三是"健康中国"是一项"大健康"工程，是以人民健康为中心的系统工程，将健康融入所有政策，全方位、全周期保障人民健康。

2016年8月26日，中共中央总书记习近平在北京主持召开中共中央政治局会议，审议通过了《"健康中国2030"规划纲要》。会议认为：健康是促进人的全面发展的必然要求，是经济社会发展的基础条件，是民族昌盛和国家富强的重要标志，也是广大人民群众

的共同追求。会议还强调：《"健康中国2030"规划纲要》是今后15年推进健康中国建设的行动纲领。

为加快中国特色社会主义建设进程，前提是要推进健康中国的建设。党的十八届五中全会明确提出推进健康中国建设，从"五位一体"总体布局和"四个全面"战略布局出发，对当前和今后一个时期更好保障人民健康作出了制度性安排，改正民众"人命在天，物命在人"的错误健康理念。

"读过古华佗，不如见症多"，从实际出发，总结我党在人民健康工作中的经验，把保障人民健康、全面建成小康社会视为亟须解决的工作目标。编制和实施《"健康中国2030"规划纲要》是贯彻落实党的十八届五中全会精神、保障人民健康的重大举措，对全面建成小康社会、加快推进社会主义现代化具有重大意义。同时，这也是我国积极参与全球健康治理、履行我国对联合国《2030年可持续发展议程》承诺的重要举措。

对人民健康负责，人民健康要从基层做起，要从小事抓起。"万金良药，不如无疾"。要以"贫无可奈唯求俭，拙亦何妨只要勤"的预防为主，建设完善的医疗制度和体系，从食品安全入手，以解决当下医疗问题为主旨、以健康宣传预防为标语，让群众的生活环境更健康、生活方式更加绿色，从而减少疾病的发生。习近平总书记指出："要调整优化健康服务体系，强化早诊断、早治疗、早康复，坚持保基本、强基层、建机制，更好满足人民群众健康需求。"

新中国成立特别是改革开放以来，我国健康领域改革发展成就显著，人民健康水平不断提高。但是我国也面临着工业化、城镇化、人口老龄化等问题，陆续出现一些新挑战，需要我党统筹解决。新形势下，着眼于人民健康，应着眼于重大的、长远的问题，调整优化健康服务体系，强化早诊断、早治疗、早康复，坚持保基本、强基层、建机制，更好地满足人民群众健康需求。

在规划纲要推进中，牢固树立和贯彻落实创新、协调、绿色、开放、共享的发展理念，坚持正确的卫生与健康工作方针是每一位工作者需要秉持的理念。中国梦需要每一位健康的中国人去实现，人民群众更要"关己为先，重事为前"，坚持以健康优先，用"安营时虑险防患"的意识维持健康。在改革创新的大环境下科学地发展各项健康项目。以体制机制改革创新为动力，从广泛的健康影响因素入手，如医疗卫生、食品安全、环境卫生、公共设施建设；从普及健康生活、优化健康服务入手，如健身设施、素质教育；从完善健康保障、建设健康环境、发展健康产业入手，如养生经济、城市蓝天行动；把健康融入所有政策，全方位、全周期保障人民健康，大幅提高健康水平，显著改善健康公平。

健康工作不容忽视，各级党委和政府要增强责任感和紧迫感，把人民健康放在优先发展的战略地位，抓紧研究制定配套政策，坚持问题导向，抓紧补齐短板，不断为实现"两个一百年"奋斗目标、实现中华民族伟大复兴的中国梦打下坚实健康基础。尤其要注重突出问题的解决，如妇女儿童、老年人、残疾人、流动人口、低收入人群等重点人群的健康问题。《"健康中国2030"规划纲要》是我党"为人民服务"的承诺履行，也是政府"系民间之疾苦"的行动落实，在强化组织实施的协调下、政府加大投入的支持下、深化体制机制改革下、加快健康人力资源的建设下，群众的生活和健康质量将会持续提升。未来我国将继续坚持健康科技创新，建设健康信息化服务体系，加强健康法治建设，扩大健康国际交流合作，用多方位的落实方案来抓中国健康事业，促经济稳步发展。

二、《"健康中国 2030"规划纲要》的主要内容

2016 年 10 月 26 日,中共中央、国务院印发《"健康中国 2030"规划纲要》。规划纲要明确提出,"共建共享、全民健康"是建设健康中国的战略主题,全民健康是建设健康中国的根本目的。为实现以上目标,规划纲要还从普及健康生活、优化健康服务、完善健康保障、建设健康环境、发展健康产业等方面进行了部署。

到 2020 年,建立覆盖城乡居民的中国特色基本医疗卫生制度,健康素养水平持续提高,健康服务体系完善高效,人人享有基本医疗卫生服务和基本体育健身服务,基本形成内涵丰富、结构合理的健康产业体系,主要健康指标居于中高收入国家前列。

到 2030 年,促进全民健康的制度体系更加完善,健康领域发展更加协调,健康生活方式得到普及,健康服务质量和健康保障水平不断提高,健康产业繁荣发展,基本实现健康公平,主要健康指标进入高收入国家行列。到 2050 年,建成与社会主义现代化国家相适应的健康国家。

到 2030 年具体实现以下目标:

——人民健康水平持续提升。人民身体素质明显增强,2030 年人均预期寿命达到 79.0 岁,人均健康预期寿命显著提高。

——主要健康危险因素得到有效控制。全民健康素养大幅提高,健康生活方式得到全面普及,有利于健康的生产生活环境基本形成,食品药品安全得到有效保障,消除一批重大疾病危害。

——健康服务能力大幅提升。优质高效的整合型医疗卫生服务体系和完善的全民健身公共服务体系全面建立,健康保障体系进一步完善,健康科技创新整体实力位居世界前列,健康服务质量和水平明显提高。

——健康产业规模显著扩大。建立起体系完整、结构优化的健康产业体系,形成一批具有较强创新能力和国际竞争力的大型企业,成为国民经济支柱型产业。

——促进健康的制度体系更加完善。有利于健康的政策、法律法规体系进一步健全,健康领域治理体系和治理能力基本实现现代化。

(1)到 2030 年,居民营养知识素养明显提高,营养缺乏疾病发生率显著下降,全国人均每日食盐摄入量降低 20%,超重、肥胖人口增长速度明显放缓。

(2)到 2030 年,15 岁以上人群吸烟率降低到 20%。

(3)到 2030 年,常见精神障碍防治和心理行为问题识别干预水平显著提高。

(4)到 2030 年,基本建成县乡村三级公共体育设施网络,人均体育场地面积不低于 2.3 平方米,在城镇社区实现 15 分钟健身圈全覆盖。

(5)到 2030 年,学校体育场地设施与器材配置达标率达到 100%,青少年学生每周参与体育活动达到中等强度 3 次以上,国家学生体质健康标准达标优秀率 25% 以上。

(6)到 2030 年,实现全人群、全生命周期的慢性病健康管理,总体癌症 5 年生存率提高 15%。加强口腔卫生,12 岁儿童患龋率控制在 25% 以内。

(7)到 2030 年,15 分钟基本医疗卫生服务圈基本形成,每千常住人口注册护士数达到 4~7 人。

(8)到 2030 年,中医药在治病中的主导作用、在重大疾病治疗中的协同作用、在疾

病康复中的核心作用得到充分发挥。

（9）到 2030 年，全民医保体系成熟定型。

（10）到 2030 年，全民医保管理服务体系完善高效。

（11）到 2030 年，现代商业健康保险服务业进一步发展，商业健康保险赔付支出占卫生总费用比重显著提高。

（12）到 2030 年，国家卫生城市数量提高到全国城市总数的 50％，有条件的省（自治区、直辖市）实现全覆盖。

（13）到 2030 年，建成一批健康城市、健康村镇建设的示范市和示范村镇。

（14）到 2030 年，食品安全风险监测与食源性疾病报告网络实现全覆盖。

（15）到 2030 年，力争实现道路交通万车死亡率下降 30％。

（16）到 2030 年，城乡公共消防设施基本实现全覆盖。

（17）到 2030 年，建立起覆盖全国、较为完善的紧急医学救援网络，突发事件卫生应急处置能力和紧急医学救援能力达到发达国家水平。进一步健全医疗急救体系，提高救治效率。

（18）到 2030 年，力争将道路交通事故死伤比基本降低到中等发达国家水平。

（19）到 2030 年，药品、医疗器械质量标准全面与国际接轨。

（20）到 2030 年，具有自主知识产权新药和诊疗装备国际市场份额大幅提高，高端医疗设备市场国产化率大幅提高，实现医药工业中高速发展和向中高端迈进，跨入世界制药强国行列。

（21）到 2030 年，实现每千人拥有社会体育指导员 2~3 名。

（22）到 2030 年，实现国家省市县四级人口健康信息平台互通共享、规范应用，人人拥有规范化的电子健康档案和功能完备的健康卡，远程医疗覆盖省市县乡四级医疗卫生机构，全面实现人口健康信息规范管理和使用，满足个性化服务和精准化医疗的需求。

三、"健康中国 2030"背景下的大学体育文化价值

体育文化在社会发展过程中产生了并且正在产生着积极的作用，其对社会的发展、文化的进步具有重要的价值和意义。

1. 教育价值

大学体育文化的教育价值主要表现在它的潜移默化、耳濡目染、暗示性和渗透性。这种教育形式不同于教师教、学生学的单向灌输为主的课堂教育，它是在具体的体育活动中，通过统一的规则、规范的行为、严密的组织和一些约定俗成的规定，使参加者和观赏者自觉或不自觉地接受大学体育文化的教育。各种各样的体育场馆、设施等物质景观潜移默化地影响教育着学生，并使之逐渐内化为行为、习惯、意识的教育过程。例如，可以培养学生的创新意识，提高观察力、想象力、注意力、记忆力及抽象思维能力，可以培养学生良好的生活方式和行为习惯等。总之，大学体育文化所产生的效应，无疑会使学校成员自觉地将自己与学校融为一体，形成强烈的责任感和使命感，产生激励、进取、令人振奋、催人向上的教育力量。

2. 传播价值

大学体育文化的传播价值表现在体育思想传播、体育文化意识传播、体育氛围和感染力

传播、体育行为传播等。高校是培养高层次人才的重要阵地，具有影响力大、扩散力强、信息接受快的特点，科学体育思想、观念、意识、行为的传播，是体育文化建设一项重要的任务。任何伪科学都是与体育文化建设格格不入的。只有提倡积极的健身活动，识别伪体育、伪科学的真面目，弘扬中国传统体育文化，才能有效发挥体育文化的传播价值。

3. 娱乐价值

高等教育不仅要重视"教化"功能，而且要"重视、教诲与娱乐携手并进"，使师生在紧张的工作与学习之余，脑力、体力、心理得到放松与调适才能适应和胜任繁重的学习和工作任务，大学体育文化在这方面起到了不可替代的作用。实践证明，大凡教育质量高的学校，大学体育文化活动也开展得比较好，它们的体育场馆及设备也比较齐全。正因为如此，良好的体育场馆给学生提供了一个在紧张学习之余的闲暇去处，他们可以根据自己的兴趣爱好、特长置身到各种体育活动中，这无疑会达到放松肌体、缓解紧张、欢悦身心的目的，提高学习和工作效率。

4. 社会价值

随着我国市场经济的发展，高校学生面临的将是一个竞争日益激烈的社会环境，个体在求学、深造的过程中，除了获取各种社会知识和专业知识外，还必须不断提高心理健康和心理素质水平。当然，要达到这一目的，需要依靠学校各课程教学与社会、家庭其他教育形式的相互配合。因此，大学体育文化对个体社会化形成的影响是巨大的。我们在开展大学体育文化中遵循的优胜劣汰的原则、公平竞争的意识、顽强拼搏的精神、创造与开拓的能力，都使生活在大学体育文化中的个体有意无意地实现精神、心灵、性格的塑造，使个体与社会环境、社会要求之间实现了某种平衡和协调，达到了社会化的目的。

5. 调试价值

高校是一个相对独立的文化群体，由于传统的教学方式，学生与教师之间、教师与教师之间、教师与管理人员之间、学生与管理人员之间，以及专业之间、年级之间、区域之间等存在着明显的"壁垒"；又由于现代计算机和网络技术的发展，给高等教育带来实惠的同时，也使这种"壁垒"所造成的弊端显得越来越突出。大学体育文化活动则成为解决这一问题的"调试器"，它可以通过丰富多彩的体育活动，扩展校园内交往的空间，增加感情沟通的渠道，加强相互接触的机会，打开许多封闭的"壁垒"，从而增加交往的频率，改善不和谐的人际关系，获得凝聚力和向心力等，起着积极而有效的作用。

第四节　新时代大学体育文化建设路径

一、新时代大学体育文化建设的新要求

面对教育新常态的来临，社会大环境对于大学的体育文化建设提出了新的要求。大学的体育课程设置不再单单是为了学生强身健体，而要更加注重体育的文化作用，突出体育文化的价值观；不只是局限于校园内的作用，更要提升体育文化建设的社会效益，发挥体育文化建设的导向性作用，让大学的体育文化氛围由单纯的体育教学向多元文化转型。

1. 重塑学生的体育文化价值观

长期以来，大学侧重于学生学习能力的培养，无论是在大学课程体系中，还是在教学评估体系中，体育课程是最容易被忽视的。虽然很多体育教师花费大量心思提升学生的体育兴趣，但是学生仍然没有认识到体育的重要性。大学的体育课成为学生为修学分而不得不参加的课程。再加上有些体育老师本身缺乏详细的教学计划，只是教一些简单的体育锻炼项目，有的甚至将体育课变成了学生的自由活动时间，学生也只是将体育课当作课余的娱乐和强身健体的一种途径，在这样的情况下，学生对体育文化没有一个正确的认识，并没有领悟到体育对于自身全面发展的重要性，也没有树立正确的体育文化价值观。在教育改革不断深入的发展环境下，大学教育的转型升级要求学校和学生转变体育文化价值观，突破对于体育文化的传统看法，不再将体育看作是简单的锻炼身体或课余的娱乐途径，而是要正确认识体育文化对于塑造全面发展的人才所起到的重要作用。要明白体育文化能够营造一种团体精神和积极向上、充满活力的氛围，正确看待体育文化，强化学生克服困难的毅力和竞争精神。

2. 发挥体育文化建设的导向性功能

体育是大学课程体系的重要组成部分。虽说体育课程改革一直是新课改的关注点之一，但是大多大学对于体育课乃至体育文化的功能却没有足够的认识，体育课一直被认为是文化课的补充，其功能只是让学生在紧张的学习生活中得到放松和娱乐，或是为配合教学评价体系不得不设置的一门课程，而体育文化对于学生体育兴趣和道德意志力、精神感召力培养方面的导向性功能却没有得到相应的重视。体育的强身健体功能只是对于体育文化作用最粗浅的认识，对于体育文化的深层次认识就是要看到体育在引导人的精神文化发展方面所起的重要作用。体育文化所蕴含的竞争精神，克服困难、勇于挑战的精神才是最宝贵的财富。因此，大学的体育文化建设不仅要让学生在学习的同时强身健体，还要引导学生培养终生的体育爱好，始终保持积极向上的活力和朝气，对生活充满热情，在人生的道路上奋斗不止。体育课程设置的目标和宗旨应该是培养学生不断超越自我，战胜一切困难的勇气和精神，增强自信，战胜自我。

3. 单纯的体育教学向多元文化转型

在以往的课程设置和教学评估体系中，体育课只是简单地完成教学任务即可，或只要课时达到要求，学生分数及格即可。在教育新常态下，如果大学还只是将体育看作一项教学任务，显然不能适应时代发展的要求。单纯的教学并不能发挥体育文化对于个人和社会发展的重要作用，大学体育建设要从单纯的体育教学向多元文化转型，让体育课集强身性、娱乐性、竞争性、教育性、艺术性为一体，才能在培养优秀人才的同时，完成体育文化所承担的社会责任和历史使命。首先，要发挥体育最基本的强身健体的作用，在校园营造一种积极向上的、健康的文化氛围，增强学生的身体素质。其次，发挥体育文化建设的精神文化作用，让体育文化成为陶冶学生情操、培养学生竞争意识和战胜困难精神的重要途径，让学生学会超越自己，不断更新自我，勇于战胜对手。最后，发挥体育文化建设的智能作用，即通过体育文化培养学生战胜自我、勇于挑战的精神，促进学生在自己学习和研究领域的突破和创新，在学术研究和技术创新方面取得成就，将更多新科技、新成果用于国家和社会的建设，促进国家和社会的进步和发展。

二、新时代大学体育文化建设新目标

作为大学整体文化建设的重要组成部分，体育文化建设在我国高等教育步入新常态的时代背景下，如何树立新目标、适应时代发展的新要求成为大学体育文化建设不得不思考的重要课题。大学的体育文化建设不再是简单的体育锻炼，也不仅是学生强身健体的途径，更不能将体育文化建设流于形式，而是要注重培养学生的体育意识、竞争精神、健全学生的人格，在校园形成一种崇尚体育的文化环境，真正发挥体育文化建设的实际效用。

1. 增强学生体育意识，而不仅是体育运动

在以往的大学体育教学中，体育课只是学生进行体育运动的一个机会，只有在体育课上才能让所有学生同时参加体育运动。因此，课程的作用也只是让那些不喜欢体育的学生不得不参加体育运动，而一旦课程结束，拿到学分，这部分学生便得到了"解脱"，很少参与体育运动。这样的体育教学是一种浪费，教师未能在教学时间内培养学生的体育意识，体育课对某些学生来说变成了一种强迫性的体育运动，学生对体育文化没有形成正确的认识，没有主动开展体育运动的热情和意识，更不用说形成终生的体育意识。在教育全面步入新常态的形势下，大学体育文化建设的目标之一便是增强学生的体育意识，让学生认识到体育对于个人健康成长和发展的重要作用，激发学生的运动热情和兴趣，养成良好的运动习惯，让学生在以后的学习、工作、生活中自觉主动地开展体育运动，让持续不断的体育运动为学生的发展带来活力，为自己的身体和健康负责。

2. 培养学生竞争精神，而不仅是课外娱乐

竞技性是体育最明显的特点之一，因此体育文化建设也是培养学生竞争精神的途径之一。但是，在以往的大学体育课程以及教学内容设计上，并没有很好地发挥体育课程对培养学生竞争精神的作用，更多的是侧重于学生在学习之余利用体育课强身健体以及课外的娱乐，这就导致体育课的作用只是停留在最粗浅的层次，而没有发挥体育文化精神层次的作用。体育的竞争性特点与当下时代的竞争性相吻合，无论是在体育竞争中，还是在社会竞争中，只有打败竞争对手才能取得胜利，获得机会。因此，体育文化建设与高校体育教学的教学目标之一应该是通过体育课程强化学生的竞争精神，激励学生勇于向竞争对手挑战，培养学生顽强拼搏的精神和坚定的毅力，并且要让学生学会如何面对对手的挑战，依靠自身的努力赢得挑战，战胜对手。此外，还要让学生学会如何在竞争对手面前正确评估自己，灵活运用战略战胜对方，并且在竞争的过程中发现自己的不足，不断完善自我。当学生走向社会时要勇于竞争，在残酷的竞争中赢得机会，而不是害怕竞争，这样才真正能发挥体育文化在精神层面的文化价值，让学生适应竞争激烈的社会环境。

3. 健全学生人格，而不仅是体格锻炼

以往的大学教育，大多偏重于学生知识和技能的教学，而忽视了学生其他素质和能力的培养，尤其是学生人格的培养。培养优秀的高素质人才是大学的责任和使命，衡量人才素质高低的标准除了知识和技能掌握的程度，还有综合素质的高低、人格是否健全等。事实上人格的健全更加重要，如果人格不够健全，再高超的技能也对社会的进步、国家的发展起不到应有的作用。对于学生人格的塑造，校园体育文化建设实质上起着重要作用。开展体育文化建设、举办形式多样的体育活动不仅能够陶冶学生情操，丰富学生生活，还能

为学生提供更多的交流和沟通机会，增强学生之间的凝聚力和竞争、合作精神，增强学生挑战困难、战胜困难的勇气。大学体育走出校园，与社会接触，更能为学生提供融入社会生活的机会，让学生主动承担起服务社会的责任，让学生热爱运动、热爱生活，让学生始终保持积极向上、充满活力的状态，乐观地对待生活和工作中遇到的困境，始终对生活充满信心。这样的体育文化建设真正起到培养优秀人才的作用，不仅是为学生提供锻炼身体的场地和机会，还要让学生走出校园时成为体格和人格双重健全、双重健康的高素质人才。

4. 重视体育文化，而不是流于形式

长期以来，受我国教育评估体系的影响，分数是衡量教学成果的主要标准，体育课更是如此，学生只要最后的考试及格，拿到相应的学分便是万事大吉，对于平时的训练以及以后的运用却几乎没有关注，这就导致了教师是为教学任务而上课，学生则是为拿到学分而上课，体育课也只是流于形式，起不到真正的导向作用。在教育新常态下，大学体育文化建设面临着转型升级的要求，营造良好的体育文化环境成为必须认真思考的重要问题，以往流于形式的体育教学已不能适应现代教育教学理念。良好的体育文化氛围需要全校师生对体育文化的高度重视，首先便是学校将体育文化建设作为校园文化建设的一部分来落实，从课程的设置到教学的评价都要落到实处，继而要求教师的体育教学要以培养学生的体育意识，引导学生的体育兴趣，促进学生综合素质的形成为目标，以此带动学生热爱体育运动，主动加强体育锻炼，组织和开展体育活动，形成体育精神，让整个校园形成一种人人热爱体育，积极、健康、向上的体育文化氛围，形成崇尚体育运动的文化环境。

三、新时代大学体育文化建设路径

面对教育新常态的新形势和新要求，大学体育文化建设的转型升级尤为重要，大学的体育文化建设必须以新目标为指导，积极探寻新路径，加快体育文化建设的步伐，营造良好的体育文化氛围，促进学生健康、全面地发展。

1. 开展校园体育节活动，营造体育文化氛围

大学体育文化建设的主要目的之一是营造良好的体育文化氛围，让全体师生重视体育、热爱体育，积极参与校园体育事业的建设，这就要求扩大体育活动的参与人数和范围，让人人都有参与体育活动的机会，最大限度地提高师生参与体育活动的热情。因此开展校园体育节活动是宣传体育文化、激发学生体育兴趣、引导学生培养体育习惯的一种重要手段，是加强大学体育文化建设、营造良好体育氛围的最佳途径。体育节可以采用系列活动的形式，将传统的体育项目与趣味性的运动项目相结合，例如每个季度举行一次全校规模的篮球、足球、乒乓球、健美操等传统体育项目比赛，吸引男女学生都参加到体育节的活动中来；不定期组织趣味运动会，举行棋类活动、花式篮球比赛甚至体育歌曲大赛，全方位营造浓厚的体育文化氛围，在丰富学生生活的同时增强学生对体育的兴趣。

2. 开展各类体育竞赛，培养学生竞争意识

在教育新环境下，体育不再是简单的锻炼身体和休闲娱乐，而要发挥体育运动的深层次作用，因此培养学生的竞争意识是教育新常态下大学体育文化建设的主要目标之一，而开展各类体育竞赛是培养学生竞争精神的主要途径，并且大学的体育竞赛活动组织和管理

水平体现着一个学校的体育文化建设程度。高校通过开展各类体育竞赛可以让学生在参加比赛的过程中强化竞争意识，这既是对学生心理和精神状态的一种考验，也是一种体育锻炼。大学的体育竞赛不能仅以娱乐为目的，而要将体育竞赛作为社会竞争的一种模拟，让学生学会如何面对竞争，如何战胜对手。

更重要的是让学生学会如何面对竞争的成功和失败，如何克服竞争中的困难，培养学生勇于接受挑战的精神。为培养学生的竞争精神，大学可定期开展篮球、排球、足球、桥牌、定向越野、武术拳操、团体健身操、长跑、攀岩等体育竞赛，各个竞赛项目设置不同等级的奖励，并设置个人和集体两种不同的奖励办法，激发学生和团体参加体育竞赛的兴趣。

3. 发展大学生体育社团，组建高素质的运动队

大学生社团是活跃校园氛围的重要载体，大学应鼓励和提倡大学生体育社团的发展，如乒乓球、羽毛球、足球、篮球、轮滑、瑜伽社团的发展，为学生提供交流和沟通的平台，吸引更多学生参与到体育活动中，让体育社团成为学生课外生活的重要场所。而组建高素质的学校运动队，可以代表一个学校整体的体育实力，学校应鼓励和提倡运动队通过参加各种比赛展现学校体育的实力和风采。学生们在观看比赛的过程中，既可以提高参加体育的兴趣，还可以在比赛胜利取得的荣誉中激发学习体育知识、参加体育运动、提升体育情操的热情，在整个校园营造浓厚的体育文化氛围。

4. 推进体育文化信息化建设，建立校园体育网

在"互联网+"的时代，大学体育文化建设也要适应时代的发展，积极推进体育文化建设的信息化进程，利用信息技术建立校园体育网，提升大学体育文化建设的现代化水平。当前，大学的信息化建设主要关注的还是图书馆、校园内网等与文化课教学相关的内容，而对于体育文化的建设则很少运用信息化的手段。建立校园体育网能够表明学校对体育文化建设的重视程度，并通过网站向学生宣传体育文化，引导学生对体育的兴趣。网站可以设置体育新闻、体育视频、专题报道、活动通知、体育评论、交流社区等栏目，让学生既可了解校内外的体育动态，又可实时了解本校的各项体育活动开展情况，还可以在网络社区中进行沟通和交流，通过共同的兴趣爱好增进学生间的友谊；还可以让学生在平台上抒发自己对体育文化的观点和看法，加深学生对体育文化的认识，激发学生参与体育文化建设的兴趣，共同推动学校的体育文化建设进程。此外，还可以在校园体育网上设置活动报名系统，既方便学生报名参加，增强学生报名积极性，又方便活动组织者统计参加人员，提高体育活动的组织效率。

5. 加强运动场馆建设，方便学生进行体育运动

任何文化的建设都离不开物质基础的支撑，因此，大学体育文化的建设必然不能缺少高质量的运动场馆，如果没有高质量的运动场馆，学生有再浓厚的体育兴趣也无处开展各种活动。因此，大学的体育文化建设最重要的就是加大运动场馆的建设力度，投入资金建设功能齐全的场馆，购置种类丰富的体育器材，让具有不同体育兴趣爱好的学生都能够拥有良好的运动场地，方便学生参加各种体育活动，举办各类体育比赛。此外，还要发挥体育场馆的功能，承办一些大学篮球联赛等大型赛事，在校内形成强烈的体育文化热，让学生关注体育，逐渐融入体育爱好者的行列，营造体育文化氛围。

总之，大学体育课作为学生综合素质发展的重要载体、校园文化的重要组成部分，开展体育文化建设的转型十分必要。在教育新常态下的体育文化建设中，要更加强调导向性功能，注重对学生的引导作用。大学的体育文化建设不单是为了加强学生的锻炼，增强学生的体质，更重要的是培养学生健全的人格以及将来适合社会生存需要的竞争精神与克服困难的毅力。为此，大学需要通过多种手段，结合课内、课外、网络等多种途径营造浓厚的校园体育文化氛围，让学生真正热爱体育，提高其体育情操，培养其体育精神，充分发挥体育文化在打造高素质综合人才中的重要作用。

第二篇
体育与身体健康

第四章　体育与身体健康

第一节　体育的基本概念

一、体育的含义

体育（physical education，缩写为 PE 或 P. E.），是一种复杂的社会文化现象，它以身体与智力活动为基本手段，根据人体生长发育、技能形成和机能提高等规律，达到促进全面发育、提高身体素质与全面教育水平、增强体质与提高运动能力、改善生活方式与提高生活质量的一种有意识、有目的、有组织的社会活动。随着国际交往的扩大，体育事业发展的规模和水平已是衡量一个国家、社会发展进步的一项重要标志，也成为国家间外交及文化交流的重要手段。体育可分为大众体育、专业体育、学校体育等种类，包括体育文化、体育教育、体育活动、体育竞赛、体育设施、体育组织、体育科学技术等诸多要素。

人体是各器官系统构成的有机整体。进行体育活动时，看起来好像只有肌肉在活动，其实身体的呼吸、血液循环等器官都在参加活动，并且都要由大脑皮层来指挥协调。做准备活动正是为了提高大脑皮层神经细胞的兴奋，准备活动还能使体温略为升高，使肌肉、肌腱都处于良好的状态，弹性、伸展性都很好，不至于因为突然收缩而拉伤或撕裂，这在冬天尤其重要。

体育是人类共同创造的一种特殊的社会文化活动。它所构建的以公平竞争为道德核心的，以和平、进步和团结为目标的价值体系和价值标准，得到了全人类普遍认同。在当代中国，体育对维护政治稳定、促进经济繁荣、增强人民体质、培养意志品质、丰富文化生活、振奋民族精神、增进对外交往等诸多方面起着越来越重要和不可替代的独特作用，而且，随着经济发展和社会进步，体育的社会地位越来越重要，作用越来越显著。改革开放以来，我国体育事业得到了空前发展，日益丰富多彩的体育运动实践要求体育理论不断地完善和创新。"在实践基础上的理论创新是社会发展和变革的先导"，它同样也是体育事业发展和变革的先导。实践没有止境，理论创新也没有止境。但是，任何理论都要以实践和巨大的历史感作基础。同时，还必须要有"与时俱进"的理论品质，体现时代性，把握规律性，富于创造性，只有这样的理论对实践才具有指导意义。研究社会发展和变革的理论如此，研究中国的体育理论问题同样如此。

二、体育锻炼的含义

体育锻炼是指人们根据身体需要进行自我选择，运用各种体育手段，并结合自然力和卫生措施，以发展身体，增进健康，增强体质，调节精神，丰富文化生活和支配闲暇时间为目的的体育活动。它是群众性体育活动的主要形式，对促进人体生长发育，培养健美体态，提高机体工作能力，消除疲劳，调节情感，防治疾病，益寿延年乃至提高和改善整个民族体质，都有重要作用。其特点是群众面广，各种年龄、不同性别、职业和健康状况的人，都可根据个人情况进行适宜的锻炼。体育锻炼的形式与内容灵活多样，可独自锻炼，也可集体进行。体育锻炼的内容极其丰富，可分为健身运动、健美运动、娱乐性体育、格斗性体育、医疗与矫正体育等五类。体育锻炼方法多种多样，除教学和训练中常用的练习法（包括重复法、变换法、综合法、循环法和竞赛法）外，人们还在长期体育锻炼实践中，形成不拘一格的各种健身法（包括早操、工间操、生产操、库珀12分钟跑测验等）。体育锻炼内容和方法的确定及整个锻炼过程，都应遵循身体锻炼的原则，即有针对性、因人而异、循序渐进、持之以恒、适宜的负荷和注意锻炼价值等。此外，如能同时运用形神结合、动静结合和内外结合等中国传统健身方法，收效更大。

第二节　体育与身体健康的关系

　　体育运动是以身体活动为媒介，以谋求个体身心健康、全面发展为直接目的，并以培养完善的社会公民为终极目标的一种社会文化现象或教育过程。体育运动是通过身体练习即体育锻炼增强体质，促进健康。

　　世界卫生组织已提出："健康不仅是没有疾病和身体不虚弱，而且是保持身体上、精神上和社会适应方面的良好状态。"众所周知，影响健康的因素是多方面的，例如遗传、自然环境、教育、生活习惯、个性心理、营养、体育锻炼，还有社会文化环境等。

　　"生命在于运动"，体育运动锻炼对人体健康起着重要的作用，是最能积极促进身体健康的。科学的体育运动锻炼不仅能增强人体各器官系统的免疫功能，全面促进机体的新陈代谢和身体的正常发育，而且能磨炼意志，培养自信心，提高抗挫力，陶冶性情，增强社会与适应能力。

　　体育运动锻炼不但能够锻炼体质，促进人的心理健康发展，而且能够提高人适应社会的能力，促进社会交往和增进友谊，实现生理、心理、社会交往的三重健康。因此，体育运动与健康密不可分。

　　体育运动伴随着社会的不断发展而逐渐演进，在理论研究和实践方法上日益提高，慢慢影响着人类生活，并且不断扩大，大众健身逐渐走向主流。体育运动还能帮助人们驱除忧虑，焕发精神，增强骨质的承受负荷，减缓骨质疏松等。当然，合理、适度的体育运动能促进身体健康，但进行过度、不合理的体育运动，不仅会影响身体健康状况，还会给身体带来损害和疾病。

一、体育运动对身体健康的促进

1. 对心血管系统的作用

　　适当运动是心脏健康的最好方法，有规律的运动锻炼，可以减慢静息时和锻炼时的心率，这就大大减少了心脏的工作时间，增强了心脏功能，保持了冠状动脉血流畅通，可更

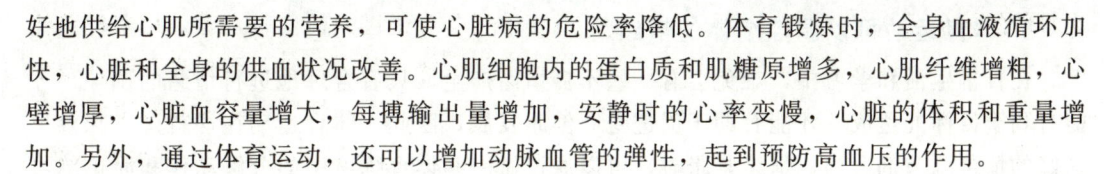

好地供给心肌所需要的营养,可使心脏病的危险率降低。体育锻炼时,全身血液循环加快,心脏和全身的供血状况改善。心肌细胞内的蛋白质和肌糖原增多,心肌纤维增粗,心壁增厚,心脏血容量增大,每搏输出量增加,安静时的心率变慢,心脏的体积和重量增加。另外,通过体育运动,还可以增加动脉血管的弹性,起到预防高血压的作用。

2. 对骨骼、关节及肌肉的作用

体育锻炼有助于骨骼的生长,可使骨骼变得更加坚强,对人体起到更好的支撑和保护作用;还可使关节囊和韧带增厚,加强关节的牢固性和对压力的承受性;通过提高神经系统对肌肉的控制能力,使肌肉对神经刺激产生反应的速度和准确性以及各肌群间相互协调配合的能力改善,从而发挥出最大的运动效果,并可使肌肉粗壮,力量增强,提高抗疲劳和耐酸痛的能力。

3. 对神经系统的作用

神经系统包括中枢神经系统和周围神经系统。中枢神经系统是指挥整个机体活动的"司令部",人体的一切活动,其本质都是神经系统的反射活动,都是经过感知、分析、判断、做出反应这个过程来完成的。经常参加体育锻炼可以改善和提高神经系统的反应能力,使思维敏捷,调控身体运动更准确协调;还能有效地消除脑细胞的疲劳,提高学习和工作效率。

4. 对新陈代谢的作用

体育锻炼时,体内新陈代谢加快,能量消耗增加,机体为了恢复能量,就要摄入、消化、吸收更多的营养以补充不足,而且摄入的能量往往超过消耗的能量,即出现机体能量的"超量恢复"现象。消耗越多,超量恢复越明显。同时体育锻炼还能促进腹肌力量,有利于维持正常腹部压力,促进消化吸收。因此,长期适量的体育运动可以增强消化功能,促进青少年的生长发育。

二、体育运动对心理健康的促进

1. 体育运动能促进良好意志品质的培养

大学生的意志品质虽然正逐步趋向于成熟和稳定,但是在不利环境的影响下,可能出现一些易激动、爱发火、不冷静、缺乏自制的表现;在挫折和失败面前,容易产生动摇、任性和怯懦等现象,这个时期,如果能自觉地在体育活动中有针对性地磨炼自己的意志品质,对健康成长和今后的成功将有十分重要的作用。例如,通过参加运动负荷较大、具有挑战性的体育项目(如长跑、长距离游泳等),锤炼抗挫折能力,可以锻炼意志品质的坚韧性;通过球类运动和其他体育比赛,可以锻炼意志品质的果断性;通过参与体育比赛和体育游戏,培养遵守规则意识,可以提高自制力的意志品质;通过对抗、跨越障碍等有一定难度的体育项目,可以锻炼勇敢的意志品质。

2. 体育运动能促进自尊、自信的提升

青少年时期是自尊和自信形成的关键时期,一个人的自尊和自信多是在克服困难、体验成功中产生的,体育锻炼是培养和发展自尊、自信的重要手段。在体育运动中通过个体不断地努力练习,逐步地学会、熟练技术,自然会体验到成就感,增强自信,提高自尊。

3. 体育运动可以调控个体的情绪

在日常生活和学习中，难免会有一些不良情绪产生，只有合理地进行情绪的调控，才能有利于目标的达成，才能有助于促进身心健康发展，因此，体育运动往往就是一味效果良好的情绪调节剂。当你情绪紧张时，可以通过做一些体育练习中的分解动作和简单练习来增强自己的自信心；当你有了焦虑情绪时，可以集中注意力去参加一项你喜欢的体育运动，通过反复练习来体验成功感，克服焦虑；当你有自卑感产生时，可以为自己设置一个比较合理、可操作的体育运动目标，通过该目标的达到来正确认识和评价自己的能力，消除自卑。

三、体育运动能促进社会适应能力的提高

1. 增进相互了解

在体育运动和比赛中，每个人都有各自的动作特点和习惯，要想取得理想的运动成绩，往往需要大家在运动和比赛中快速、准确地传递信息，增进了解。因此，经常参加一些集体项目的体育运动，对提高个人的人际关系能力会有很大的帮助。

2. 促进互相理解与尊重

运动比赛中，大家各自都有自己的角色分配，只有相互配合，相互尊重，相互理解，才能群策群力，出色地完成集体的目标。

3. 提高团队意识

要想在各种类型的比赛中与同伴配合默契，互相弥补，最后取得胜利，团队意识的培养与提高无疑是重要的，例如，篮球比赛中"5个1相加大于5"的定律足以表明团队意识的重要。因此，团队意识的锻炼与培养，如能以体育集体项目为载体，一定会达到比较理想的效果。

4. 增进沟通，把握时机

集体比赛中，良好的沟通更加有利于时机的把握，还是以篮球方面为例，当你和队友能够沟通顺利，加强掩护与挡拆等一些合作战术，那么比赛的胜利远比每个人都单打独斗来得更轻松。

四、不合理的体育运动方法带来的影响

任何事物的存在和发展都存在利和弊两方面，体育运动也不例外。良好的体育锻炼方式不仅能使身心得到发展，还能锻炼人的意志品质。不合理的体育锻炼方式不仅影响人们的正常生理机能，还会造成心理扭曲。

总之，体育运动对人类生活的影响是多方面的，它对健康的作用也是不可忽视的。我们还要学好体育健康知识，加强体育锻炼，贯彻"健康第一"的思想。体育运动能提高人们的身体素质和身体的感觉能力，培养良好的心理状态，学会乐观地面对生活，为以后面对挫折储存了充沛的精神食粮。体育运动还促进了各国之间的友好往来，为我国的社会发展起到了积极作用。

第三节　体育对身体亚健康的作用

一、亚健康的概念

亚健康是指身体虽然没有患病，却出现身体功能减退、代谢水平低下的状态，主要表现是疲劳、胸闷、头疼、失眠、健忘、腰酸背痛、情绪不安、做事效率低下等。

我国很多学者都提出过亚健康的评价方法或诊断标准，其中一些评价方法或者诊断标准具有一定的影响力。2007年，中华中医药学会发布了《亚健康中医临床指南》，从中医的角度对亚健康的概念、常见临床表现、诊断标准等进行了明确描述，产生了较为广泛的影响。《亚健康中医临床指南》指出：亚健康是指人体处于健康和疾病之间的一种状态。处于亚健康状态者，不能达到健康的标准，表现为一定时间内的活力降低、功能和适应能力减退的症状，但不符合现代医学有关疾病的临床或亚临床诊断标准。

二、当今人们的健康状况

由于青少年学业负担太重和压力太大，一天中能自由支配的时间只有1~2小时，其中能用于体育运动的时间则少之又少，他们大多都没有为自己制订体育锻炼计划，所以体育锻炼的随意性较大。影响青少年身体健康的因素主要是缺乏锻炼时间和家长的影响。有的家长担心孩子喜欢体育运动而花费太多时间，从而耽误了学习，于是报各种补习班来阻止孩子花费时间在体育锻炼上。事实上，没有强壮的身体就负担不起繁重的学习任务，没有健康的体格就无法攀登科学高峰。健康的体魄是获得科学文化知识、陶冶思想道德、劳动技能全面发展的前提条件。

处于18~35岁这一年龄阶段的人群，对于体育锻炼的兴趣一般低于在校青少年。在这一部分人群中，他们一天中能够自由支配的时间也集中在1~2小时，而且大多都没有为自己制订体育锻炼的计划。特别是都市白领中的女性，面对着刚刚起步的事业和家庭，四处奔波，所以大多都处于亚健康状态。

对于36~55岁的人群，这时事业和家庭都基本稳定下来了，但是一部分人又要一边工作，一边照顾家人，身体和心理负担重，长期的工作使身体素质不如以前，整个身体健康状况处于走下坡路的状态，而他们也没有很多时间去从事体育锻炼，身体自然而然处于亚健康状态。

而55岁以上年龄段的人群，身体状况已经不如以前了，有的可能还患上了疾病，有的可能是在服药。而长期服用的药物也会对人体产生影响，使身体处于亚健康状态。

三、造成人体亚健康的原因

当今社会，人们生活水平在不断上升，身体健康状态却在不断下降，80%的城市人都处在亚健康状态，各种不同职业带来的职业病屡见不鲜。上班族生活工作节奏快，工作繁杂，长期工作压力大，休息不充足，不按时吃饭，缺乏运动等，都会对身体造成各种负面的影响。现如今，很多人不管去哪里，就算只是走几步路都要开车，平时有空的时候不是打牌打麻将就是一个人安安静静宅在家里上网浏览或看电视等，往往一坐就是一整天。这种缺乏运动的懒人生活也会对身体造成一定的影响。

另一方面，随着科学技术的进步、经济的发展、人民生活水平的不断提高，人们对生活质量的要求也越来越高，对自身的健康也越来越重视，越来越渴望健康长寿，于是人们开始使用药物来稳定病痛。但是众所周知，一般相应药品只能针对一种病情，而且俗话说"是药三分毒"，药物服用时间长了会对人体产生一定的危害。长此以往，对身体难免会产生一点影响，人体也会处于亚健康状态。

四、体育锻炼在各方面改善人体亚健康的作用

1. 生理方面

（1）体育锻炼对骨骼和肌肉的作用——体育锻炼有利于人体骨骼、肌肉的生长。青少年时期正是身体生长发育最旺盛的一个时期，体育锻炼又是影响身体生长发育的一个重要因素。在儿童和青少年时期，他们的骨骼线未完全闭合，骨的两端和骨干之间的骨髓软骨在没有结束骨化之前会不断增殖。所以在青少年时期，积极参加体育锻炼有利于长高。人到中年，身体开始进入衰老状态，身体各器官细胞数量开始减少，肌肉开始萎缩，力量也逐渐减弱。有的人到中年身体开始发福，随之引发各种疾病。通过一定的体育锻炼，可延缓身体衰老和肌肉萎缩，增强身体素质。因此中年人应该积极参加体育锻炼，改善和提高中年人的健康状况刻不容缓。人一旦到了60岁以上，肌肉会减少得更快。肌肉减少意味着身体消耗能量的能力大大降低，变少的肌肉和退化的肌力会使老年人出现行动不便的情况。体育锻炼能使人体保持健康和活力，因此，人到老年，体育锻炼也必不可少。

（2）体育锻炼对大脑的作用——体育锻炼可使大脑获得充足的营养。构成大脑的主要单元是大脑细胞，大脑想要正常工作，必须有充足的营养和氧气供给。青少年长期处于静坐学习状态，大脑必然缺乏营养供应，就会出现理解力、记忆力降低的状况。而体育锻炼更有利于大脑的学习状态，经常参加体育锻炼，可以保证头脑清醒，思维敏捷。随着电脑的普及，大多数中年人群上班时期都要操作电脑，长期面对电脑操作，每天锻炼的机会少之又少，腰颈部、颈椎部很容易出现问题，缺乏锻炼，使他们处于亚健康状态。而适当的体育锻炼能促进智力的发展，提高脑力劳动的效果，使人变得积极向上、愉悦和健康，给人带来正能量。现如今人口老龄化的比例越来越大，很多老人退休之后因为得病而不再运动，整日躺在床上休养。人的一生是无法避免衰老的，随着年龄的增长，机体的组织器官衰老，抵抗力也下降。老年人进行适当的体育锻炼，在强身健体的同时还可以预防老年痴呆，减少疾病的发生。

2. 心理方面

体育锻炼可以陶冶情操，保持健康的心态，充分发挥个体的积极性和主动性。坚持参加体育锻炼，能够增进身体健康，使疲劳的身体得到有益的休息，使人精力充沛地投入到下一段工作和学习中。当人们拥有充沛的精力去从事某一件事情的时候，心情自然而然就会舒畅，人们怀着这样积极健康的心情去处理事情，不仅事半功倍，也能改善亚健康状态。

体育锻炼是一种很好的神经安定剂，在改变人们的心理状态的同时，还有利于消除忧

郁自闭等不良情绪，而且还能在一定程度上改善性格缺陷带来的负面情绪。当今社会，很多人都患上轻度或重度的抑郁症；也有的人可能因为从小自身生活的环境，性格孤僻内向，不愿与人交流，逐渐患上自闭症或抑郁症；有的人也可能是性格所致，胆小懦弱，没有勇气去做一些自己想做的积极的事情。这都可以通过一定的体育锻炼来预防、减缓或消除这些症状的发生。不同类型的运动对不同人的功效也不同，人们可以对症选择不同的体育锻炼方式，会有利于身心健康。孤僻内向者通过参加相应的体育锻炼，能够增加人与人之间的合作和交流，有助于克服自身孤僻的缺陷；胆小懦弱者最好多参加游泳、拳击、溜冰等体育锻炼，这些锻炼需要勇气，可以帮助克服自身胆小的性格，也培养了自身克服困难、勇敢无畏的精神，促进身心健康发展。

体育锻炼的开展，对人体亚健康的改善有着积极的作用，能够让人们在增强自身身体素质的同时，也感受到体育锻炼带来的快乐。体育锻炼不仅仅是一时的，它是一项终生的"事业"。

第五章　体育与大学生身体健康

第一节　大学生青春期生理特点

青春期指以生殖器官发育成熟、第二性征发育为标志的初次有繁殖能力的时期，在人类及高等灵长类以雌性第一次月经出现为标志，是由儿童逐渐发育成为成年人的过渡时期。

青春期是人体迅速生长发育的关键时期，也是继婴儿期后，人生第二个生长发育的高峰期。世界卫生组织（WHO）规定青春期为 10～20 岁。女孩的青春期开始年龄和结束年龄都比男孩早 2 年左右。青春期的进入和结束年龄存在较大的个体差异，约可相差 2～5 岁。

青春期的生理特征主要是身高、体重、胸围等形态方面成长，在神经系统、肌肉力量等机能方面，在速度、耐力、灵敏度等身体素质方面，变化都很大。更为突出的是各种激素的相继增加，性器官、性功能迅速成长，从不具有生育能力逐步走向性成熟。

一、男性青春期生理特点

1. 体型变化

在青春期，由于激素刺激，先天因素和后天环境因素相互作用，骨骼的生长速率明显增加，身体长高。男孩最大生长速率的发生年龄在 14～16 岁，一直到 23 岁，个别的到 26 岁，身体的高矮才定局。青春期下肢骨骼增长很快，成了决定身体高矮的关键因素，但它长势不长久；脊椎骨的增长速度远不及下肢骨，但它的长势长久。因此，人的长高 17～18 岁以前靠下半身；17～18 岁以后则全靠上半身。此外，在青春期，人的体重也和身高一样，迅速增长，反映为内脏增长，肌肉发达，并出现第二性征。

2. 睾丸的发育

青春期前，男孩的睾丸容积是 1～8 毫升，而成人睾丸的容积是 12～25 毫升，这种容积的变化，几乎完全是青春期生长和发育的反映。青春期睾丸开始发育增大，睾丸内逐渐有精子生成（15 岁以后可出现遗精），并由睾丸间质细胞分泌睾酮，随着睾酮在血浆中的浓度不断增加，男性生殖器官进一步发育成熟，并逐渐出现第二性征。

3. 外生殖器官的发育

男孩到 9～12 岁后，阴囊开始增大，伴以阴囊变红和皮肤质地的改变，12～15 岁后，阴茎变长，但周径增大程度较小，15～18 岁以后，阴茎和阴囊进一步增大，颜色变深，阴茎头更充分地发育，直到外生殖器官的形状和大小呈成年型。

4. 阴毛的发育

阴毛受睾丸与肾上腺所产生的雄激素的控制，男孩阴毛是逐步生长的。第一阶段 14 岁左右，有细茸毛分布，但无真正阴毛存在；第二阶段有浅色的阴毛稀疏地生长；第三阶段阴毛逐渐变深、变粗、卷曲，仍是少量分布；第四阶段阴毛具有成年人特征，但未达到大多成年人那种程度，最后阴毛的分布才呈典型成年型。此外，男孩在青春期喉结逐步增大，声带加宽，声调变粗，发音低沉，并且有乳房硬结，胡须、腋毛逐渐长出。

二、女性青春期生理特点

女性青春期的发育是循序渐进的过程。一般情况下，11~12 岁时，乳房开始发育，身高迅速增长；13~14 岁时，月经初潮，乳房显著增大；15~16 岁时，月经形成规律，脂肪沉积增多，体型日益丰满；17~18 岁时，骨骼大体闭合，身体停止增长。大体上说，女性青春期发育的正常范围是 12~18 岁。突出表现在三个方面。

1. 体格发育

体格发育的显著特点是身高和体重迅速增长；心脏重量由于心肌的增厚而迅速增加；肺活量显著增大；神经系统进一步发育完善，其调节功能大大增强，身体在接受外界刺激后，可以将信息很快传到大脑，并及时准确地作出反应，分析、判断和理解问题的能力也大大提高。

2. 性发育和性成熟

青春期开始后，性器官在垂体分泌的促性腺激素作用下得到迅速发育。卵巢发育加快，重量增加，能够产生卵子，分泌雌激素，并且开始出现月经。月经是女孩性发育的主要特征，是指女子进入青春期以后，每月一次的子宫出血现象。第一次月经，称为月经初潮。月经周期 20~30 天，时间 3~5 天。月经是一种正常现象，等到青春期后期，出现有规律的月经，标志着女性青春期的结束和步入成熟期。

3. 第二特征的出现

雌激素促进女子第二特征的发育，主要表现在骨盆宽大、乳房增大、出现阴毛、声调较高等。女孩青春期比男孩来得早，通常乳房首先开始发育，乳头和乳房逐渐隆起，乳房和乳晕不断增大，最终形成明显的凸起，表现出完美的曲线。同时，因为骨骼发育，脂肪沉积，少女的身高和体重等迅速增长，胸部和臀部日益突出，皮肤也变得细腻光滑、柔软而富有弹性，呈现了女人的婀娜多姿，显现出女性的第二性征。

第二节　体育与运动卫生常识

体育运动卫生是指体育锻炼过程中应采取的卫生措施，目的是保护、增进人们的健康，增强个人体质。同时，体育运动卫生不仅能强身健体，还能树立人积极健康的心态，达到生理与心理的和谐发展。

体育活动是我们增强身体素质的主要途径。现在越来越多的人崇尚体育锻炼，但在体育活动中大家是否注意到我们的体育运动卫生呢？违反体育运动卫生原则和要求而盲目地进行体育锻炼，不但不能起到良好的锻炼作用，反而会导致各种运动伤病，损害人体健康。所以我们在体育运动过程中要注意运动卫生常识。

一、运动环境卫生

运动环境是指我们进行体育活动时的外界条件，如空气、水、场地和运动建筑、运动设备等。运动环境也是人类赖以生存的自然环境的一部分，因此，它也受自然环境的影响。人体在进行体育活动时体内物质代谢增加与环境的关系更加密切，受环境的影响就会更大。因此，想要锻炼出强健的体魄，必须注意运动中的环境卫生。所以人们锻炼时，应选择空气清新没有污染的地方，若附近有工厂，则应在工厂的上风侧进行。尽量避开交通繁忙的地方。室内运动的话，应该选择通风条件较好的体育馆或密闭活动室。

二、运动场地卫生

在体育运动中，场地是必不可少的。在活动时场地不能过于狭窄，球场或跑道周围应留有一定的余地。运动场地应无碎石杂物。运动环境中的场地或水质要清洁。土壤或水中不应含有较多细菌，否则当运动者有受伤特别是有破损皮肤时，身体接触时很容易感染。

三、运动中的饮食卫生

在运动时体内血液相对地集中于肌肉的血管中，消化系统的供血量相对减少，致使消化液分泌减少，消化道蠕动减弱。在食物没有被消化而停留在胃中时就进行剧烈运动的话，可因胃肠道的充盈和横隔膜上顶，使呼吸道受到影响。在运动过后消化系统的功能处在相对抑制的状态，因此在运动前后都不要大量饮食，更不能暴饮暴食。

四、运动后的洗浴卫生

体育运动后洗澡不仅可以除去身体的污渍和污垢，保持皮肤的清洁卫生，还能降低神经系统的兴奋性，使体表血管扩张，血液循环加快，从而改善肌肤和组织的营养状况，降低肌肉紧张，加强新陈代谢，消除疲劳，提高睡眠质量。

在洗澡的过程中水温不宜过高，泡澡时间不宜过长，因为水温过高会使毛细血管扩张，大量血液进入毛细血管而使回心血量减少，结果使血液循环减慢，会使大脑供血不足，出现晕厥。在运动过后也不宜用冷水洗浴，一方面冷水会刺激神经，使神经系统的兴奋性升高，更不利于消除疲劳，还有可能引发感冒等疾病。

五、运动时的饮水卫生

我们在运动过程中，不仅要消耗大量的热能，同时也会丧失大量的水分，特别是在热天消耗得更多。体内水分丧失过多时，会影响生理机能和工作能力。但在我们运动过后不应一次性饮水过多，因为大量水分一下子进入体内会对身体造成不良影响。首先，大量水分进入血液中，血液稀释，加大了心脏的负担，血液中的水分增加会由肾脏排出，这样也增加了肾脏的负担。同时水分排出也增加了盐分的损失。因此在运动过后不宜一次性大量饮水，应补充少许的生理盐水。

六、女子经期的运动卫生

月经是女子正常的生理现象，在月经期间，人体一般不会有明显的生理机能变化。所以，身体健康的女子月经期间不必完全停止体育锻炼。进行适度的体育锻炼不仅可以改善盆腔的血液循环，减轻盆腔充血现象，而且由于腹肌和盆底肌的收缩与放松活动，能对子宫起到柔和的按摩作用，有助于经血的排出。但是，女子在月经期间参加体育锻炼应注意以下几点。

1. 运动量要适宜

在月经期间参加体育锻炼，运动量应小些，锻炼时间也不宜太长，可在早晨和课外活动时间做做体操、散步、慢跑等运动量较小的活动。应避免进行强度大或震动大的跑跳动作，如速度跑、跨跳等，也不要做腹内增压的憋气和静力动作，如推铅球、俯卧撑、倒立、收腹等，以免子宫受压、受推而引起经血过多或子宫位置改变。

2. 月经期间不宜游泳

因为经期子宫口开放，子宫内膜破裂出血，如果这时参加游泳活动，病菌容易侵入内生殖器官，引起炎症性病变。

3. 其他

（1）月经期间要避免寒冷刺激，如冷水锻炼，以免发生痛经、闭经或月经淋漓不尽等。月经期间也不宜进行日光浴锻炼。

（2）如遇有月经紊乱、痛经等现象发生时，则应暂时停止体育锻炼。

第三节　大学体育运动医务监督

一、大学体育医务监督的领导和管理

教育部《关于进一步加强高等学校体育工作的意见》指出，"高等学校主要负责同志作为学生体质健康的第一责任人，要加强学校体育工作的领导"，明确了领导的职责。高校体育医务监督由体育部（教研室）和学校医疗保健机构共同实施，在实践中一般隶属于学校不同主管领导和主管部门。明确学校主要负责同志作为学生体质健康的第一责任人，为体育医务监督工作创造了一个统一协调的机制。组织学校各体育协会、各运动队、各班级体育委员参与医务监督工作，培训、指导他们参与体育卫生健康教育、监测追踪学生的体质、观察发现运动过程中出现的运动损伤等问题，形成师生共同参与的体育医务监督网络，使体育医务监督渗透到体育工作的各个环节。

二、大学体育医务监督的内容

1. 学生体格检查与体质测试

按照《高等学校招生考试体检项目》和《学生体质健康标准（试行方案）》对新生进

行体格检查和体质测试，建立《学生体质健康登记卡》，对有残疾或其他疾病的学生建立档案。以后每学年进行体格检查和体质测试的追踪监测，随时了解学生的体质情况，有目的地进行体育卫生健康指导。

2. 常用的生理监测指标

常用的生理监测指标有脉率、疲劳、肺活量、体重、血压、血红蛋白、尿蛋白等。脉率是一种简易而重要的监测指标，作为体育锻炼中的一种医务监督方法，用于判定、控制运动量的大小、训练水平的高低等。疲劳是运动者机体工作能力暂时性下降的表现。疲劳有主客观判断指标，一般以自我监督为主，常用主观指标观察，运动量以第二天疲劳能够逐渐恢复为宜。

3. 运动损伤与运动性疾病的医务监督

普通高校大学生运动损伤有其规律，研究运动损伤发生的原因、特点、类型及其预防措施，是运动损伤医务监督的主要内容。其工作的重点是一级预防，在损伤未出现时即采取积极有效的预防措施。兼顾二、三级预防，在出现损伤后及时治疗，以减轻其对运动带来的负面影响。运动性疾病有其发生的规律，同样以预防为主。

4. 体育场馆设施、器材的医务监督

运动场地的大小和结构，运动器械和设备，室内体育馆的通风、照明、空气的温度和湿度以及馆内的器械设备，学生上课的着装是否符合卫生要求等是监督的主要内容。

5. 自我监督

自我监督是从主观感觉和身体客观指标的变化自行判断运动的效果。运用自我医务监督能有效地减少和预防运动损伤，促进运动效果及比赛成绩。其要点是教会学生掌握监督的方法，自觉进行监测并进行记录和对比，随时掌握体质变化的情况，及时调整和报告给教师。

6. 营养医务监督

建立合理的膳食制度是监督的要求，具体是平衡膳食的三大营养素，补充适量的水、维生素和微量元素。

7. 身体残疾和患有特殊疾病学生的医务监督

随着教育的大众化，越来越多的残疾学生进入高校学习，对残疾学生或患有特殊疾病的学生简单地给予免修体育的对待已不能适应健康第一的要求。应根据每一位学生的情况开出运动处方，因材施教，使其参加力所能及的体育锻炼。对确有体育运动禁忌症者，才禁止进行体育运动。

8. 体育卫生健康的宣传教育活动

体育卫生健康的宣教活动应是医务监督的一个重要环节，采用体育理论课、专门培训、讲座、墙报、网络、咨询等形式，使学生接受终身体育的理念、科学锻炼的方法和体育安全知识的宣传教育，是达到健康第一目标的重要手段。

9. 运动处方

应用运动处方评估体育教学的效果，根据运动处方协调与其他教学活动的关系、协调

体育教学各环节的关系、协调普通学生与特殊学生的关系等，是达到体育科学性、实现健康目标的保证。

三、大学体育过程的医务监督

1. 体育课堂教学的医务监督

监督的内容主要是教师能够根据运动处方安排教学、重视体育安全教育和运动损伤防范措施、教学各部分的次序安排合理、照顾特殊学生的学习等。

2. 课外体育活动的医务监督

课外体育活动的形式常有晨间锻炼、课间操和课外班级、协会的体育活动。晨间锻炼和课间操时间较短，紧接着其他的学习活动，因此选择的运动项目要恰当，运动量不宜过大，运动场地及环境要符合卫生要求。课外班级、协会体育活动多为学生自发组织、人数众多、运动项目最多、时间最长、强度最大的体育活动，此环节出现运动损伤的人数最多。监督的重点是重视体育卫生健康的宣教工作，学生主动参与医务监督，做好运动损伤的防范。

3. 课余运动训练的医务监督

（1）一般运动队训练的医务监督。主要是协调、解决好一般训练和专项训练的关系，以促进机体的全面发展。应用动态观察等措施，对运动员机体功能状况进行医学评定，以了解运动员对训练或比赛的适应能力，分析和判断继续增加运动负荷及提高运动成绩的可能性，为合理进行训练和安排比赛提供科学依据。

（2）高水平运动队的医务监督。高水平运动队的建设已经从试点逐步推广，是高校适应于社会要求的必然结果。其特点是与专业队训练比赛近似，同时还解决好训练与学习的关系，可采取省市队的训练模式。其强调科学的训练计划、运动损伤的防范、合理的营养及协调好训练与学习的关系。

4. 体育比赛的医务监督

高校每学年的学校运动会是规模较大、涉及面广、参加人数最多的体育比赛，赛前、赛中和赛后的医务监督有着不同的特点。开展医务监督对保护运动员健康、预防创伤、提高成绩有非常积极的作用。赛前的一个月就应做好比赛规程及参赛的报名工作，为学生创造训练环境。运动员特别是中长跑者应进行健康体检，伤病者要及时治疗。按体育保健的要求做好比赛程序编排、分组，检查比赛场地和设备器材的安全，开展相应的体育卫生健康宣教工作。比赛期间应设立现场救护站，配备必要的救护人员和药物、器材，以保证现场救治，严重者及时转诊；强调注意休息和营养卫生。赛后主要是收集学生身体情况，进行治疗、休息、营养指导以利于疲劳的恢复，对身体有异常者应及时处理。

第四节 运动性疾病的预防与处理

运动中出现的异样身体感觉有的是正常现象，有的则属于运动性病理状态。它们往往

是准备活动不充分、运动方法不正确、锻炼水平不高或运动负荷超出机体承受能力等原因所致。由于这种现象具有突发性等特点，因此有必要运用医学知识，甚至采取力所能及的医疗手段进行自我诊断并及时加以处理，以避免不必要的精神紧张或防止更严重的身体损伤。

一、延迟性肌肉酸痛

1. 原因和症状

延迟性肌肉酸痛是运动时肌肉活动量过大引起局部肌纤维及结缔组织的细微损伤，以及部分肌纤维的痉挛所致。这种酸痛不是发生在运动结束后的即刻，而是发生在运动结束后 1~2 天，因此称为延迟性肌肉酸痛。由于这种酸痛现象只是局部肌纤维的细微损伤和痉挛，不影响整块肌肉的运动功能，所以，酸痛后经过肌肉内部对细微损伤的修复，肌肉组织会变得更加强壮，以后在同样负荷下将不易再发生酸痛。

一般在运动后 24 时之内出现肌肉僵硬、酸痛和自觉酸痛部位肿胀、有压痛，多发生于双下肢主要伸、屈肌群，而肌肉远端和肌肉肌腱移行处症状一般较重，严重者肌肉会发生疼痛，且以肌腹为主。24~48 小时之内，酸痛达到高峰，之后可自行缓解，5~7 天消失。

2. 处置

当已经出现肌肉酸痛后，可采用以下几种方法减轻和缓解。

（1）热敷。对酸痛的局部肌肉进行热敷，促进血液循环及代谢过程，有助于损伤组织的修复及痉挛的缓解。

（2）伸展练习。对酸痛局部进行静力牵张练习，保持伸展状态 2 分钟，休息 1 分钟，重复进行，有助于缓解痉挛。

（3）按摩使得肌肉放松，促进血液循环，缓解肌肉痉挛和损伤修复。

（4）口服维生素 C。维生素 C 可促进结缔组织的胶原合成，有助于损伤的结缔组织的修复。

（5）针灸、电疗等也有一定作用。

3. 预防

锻炼时，要充分进行准备活动，把握运动强度及运动负荷的递进性原则，根据自身的身体状况安排锻炼负荷，尽量避免局部肌肉负担过重。锻炼后，要对主要的工作肌肉进行推拿、按摩。

二、运动性腹痛

运动性腹痛是指在运动过程中或运动结束后产生的腹部疼痛，是体育锻炼中常见的一种非创伤性运动性疾病。在中长距离跑、竞走和自行车等项目中发生较多，随着运动的调整或停止，腹痛症状可以逐步缓解并消失。

1. 病因和症状

（1）胃肠痉挛。运动前饮食过量、空腹锻炼、饮食距离运动时间过近或吃了不易消化及容易产生气体的食物都可能引起胃肠痉挛。主要病症是钝痛、胀痛和阵发性绞痛。为防止发生胃肠痉挛，应该在饮食后 1~2 小时再参加较剧烈的活动，应该食用对胃肠刺激较小的食物和饮料。

（2）肝脾区疼痛。肝痛在右肋处，脾痛在左肋处。一般是由于准备活动不足，运动开始强度较大，运动者心肌力量较差时，会引起下腔静脉血向心回流受阻，发生肝脾瘀血，牵扯肝脾被膜而产生疼痛或胀痛。

（3）腹直肌痉挛。由于大量排汗丧失盐分，水盐代谢失调，加上疲劳，会引起腹直肌的痉挛。

（4）腹部慢性疾病。慢性肝炎、阑尾炎、溃疡病及肠道寄生虫等腹部慢性病患者参加剧烈活动时，会由于病变牵拉、振动或供血情况变化等刺激而产生疼痛。

2. 预防与处理

运动前应该做好准备活动，运动过程中注意应用深呼吸的方法和节奏，患有各种腹部慢性疾病的患者应该彻底治愈疾病，或在医生、教师的指导下循序渐进地进行锻炼。发生腹痛时可以按压疼痛部位，加深呼吸。例如，在运动过程中要降低速度，调整运动强度，疼痛可以减轻或消失。如果疼痛仍然不减轻，反而加重，则应该停止运动，并可以服用十滴水或普鲁苯辛 1 片/次。如果仍然不见效，则应该护送到医生处进行诊断治疗。

三、运动性贫血

血液中的红细胞数与血红蛋白量低于正常值，称为贫血。运动引起的这种血红蛋白量减少，称为运动性贫血。

运动性贫血的指数，通常以每 100 毫升血液中的血红蛋白含量"克％"为单位，具体是指男性的血红蛋白量低于 12 克％，女性低于 10.5 克％。一般情况下，女性发病率高于男性。由于贫血可以引起多种不良的生理反应，危及健康，所以这部分人常常恐惧体育锻炼，特别是长跑锻炼。

1. 病因和症状

运动性贫血发病的主要原因如下：

（1）运动时，肌肉对蛋白质和铁的需求量增加，一旦需求得不到满足时，即可引起运动性贫血。

（2）运动时，脾脏释放的溶血卵磷脂能使红细胞的脆性增加，加上剧烈运动时血流加速，容易引起红细胞破裂，致使红细胞的新生与衰亡之间的平衡遭到破坏，从而导致运动性贫血。

运动性贫血发病缓慢，其症状表现有头晕、恶心、呕吐、气喘、体力下降，以及运动后心悸、心率加快、脸色苍白等。

2. 处置

如果运动中（后）出现头晕、无力、恶心等现象时，应该适当减小运动量，必要时暂停运动，并补充富含蛋白质和铁的食物，或口服硫酸亚铁，这对缺铁性贫血的治疗有明显效果。

3. 预防

遵循循序渐进和个别对待原则，调整膳食。如运动时经常有头晕现象时，应该及时诊断医治，以利于正常参加体育锻炼。

四、运动性昏迷

1. 原因和症状

由于剧烈运动或长时间运动，或疾跑后立即站立不动，或者长时间下蹲后骤然站起，使大量血液滞留下肢，回心血量减少，心输出量也随之减少，使脑部突然缺血而发生昏迷。其症状为患者失去知觉，突然昏倒。昏倒前，感到全身软弱、头昏、耳鸣、眼前发黑。昏倒后，面色苍白、手足发凉、脉搏慢而弱、血压降低、呼吸缓慢。

2. 处置

应立即使患者平卧，足略高于头部，并进行由小腿向大腿心脏方向的推摩或拍击。同时用手指点压人中、合谷等穴位，必要时给氨水闻嗅。如有呕吐，应将患者头偏向一侧。如停止呼吸，应立即进行人工呼吸。轻度休克者，应由同伴搀扶慢慢走一段时间，帮助进行深呼吸，症状即可消失。

3. 预防

平时要坚持体育锻炼，增强体质，不断提高健康水平；久蹲后不能骤然起立，不要带病或在饥饿情况下参加运动，疾跑后不要立即停下来。只要遵循上述要求，运动性昏迷是可以避免的。

五、运动中暑

1. 原因及症状

中暑是发生在炎热季节的一种急性病，在高温环境中，长时间体育锻炼容易发生中暑。尤其在温度高、通风不良、头部缺乏保护、被烈日直接照射的情况下，最容易发病。主要症状是早期有头晕、头痛、呕吐等现象，逐步发展为体温升高，皮肤灼热干燥，严重时可以出现精神失常、虚脱、痉挛、心律失常、血压下降，甚至昏迷，危及生命。

2. 处置

首先将患者扶到阴凉通风处休息，同时采取降温消暑手段，如解开衣服，额部冷敷帮助头部降温，喝点清凉饮料，并补充生理盐水或葡萄糖水等。

3. 预防

在高温炎热季节锻炼时，应适当减少运动量和锻炼时间；避免在烈日下长时间锻炼；夏天在室外锻炼时，应该戴着白色凉帽，穿着宽敞薄衣；在室内锻炼时，应该保持良好通风并喝低糖含盐的饮料。

六、肌肉痉挛

1. 原因和症状

肌肉痉挛俗称抽筋，是肌肉不自主地突然性强直收缩，并变得异常坚硬。运动中最容易发生痉挛的肌肉是小腿腓肠肌，其次是足底的屈拇肌和屈趾肌等。

在剧烈运动中，由于肌肉快速连续性收缩，导致肌肉收缩与放松的协调交替被破坏，特别在局部肌肉处在疲劳时更容易发生肌肉痉挛。肌肉受到寒冷的刺激，或因情绪过于紧张、准备活动不够、肌肉猛力收缩或收缩与放松不协调的时候，都可以导致肌肉痉挛的发生。肌肉痉挛时，肌肉突然变得坚硬，疼痛难忍，而且不易缓解。

2. 处置

对痉挛部位的肌肉做牵引。例如腓肠肌痉挛时，即伸直膝关节，并配合按摩、揉捏、叩打以及按压委中、承山、涌泉等穴位，以促进痉挛缓解和消失。

3. 预防

运动前做好准备活动，对容易发生痉挛的肌肉可以事先进行按摩。夏季进行长时间运动时，要注意补充盐分；冬季锻炼时，要注意保暖。游泳下水前，应先用冷水淋浴，游泳时间不宜过长。疲劳或者饥饿时，不要进行剧烈运动。

第五节　常见运动损伤的预防与处理

在体育运动时发生的损伤统称为运动损伤。体育运动是以增强体质、增进健康为目的的，而运动损伤将直接影响锻炼者的健康和学习、工作、生活，显然，损伤与体育目的格格不入。了解运动损伤发生的原因和发病规律，贯彻预防为主的方针，采取有效的安全措施，就能最大限度地减少或者避免运动损伤，从而保证身体健康和运动锻炼的正常进行。

一、运动损伤的原因

大学生发生运动损伤的原因是多方面的，既有锻炼者运动基础、体质水平方面的原因，也与运动项目的技术特点、技术难度以及运动环境因素有关，同时与活动中的内容安排、运动量及运动强度、密度有一定的关系。概括起来主要有以下几个方面。

（1）思想麻痹大意是导致运动损伤的主要因素。例如，运动前不检查器械，预防措施不得力，好胜、好奇，常在盲目和冒失行动中受伤。

（2）运动前准备活动不充分，特别是缺乏针对性的准备活动，使运动器官、内脏器官功能没有达到运动所需状态而造成损伤。

（3）运动情绪低下或在为难、恐惧、害羞、犹豫以及过分紧张时发生伤害事故。有时因缺乏运动经验、缺乏自我保护能力致伤。

（4）锻炼的方法不科学，盲目地增加运动负荷，提高技术难度，尤其是局部负担过重，也是造成运动损伤的原因。另外，在身体过于疲劳，或长期局部负担过重，或身体功能状态不良时都可能引起损伤事故。

（5）如果进行体育锻炼时，组织安排不严密，就会出现拥挤混乱的情况，可能造成伤害或因为场地、器材、时间安排不合理发生意外事故。

（6）运动环境的不佳也会引起意外伤害的事故。例如，运动场狭窄、不平整，有行人及车辆过往，器械安装不牢固，位置不恰当，运动服装或鞋不合适，气温或光线不良都可能造成伤害。

（7）技术动作不正确，往往造成局部受力过大或身体失去平衡和控制，从而造成损害。

二、运动损伤的预防

预防运动损伤应该注意以下几个方面。

（1）加强运动安全教育，克服麻痹思想，提高预防损伤的思想意识。

（2）认真做好准备活动，对可能发生损伤的环节和易伤部位，要及时做好预防措施。

（3）合理组织和安排锻炼，合理设置运动量，做练习时，防止局部运动器官负担过重。

（4）加强保护与帮助。在加强同伴间相互保护与帮助的同时，特别要加强和提高自我保护能力。如摔倒时，立即屈肘、低头、团身滚动；由高处跳下时，用前脚掌着地，同时屈膝滚冲、弯腰、两臂自然张开，以利于保持身体平衡。

（5）加强易伤部位的锻炼。这是一种积极的预防手段，例如，为预防关节扭伤，应增强关节周围肌肉及韧带的力量、强度和柔韧性，以加强关节的稳定性；为防止肌肉损伤，在发展肌肉力量的同时，还应该注意发展肌肉的伸展性。

三、运动损伤的处置

常见的运动损伤主要有软组织损伤，关节、韧带扭伤，关节脱位，脑震荡，运动骨折等几个方面。

1. 软组织损伤

这类损伤可分为开放性损伤和闭合性损伤，前者有擦伤、撕裂伤、刺伤等，后者有挫伤，如肌肉挫伤、肌腱炎、腱鞘炎等。

（1）擦伤。

①原因与症状。因运动时皮肤受挫致伤，如跑步时摔倒、体操运动时身体摩擦器械受伤。擦伤后皮肤出血或组织液渗出。

②处置。小面积擦伤，先用生理盐水洗净，后涂抹红药水，再用消毒布覆盖，最后用纱布包扎。

（2）撕裂伤。

①原因与症状。在剧烈、紧张运动时，或受到突然强烈撞击，造成肌肉撕裂。常见的有眉际撕裂、跟腱撕裂等。开放伤顿时出血，周围肿胀；闭合伤触及时有凹陷感和剧烈疼痛。

②处置。轻度开放伤，用红药水涂抹伤口即可；裂口大时，则需要止血和缝合伤口，必要时注射破伤风抗毒血清，以防破伤风症。如肌腱断裂，则需手术缝合。

（3）挫伤。

①原因与症状。因撞击器械或练习者之间互相碰撞造成挫伤。单纯挫伤在损伤处出现红肿，皮下出血，并有疼痛。内脏器官损伤时，则出现头晕、脸色苍白、心慌气短、出虚汗、四肢发凉、烦躁不安，甚至休克。

②处置。在 24 小时内冷敷或加压包扎，抬高患者肢体或外敷中药。24 小时后，可按摩或理疗。进入恢复期可进行一些功能性锻炼。如果怀疑内脏损伤，则做临时性处理后，送医院检查和治疗。

（4）肌肉拉伤。

①原因与症状。通常在外力直接或间接作用下，肌肉过度主动收缩或被动拉长时引起肌肉拉伤。特别是由于准备活动不充分、动作不协调以及肌肉弹性、伸展性或肌力差等更易拉伤。损伤后伤处肿胀、压痛、肌肉痉挛，触诊时可以摸到硬块。严重的肌肉拉伤是肌肉断裂。

②处理。轻者可以立即冷敷，局部加压包扎，抬高患肢。如有大部分或完全断裂者，在加压包扎后，立即送医院手术治疗。

2. 关节、韧带扭伤

（1）肩关节扭伤。

①原因与症状。一般因为肩关节用力过猛以及反复劳损所致，也有的因技术错误、违反解剖学原理而造成损伤。如投掷、排球扣球和大力发球时常出现这类损伤。其症状有压痛、疼痛，急性期有肿胀，慢性期三角肌可能出现萎缩，肩关节活动受限。

②处理。单纯韧带扭伤，可冷敷，加压包扎。24小时后采用理疗、按摩和针灸治疗。出现韧带断裂时，应立即送医院缝合和固定处理。当肩关节肿胀和疼痛减轻后，可适当施行功能性锻炼，但是不宜过早活动。

（2）髌骨劳损。

①原因和症状。髌骨具有保护股骨关节面、传递股四头肌力量等作用，是维护膝关节正常功能的主要结构。髌骨劳损是膝关节长期负担过重或反复损伤累积而成的，也可以一次直接外力撞击致伤。例如，篮球滑步、急停，跳高和跳远时不合理或摔倒受击，都可以导致这种损伤。

②处理。采用中药外敷、针灸、按摩等治疗手段。平时加强膝关节肌群力量练习，例如，采用高位静力半蹲，每次都保持3～5分钟。病情好转时，可以逐渐增加时间，每日进行1～2次。

（3）踝关节扭伤。

①原因与症状。运动中跳起落地时失去平衡，使得踝关节过度内翻或外翻致伤。在准备活动不充分、场地不平坦的情况下，更容易造成这类损伤。主要症状为伤处疼痛、肿胀，韧带损伤处有明显压痛、皮下瘀血。

②处置。受伤后，应该立即冷敷，用绷带固定包扎，并抬高伤肢。24小时后，根据伤情采取综合治疗，如外敷伤药、理疗、按摩等，必要时做封闭疗法。待病情好转后，施行功能性练习。对严重患者，可用石膏固定。

（4）急性腰伤。

①原因与症状。运动时，身体重心不稳或肌肉收缩不协调，引起腰部扭伤。多数因腰部受力过重，或脊柱运动时超过了正常生理范围。例如，挺身式跳远中展体过大，举重上挺时过分挺胸塌腰等，都有可能造成腰部扭伤。其症状为疼痛，有时听到瞬间"咯咯"的响声，有时出现腰部肌肉痉挛和运动受限。

②处理。腰部急性扭伤后，让患者平卧，一般不应该立即搬运，如果剧烈疼痛，则用担架抬进医院诊治，主要恢复手段可用针灸、外敷伤药或按摩。

3. 关节脱位

（1）原因与症状。因受外力作用，使关节面失去正常的连接关系，称为关节脱位，又称脱臼。关节脱位可分为完全脱位和半脱位（或称错位）两种。严重的关节脱位，伴有关节囊撕裂，甚至损伤神经。运动中发生的关节脱位，大都是间接外力撞击所致。

关节脱位后，常出现畸形，与健肢对比不对称，因软组织损伤而出现炎症反应，局部疼痛、压痛和关节肿胀，并失去正常活动功能，甚至发生肌肉痉挛等现象。

（2）处置。用长度和宽度相称的夹板固定伤肢。如果没有夹板，可将伤肢固定在自己的躯干或健肢上，防止震动，随后及时送医院治疗。必须指出，如果没有把握做整复处置时，切不可随意做整复手术，以免再度增加伤害。

4. 脑震荡

（1）原因与症状。脑震荡是指头部受到重物、硬物直接打击或撞击后，使人脑管理平衡的膜半规管、椭圆囊、球囊等感受器功能失调，以致引起意识和机能一时性障碍。在体育锻炼时，两人头部相撞或撞击硬物，或从高处跌下时头部撞地，都有可能造成脑震荡。头部受伤后立即发生意识昏迷、呼吸表浅、脉搏徐缓、肌肉松弛、瞳孔放大但对称、神经反射减弱或消失；清醒后，患者出现头痛、头晕、恶心或呕吐。

（2）处理。立即让患者平卧，头部冷敷。昏迷者可指压人中、内关、合谷穴；若呼吸发生障碍，立即进行人工呼吸。上述处理后，出现反复昏迷或耳、鼻、口出血，两瞳孔放大又不对称时，表明病情严重，应速送医院治疗。在运送途中，要让患者平卧，头部固定，避免颠簸。

5. 运动骨折

（1）原因与症状。运动中，身体某个部位受到直接或间接的暴力撞击时，造成骨折。例如，踢足球时，小腿易发生腓骨、胫骨骨折。摔倒时，手臂直接触地，易发生尺骨、桡骨骨折等。其症状为患处即刻出现肿胀，皮下瘀血，有剧烈疼痛，肢体失去正常功能，肌肉产生痉挛，有时骨折部位发生变形，移动时可以听到骨摩擦声。

（2）处理。若出现休克，则应该先进行处理，即点按人中穴，并进行人工呼吸或心肺胸外按摩。若伴有伤口出血，则应该同时实施止血和包扎并及时送往医院治疗。

四、运动损伤的急救

1. 急救的原则

急救是指对运动中突然发生的严重损伤进行紧急的初步和临时性处理，以减轻患者痛苦，预防并发症，为转送医院进一步治疗创造条件。这对保护患者的生命安全具有十分重要的意义。

运动损伤的急救是一项极其重要的工作，如果处理不当，轻者加重损伤，导致感染，增加患者痛苦；重者致残，甚至危及生命。因此施行急救者必须及时、准确、合理、有效地急救。

急救时必须遵循如下原则。

（1）抓住主要矛盾急救。现场急救比较复杂，如果同时出现多种损伤时，必须抓住主要矛盾进行急救。如发现休克，应先施行抗休克措施，即针刺人中、内关穴并进行人工呼吸；如伴有出血，应同时施行止血，然后再做其他损伤的处理。

（2）分工明确，判断正确。急救人员必须分工明确，并具有高度的责任感和救死扶伤的崇高品德，要临危不惧、判断正确、有条不紊地抢救，要有正确的抢救技术和丰富的临场经验。

（3）急救时必须分秒必争，当机立断，切勿犹豫不决，以免延误抢救时机。待抢救有效后，尽快送医院，做进一步治疗。运送途中，应保持患者平稳、安静，消除其紧张情绪，必要时继续进行人工呼吸。

2. 急救方法

（1）冷敷法。冷敷可以使得血管收缩，减少局部充血，降低组织温度，抑制神经感觉，从而有止血、止痛和减轻局部肿胀的作用。冷敷止血法常用于急性闭合性软组织损伤。最简单的方法是用冷水冲洗伤处后用冷毛巾敷于伤处，有条件的使用氯乙烷喷射。

（2）抬高伤肢法。抬高伤肢，可使得伤处血压降低，血流量减少，以达到减少出血的目的。在采用加压包扎后，仍应该注意抬高伤肢。

（3）压迫法可以分为指压法、止血带法、包扎法等。其中，指压法包括直接指压法和间接指压法两种。

①直接指压法。即用指腹直接压迫出血部位。但由于直接接触伤口，容易引起感染，所以最好敷上消毒纱巾后进行指压。

②间接指压法。即用指腹压迫在出血动脉近心端的血管处，如能压迫在相应的骨头上更好，以阻断血液，达到止血目的。

③止血带法。常用止血带有皮管、皮带、布条、毛巾等。先将患者肢体抬高，在患处上方缚扎止血。缚扎时最好加垫，以防缚扎太紧，造成肢体坏死。一般止血带缚扎时间不超过3小时。

④包扎法。主要用绷带包扎，如环形包扎法、螺旋形包扎法、螺旋反折包扎法、"8"字形包扎法。

（4）溺水急救方法。通常在游泳时或者儿童在水塘边玩耍时不慎掉入水中，因肌肉痉挛或游泳技术不足导致溺水。溺水时，水通过口鼻进入肺内，造成呼吸道阻塞，或者因吸水的刺激，引起喉部肌肉痉挛，使气体不能进出，导致窒息或昏迷，胃腹吸满水而鼓起，甚至呼吸、心跳停止。

溺水的急救方法如下：

①将溺水者救上岸后，立即清除口腔内异物，并迅速倒水，但不要因过分强调倒水而延误抢救时机。

②立即进行人工呼吸，若心跳已停止，应同时施行心脏胸外挤压。人工呼吸和心脏胸外挤压以1∶4的频率进行。施救者之间应密切配合，积极而耐心地进行抢救，直到溺水者恢复自主呼吸和心跳为止。

③溺水者苏醒后，应立即送往医院，做进一步的检查和治疗。在送往医院途中，必要时继续进行人工呼吸。

第六章　身体健康教育实践

第一节　体能训练

体能是通过力量、速度、耐力、协调、柔韧、灵敏等运动素质表现出来的人体基本的运动能力,是运动员竞技能力的重要构成因素。体能水平的高低与人体的形态学特征以及人体的机能特征有着密切的相关性。

一、体能的概念与本质

1. 体能的概念

国内外学者对体能的概念进行了大量的研究。港、台学者大多认为,体能是经过身体训练获得的人体各器官系统的机能在肌肉活动中表现出来的能力,它包括身体形态的适应性变化和力量、速度、灵敏性、耐力和柔韧性等基本素质。国外学者哈特曼(Hartman)等认为,体能是以人体三大供能系统的能量代谢活动为基础,通过骨骼肌系统表现出来的运动能力。从生物化学的观点分析,运动员体能的高低主要取决于运动过程中能量的供给、转移和利用的整合能力高低。1984年上海辞书出版社出版的《体育词典》对"体能"的定义为:体能是人体各器官系统机能在体育活动中表现出来的能力。体育院校通用教材《运动训练学》中认为,运动员体能指运动员机体的基本运动能力,是运动员竞技能力的重要组成部分;运动员体能发展水平是由其身体形态、身体机能及运动素质发展状况所决定的;身体形态是指机体内外部的形状,身体机能是指机体各器官系统的功能,运动素质是指机体在活动时所表现出来的各种基本运动能力,通常包括力量、耐力、速度、柔韧性和灵敏性等。杨世勇等认为,运动员体能是指运动员机体的运动能力,是竞技能力的重要组成部分,是运动员为提高技、战术水平和创造优异成绩所必需的各种身体运动能力的综合。这些能力包括身体形态、身体机能、运动素质,其中,运动素质是最重要的决定因素,身体形态、身体机能是形成良好运动素质的基础。杨桦等在《运动训练学导论》中认为,体能是以人体三大功能系统的能量代谢活动为基础,通过骨骼肌系统表现出的能力。

综合以上阐述,可将"体能"定义为:体能是人体对环境适应过程中所表现出来的综合能力。竞技运动体能(运动训练界简称体能)以追求在竞技比赛中创造优异运动成绩所需体能为目标,从定义上看,体能是运动员有机体运动时所表现出来的能力。从体能的源头来看,它是以人体器官系统的形态和机能为基础,各系统协调的机能在运动中表现出的综合能力,即呼吸系统、循环系统、神经系统、运动系统、消化系统、脉管系统、泌尿系统、内分泌系统及生殖系统九大系统的整体综合功能。从表现机制看,体能主要通过身体素质的形式来表现出来,包括力量、速度、耐力、柔韧性和灵活性等。

2. 体能的本质

要认识体能的本质，必须经过对表象认真反复细致地进行钻研，找出表象与本质之间的相互联系以及前因后果。透过体能的定义去分析，既然体能是一种能力，这种能力必须通过运动学的表象，以一定的运动形式才能表现出来，它是借助不同的运动方式并最终是以人体跑的快慢、跳的高低、远近及动作幅度的大小等效果的好坏得以表现。然而，这种外在表现出来的只是能力的一部分，并不一定是全部的充分表现，只有在人的这种能力充分发挥出来的前提下，才是能力的最佳表现。再者，这种表现只是一个结果，如实地反映出了在这个运动过程中，身体素质表现出来能力的大小。从这个角度来看，表现出来的最终结果只是衡量身体素质能力大小的一种尺度，具体度量的是各种运动方式运动的结果所表现出来的值：力量的大小、持续运动时间的长短、速度的快慢、运动的幅度大小和身体的灵敏程度等。可见，人体活动时所表现出来的力量、耐力、速度、柔韧性和灵敏性等素质，是运动的结果（表象），而不是根本原因（本质）。人体是复杂统一的有机体，由九大系统组成，九大系统的功能决定了人体运动时的功能。因此，探讨体能的本质，应该从九大系统入手，这样才能推动体能训练文化链条由运动学的表象（力量、耐力、速度、柔韧性和灵敏性等素质），向动力学、生理学等本质规律（不同生理功能的各个器官系统的功能）的转变。也可以说，把具有不同生理功能的各个器官系统的功能，作为体能真正的本质内涵来研究，才能抓住体能文化链条的关键。

二、体能训练的内涵与外延

1. 体能训练的内涵

体能训练的内涵应是对人体系统的训练，提高走、跑、跳、投等能力（见图 6-1-1）。体能训练具有其系统性特点，即训练的整体性和综合性。体能训练应结合运动项目特点和人体系统特点，通过多学科支撑，进行学科交叉，并借鉴融合其他领域的优秀成果和先进经验，有针对性地对体能训练中人体运动系统（骨、关节、肌肉）及运动辅助系统，以及运动训练的大系统进行优化的过程。

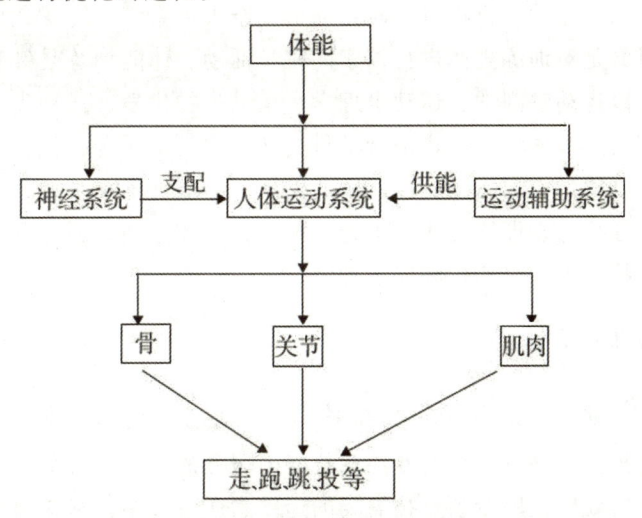

图 6-1-1 体能训练内涵示意图

体能训练的基础是运动的直接执行者骨、关节、肌肉的训练。无骨而不立，无关节而不活，无肌肉而无力。骨骼对人体运动起着支撑和杠杆等非常重要的作用，关节决定柔韧性、力量和运动的幅度，肌肉的牵拉使得运动能够完成。体能训练应结合运动项目的技术特点，分析骨、关节、肌肉的力学特征和生物学特征以及运动中骨、关节、肌肉的工作特点，探索怎样进行骨、关节、肌肉训练。

体能训练是对人体系统优化的过程。运动是在大脑、神经系统支配下，各人体器官系统共同参与并协调配合的骨、关节、肌肉的运动。骨、关节、肌肉的工作是通过人体各运动辅助系统的相互作用提供能量的，并在神经系统的支配下完成的。体能训练应包括骨、关节、肌肉的训练，人体各运动辅助系统的训练，神经系统训练以及它们之间的协调训练，是一个优化人体系统结构，提高人体系统功能的过程。可以说体能训练就是对系统的优化过程，优化的对象为运动的直接参与系统骨、关节、肌肉，能量供应系统，各运动辅助系统，运动的支配者神经系统等，优化的目的是使各系统协调工作，达到整个人体系统的最优化。

2. 体能训练的外延

传统体能训练理论把体能分为力量、速度、耐力、柔韧性和协调性等多个素质，然后根据这些功能制定相应的力量、速度、耐力、柔韧性和协调性等训练方法，是从系统的功能入手的方法。这些运动素质训练是对人体形态结构、机能与代谢状况的综合表现能力进行训练，因为这些功能是通过人体系统的结构表现出来的，属功能训练范围，可看成是体能训练的外延。

体能训练与专项运动具有统一性。运动员的体能训练是为了在专项运动中能够更好地发挥，体能训练不能脱离专项而独立进行，只有与运动项目相结合才能起作用。体能训练与专项的统一，一方面，是根据运动项目的特点、运动技术的特点进行体能训练；另一方面，专项训练中同时进行体能训练，把技术训练与体能训练结合起来，做到体能训练中有技术训练，技术训练中有体能训练。

体能训练是综合的科学活动。人体是一个复杂的系统，体能是人体系统所表现出来的能力。体能训练是结合运动项目特点，对运动员复杂人体系统进行优化的过程。体能训练具有综合性，同时又是对训练规律进行探索的科学活动。体能训练是针对运动项目特点和人体系统的特点，以运动解剖学、运动生理学、运动生物化学、运动生物力学等学科为人体运动理论基础，通过多学科支撑，进行学科交叉，并借鉴融合其他领域的优秀成果和先进经验，探索训练规律，实现运动员体能协调发展。体能训练重视神经系统、体能调节和本体感觉的训练，强化心理训练，注重体能的集约化。体能训练还把营养和养护作为重点环节，以营养来支持训练，以养护来保证训练。

三、体能训练的基本要求

1. 体能训练应与专项竞技的特点相结合

体能训练是为提高运动员综合的专项竞技能力服务的，一定要与专项竞技的特点相结合。体能训练的内容就是发展专项竞技需要的运动素质，其中，又应突出发展专项竞技需要的主要素质。选择或设计体能训练手段时应力求与专项竞技的动作形式、动作结构和能量代谢方式联系起来。体能素质训练应与技术、战术、心理训练有机结合。

要合理安排一般体能训练和专项体能训练。一般体能训练可全面地发展运动员的力量、耐力、速度、灵敏性、协调性和柔韧性等运动素质，提高运动员各个器官系统的机能，使运动员身体得到均衡的发展。同时，通过一般体能训练，提高运动员的健康水平。而专项体能训练的目的是使运动员已获得的体能直接为提高运动成绩服务。一般体能训练是为专项体能训练服务的，专项体能训练则直接为提高运动员整体竞技水平服务。

2. 体能训练应与人体生长发育的阶段性特点相适应

决定运动素质的身体形态、机能状态在人的不同发育阶段发展的程度不同，训练的可塑性也不一样。训练中应根据各运动素质发展敏感期训练可塑性大的特点，使运动素质在适时的年龄阶段得到相应的发展，有效发展运动员的体能。

四、体能训练的方法

1. 肌力与耐力的训练

肌力是指肌肉收缩时所产生的最大力量。肌力的大小取决于肌肉的收缩方式及收缩的速度、关节角度、年龄和性别、心理因素等。肌力下降的原因主要包括：①年龄的增加。肌力的大小会随着年龄的增加逐渐下降，而且下肢肌力较上肢肌力下降更快；②失用性肌萎缩。肌肉萎缩是由于肌原纤维的减少而导致的肌纤维萎缩；③神经系统疾病。如脑血管意外、小脑障碍、脑瘫等中枢神经障碍导致的偏瘫或四肢瘫等，长时间卧床导致肌力下降明显等；④肌源性疾病。肌源性肌力下降主要是肌营养不良、多发性肌炎等疾病所致，多发性肌炎出现肌力下降的部位主要为四肢近端肌群、颈屈曲肌群等。

肌肉耐力是指有关肌肉持续进行某项特定任务的能力，其大小可以从开始收缩直到出现疲劳时已收缩了的总次数或所经历的时间来衡量。耐力与所进行的运动强度有一定的关系，即运动强度越大，肌耐力就越小。

（1）肌力训练方法选择的原则。

①按肌力选择。在评定肌肉功能的基础上，根据现有肌力水平选择增强肌力的训练方式。

a. 0级肌力方法选择主要以被动活动训练为主，治疗师帮助患者活动患肢，防止关节的僵硬、挛缩以及肌肉萎缩等并发症。理疗可以选择电刺激，可以延缓肌萎缩的发生。

b. 1~2级肌力方法选择以主动辅助训练为主，在肌肉主动收缩的同时施加阻力，以帮助患者完成大幅度的关节运动，但主要强调主观用力，予以最低限度的助力，同时使用肌肉电刺激疗法。

c. 2级肌力主要选择免负荷运动，即减除重力负荷的主动训练，可以选择在温水浴中运动，利用水的浮力消除部分肢体自身的重力，使训练易于完成。

d. 3~4级肌力阶段由主动运动进展到抗阻运动，对抗较大阻力进行收缩，可增加运动单位募集率，从而提高训练效果。使肌肉对抗它所能承受的最大阻力而竭尽全力进行的收缩训练，称为最大收缩训练。最大收缩或接近最大收缩的训练，重复次数较少或持续很短时间即可引起肌肉疲劳，对增强肌力有较好效果。相反，较低强度的次大收缩训练可以重复较多次数或持续较长时间却不易疲劳，对增强肌肉耐力有利。

②按肌肉收缩形式选择。根据不同患者的特点，利用不同肌肉收缩形式的优点，避免不同肌肉收缩形式的缺点，也是选择适合患者训练方法的原则。

a. 等长训练。在日常生活中，等长收缩用于维持特定体位和姿势。等长训练不受环境限制，动作较为简单，潜在的损伤少，较为安全，特别适用于骨折、关节炎或因疼痛关节不能活动的情况下进行的肌力增强训练，以延缓和减轻肌肉的失用性萎缩，可在术后早期康复中应用。

b. 等张训练。等张训练的训练方式丰富，可在全关节活动范围内活动，对血压不造成明显上升，更适用于老年人和心血管系统疾病的患者。

（2）肌力训练的常用方法。

①徒手抗阻训练。训练前评定患者关节活动度和肌力，明确功能受限情况，以确定适宜的抗阻运动形式和运动量，将患者置于舒适稳定体位。将阻力加在肢体的远端，确定阻力的方向，采用适当的阻力，一旦出现患者不能完成全关节活动范围、施阻部位疼痛等情况，则应改变施阻部位或降低阻力力度。徒手抗阻训练应该注意的是训练中不应憋气，患者在训练中若发生局部肌肉疲劳现象或全身不适等要及时向治疗师说明，注意避免过度训练。

②等长训练。当阻力等于或大于肌肉可产生的力量、关节不产生运动时，可进行等长训练。训练肌群在可耐受的最大负荷下等长收缩，持续6秒，重复20次，1次/天。等长训练中应该注意在训练间隔休息时应该辅助以节律性呼吸，以预防血压升高。

③等张训练。等张训练可借助仪器设备进行，如哑铃、沙袋、实心球等自由重量的仪器，以及滑轮系统、功率自行车等。

肌耐力训练也包括等张训练和等长训练方法。

①等张训练法。先测定重复10次运动的最大负荷，即为10RM值，然后采用10RM的80%量作为训练强度，每组训练10～20次，重复3组，每组间隔1分钟。

②等长训练法。可取20%～30%的最大等长收缩阻力，逐渐延长等长收缩训练的时间，直到出现肌肉疲劳为止，1次/天，每周训练3～5天。

2. 心肺耐力训练

心肺耐力指一个人持续身体活动的能力。心肺和血管的功能对于氧和营养物的分配、清除体内垃圾具有重要作用，尤其是在进行有一定强度的活动时，良好的心肺功能则显得更加重要。

（1）改进心肺功能。休息的时候，一个健康的心肺系统几乎不费力地可以应付身体对氧气和燃料的需求，排出废物。然而，运动时，该系统的需求像新陈代谢率一样迅速上升。心肺应付运动的原理包括下面几点。

①增大心输出量和血压。每分钟心脏输出的血容量增大，随之增加的还有氧气与燃料的需求及废物的排出。

②增加空气流量（呼吸的速率与深度）。

③增加流向活动的骨骼肌及心脏的血液量，不断而缓慢地增加脑供血。

④增加皮肤的血流量，并出汗，化学反应为运动提供的能量释放热量，从而使体温保持在安全状态。

⑤减少血液流向胃、肠、肝、肾，结果导致胃肠道活动减少，同时也减少了尿液

排出。

所有这些改变都是心肺帮助身体在短期内应付运动的挑战反应。当经常如此运动时，耐力运动可形成更加持久的适应，同时也可改善心脏功能、身体及心肺系统的输氧能力、细胞利用与使用氧气的能力。这些改进减少了日常活动的努力，以便身体更好地应付体力的挑战。

耐力锻炼提高了心脏健康度，维持与增加了血液与氧气的供应，同时降低了心脏需氧量及工作量，增加了心脏肌肉的功能。经过锻炼的心脏更加有效也更加易适应紧张，在每次跳动时泵出更多的血液，如此在运动与休息时心率更低。一个健身的人心率要比不爱运动的人心率低10～20次。如此算来一年内要少跳动百万次。提高心脏效能的结果是耐力运动改进了心脏的收缩强度，增大了心脏容量（在年轻的成年人中），在每一次心脏收缩时增加更多的血量进入循环系统。锻炼同时也降低了血压，如此，心脏收缩时就不必如此辛苦了。

（2）提高细胞新陈代谢。有规律的耐力运动同时也改善细胞水平上的新陈代谢。它增加了肌肉中的毛细血管的数量，如此可提供更多的氧气与燃料。它也同时锻炼肌肉最有效地利用氧气与燃料，使之活动更加高效。运动也增加了肌肉细胞中线粒体分裂的数目与大小，如此可以增加细胞的能量容量。耐力锻炼也有助于产生能量，防止糖原损失，增加肌肉使用乳酸和利用脂肪作为燃料的能力。

提高细胞新陈代谢有效性的最好健身课程是将长期的、中等强度的耐力运动与短期的但强度更大的耐力运动结合起来。例如爬山与散步或者骑自行车的结合，引进大强度的运动更加有效地利用产生的乳酸及脂肪。

有规律的运动同时帮助人体细胞免于化学伤害。许多科学家相信，那些随着年龄增大导致的一些慢性病，与细胞的自由基受损相关。锻炼可以激活抗氧化酶，防止自由基损害细胞结构，如此可以提高健康水平。锻炼同时也改进细胞和组织的稳固性，改进细胞里盐及体液的平衡。对于心脏来说，这些特别重要，细胞和组织的不稳定可能会导致心脏疾病甚至死亡。

（3）心肺耐力训练方法。

①定期做有氧运动能够有效提升心肺耐力。有氧运动泛指那些可以有节奏地、连续地、长时间地活动全身大肌肉组群的活动，例如，急步行、缓步跑、游泳、跳舞、各类球类活动等。

②制定提升心肺耐力的运动方案，要留意几项组合，包括运动次数、运动强度、运动时限、运动方式，以及体能锻炼原则的应用。

③初训者不妨隔天做运动，然后逐渐增加至每日一次。剧烈运动过后，要有充足的休息，让体力恢复，预防因运动过度而受伤。

3. 柔韧性训练

柔韧性是指人体关节活动幅度以及关节韧带、肌腱、肌肉、皮肤和其他组织的弹性和伸展能力，即关节和关节系统的活动范围。柔韧性可以分为主动柔韧性和被动柔韧性。主动柔韧性是指利用肌肉可以使关节活动的范围，被动柔韧性则单纯是关节活动的最大范围。一般来说，女性和幼童的被动柔韧性比较强，因为相应的肌肉发展不足，所以他们通常在主动柔韧性方面不及成年男性。但是无论如何，主动柔韧性不可能超出被动柔韧性的活动范围。影响柔韧性即关节活动范围的因素有：关节骨结构，关节周围组织的体积，韧带、肌腱、肌肉和皮肤的伸展性。其中，最后一项对提高柔韧性关系最大。柔韧性不仅决定于结构的改变，也决定于神经对骨骼肌的调节，特别是对抗肌放松、紧张的协调。协调性改善可以保证动作幅度加大。提高柔韧性可采用拉长肌肉、肌腱及韧带等组织的方法，有爆发式（急剧地拉长）和渐进式两种。其中，渐进式可以放松肌肉，使肌腱缓慢地拉长，不易引起损伤。

（1）发展柔韧性的练习方法。

①主动或被动的静力性伸展法。主动或被动的静力性伸展练习是一种行之有效且比较流行的伸展方法。它是缓慢地将肌肉、肌腱、韧带拉伸到有一定酸、胀和痛的感觉位置，并维持此姿势一段时间，一般认为理想停留时间为10~30秒，每种练习应连续重复4~6次为最好。这种方法可以比较好地控制使用力量，比较安全，尤其适合于活动少和未经训练的人，它由于拉伸缓慢可避免拉伤。

②主动或被动的动力性伸展法。主动或被动的动力性伸展练习是指有节奏的、速度较快的、幅度逐渐加大的多次重复一个动作的拉伸方法。主动的动力性伸展是靠自己的力量拉伸，被动的动力性伸展是靠同伴的帮助或负重借助外力的拉伸。利用主动或被动的动力性伸展法进行练习时，所用的力量应与被拉伸的关节肌肉组织的可能伸展力相适应，如果大于肌肉组织的可伸展能力，肌肉或韧带就会拉伤。在运用该方法时用力不宜过猛，幅度一定要由小到大，先做几次小幅度的预备拉伸，再逐渐加大幅度，从而避免拉伤。

（2）发展柔韧性的锻炼模式。

①柔韧性练习强度。柔韧性练习应采用缓慢、放松、有节制和无疼痛的练习，做到"酸加""痛停""麻停"。只有通过适当的努力，柔韧性才会提高。随着柔韧性在锻炼过程中的提高，练习强度应逐渐加大。

②柔韧性练习的时间和次数。每种柔韧性练习姿势的时间和次数是逐渐增加的，应从最初的10秒练习时间，逐渐增加至30秒，每种姿势应重复次数在3次以上。如果是平时体育锻炼时的柔韧性练习，5~10分钟的时间就足够了，如果是专门为了提高柔韧性练习或运动员的训练，则练习时间必须达到15~30分钟。

③循序渐进、持之以恒。初次练习易产生不适感，甚至酸痛感，经过一个时期的练习，酸痛感和不适应感才能消除。如果柔韧性练习停止一段时期，已获得的效果就会有所消退。因此，柔韧性练习要持之以恒才能见效。

④柔韧性练习要全面。不论是准备活动中的伸展练习，还是专门发展某些关节柔韧性练习，都要兼顾到身体各关节柔韧性全面发展。因为在身体活动中，完成动作要涉及几个相互关联的部位甚至全身。

⑤柔韧性练习之后应结合放松练习。每次伸展练习之后，应做些相反方向的练习，使供血供能机能加强，这有助于伸展肌群的放松和恢复，例如，压腿后做几次屈膝下蹲动作。

（3）安全告诫。

①在进行较大强度肌肉伸展练习前，必须做热身活动，使身体微微出汗。

②肌肉伸展产生了紧绷感或感到疼痛时就应该停止练习，防止拉伤。

4. 耐力素质训练

耐力素质是指机体在一定时间内保持特定强度或动作质量的能力。"一定时间"是指不同专项竞技对运动时间的规定性。"保持特定运动强度或动作质量"是耐力水平的体现。耐力水平的提高表现为更长时间保持特定强度或动作质量，或在一定时间内承受更高强度的能力。运动员要在竞赛全过程保持特定的运动强度，或动作质量，就必须具备良好的耐力素质。

（1）耐力素质的作用。在竞技体育领域中，耐力素质在不同的竞技运动项目中有着不同的作用。对于长距离走、跑、骑、游、滑、划等竞速项目来说，耐力素质是决定运动员竞技能力高低的主导素质，对运动员总体竞技水平起着决定性的影响；对足球、羽毛球、水球、拳击、摔跤等持续竞技时间较长的运动项目来说，耐力素质对运动员比赛结果也有重大影响；对比赛时间很短的竞技项目来说，尽管在比赛现场通常无法直接感受到耐力素质对运动员竞技水平的重要影响，但不容置疑的是，短距离竞速选手、远度竞技选手及举重、体操、技巧等选手也都需要发展相应的耐力素质，以便坚持和承受不断加大的训练负荷，并保证以充沛的体力参与竞技比赛。

（2）耐力素质的影响因素。

①耐力素质取决于运动员有氧代谢的能力、体内能源物质的储存、支撑运动器官承受长时间工作的能力，以及运动员的心理控制和对疲劳的耐受程度四个方面。

②提高运动员的摄氧、输氧及用氧能力，保持运动员体内适宜的糖原储存量，提高肌肉、关节、韧带等支撑运动器官对长时间负荷的承受能力，加强运动员心理调节控制的能力，改进运动员在疲劳状态下动员机体潜力、持续工作的自我激励能力，是发展运动员耐力素质的重要途径。

③长时间的单一练习，如跑步、游泳、骑自行车等，既能发展机体有氧代谢的能力，又能发展进行该项运动主要工作肌群及关节、韧带的工作耐力；而长时间变换内容的练习，则减轻局部运动装置的工作负荷，着重培养运动员有氧代谢的能力。

（3）耐力素质训练的基本要求。

①要十分注意呼吸问题。呼吸的作用在于摄取发展耐力必需的氧气。在运动训练过程中，当运动员进行中等负荷的耐力训练时，就会出现每分钟耗氧量与氧的供给量之间的不平衡，而在大负荷训练时这种不平衡程度就会更加明显。可见，培养运动员呼吸能力对耐力训练来说是十分重要的。机体摄取氧气是通过提高呼吸频率和加深呼吸深度两方面实现的，在训练中应培养运动员以加深呼吸的深度供氧的能力，并注意培养运动员用鼻呼吸的能力。同时，还应加强呼吸节奏与动作节奏协调一致的训练。呼吸节奏紊乱，必定会导致动作节奏的破坏，使能量物质的消耗增加，不利于耐力素质的提高。

②无氧耐力训练应以有氧耐力为基础。无氧耐力的发展是建筑在运动员有氧耐力提高的基础之上的。这是因为通过有氧耐力训练，使运动员心腔增大，从而提高每搏输出量，可为以后无氧耐力的发展奠定坚实的基础。如开始只进行无氧耐力训练，就会使心肌壁增厚，这样心脏收缩功能强而有力，然而每搏输出量难以提高，从而影响全身血液的供给，对以后是不利的。所以，在进行无氧耐力训练之前或同时应进行有氧耐力训练。

决定有氧耐力还是无氧耐力的关键是负荷强度。负荷强度越大，机体无氧代谢的比例就越大，反之就越小。研究表明，运动时血乳酸浓度在 4 毫摩尔/升以下时，机体处于有氧代谢状态。

③根据专项要求选用不同的训练方法。尽管每项运动所要求的耐力不同，但都是由该

项运动强度特点所决定的,所以可据此去确定所需要的耐力,选择适合的训练方法。人们已对各种项目训练所需的三个供能系统的比例进行了大量的研究工作,不同运动项目发展不同供能系统。

根据所提供的各种能量系统供能情况,来安排某一专项的耐力训练,会使训练更有针对性。

④运动员意志品质在耐力训练中所起的作用是十分重要的,意志坚强者比意志薄弱者耐力表现好得多,所以在耐力训练中要十分重视对运动员意志品质的培养。

⑤在耐力素质训练中,应对运动员的体重进行控制。运动员肌肉中脂肪过多,就会增大肌肉的内阻力。摄氧量的相对值也会因体重的增加而下降,体重过重,消耗能量也必然会增加,这都会影响耐力素质的发展。

(4) 有氧耐力训练。

①强度。应以有氧供应系统为主,负荷的强度相对要小。芬兰生理学家卡沃宁提出的进行有氧耐力训练的心率保持公式为:训练强度=安静心率+(最大心率-安静心率)×60%,心率控制在这个水平,可使心血输出量增加,吸氧量可达到最大值的80%左右。训练结果还可使心脏容量增大,有利于促进骨骼肌、心肌的毛细血管增生。

②练习方式。

a. 匀速连续跑。运动心率可控制在150次/分左右,坚持运动时间应在1小时以上。

b. 越野跑。运动时间保持在1.5~2小时,强度(速度)是变化的。

c. 变速跑。负荷强度可由低到高,心率130~145次/分到170~180次/分,练习的持续时间在半小时以上。

(5) 乳酸供能无氧耐力的训练。

①强度。练习中必须使机体处于无氧糖酵解状态,产生乳酸,因此,强度要比有氧耐力训练大得多。一般应达到80%~90%的训练强度,心率可达180~190次/分,甚至还可高一些。

②重复练习的次数与组数。练习次数不可过多,一般安排3~4次。练习重复次数过多,就不可能保持必要的训练强度,导致训练效应的改变。一组练习重复次数的确定与距离有关,距离长重复次数可少些,短则可多些。

练习的组数应视运动员的训练水平而定。训练水平低的运动员练习组数应少些,如2~4组,对训练有素的运动员可多些,如4~6组。确定练习组数的基本原则是,要使运动员在最后一组练习时也能基本保持所规定的负荷强度,而不可使负荷强度下降得太大。

③间歇时间。有两种安排方法。一种是每次间歇时间恒定不变;一种是逐渐缩短次间间歇时间。采用逐渐缩短次间歇时间的安排方法可保持每次练习以后血乳酸含量达到较高值,这个值便可成为下一次练习机体乳酸的起点值,并使下一次练习时乳酸达到更高的含量,从而达到训练的目的。

(6) 非乳酸供能无氧耐力的训练。

①强度。采用大强度,可达到95%以上,这样才能保证机体动用CP能源物质,发展非乳酸供能无氧耐力。

②练习重复次数与组数。重复次数以多为好,但必须以不降低训练的强度为原则,如4~5次。

练习组数应视运动员情况而定，对训练水平高的运动员练习组数可多些，对训练水平低的运动员组数则要少些。

③间歇时间。

a. 短段落间歇的安排。如距离为 30~60 米，间歇时间为 1 分钟或短于 1 分钟。这样做的目的在于保证机体动用 CP 为能源。

b. 较长段落间歇的安排。如距离为 100~150 米，间歇时间为 2 分钟以上，这样做的目的在于保证机体 CP 能量物质通过休息得到恢复。

5. 灵敏素质训练

灵敏素质是指人体在各种突然变化的条件下，能够迅速、准确、协调、灵活地完成动作的能力，是人各种运动技能和身体素质在运动中的综合表现。大脑皮层神经活动过程的灵活性及分析综合能力，是灵敏素质的重要生理基础，因此可通过训练改善和提高各感受器官功能，以增强灵敏素质。此外，在体育锻炼的实践中，掌握的运动技能愈多就愈熟练，大脑皮层中暂时神经联系的接通就愈迅速、准确，动作也愈灵巧。灵敏素质是运动技能、神经反应和各种素质的综合表现。在对抗性体育活动中（如篮球、足球等），灵敏能力是非常重要的。灵敏性是人体各种运动能力在运动过程中的综合体现，良好的灵敏性不但有助于更快、更多、更准确、更协调地掌握技术和练习手段，还能使已有的身体素质充分、有效地运用到实践中去。

（1）发展灵敏素质的方法。

由于灵敏素质是人体综合能力的表现，发展灵敏素质必须从全面发展身体素质的综合能力入手，重点培养掌握动作的能力、反应能力、平衡能力等。主要练习方法如下：

①固定转换体位的练习，如各种穿梭跑、8 字跑和折返跑等，这些练习主要发展人体的基本灵敏能力。

②在跑、跳中做迅速改变方向的各种跑、躲闪、突然起动以及各种快速急停和迅速转身等练习。

③突然发出各种指令信号，练习者接收信号后，迅速做出应急反应，这种方法主要是提高人体应用灵敏性的能力。

④器械、体操、武术中的一些复杂动作练习，以及速度、动作、力量、高度、方位等经常变化的不对称练习和各种球类活动。

⑤做复杂多变的综合练习。例如，用"之字跑""躲闪跑""穿梭跑"和"立卧撑"四项组成的综合性练习。

⑥专门练习，如立卧撑跳转 180°连续进行、上步纵跳、左右弧线助跑、单腿起跳、旋转 360°连续进行等。

⑦变速和变向练习。在跑、跳过程中快速、协调、准确地完成各种动作，如变向、变速、急停、急起、转体等。

⑧其他方式的练习。按各种信号做出应答反应的游戏和各种变向的追逐游戏，专门设计的各种复杂多变的练习，如"躲闪跑""穿梭跑"等。

（2）注意事项。

①灵敏性的全面提高有赖于多建立有严格要求的条件反射。也就是说，学会正确的、随意的动作，越多越好。因此，要重视学习和掌握各种运动技能。

②灵敏素质是由大脑皮层神经活动过程的可塑性和灵活性所决定的，前者表现为对动作的掌握能力，后者表现为对参加运动肌群的控制、指挥能力。灵敏素质与复杂的运动反射速度及准确性密切相关，这要求练习时要有较强烈的欲望，要有明确的目标追求，减少不动脑筋的盲目重复练习。

③发展灵敏素质应在体力较好时进行锻炼，练习负荷强度要大，每次负荷持续时间不宜过长，重复次数也不宜太多，间歇时间要充分，以不产生疲劳为限度。

④人在疲劳时灵敏性会变差。因此，不断提高自己的耐力水平，对保持灵敏性有积极的作用。

⑤灵敏素质是一种综合素质，与力量、速度、协调等素质有密切关系，尤其是反应速度、动作速度、爆发力和协调性等对灵敏素质影响最大。因此，发展灵敏素质应从这些基本因素着手，可结合所锻炼项目的运动特点组合、设计切合自己实际的锻炼内容。

⑥灵敏素质应从小抓起，少儿阶段是发展灵敏素质的关键时期。同时，在发展灵敏素质时，应加强心理素质培养，避免由于紧张和恐惧心理而导致反应迟钝、动作的协调性下降，影响正常动作的发挥。

第二节　球类运动

一、篮球运动

1. 篮球运动的特点与作用

篮球运动是围绕着悬挂在空中的球篮而展开的空间与地面的争夺，不仅具有对抗性、拼斗性、集体性，而且还富有健身性、娱乐性、艺术性、趣味性、观赏性。

篮球运动是一项高强度的对抗性运动项目，持续时间可长可短，但需要参与者快速奔跑、突然与连续起跳、敏捷反应与力量抗衡。经常从事篮球运动，能促进速度、力量、耐力、灵敏性等身体素质的全面发展，提高内脏器官和中枢神经系统的功能。

篮球运动较其他球类项目技术繁多，战术形式多样，队员的技巧性也很强，而且反映出个体作战与协同配合特点。作为一项集体性很强的运动项目，篮球运动不仅要求运动员具有一定的技战术能力，以及在比赛中表现出的智慧、胆略、意志、活力与创造力，更为重要的是，运动员必须具备勇敢顽强的斗志和团结协作的精神。因此，篮球运动可以促使参与者形成良好的个性和团队精神。

篮球运动具有较好的观赏性。在篮球比赛中，我们可以欣赏到娴熟的运球、巧妙的传球、准确的投篮、机智的抢断、精彩的扣篮和出奇的封盖，再加上攻守交错、对抗变换，从而使比赛双方斗智斗勇，球场形势变化富有戏剧性，无论是参与者还是观看者都能得到心理的满足和愉悦。

篮球运动简单易行，趣味性很强，可以因人、因地、因时、因需而异。通过变换各种活动方式，篮球运动更容易吸引人们的参与，以帮助人们达到活跃身心、健身强体的目的，进而提高社会的文明氛围，充实人们业余文化娱乐生活。另外，篮球运动深受广大群众的喜爱，通过比赛的相互往来，还可以增进彼此之间的了解和友谊。

人们经常参与篮球运动，不仅可以强身健体，而且可以使个性、自信心、审美情趣、意志力、进取心、自我约束等能力都有很好的发展，也有利于培养团结合作、尊重对手、公平竞争的道德品质。

2. 篮球的基本技术

篮球运动基本动作技术主要包括移动、传接球、运球、持球突破、投篮等。

（1）移动。移动是篮球运动中最基本的战术之一，是篮球运动员通过各种快速、灵活、突变的脚步动作，在全身协调配合下，使身体的位置、方向、速度等发生变化的基本技术。篮球运动员只有利用这一技术，才可更好地达到进攻时摆脱防守、防守时防住对手，以争取攻守主动的目的。

（2）传球与接球。传接球，是指在篮球比赛中进攻队员之间有目的地支配球、转移球的方法。作为篮球比赛中运用较为频繁的技术之一，不仅是队员之间相互联系以及组织进攻的纽带，更是战术运用的基础。篮球中传接球的成功与否，直接影响到各队的进攻情绪和技战术水平的正常发挥。

（3）运球。运球是篮球比赛中个人进攻的重要技术。它不仅是个人攻击的有力手段，而且是组织全队进行战术配合的桥梁。有目的地运球可以突破防守、发动进攻、调整位置、寻找有利时机进行传球和投篮，尤其是进攻紧逼人盯人防守的有力武器。盲目地运球会贻误战机，造成被动。

（4）持球突破。突破技巧是爆发性的进攻技巧，是一项需要持球队员运用脚步动作和运球技术超越对手的攻击性技术。合理地进行突破，能够将篮球魅力发挥到极点，突破者也将成为赛场的焦点。同时，进行赛场突破时，不仅能直接切入篮下得分，还能打乱对方的防守部署，创造更多的攻击机会，增加对手犯规的概率。

（5）投篮。投篮是篮球运动中的主要进攻技术。篮球比赛中，投篮是得分的唯一手段，投篮命中率的高低，是反映一个球队水平的主要标志，是决定比赛胜负的重要环节。要提高投篮的命中率，除了有很好的身体素质作为保证外，还要求正确和熟练地掌握投篮技术，培养良好的心理素质，把握好投篮时机等。

3. 篮球运动的技巧运用

（1）传球。传球可以在原地、行进间或跳起后完成。常用传球动作：双手胸前传球、双手头上传球、单手肩上传球、单双手反弹传球、单双手低手传球、单手体侧传球、单手背后传球、点拨球等。传球时，前臂在后脚蹬地、身体重心前移的同时迅速向传球方向伸出，拇指用力下压，手腕前屈，食、中指用力拨球将球传出。球出手后身体迅速调整成基本站立姿势。

①双手胸前传球。比赛中最基本、最常用的传球手法是双手胸前传球。可在不同方向、不同距离迅速有力地传球，并且便于与投篮、持球突破等动作结合运用。

②双手反弹传球。离接球人三分之一处，是反弹传球的击地点。如果遇到防守人离传球人稍远或防守人后退协防内线队员，球则可在防守人脚侧击地反弹。球向后旋转击地反弹后，减速向斜上方弹起，便于队员接球，其传球手法与双手胸前传球除腕部用力加大外基本相同。

③双手头上传球。近距离传球时前臂前摆，手腕前屈，拇指、食指和中指用力拨球，将球传出，两手举球于头上。传球距离远时要增加蹬地力量，摆动腰腹以带动前摆发力。

④双手低手传球。在腹前或腹侧持球，双脚开立，屈膝。传球时，前臂外旋，手腕前屈，小指、无名指和中指用力拨球，将球传出。

⑤单手肩上传球。以右手为例。双手持球于胸前，两脚平行开立，传球时，左脚向传球方向迈出半步，同时将球引至右肩上方，肘外展，大臂与躯干、小臂与大臂的夹角大于90°。右手托球，手腕后仰，左肩侧对传球方向，重心落在右脚上，右脚蹬地，转体，前臂迅速向前挥摆，手腕前屈，通过食指中指拨球将球传出。球出手后，随着身体重心前移，右脚向前迈出半步，保持基本站立姿势。

⑥单手胸前传球。以右手为例。传球时，上体稍右转，右脚蹬地，重心前移，同时左手离开球。右手持球侧后下方，用伸臂、屈腕、拨指动作将球传出。

⑦单手体侧传球。双手胸前持球，右手传球时，左脚向左跨出一步，右手引球至身体右侧。出球前的一刹那，持球手的拇指向上，手心向前，手腕后屈，小臂稍向前摆，急促用力向前扣腕，手指用力拨球，将球传出。

⑧单手背后传球。以右手为例。双手持球于胸前，侧对接球队员。传球时，左脚向前迈出一步，双手持球右摆。当球摆至身体右侧时，左手离球，右手引球继续沿髋关节向后绕环。当前臂摆到背后时，右手腕向传球方向急促前屈，食指、中指用力拨球将球传出。

（2）接球。接球分为单手接球和双手接球，具体操作取决于来球的力量、方向和落点。接球好坏直接影响下一个动作。

①单手接球。控制的范围大、可接不同方向的来球是单手接球的优势，不如双手接球牢稳则是它的劣势。单手接球利于队员快速、灵活地发挥技术，但一般应尽量运用双手接球。

以用右手接球为例。看到球正面而来，右脚迅速迈出。双眼注视来球，接球时右臂微屈，手掌呈勺形，五指分开，迎接来球。当手接触球时，手臂顺势将球向后引，左手立即握球，双手将球握于胸腹之间，保持基本接球姿势。

②双手接球。最基本也是比赛中最多用的接球方法。优点是握球牢稳，易于转换其他动作。

接球时，两眼要注视来球，两臂伸出迎球，五指自然张开或呈半圆形。当球接触手指时，手腕内收，手臂随球后引，缓冲球的冲力，把球接住，保持身体平衡，做好传球、投篮、突破的准备。

（3）运球技巧。

①运球动作。运球动作是由身体姿势、手臂动作、球的落点、手脚协调组成。运球时应保持两脚前后自然开立，两膝微屈，上体稍前倾，头抬起，眼睛平视。非运球手臂屈肘平抬，用以保护球。脚步动作的幅度和下肢各关节的屈度随运球速度和高度的不同而有所变化。

运球时，五指张开，用手指和指根以上部位及手掌的外缘触球，掌心不触球。低运球时，主要以腕关节为轴，用手腕、手指的力量运球；身前高运球和变向高运球时，主要以肘关节为轴，用前臂和腕、指的力量运球；体侧或侧后的提拉式高运球主要以肩关节为轴，用上臂、前臂、腕、指的力量运球。拍按球时，手应随球上下迎送，尽量延长控制球的时间，这样有利于保护球和根据场上情况改变动作。拍按球的部位是由运球的方向和速度来决定的。拍按球的部位不同，使运球的入射角和球反弹起来的反射角也不同。原地运球时，拍按球的上方。向前运球时，拍按球的后上方。

要使球保持在自己控制的范围内，就要控制球的落点，也利于利用自己的上体、臂、腿来保护球以及技术运用，如：运球向前推进无防守时，球的落点应控制在身体的侧前方，并根据推进速度保持适当距离；在对手紧逼防守时，应采用侧对防守的运球方法，将球的落点控制在身体的侧后方使球远离对手，既利于保护球又能很好地抓住战机。

运球时在保持移动速度和运球速度协调一致的同时还要保持合理的动作节奏。

脚步移动越快，拍按球的部位越靠后下方，落点越远，拍按球及反弹起来的力量越大。运球时，手拍按球和脚步动作要保持一定的比例关系和节奏。直线运球，一般拍一次球跑两步。

②运球技巧。运球允许球员在不能传球给队友时可以自己带球向前进攻或者带球移动至更有利的位置以传球给队友；或等待队友到位接传球时控制住球自己向篮圈方向运球并完成投篮或上篮。

a. 控制性运球。采用控制性运球的情况有：既难传球又不能快速向前时、观察场上形势准备传球或投篮时。运球要保持在膝盖到腰部的高度。双膝微屈，身体前倾。不参与运球的那只手臂应该弯屈肘部并向外伸，保持平衡，利于阻止对手靠近。

b. 快速运球。快速运球时身体要前倾，将球稍微拍向前方，运球高度稍高，在胸部与腰部之间。身体正对移动方向，眼睛观察全场。

c. 变速运球。改变运球速度和高度是变速运球的基本要求。变速运球能让运球队员很好地突破对手防守。小步幅接近对手再突然加速并把运球高度降至膝部位置快速突破向前。

（4）持球突破技巧。

①同侧步突破。突破的姿势和动作同交叉步突破相同都是以突破方向的异侧脚做中枢脚。突破时，先做投篮假动作，等对手重心前移时右脚内侧蹬地迅速向右前方跨出一大步，同时向左转体探肩，重心右前移，在左脚离地前用右手放球于右脚侧前方，同时左脚迅速蹬地向右前方迈出，超越对手。

②交叉步突破。两脚开立，降低重心，持球于胸腹前。以突破侧的脚为中枢脚。突破时，左脚先假动作向前跨立刻左脚内侧蹬地将脚向右前方，右脚掌内侧迅速蹬地，左肩前倾，重心右前移，同时将球右移放向跨出的左脚外侧，右脚加速蹬地跨出，超越防守。

③转身突破。

a. 后转身突破。两手持球于腹前两腿弯曲背向篮站立，两脚平行（或前后）开立，重心降低，突破时，以左脚为轴转身，右脚向右侧后方跨步，上体右转，脚尖指向侧后方，右手向右脚前方放球，左脚内侧迅速蹬地，向球篮方向跨出，运球突破防守（以左脚做中枢脚为例）。

b. 前转身突破。准备动作与后转身准备动作相同。突破时重心移到左脚，右脚前掌内侧蹬地，左脚为轴，右脚随着前转身而向球篮方向跨步，左肩压向篮球方向，右手运球后左脚蹬地，向前跨出（以左脚做中枢脚为例）。

（5）投篮技巧。投篮主要动作：原地双手胸前投篮、原地双手头上投篮、原地单手肩上投篮、行进间单手肩上投篮、行进间单双手低手投篮、反手投篮、勾手投篮、跳起单手肩上投篮、跳起双手头上投篮、扣篮等。

①双手胸前投篮。两手把球举在胸前，胳膊肘自然下垂（不要外展），上半身稍前倾，两膝微屈，把身体的重力放在两脚之间，眼睛盯着目标。投篮时，两脚蹬地，腰腹伸展，两臂上伸，拇指向前压送，两手腕同时外翻，指端拨球，用拇指、食指、中指投出，腿、腰、臂自然伸直。

②原地单手投篮。各种投篮方法的基础。两脚张开的同时右脚稍微向前一些，把身体重心放在两脚间。胳膊肘弯曲，手指分开掌心朝上，手腕向后仰，左手扶球侧，上身向前倾，两膝微屈。投篮时下肢蹬伸，同时伸腰展腹，抬肘上伸前臂，手腕前屈，以指端拨球，通过食、中指柔和用力将球投出，球离手后右臂自然跟进（以右手投篮为例）。

③原地跳起单手肩上投篮。将球至胸腹之间，两脚左右（或前后）开立，身体重心在两脚之间，膝盖微屈，眼睛注视篮圈。起跳时两膝弯曲脚掌蹬地，收腹伸腰，迅速摆臂举球左手扶球左侧。当身体跳到最高点时，左手离球，右臂向前上方伸直，同时用突发性力量屈腕、压指，使球通过指端投出。球离手后身体自然落地，屈膝缓冲，准备冲抢篮板球或回防（以右手投篮为例）。

④行进间单手高手投篮。接球时步子先大后小，利于力量的转换（向前冲的力量变为向上起跳的力量），腾空后身体后仰，当球达到最高点，手腕前屈，食、中、无名指用力将球投出。

⑤跳起单手投篮。跳起投篮简称跳投，主要指跳起单手投篮，除了在动作结构上增加了起跳部分，其他出手动作与原地单手投篮基本相同。

⑥勾手投篮。右脚跨大步的同时接球，左脚跨小步，使身体侧对球篮。左脚蹬地起跳，右腿提膝，球由胸前经体侧，右手向左肩上方划弧举球。当球举至头的侧上方接近最高点时，屈腕，食、中指拨球，通过指端将球投出（以右手投篮为例）。

⑦运球急停跳起投篮。快速运球的同时跳步或跨步急停，快速起跳，双手将球上举。待到身体最高点左手离球，右前臂向前上方伸直，手腕前屈，食中指用力拨球，利用指端投球（以右手投篮为例）。

⑧转身跳起投篮。背向或侧向投篮持球时，面对球篮用左（右）脚为轴做前（后）转身，两腿弯曲，两脚迅速蹬地起跳两手举球，当身体接近最高点时，左手离球，右臂向前上方伸直，手腕前屈，食、中指用力拨球，通过指端将球投出（以右手投篮为例）。

4. 进攻战术基础配合

为了创造进攻机会，二、三名进攻队员合理运用技术而组成的合作方法就叫进攻基础配合。

（1）传切配合。传切配合是进攻队员之间利用传球、切入等技术组成的简单配合。具体分为：一传一切和空切。

如图6-2-1所示，④传球给⑤后，立刻摆脱对手向篮下切入，接⑤传来的球投篮。

（2）突分配合。突分配合是持球队员突破后，利用传球与同伴配合的方法。

示例：如图6-2-2所示，⑤突破后，遇到❼迎上补防，立刻把球传给切入篮下的❼，❼接球后投篮或与其他同伴配合。

（3）掩护配合。掩护队员用身体挡住防守者的移动路线，采用合理的行动使同伴摆脱防守，或利用同伴的身体摆脱防守从而接球进攻的一种配合方法。

掩护时，在保持适当距离的情况下，掩护队员跑到同伴的防守者前、后或侧面，两脚开立，膝微屈，两臂屈肘于胸前，上体稍前倾，扩大掩护面积。当同伴摆脱防守时掩护队员要及时转身跟进，准备抢篮板球或接回传球。

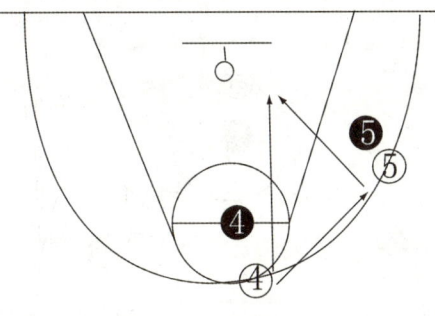

图 6-2-1　传切配合

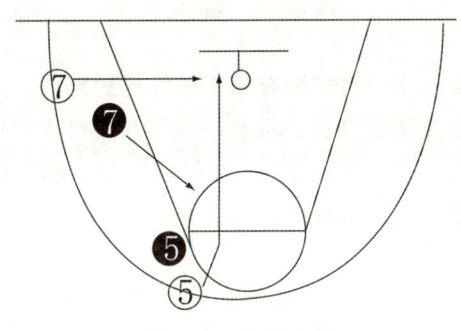

图 6-2-2　突分配合

5. 防守战术基础配合

（1）关门配合。关门配合是两个防守队员协同防守突破的配合方法。防守突破队员在看到进攻队员运球突破时迅速向侧后方移动，挡住其移动路线。临近突破一侧的防守队员，应及时快速向突破队员的前进方向移动，与突破队员靠拢，就像两扇门一样突然关闭，堵住进攻者的前进路线。

（2）夹击配合。适用于两个防守队员防守一个进攻队员。

示例1：如图 6-2-3 所示，对方④在后场掷界外球，❹协同❺夹击⑤。❹面对⑤，积极封阻他正面接球，❺在⑤的身后控制其快下的路线，并准备截断④的高吊球。❹和❺协同配合，防止⑤接球。

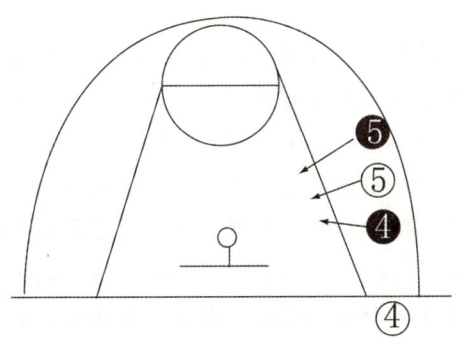

图 6-2-3　夹击配合

（3）补防配合。两个防守队员之间的一种协同配合方法。当同伴被突破时，临近的防守队员立即去补防那个威胁最大的进攻者，漏人的防守队员则要及时换防。

示例：如图 6-2-4 所示，当❻被突破后，❼应迅速补防⑥。❺应放弃⑤，撤到篮下，防止⑦切入篮下要球、投篮。

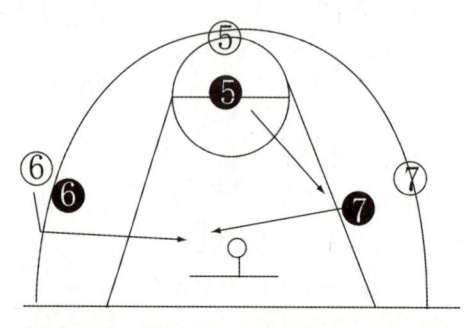

图 6-2-4　补防配合

（4）交换防守配合。交换防守配合属于破坏掩护配合。进攻队员利用掩护摆脱防守，在收到防掩护的队员的换防信号后，迅速与同伴互换对手，适当时机再换回对手。

示例：如图 6-2-5 所示，⑤去给④掩护，要提示同伴，❹被挡住时，❺主动呼唤同伴换防，❺防守④的运球，❹应迅速调整位置防守⑤。

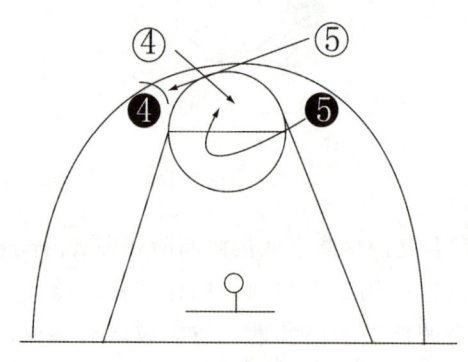

图 6-2-5　交换防守配合

二、排球运动

1. 排球的基本技术

排球的基本技术包括准备姿势、移动、发球、垫球、传球、扣球和拦网等。

（1）准备姿势。为了便于完成各种技术动作而采取的合理的身体姿势称为准备姿势。合理的准备姿势是指既要使身体重心处于相对稳定的状态，又要便于移动和完成各种击球动作，为迅速起动、快速移动及击球创造最好的条件；为完成某项有球技术之前的准备姿势，称为专项技术准备姿势，例如拦网、发球、传球等都采用不同的准备姿势。

在比赛中，应该时刻准备传接球，同时应该有随时协助队友的准备。为了能敏捷快速地移动到球的正前面，与球保持合理的位置，准备姿势最好是：身体保持向前倾，双目敏锐地注视着目标，将精神集中在球上；两脚左右或前后开立，降低身体的重心，双手的高度齐腰,为及时起跳、倒地和各种击球动作做好准备。

按照身体重心的高低,准备姿势可分为半蹲准备姿势、稍蹲准备姿势和低蹲准备姿势3种。

(2) 移动。从起动到制动的过程为移动。移动的目的主要是及时接近球,保持好人与球的位置关系,以便击球。迅速地移动可占据场上的有利位置,争取时间和空间。队员能否及时移动到位,直接影响着技战术的质量。移动是由起动、移动步法和制动3个环节所组成。

2. 发球

发球是排球比赛中一项重要的进攻技术,也是得分的重要手段。发球是比赛的开始,也是进攻的开始。正确而有攻击性的发球可以直接得分或破坏对方的战术组成,减轻本方防守压力,为反击创造有利的条件,同时能振奋精神,鼓舞全队士气,在心理上给对方造成很大压力。

发球技术有正面发球、侧面下手发球、正面上手发球、正面上手飘球、勾手大力发球、高吊球等。近几年又出现了跳起发球和上手砍式发球。发球技术由准备姿势、抛球和击球几部分组成。

(1) 发球特点。

①抛球要稳。应根据不同的发球方法和个人的特点,平稳地向上抛球,尽量使球不旋转。

②击球要准。无论用何种发球方法发球,都要以正确的手形击准球体的相应部位,使用力方向和发出球的飞行方向一致。

③手法、手形要正确。不同的发球方法,需要用不同的手法和手形。不同的手法和手形发出的球,其性能也各不相同。

④力量要适当。发球队员应根据自己的站位、发球的目标位置、发出球的性能,恰当地掌握击球的力量,这是减少发球失误的一个重要方面。

⑤发球时要观察场上情况。发球时应根据比赛中的具体情况,灵活运用"稳定、凶狠相结合,找人、找区相结合"的原则,采取不同形式的发球技术。

(2) 发球技术的动作方法。

①正面下手发球。这种发球动作简单,容易掌握,准确性大,进攻性不强,适用于初学者。面对球网,两脚前后开立,左脚在前,两膝微屈,上体稍前倾,重心偏后脚,左手持球于腹前。左手将球轻轻抛在体前右侧,离手高约20厘米。在抛球之前,右臂伸直,以肩为轴向后摆动。借右脚蹬地力量,身体重心随着向前摆动击球而移至前脚上。在腹前以全手掌击球的后下方。手触球时,手指、手腕紧张,手自然张开成勺形吻合球。击球后,随着击球动作,重心前移,迅速进场比赛。

②侧面下手发球。这种发球由于可借助转体力量带动手臂挥动击球,故较省力。左肩对网,两脚左右开立与肩同宽。两膝微屈,上体稍前倾,重心落在两脚间,左手持球于腹前。左手将球平稳抛送于胸前,距身体约一臂远,离手高约30厘米。在抛球的同时,右臂摆至右侧后下方,接着利用右脚蹬地向左转体的力量,带动右臂向前上方摆动,在腹前用全手掌击球的右下方。注意控制击球出手的角度和路线。击球后,随着击球动作,迅速进场比赛。

③正面上手发球。这种发球由于面对球网站立,便于观察对方,因此准确性大,易于控制落点。面对球网,两脚自然开立,左脚在前,左手托球于前,抬臂且手掌平托上送,

将球平稳地垂直抛于右肩的前上方，高度适中。在左手抛球的同时，右臂抬起，屈肘后引，肘与肩平，上体稍向右转。击球时，利用蹬地，使上体向左转动，同时收腹，带动手臂挥动。在右肩上方伸直手臂的最高点处，用全手掌击球的中下部，击球时，手指自然张开吻合球，手腕要迅速主动做推压动作，使击出的球呈上旋飞行，击球后，随着重心前移，迅速进场比赛。

④勾手大力发球。这种发球的特点是力量大，速度快，弧度平，球向下旋，攻击性强，容易造成对方措手不及。准备姿势、抛球动作与勾手发飘球基本相同，由于击球挥臂动作幅度较大，抛球比勾手发飘球要稍高。抛球的同时，两腿弯曲，上体顺势向右倾斜，并稍向右移动，右臂随着向右侧后方摆动。身体重心移向击球手臂一侧的支撑脚上。击球时，利用右脚蹬地转体动作发力，带动右臂做直臂弧形挥动。同时身体重心由右脚移至左脚。手臂在伸直的最高点、右肩的前上方击球。手指自然张开吻合球，手指、手腕主动用力勾住球，以全手掌击球的中下部，并用力屈腕压球，使球产生强烈的旋转。击球后，顺势转体面向球网，并迅速进场比赛。

⑤正面上手发飘球。这是一种发球时不使球产生旋转，而使球不规则地向前飘晃飞行的发球方法。面对球网，两脚自然开立，左脚在前，左手托球于前，用抬臂和手掌的平托上送，将球平稳地垂直抛于右肩的前上方，比上手发球要稍低、稍靠前些。击球前，手臂自后向前作直线挥动。击球时，五指并拢，手腕稍后仰，用掌根平面击球体后中下部，使作用力通过球体重心。击球瞬间，手腕、手指紧张，手形固定，不加推压动作。击球结束，手臂要有突停动作。击球后，迅速入场比赛。

⑥侧面勾手飘球。与正面上手发飘球动作相同，但是侧对网站立，利用勾手的形式。这种方法较多地借助下肢和腰部力量，比较适合远距离发球。

身体侧球对网，两脚自然开立，左手持球于胸前。在抛球的同时，右臂向右侧下方摆动，上体顺势向右倾斜和转动，身体重心落在右脚上。左手采用托送动作，将球平稳地抛在左肩前上方，约一臂的高度。击球时，右脚蹬地上体向左转动发力，带动手臂挥动。挥动时，手臂伸直，手腕保持紧张，以掌根的坚硬平面，或以半握拳，拇指根等部分击球的中下部。触球后，手臂挥动有突停动作。击球后迅速进场。

⑦跳发球。跳发球是指发球队员在端线后，利用助跑起跳，在空中像扣球似的将球击入对方场区的一种发球方法。

面对球网，站在端线后3~4米处，以右手或双手持球于体侧或腹前。用右手或双手将球抛至右肩前上方，抛球高度为2米左右，落点在端线附近。随着抛球动作开始迅速向前做2~3步助跑起跳。挥臂动作似正面上手发球。击球后，双脚落地，顺势屈膝缓冲，迅速入场。

⑧发高吊球。这种发球的特点是高度高，下降加速快，球旋转，具有一定攻击性。因易受光线和风力影响，故适合在室外或室内空间较高的比赛场地中使用。

右肩对网，两脚开立与肩同宽，两膝微屈，上体稍前倾，重心落于右脚上。左手将球抛在右肩前方，离身约一臂距离，以垂直起落为宜。在抛球同时右臂向后下方摆动，然后借助蹬地展腹动作，右臂猛烈向上挥动，击球瞬间突然屈肘，使小臂加带向上提拉，在腹前高度用虎口击球的下部偏左部位、使球带有上旋地向右侧上方飞起。击球后，迅速转身入场。

3. 垫球

垫球技术主要用于接发球、接扣球、接拦回球，有时也用来组织进攻。按动作方法可分为正面双手垫球、跨步垫球、体侧垫球、挡球等。

（1）垫球特点。

①判断准确，移动迅速。通过对对方发、扣球动作的判断，了解对方意图，预测线路，迅速移动卡位。在判断准确的基础上，尽快移动到来球位置上，做好防守的准备。

②动作多样，适应性强。垫球技术要做到防守范围大、控球能力好，必须掌握多种多样的垫球防守技术。不仅要熟练运用双手、单手垫球的技术动作，还要做到能扑、能跃、能滚、能爬、能挡。由于来球的弧度、速度不一，因此必须有良好的适应性，才能提高防守效果。一般要能用低姿、中姿、高姿三种防守姿势，要求意识强、手法多、范围广、手感好、效果佳。

③勇敢自信，每球必争。防守时要树立"没有防不起的球"的坚强信念，要有勇猛顽强的拼搏精神，要有不怕苦、不怕累、不怕难、不怕摔的气概，做到每球必争。

（2）垫球技术。

①正面双手垫球。正面双手垫球是最基本的垫球技术，来球速度有快慢之别，初学者应从垫速度较慢的来球学起。双手垫球的动作要领分为以下几个环节。

a. 准备姿势：移动后正对来球，双脚分前后半蹲站立，重心稍前倾，双臂自然弯曲，置于腹前。

b. 垫球手形：当球接近腹前时，两手掌根紧靠，两手手指重叠后合掌互握，两拇指平行，手腕下压，两臂外翻形成一个平面。

c. 击球：当球距腹前一臂距离时，两臂夹紧前伸，插到球下，向前上方蹬地抬臂，垫击球的后下部。身体重心随击球的动作前移。

d. 手臂角度：根据来球的角度和要垫出的方向，运用入射角与反射角相等的原理，调整手臂与地面的角度和转动左右手臂平面来控制垫球方向。

②体侧垫球。以右侧双手垫球为例，当来球飞向体侧（右），运动员来不及移动对正来球时，左脚蹬地，跨右脚，重心右移，双臂夹紧向右侧伸出。左臂稍向下倾斜，用向左转腰和提右肩的动作，配合两臂自右后方向前截住球的飞行路线，用两前臂垫击来球的后下部。

③滚翻垫球的动作要领。做滚翻垫球时，应快速向来球方向移动，最后跨出一大步，重心下降并落在跨出脚上，上体前倾，使胸部贴近大腿，双臂或单臂伸向来球方向，同时，两脚继续用力蹬地，使身体向来球的落点方向腾出，用小臂、虎口或手腕部分击球的下部，击球后脚尖内转，以大腿外侧、臂部侧面、背部、跨出腿的异侧肩部依次着地，然后顺势低头、收腹、团身做单肩后滚翻成低蹲姿势。

4. 传球

（1）传球的应用。传球是排球比赛中进攻和反攻的衔接技术，直接影响战术配合质量，关系到扣球效果。没有良好的传球技术，就无法体现一支队伍的整体竞技能力。

①二传。二传是指将本方第一次触球所防起的球（如一传接起的发球、防守接起的扣球）传给扣球队员进攻的一种传球技术。二传是进攻和反攻的纽带和桥梁，二传为进攻创造条件。

②一传。接发球、防扣球、吊球、拦起的高球在可能的情况下，可用传球动作来完成，传球较准确，有利于保证到位。

③吊球。根据对方场上情况，把球传吊到对方场地空当，也是进攻的一种有效手段。

④处理球。在无法组攻的情况下，用传球动作将球有目的地处理过网。

(2) 传球技术的动作方法。

①双手正面传球。看清来球后，迅速移动到球的落点处，对准来球，身体站稳，采用稍蹲姿势，双手自然抬起至于头前，目视来球。

传球的击球点应保持在额前上方约一球处。两臂弯曲，两肘适当分开，两手自然分开，手指相对呈半球状型，两拇指相对呈"一"字形，手腕稍后仰，两手间要有一定的距离，以扩大手指控制球的面积，防止漏球。传球时，指腕关节保持适当紧张，以承担球的压力；所有手指内侧，从指尖到指根尽量触到球，两小拇指在球的两侧，控制球的方向，使传出的球不左右晃动。

当来球接近前额时，全身的动作要协调一致，以便把力量集中在球上。但主要是依靠伸臂，通过手指、手腕的弹力将球传出。双手随球伸直，随后放松落下，准备下一动作。

②背传。向后上方传球，称为背传。这是传球中的一种基本方法，移动取位后，使球保持在额的前上方，上体比正传时稍直立，不要前倾，双手自然抬起置于额前。击球时，手腕适当后仰，掌心向上，击球的下部，用蹬腿、展腹、抬臂、伸肘的协调力量，通过手指、手腕的弹力将球向后上方传出。

③侧传。侧传有一定的隐蔽性。准备姿势与正面传球相同，迎球姿势也与正面传球相同，击球点保持在脸前或稍偏于出球方向的一侧。手形与正面传球相同，但倾向出球一侧的手臂要低一些，另一侧则要高一些。蹬地后上体要向出球方向倾斜，双臂向传出一侧用力伸展，异侧手臂动作幅度较大，伸展较快。

④跳传。跳起在空中传球称为跳传。双臂向上摆动帮助起跳后，顺势举在额前，身体在空中保持平衡，跳至最高点时，靠迅速伸臂的动作，利用手指、手腕力量，将球传出。

5. 扣球

扣球是排球比赛中最积极、有效的进攻手段，是完成进攻战术的最后和最关键的环节。在排球比赛中的进攻和反攻，除发球外，主要是通过扣球来实现的。

扣球在比赛中占有很重要的地位，是得分的主要手段，是一个队摆脱被动、争取主动的途径，是攻击力强弱的表现。扣球的成败，体现着队伍的战术质量和效果，是能否夺取胜利的关键。扣球效果好，可以鼓舞全队的士气，振奋精神，从而挫伤对方的锐气，给对方造成巨大的心理压力。

正面扣球是扣球技术中最基本的方法。在比赛中运用最多，具有面对球网便于观察、扣球方法多、球路变化大、准确性较高等优点，适合于近网和远网扣球。

(1) 准备姿势。以右手扣球为例，扣球助跑前采用稍蹲姿势，两臂自然下垂，观察来球，做好随时向各个方向助跑起跳的准备。

(2) 助跑。以两步助跑为例，助跑时，左脚先向前迈出一步，接着右脚再迅速跨出一大步，左脚及时并上，踏在右脚之前，两脚尖稍向右转。

(3) 起跳。在助跑跨出最后一步的同时，两臂绕体侧向后引，左脚在并上踏地制动的过程中，两臂自后积极向前摆动，随着双脚蹬地向上起跳，两臂也配合起跳，有力地向上摆动。

(4) 空中击球。起跳后，挺胸展腹，上体稍向右转，右臂向后上方抬起，身体成反弓形，挥臂时，以迅速转体、收腹依次带动肩、肘、腕各关节呈鞭甩动作向前上方挥动。击球时，五指微张呈勺形，并保持紧张，以全手掌包满球，掌心为击球中心，击球的后中部，同时主动用力屈腕屈指向前推压，使扣出的球加速上旋。

(5) 落地。落地时，以前脚掌先着地再过渡到全脚掌着地，同时顺势屈膝、收腹，以缓冲下落力量。

6. 拦网

(1) 单人拦网。拦网技术包括准备姿势、移动、起跳、空中动作和落地几个相互衔接的部分。

①准备姿势。面对球网站立，两脚左右开立，约与肩同宽，距离球网30～40厘米，两膝微屈，两臂在胸前自然屈肘，随时准备起动与移动。

②移动。移动的目的是对正扣球取得最佳起跳位置，一般拦网者是平行于球网横向移动的。移动大多采用并步、交叉步、跑步等步法，移动时要注意身体重心的控制，合理运用制动技术，以免触网或过中线犯规。

③起跳。起跳时两脚用力蹬地，两臂在身体的侧前方划小弧用力向体前上方摆动，使身体垂直上跳，腾空后稍微收腹以保持空中平衡。

④空中动作。当身体腾空接近最高点时，两手沿额的前上方伸越球网上缘附近的空间，两臂伸直，两肩上提，手指自然张开，保持半紧张，两手之间距离以不通过球为宜。当手触球时，两手要突然紧张，手腕用力下压盖住球的前上方。

⑤落地。完成空中动作后，身体自然下落，以前脚掌着地，屈膝缓冲下落力量。

(2) 集体拦网。集体拦网有双人拦网和三人拦网两种。集体拦网技术动作除要求具备个人拦网技术外，还应着重注意互相配合。

7. 进攻战术

进攻战术是指在接对方发过来、扣过来、拦过来、传和垫过来的球后，全队所采取的有目的、有组织的配合进攻行动。进攻战术可分为进攻阵形和进攻打法两方面。

(1) 进攻战术阵形。进攻战术阵形即进攻时的采取的队形。进攻时所采用的阵形是基本一致的，不外"中一二""边一二""插上"三种阵形。

①"中一二"进攻战术阵形。3号位队员做二传，将球传给4、2号位队员进攻的组织形式（见图6-2-6）。其优点是一传向网中3号位垫球比较容易，因而有利于组成进攻，适合初学者采用；二传队员在网前接应一传的移动距离近，向2、4号位传球的距离较短，容易传准。缺点是战术变化少，对方容易识破进攻意图。

②"边一二"进攻战术阵形。2号位队员做二传，将球传给3、4号位队员进攻的组织形式（见图6-2-7）。其优点是右手扣球者在3、4号位扣球比较顺手，战术变化较多。缺点是5号位接一传时，向2号位垫球距离较远；一传垫到4号位时，二传传球较为困难。

③"插上"进攻战术阵形。二传队员由后排插上到前排作二传，把球传给前排4、3、2号位队员进攻的组织形式（见图6-2-8）。其优点是能保持前排3点进攻，战术配合变化多，并能利用网的全长组织进攻。缺点是对插上二传队员的要求较高。

图 6-2-6 "中一二"进攻战术阵形

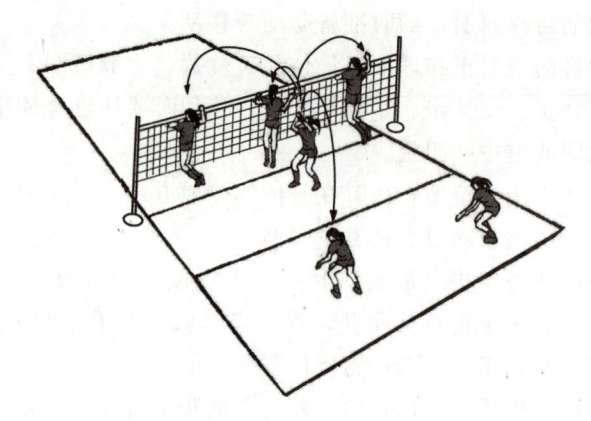

图 6-2-7 "边一二"进攻战术阵形

图 6-2-8 "插上"进攻战术阵形

（2）进攻战术打法。进攻打法是指二传队员与扣球队员所组织的各种进攻配合。包括强攻、快攻和两次球进攻三种基本打法。每种打法中又有若干不同战术配合，以达到避开拦网、突破防线、争取主动的战术目的。而所有这些打法又都可以在"中一二""边一二"和"插上"三种进攻战术阵形中具体运用。

①强攻。强攻是指在没有同伴掩护，而对方有拦防准备的情况下，强行突破的进攻。

强攻可以分为集中强攻、拉开强攻、围绕强攻、调整强攻和后排强攻五种打法。

②快攻。快攻是指扣二传传出的各种平快球，以及利用这些平快球做掩护所组织的各种战术配合。快攻包括平快球进攻、自我掩护进攻、快球掩护进攻三类。平快球进攻常用的有前快、背快、短平快、平拉开、背溜、调整快、远网快、后排快、单脚起跳快等。自我掩护进攻包括时间差、位置差、空间差的进攻。快球掩护进攻包括各种交叉进攻、加塞进攻、梯次进攻、前排快攻掩护后排进攻的立体进攻等。

③两次球进攻。两次球进攻是指一传来球较高，又在网前适合扣球的位置时，前排队员（多是二传队员）跳起来直接进行扣球。如遇拦网，就在空中改做二传，把球转移给其他队员进攻。

8. 防守战术

（1）接发球站位阵形。五人接发球站位阵形是最基本的阵形。除由一个二传队员站在网前或从后排插上不接发球外，其余五个队员都担负一传任务。水平较低的队更需要采用这种阵形（见图 6-2-9、图 6-2-10 和图 6-2-11）。

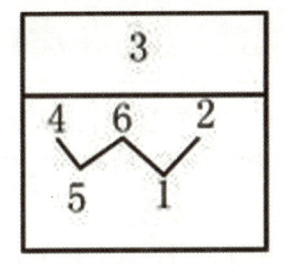

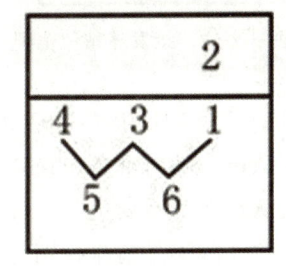

图 6-2-9　五人接发球站位　　图 6-2-10　五人接发球站位　　图 6-2-11　五人接发球站位

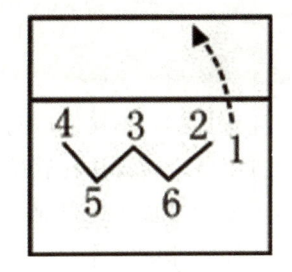

①五人接发球的优点是：

a. 队员均衡分布，每人接发球的范围相对减小；

b. 接发球时，已站成了基本的进攻阵形，组织进攻比较方便。

②五人接发球的缺点是：

a. 二传队员在后排时，从 5 号位插上距离较长、难度大；

b. 3 号位队员接球时，不便于组织快攻战术；

c. 不利于有进攻特长的队员及时换位；

d. 站位时，队员之间的集合不多，队员之间配合不默契时，容易出现互相干扰、互抢或互让。

（2）接发球站位的基本要求。

①合理取位。五人接发球的基本位置是前 3 后 2。4 号位队员应站在距中线 4～5 米，距边线大约 1 米处；2 号位应站在距中线 4 米左右，距边线 1～1.5 米处（见图 6-2-12）。后排队员的位置要以前排队员为基准，取前排队员两人之间的位置，避免重叠或影响视线，距端线大约 2.5 米为宜。此外，还要根据对方发球的性能、特点，随时调整位置。

②明确范围。接发球时，每个队员都应明确自己的控制范围，做到分工明确，既不互相争抢，也不互相让球。特别要重视两人之间的"结合地带"和三人之间的"三角地带"的接球配合。一般可以让一传较好的队员主动去接，或让先主动要求接的队员和在右手边接球的队员去接（见图 6-2-13）。

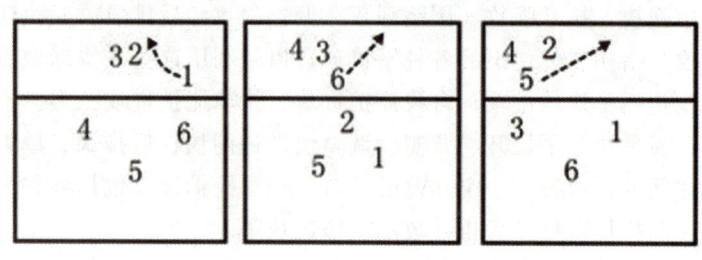

图 6-2-12 接发球站位

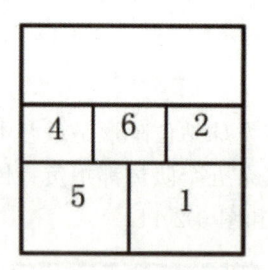

图 6-2-13 接发球站位范围

③注意接应。不接发球的队员应注意随时接应同伴的一传。尤其是当后排队员接球时，前排队员应转身注视后排接球队员，随时准备快速移动，接应不到位的球。只有先接好一传，才能进攻。这对前排进攻队员尤为重要。

(3) 接扣球防守阵形。接扣球防守阵形是前排拦网与后排防守的整体配合阵形。防守阵形首先要根据对方进攻的具体情况，其次要充分发挥本队队员的特长，也要适当考虑到防守后的进攻战术打法。

①不拦网的防守阵形。根据对方进攻的情况，当没有必要进行拦网时，可以采用不拦网的防守阵形。这与五人接发球站位阵形相似。前排进攻队员要撤到进攻线后，既准备防守，又便于进攻。后排队员后退，准备防后场球。二传队员留在网前，既可以接吊到网前的球，又便于组织进攻。

②单人拦网的防守阵形。水平较低的队比赛时，由于对方进攻力量不强，扣球路线变化少，吊球又多，可以主动采用单人拦网的防守阵形（见图 6-2-14）。不拦网的队员后撤防前区，后排队员防后场。

图 6-2-14 单人拦网的防守阵形

③双人拦网的防守阵形。水平较高的队多采用这种防守阵形，分为边跟进和心跟进两种。

a."边跟进"防守阵形。这种阵形多在对方进攻较强、吊球较少时采用，当对方4号位队员进攻时，己方2、3号位队员拦网，其他四个队员组成半圆弧形防守（见图6-2-15）。如遇对方吊前区，由边上1号位队员跟进防守，其优点是加强了拦网，缺点是边上的队员既要防直线，又要跟进防前区，比较困难。

b."心跟进"防守阵形。即后排中心的6号位队员在本方拦网时跟上去保护，适用于本方拦网能力强、对方采取打吊结合时采用。其优点是加强了前区的防守；缺点是后排防守的空当较大（见图6-2-16）。

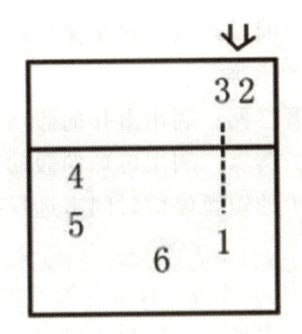

图6-2-15 双人拦网的防守阵形　　图6-2-16 "心跟进"防守阵形

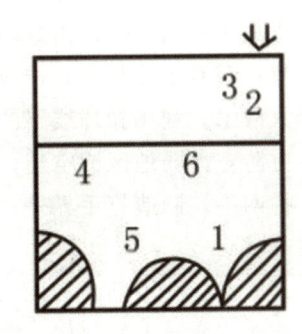

④三人拦网的防守阵形。这种阵形在对方强攻威力很大时采用（见图6-2-17）。

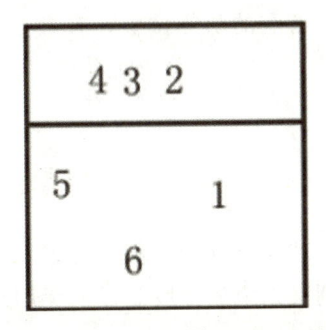

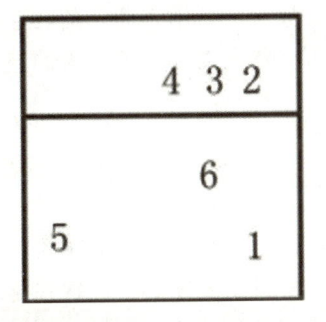

图6-2-17 三人拦网的防守阵形

⑤接拦回球保护阵形。接拦回球的保护阵形是根据保护扣球的人数来决定的。现在以本方4号位进攻，其他五人保护为例（见图6-2-18）。5号位和6号位队员向前移，3号位队员向左后方移动，形成第一道防线，2号位队员内撤，1号位队员保护后场。其他位置进攻时，保护的阵形也可以按同样的道理布阵。

⑥接传、垫球的防守阵形。当对方无法组织有利进攻，被迫用传、垫球击入本方时，本方的防守阵形与不拦网阵形的防守阵形相同。前排除二传队员外，其他队员都迅速后撤，准备接球后组织进攻。

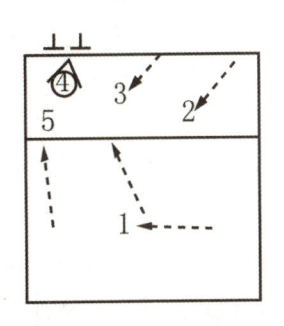

图6-2-18 接拦回球保护阵形

9. 个人战术

个人战术是不依靠与同伴的配合，单靠自己带有战术目的的行动。发球、一传、二传、三传、扣球、拦网、防守都可以体现个人战术。

（1）发球个人战术。利用发球落点，发向对方空当或一传差的队员；利用不同性能发球的变化，使对方难以判断和适应；利用自然条件，如光线、风向对比赛的影响等。

（2）一传个人战术。利用低平球一传加快快攻的节奏；利用垫高球制造两次球的机会；利用对方的空当，直接垫到空当中去等。

（3）二传个人战术。利用假动作，声东击西；利用传球的速度，加快或减慢进攻的节奏，造成对方拦防的不适应；乘对方不备，突然二次吊球等。

（4）三传个人战术。当第三次击球不能扣球进攻时，可以突然快速传向对方的空当或找二传插上的位置；有意把球垫高，造成对方接应的困难等。

（5）扣球个人战术。利用扣球线路的变化，避开拦网；利用重扣的假动作，进行轻打或吊球；利用对方防守薄弱地区或空当，控制扣球的落点；利用传球的假动作，突然进行扣球；利用对方拦网手，制造打手界外；利用在空中的短暂停留时间来选择扣球时机，造成拦网难以奏效等。

（6）拦网个人战术。利用判断拦网对方变化的扣球线路，有意暴露自己拦网的部位，当对方扣球时，突然改变原来的部位，拦住对方原以为是无人拦网的部位；有意给对方打手出界的机会，当对方扣球时，突然撤手，造成对方扣球出界等；比赛中也可以通过语言来达到拦网的效果，比如，说准备拦第一点，其实拦第二点，迷惑对方二传队员。

（7）防守个人战术。利用判断，随时取好最有利的防守位置，有意让出空当，诱使对方向空当进攻，再突然主动去防住原来的空当等。

三、软式排球运动

1. 软式排球的特点

（1）球的构造特征。软式排球，顾名思义，球体是软的。硬式排球由软皮等制成外壳内装橡胶或类似的材料制成球胆。而软式排球则是以柔软橡胶制成的无胆球，硬式排球是内外双层球，软式排球是单层球皮。

（2）球体的大小不同。硬式排球的周长65～67厘米，而软式排球成人用球周长为78±1厘米，儿童用球为66±1厘米。

（3）球的重量不同。硬式排球重量为260～280克，而软式排球成人用球重量为210±10克，儿童用球重量为150±5克。软式排球具有球体软、速度慢、重量轻、气压小等特点，健身性、趣味性强，并不受场地、人数、性别、年龄、技术水平的限制，简单可行。

2. 软式排球技术特点

软式排球具有运动的持续性强、来回球多、娱乐观赏性强等特点。在无排球基础的人群中，软式排球更容易被人们所接受，硬式排球造成的手指疼痛、手臂瘀血等现象在软式排球运动中则不会发生。软式排球运动量可大可小；具有操作难度较低和易掌握等特点；软式排球的弹性好，控制要求更细腻，更适合于训练移动、判断等技术。由于软式排球气压小、球体软，所以当球的运行速度快时，球的表面被强烈的气流挤压变形，球在飞行的过程中，易改变球的飞行轨迹，由于球的重量轻，球在运行时速度衰减大，球易下沉，所以在接发球时应注意下沉球的处理。在软式排球比赛时，运动员身体重心不能太低，击球方法应多种多样；要学会控制球的力量、方向和脚踢球的意识，对于软式排球的非正规技术不要过多加以限制。软式排球的技术特点明显，但与硬式排球技术相似，共性多，在软式排球向坚硬式排球过渡时，应注意坚硬式排球比软式排球重量大、气压强、球速快的特点。

3. 软式排球运动的锻炼价值

作为一种新兴的体育项目，并迅速得到很多人的认可与喜爱。因其具有球体软、速度慢、重量轻、气压小等特点，健身性、趣味性极强；它受人员和场地、规则的限制较小，不同人数、性别、年龄、技术水平的人都可以参加，简单易行；在使用中无伤害，能够用于练习和比赛。进行软式排球运动是指用软式排球有组织地进行的各种丰富多彩的活动，它包括各种竞技活动，如家庭制、4人制、6人制、混合制等多种形式的比赛，还包括大众娱乐、游戏健身等内容。

（1）安全性与高雅性。软式排球柔软舒适，撞击力小，对老人、小孩都不会造成伤害，练习中不会出现手臂红肿痛的感觉，尤其是避免了对参与运动者指关节的伤害，对周围环境造成的损害极低。而且任何形式的排球比赛都是隔着网进行的，双方在规定的场区内斗技斗智，不像篮球、足球一样有剧烈的身体接触与冲撞，没有拉扯和摔绊等粗野动作，安全儒雅，运动员可以尽情地享受击技的乐趣，因此，排球运动素有"君子运动"的雅称。

（2）娱乐性与悦心性。人们希望在体育游戏和活动中体验运动带给他们的乐趣，使胸襟得到释放，使心情变得轻松，通过参与体育活动以满足他们身心的需要。但随着现代竞技排球运动水平和要求的不断提高，技术和战术也越来越复杂，不知不觉之间，排球变成了少数精英运动员的"专宠"，排球创始初期带给大众的乐趣和吸引力却日渐丧失。在人民大众的期盼和智慧之下软式排球游戏应运而生，软式排球运动的出现某种程度上讲是排球运动本质的一种回归。

人们可在室内亦可在室外，也可以在地面上、地板上、沙滩上、草地上、雪地上进行形式多样的运动；软式排球运动人数可多可少，运动负荷能大能小，人们可以根据自己的娱乐需要和愉快心情需要进行选择；参与者可以为自己和同伴打出漂亮的球或者完成很好的配合而觉得有一种成就感，在心理上得到一种满足，使人心情愉悦。

（3）健美性与健身性。排球运动是一项有氧运动，能消耗大量的能量，随着运动时间的延长，肌体对脂肪的消耗也变得明显，能起到减肥作用。因此，长期参加排球运动，能塑造和保持体形，还能提高和锻炼机体头脑、手、脚、身体配合的协调能力。排球运动技术动作有发球、垫球、传球、扣球、拦网等，战术机动灵活，姿势变化多端。每一个运动员要掌握全面和多样性的动作技巧，使身体的各部分得到充分的锻炼。特别是手臂、手腕、腰部、腿部的肌肉得到均匀的发展，力量逐渐增强，身体变得机动灵活。

排球运动的特点是要求运动员对场上各种变化情况具有精细的感受能力，动作要十分准确，对神经系统的锻炼作用很显著，尤其在比赛时，场上情况千变万化，运动员的注意力必须高度集中，以便根据场上的变化采取相应的措施。击球时运动员需要多次根据对方的情况，从相对安静的较低位置突然做出剧烈的动作，这不仅锻炼了神经系统的反应能力，同时也加强了心脏、肺脏的生理功能，使其跳动加快、呼吸加深，更好地供应肌肉必需的氧气和养料，使肌肉爆发力得以提高，久而久之，内脏器官的功能便显著增强了。软式排球运动尤其对中老年人、青少年人群具有极大的健身、健美价值。

（4）培养团队精神与促进个体发展。软式排球运动是一个集体性球类体育项目，比赛中必须依靠全队密切配合、同心协力才能取得胜利。团队精神是集体运动项目的精华，是一支球队的核心部分。在软式排球运动过程中能增强人与人之间的凝聚力和向心力，激发人们的合作协调意识和创新精神。

软式排球运动是有一定规则约束的活动，参与软式排球活动就构成了一个临时的社会互动场所，在活动过程中个人之间、个人与集体之间、集体与集体之间的相互作用频繁、直接，参与者的良好个性心理品质、社会适应性和遵守社会规范的意识，都得到了高度发展，使参与者在娱乐和健身中有效地实现了个体社会化和心理的发展。

4. 软式排球技术

（1）正面传球技术要领。看清来球，迅速移动到球的落点，对正来球，两脚左右开立，约同肩宽，左脚稍前，右脚脚跟稍提起，两膝微屈，上体稍前倾，两臂弯曲置于胸前，两肘自然下垂，两手成传球手形，眼睛注视来球方向。击球点在前额上方约一球距离处。当手触球时，手腕稍后仰，两手自然张开，手指微屈成半球状。两拇指相对呈"一"字形或"八"字形，两拇指间的距离不能过大，以防漏球。球来时，两手微张迎球，用拇指内侧，食指全部，中指的二三指节触球的后下部，无名指和小指触球两端控制球方向。用手指的弹力、手臂和身体协调的力量将球传出。

（2）侧面传球技术要领。侧传球是在正传的基础上，向身体两侧方向的传球。如向左侧传球，击球时右手高于左手，击球的部位偏右侧，上体主动向左侧倾斜，配合手臂向左侧方向伸展，将球传出。同时在传球时右侧的手臂要更多地伸展和用力。向右侧传球则相反。

（3）背传球技术要领。背传是指向后背方向传球，也称背向传球。采用稍蹲的准备姿势，上体比正面传球稍后仰，重心在两脚中间，双手自然抬起置于脸前，背对传球出手方向，击球手法与正传相同，击球点比正面传球略高在额上方，手触球时，手腕适当后仰，掌心向上。手形与正面传球相同，拇指托住球底。传球时，利用蹬地、展腹、抬臂及手腕的弹力将球向后上方传出。

（4）体侧双手垫球。左侧垫球时，右脚前脚掌内侧蹬地，左脚向左跨出一步，身体重心随即移至左脚，并保持左膝弯屈。与此同时，两臂向左侧伸出、左臂高于右臂，右肩微向下倾斜，两臂组成的击球面对准来球并迎击来球。击球时，以腰部发力，并借助左脚蹬地的力量，使身体重心稍向内转，同时提肩抬臂将球垫起。

（5）背向垫球。在决定采用背垫时，首先要判断来球的落点和离网的距离，迅速移动取位，背对垫出球的方向。垫球时，两臂夹紧伸直，利用蹬地、抬头、挺胸及上体后仰的动作带动两臂向后上方迎击球。击球时要抬臂压腕触球的前下方，将球向后上方击出。背垫的击球点，一般要比正面垫球高。

（6）正面下手发球动作方法。

①准备姿势：以右手击球为例，面对球网，两脚前后开立，左脚在前，两膝微屈，重心落在后腿，左手持球于腹前。

②抛球：左手将球轻轻抛起在体前右侧，高20～30厘米。

③击球：抛球的同时右臂伸直以肩为轴向后摆动，借助右腿用力蹬地的力量，身体重心随右手向前摆动击球而移至前脚，在腹前以掌根或虎口击球的后下部。击球时手指、手腕适度紧张，击球后随即入场。由于软式排球的球体较软，挥臂速度应快一些，以增加击球的力量。

(7) 侧面下手发球动作方法。

①准备姿势：以右手击球为例，左肩对着球网，两脚左右开立，约与肩同宽，两膝微屈，上体稍前倾，重心落在两脚之间。

②抛球：左手将球平稳抛送至胸前，距身体约一臂距离，离手高度约30厘米。

③击球：在抛球的同时，右臂引向侧后方，利用右脚蹬地、转体的力量，带动手臂向前摆动，重心随之移向左腿，在腹前用掌根击球的后下方，击球后随即入场。同样，挥臂速度应快一些，以增加击球的力量。

(8) 正面上手发球动作方法。面对球网，两脚前后站立，左脚在前，左手持球于腹前。发球时，将球向右肩的前上方抛起，高度要与自己挥臂的节奏相适应。同时右臂屈肘上抬，肘平于肩或高于肩而后引，手掌自然张开，上体随着引臂动作向右侧转动，挺胸展腹，身体重心移至右脚上。击球时，迅速收腹、收胸带动手臂向正前上方作弧形摆动，重心随之移到左脚上，以全掌击球的后中下部。手触球时，手腕应有向前推压的动作，使球向前旋转飞行。

(9) 正面上手发飘球动作方法。准备姿势，面对球网，两脚前后站立，左脚在前，左手持球于旗前。发球时，将球向右肩的前上方抛起，高度要与自己挥臂的节奏相适应。同时右臂屈肘上抬，肘平于肩或高于肩而后引，手掌合拢，上体随着引臂动作向右侧转动，挺胸展腹，身体重心移至右脚上。击球时，迅速收腹、收胸带动手臂向正前上方作弧形摆动，重心随之移到左脚上，以手掌根部击球的中部。手触球时，手腕应有突然停顿的动作，使球向前不旋转飞行。

(10) 扣球。扣球是排球基本技术之一，是队员跳起在空中，将高于球网上沿的球有力地击入对区的一种击球方法。

①准备姿势。就是助跑前的站立姿势。两脚左右开立，右脚向前迈出一小步，两脚的前后距离应稍大于左右的距离；两膝稍弯屈，身体重心落在两脚之间或稍靠近前脚；上体稍前倾，两臂屈肘自然垂于体侧；两眼注视球。

②助跑起跳。

a. 助跑。两步助跑，助跑开始时，先以左脚向球的落点自然迈出第一步，其作用是确定助跑和接近球。接着向球的落点迈出第二步。第二步要先以右脚跟在起跳点着地，接着左脚迅速并上来，在右脚的左侧约与肩宽并稍靠前半脚的位置着地，准备起跳。

助跑时的摆臂动作，助跑时的摆臂配合是很重要的。它不仅保证助跑和起跳时身体的稳定性，而且有助于加快起跳速度，增加弹跳高度。

摆臂的方法：当助跑的第一步迈出时，两臂稍臂弯屈自然前摆；当第二步迈出时，两臂以肩关节为轴，由体前经体侧斜下方向身体的侧后方迅速摆动，在右脚跟着地时后摆完成。

b. 起跳。起跳动作，当起跳脚完成制动后，身体即成两膝变屈，两膝内扣，上体稍前倾的起跳准备姿势。随即两脚迅速而有力蹬地起跳。起跳时，两臂配合由体侧下方继续屈臂向体前上方摆动，同时迅速展腹、伸膝、提踵，使身体腾空而起。

③空中击球。击球前身体在空中的姿势：当起跳使用全身体腾空后，左臂摆至身体前方（或前上方），击球臂屈臂置于头侧，肘高于肩、展腹、挺胸、敞肩，身体呈反弓形。眼睛注视球。

击球臂挥臂方法：击球时，大臂前旋肘节向前上方小臂放松迅速后振（似有失重的感觉），手腕放松。随之，小臂借后振加速之势上摆，整个手臂甩直并成弧形前摆至击球点击球。击球时整个手掌要包住球，并有一个向前推压的动作。

击球后和击球部位：击球点对发挥扣球力量关系很大。正确的击球点应在右肩的前上方，击球臂与躯干的夹角约为160°的位置。正确的击球部位，是击球的后中上部。

④落地。扣球后要求平稳落地。因此应力争用双脚同时着地。

（11）拦网。拦网是软式排球的基本技术之一，是队员靠近球网，将手伸向高于球网处阻挡对方来球的行动。拦网是防反的第一道防线，是得分的重要手段。拦网是被动与主动相结合的技术。拦网可分为单人拦网和集体拦网。

①准备姿势。准备姿势面对球网，密切注视着对方动向，两脚平行开立，约同肩宽，两膝稍屈，两手自然弯曲置于胸前，距中线20～30厘米。

②移动。常用的拦网移动步伐有：并步移动、左右滑步移动、交叉步移动、跑步移动、转身与网平行作大跨步移动，随即侧身起跳，在空中转身对球网。

③起跳。

a. 原地起跳：两脚用力蹬地，两臂在体侧划小弧用力上摆，开动身体向上垂直起跳。

b. 移动起跳：移动起跳要注意移动后的制动，使身体正对球网，或在起跳过程中在空中使身体转向球网，争取扩大阻拦面。

起跳时机是拦网的难点，但必须掌握好，拦一般高球时要根据二传球的高低、远近、扣球人的起跳时间和动作特点，来确定拦网的起跳时间。一般应比扣球人晚起，因扣球人起跳后空中还有一个挥臂过程，要在对方击球刹那，正好跳到最高点伸臂拦网，拦快球的起跳时间要根据二传球的速度和弧度，扣球人的起跳快慢、动作幅度大小、挥臂节奏的快慢，以及扣球人的特点来定，可以和扣球人同时起跳，或稍提前。

起跳的同时，两手从额前贴近并平行与球网向网上沿前上方伸出，两臂伸直，两肩尽量上提，两手自然张开呈勺型，当手触球时，用力捂盖球的前上方。如球被拦回，可面向对方落地，屈膝缓冲，如未拦着，落地后要立即转身向着球飞出的方向，准备接应救球。

四、足球运动

1. 踢球技术动作

踢球技术动作方法很多，但其动作过程都是由助跑、支撑、摆动、脚触球和随前动作五个部分组成的。

（1）助跑。助跑是运动员在踢球前的几步跑动。它的作用是使身体获得一定的前移速度并能调整人与球的位置，以利于支撑脚处于正确的位置和增加击球的力量。助跑的最后一步步幅应适当加大，这样可以为增大踢球腿的摆幅、制动身体的前冲和提高踢球的准确性创造有利条件。助跑分直线助跑和斜线助跑两种,助跑和出球方向相同的称直线助跑,助跑和出球方向成交叉的称斜线助跑。

(2)支撑。支撑是指在踢球过程中支撑脚的位置、踏地方法、足尖方向和维持身体平衡的动作。它的作用主要是稳定身体重心,维持身体平衡,使踢球腿得以协调发力。一般来说,支撑脚应积极踏地,膝关节微屈,脚尖的方向与出球的方向一致,踢球的刹那间,支撑脚在球的侧面10~12厘米是比较理想的位置。

(3)摆腿。摆腿是指踢球腿的动作而言。击球力量的大小主要取决于踢球腿的摆动。踢球腿的摆幅大,摆速快,踢出去的球力量就大,球运行速度就快。踢球腿的摆动方法有两种:一种是在跨步支撑的同时,大腿后引,小腿后屈,前摆时以髋关节为轴,大腿带动小腿摆动击球;另一种是在跨步支撑时积极送髋,大腿前顶,小腿后屈,以膝关节为轴快速前摆小腿击球。第一种方法在比赛中多用于长距离的传球和强有力的射门,其缺点是准备击球动作的时间长,在对手紧逼的情况下较难完成快速出球的任务。第二种方法准备击球的动作时间较短,出球快而突然,在比赛中适于在紧逼防守的情况下完成传球和射门的动作。

(4)脚触球。脚触球是踢球动作的核心,是决定出球准确性高低的重要环节。它包括脚的部位和球的部位两个因素,还包含击球刹那间踝关节的动作。

脚触球也可称为击球,也是影响出球力量的重要环节。如果踢球时脚的部位和球的部位都是正确的,并且踢球的作用力通过球心,球就会依照作用给球的力量飞向预定的目标。如果踢球的作用力不通过球心,那么球就会沿着一定的弧线飞行。

击球动作是指踢球脚运用不同部位在击球的一刹那间的动作表现而言。随着足球技术的不断发展,人们从实践中概括出以下几种击球动作:摆击、弹击、抽击、敲击和推击。

(5)随前动作。踢球后的随前动作,是要求脚与球接触后,踢球腿继续前摆和送髋,这样可以协调整个踢球动作,维持身体平衡,保证出球质量。同时,也便于跟进完成下一个动作。相反,如果没有踢球后的随前动作,那么必然是在踢球脚触球前就开始减小用力。这样不仅踢球腿的摆速会降低,同时还会对快速前移的整个身体起着减速的作用,导致影响球速。可见,踢球后的随前动作是影响踢球力量和出球准确性的完整动作中不可缺少的环节。

2. 踢球动作方法

踢球主要有脚内侧、脚背正面、脚背内侧、脚背外侧、脚尖和脚跟踢球等方法。踢球部位如图6-2-19所示。

图6-2-19 踢球部位

(1)脚内侧踢球。脚内侧踢球时触球的面积较大,触球平稳,但力量较小。常用于近距离的射门和传球。

动作要领：踢球时，支撑脚踏在球的侧后方 15 厘米左右处，膝盖稍弯曲，踢球脚稍向后提起，膝盖外转，脚尖稍翘起，前摆时小腿加速，脚迅速外转 90°，脚掌与地面平行，脚腕要用力，用脚内侧（踝骨下面、根骨前面）触球的后中部，将球向正前方踢出。

（2）脚背正面踢球。脚背正面踢球动作由于腿的摆动与人的髋、膝关节的自然结构相适应，其用力方向与出球的方向一致，并同人的日常走、跑动作一致，因此便于加大摆幅和加大摆速，所以常用于远距离的传球和大力射门。

动作要领：直线助跑，支撑脚踏在球的后沿侧方 10～15 厘米处，脚尖正对出球的方向，膝关节微屈。踢球腿在跨步支撑的同时，大腿后引，小腿尽力后屈。以髋关节为轴，大腿带动小腿由后向前摆动。当膝关节摆至球的正上方时，小腿加速摆动，脚背绷直，脚趾扣紧，以脚背正面击球的后中部。击球后，踢球腿应继续前摆。

（3）脚背内侧踢球。脚背内侧踢球时，踢球腿的摆动幅度大、摆速快、击球点多，且助跑方向、支撑脚站位相对灵活，所以出球的变化较多。在比赛中多用于中、远距离的传球和大力射门以及定位球的射门。

动作要领：斜线助跑，助跑方向与出球方向成 45°角。支撑脚以脚掌外侧着地，踏在球的侧后方 20～30 厘米处，膝关节屈，脚尖指向出球方向，身体稍向支撑脚一侧倾斜。在支撑脚着地的同时，身体顺势向出球方向转动，踢球腿以髋关节为轴，大腿带动小腿由后向前摆动。当膝关节摆至球的内侧正上方时，小腿加速摆动，脚尖稍外转，脚背绷直，脚趾扣紧，脚尖指向斜下方，以脚背内侧击球的中下部。踢球后，踢球腿继续随球向前摆动。

（4）脚背外侧踢球。脚背外侧踢球的动作方法与脚背正面踢球的动作方法相似。它除了具有脚背正面踢球的特点外，还具有踢球时脚腕灵活性较大和摆腿方向变化较多等优点，动作隐蔽性较强，出球的线路变化多端，对手不易判断。因此，现代足球运动积极提倡、大力发展和广泛运用这一项技术。比赛中常用于中、近距离的射门和传球以及"二过一"的配合，也可用于中、远距离的射门。

动作要领：脚背外侧踢定位球时，助跑、支撑和踢球腿的摆动基本上与脚背正面踢定位球的动作相同。在踢球腿的膝关节摆至球的正上方时，小腿加速摆动，脚尖内转，脚背外侧与地面垂直，脚面绷直，脚趾扣紧，以脚背外侧击球的后中部。

（5）脚尖踢球。脚尖踢球时，支撑脚踏在球的侧后方，击球时脚尖翘起，踝关节紧张并用力保持固定，以脚尖击球的后中部稍偏下的位置。如果支撑脚离球较远时，踢球腿要屈膝前跨、送髋，在踢球腿落地前，用脚尖捅球的后中部。

动作要领：脚尖踢球动作幅度小，起脚出球较快，但脚触球的面积小，所以准确性较差。在比赛中多用于捅球，可以收到意想不到的效果。

（6）脚跟踢球。脚跟踢球是用脚跟部位将球踢到身体后面的踢球方法。

动作要领：球在支撑脚内侧时，踢球腿自然前提跨到球的前方，然后以膝关节为轴，小腿突然快速后摆，踝关节紧张用力，以脚跟踢球的前中部将球向后踢出。球在支撑脚外侧时，踢球腿先自然前摆，当摆过支撑脚时，立刻向支撑脚一侧成交叉后摆，踝关节紧张用力，以脚跟击球的前中部将球向后踢出。

3. 头顶球

顶球技术是传球、射门、抢截的有效手段，特别是争高空球时头顶球技术最为重要。顶球技术的特点是争取时间，不需要等球落地就可以在空中直接处理或破坏球，因此它可以争取时间和空间上的优势和主动。

顶球应该用前额骨触球。因前额骨是头部最坚硬、最平坦和最宽大的部分，它处于头的正前方和两眼的上面，便于在顶球时观察来球及周围的情况，而且出球准确有力。顶球一般分为正额顶球和额侧顶球两种。具体方法有原地、助跑、跳起（单脚和双脚）和鱼跃顶球等。

（1）正额原地顶球。

动作要领：睁眼，伸展，收腰反弓。

面对来球，两脚前后开立，膝微屈，重心放在两脚上。顶球前，上体先后仰，重心移到后腿上，两臂自然摆动，保持身体平衡，两眼注视来球。顶球用力蹬地，两腿迅速伸直，上体由后向前快速摆动，借腰腹及颈部力量，用前额正面将球顶出。顶球过程中，身体重心从后腿移到前腿。

（2）单脚跳起顶球。

起跳前要有三至五步的助跑。最后一步踏跳时要用力，步幅要稍大些，踏跳脚以脚跟先着地再迅速移到脚掌，同时另一腿屈膝上提，两臂向上摆动。身体腾起后上体随之后仰。顶球时，上体由后向前摆动，借助腰、腹和颈部力量将球顶出。然后两脚自然落地。

（3）双脚跳起顶球。

动作要领：睁眼，伸展，收腰反弓。

两膝先弯曲，然后两脚蹬地向上跳起，同时两臂屈肘上摆，上体后仰，两眼注视来球，接着两臂自然张开，以保持身体平衡。当跳到最高点并在来球接近身体垂直线时，收腹、甩头，用正额将球顶出。

4. 截球技术动作方法

（1）截球。截球也可称为断球。它包括踢球、顶球、铲球和接球等技术动作。在比赛中，需要直接传球或破坏对方传球的，使用踢球、顶球和铲球等技术动作来完成；需要控制一下来改变比赛节奏的，则使用接球技术动作来完成。在截球时还应该做到：

①对对方的传球路线要有预见性和判断力；

②对对方的传球时机以及球的落点要有准确的判断能力；

③截球时动作要果断、勇猛，不动则已，一动就争取成功。

（2）抢球。抢球包括正面抢球、侧面抢球和侧后抢球。

①正面抢球。

动作方法：两脚前后开立，膝微屈，重心下降落于两脚之间，面向对方。当对方运球脚触球后即将着地或刚着地时，支撑脚立即用力蹬地，抢球脚跨步向前，以脚内侧正对着球，支撑脚迅速跟上，身体重心移至抢球脚。若双方的脚同时触球，抢球脚顺势向上提拉，使球从对方脚背滚过，同时人要迅速跟上，控制好球。如离球稍远，可以用脚尖将球捅掉。

②侧面抢球。

动作方法：当与对方并肩跑动时，身体重心下降，同时将准备和对方接触的手臂紧贴自己的身体。当对方靠近自己一侧的脚离地时，用肘以上肩以下的部位去冲撞对方相同的部位，使其失去平衡并离开球，乘机将球控制在自己的脚下。

③侧后抢球。侧后抢球主要是通过铲球的技术动作来完成的。铲球的技术难度较大，一般是在用其他的方法完成不了抢截的任务时，才使用铲球技术。在实施铲球动作时，铲球脚必须贴着地面滑行而不得离开地面。侧后抢球在使用铲球动作时，可分为同侧脚铲球和异侧脚铲球两种方法。

a. 同侧铲球。当对方触球后不能马上再次触球时，抢球者的异侧脚用力蹬地成跨步，同侧脚的脚外侧沿地面向前外侧滑行，同时向外摆踢，用脚背或脚尖将球踢出或捅出。然后，小腿外侧、大腿外侧和臀部依次着地。

b. 异侧脚铲球。在对方推拨球的一刹那，抢球者同侧脚用力蹬地成跨步，异侧脚以脚外侧沿地面向前内侧滑去，用脚底将球蹬出。然后，小腿外侧、大腿外侧和臀部依次着地。

5. 守门员技术

守门员技术是指守门员在比赛中运用身体的合理部位所采取的有效防御动作，或接球后所做的有助于本队进攻的动作方法。守门员处于比赛中的最后一道防线，主要任务是力保球门不失。同时，在截获球之后，成为发起进攻的组织者。这就要求守门员要善于观察全局，分析比赛的动向，协助指挥本队的防守和进攻。

守门员的技术可分为接球、扑接球、拳击球、托球、掷球和抛踢球。

（1）接球。接球是守门员最主要的技术，它包括接地滚球、接平直球和接高球。

①接地滚球。一般采用直腿式和单腿跪撑式两种方法。

直腿式：接球时，两脚分开约一拳左右，脚尖正对来球，两膝伸直。上体前屈，两臂自然下垂并肘前迎，两手小指靠近，掌心向前。在手指触球的刹那，随球后引并屈肘、屈膝，将球抢于胸前。

单腿跪撑式：接球时，两脚前后侧开立稍比肩宽，身体正对来球，前脚脚尖稍外展，脚跟和后脚尖约成一条直线。前腿屈膝，后腿内转跪撑，上体前屈，手臂下垂，手掌对准来球并前迎，在手触球的一刹那，两手随球后撤并屈肘、屈腕，将球抢于胸前。

②接平直球。平直球大体可分为两种：一种是球在腹部高度；一种是球在胸腹之间的高度。

接腹部高度的球：身体正对来球，眼睛紧盯来球，两臂前平伸，两手手指尽量分开，小手指斜相对成八字形。在球接触手掌的同时，两臂沿体侧屈肘后撤、屈腕、收腹、压胸，将球抱在胸前。

接胸腹之间高度的平直球：身体正对来球的方向，两臂前伸，肘关节稍屈，两手手指尽量分开，两大拇指斜相对成八字形正对来球。在球触手的同时，屈肘后撤小臂，缓冲球的力量，待球接稳后，肘关节内合，腕关节内转，两手顺着球的横轴向前迅速滑动，同时屈肘、屈腕、压胸，将球抢于胸前。

③接高球。判断好球的运行路线并确定接球点，迅速移动并起跳，两臂上伸迎球，手指自然张开，手掌对球，两手拇指相对成八字形。当手触球的一刹那，手指和手腕适当用力将球接住，同时屈肘，回缩并下引，顺势翻掌将球抢于胸前。

(2) 扑接球。扑接球分为侧倒、鱼跃扑接地滚球和平高球。这里重点介绍侧倒扑接球。

动作要领：侧倒扑接球时，先向来球一侧跨一步，接着身体以一侧小腿、大腿、臀部、上体和小臂依次着地，同时两臂向前伸出，同侧手掌对准来球，另一侧手在球的上方对准来球，触球后手指、手腕用力，屈肘把球收回胸前，然后起立。

(3) 拳击球和托球。当对方的射门快而有力并且较高，球门附近情况又比较混乱时，守门员不容易将球接稳，可运用拳击球或托球的方法将球击出危险区域。

①拳击球。拳击球有单拳击球和双拳击球两种方法。

a. 单拳击球：屈肘握拳于肩前，身体跳起接近来球。在击球的刹那，快速冲拳，以拳面将球击向预定的目标或击出危险区域。单拳击球的动作灵活，守门员的活动范围较大，击球点高，击球的力量大，多用于击两侧的传中球或高吊球。

b. 双拳击球：两臂屈肘握拳于胸前，两拳并拢，拳心相对。当守门员跳起接近最高点时，双拳快速击出，以拳面将球击向预定的目标或击出危险区域。双拳击球的特点是触球的面积大，准确性较高，多用于击正面的高球或平高球。

②托球。托球是在来球弧度较大，落点基本在球门的横梁附近，守门员需要跳起或后仰跳起接球且把握性不大的时候运用。托球时，托球臂快速向上，掌心向上，用手掌的前部触球并向后上方托起，将球托过球门横梁。

(4) 发球。当守门员得球后，为了争取时间快速发动反击，常常采用手发球的方法，且手掷球准确性较高。掷球有单手肩上掷球、单手低手掷球和勾手掷球等方法。

6. 局部进攻战术

局部进攻战术是两人或两人以上为创造射门得分机会的默契配合行动，是组成集体进攻战术的基础，是攻方队员在短时间内造成局部地区以多打少局面的战术，起到渗透、突破、控制球、转移进攻点等作用。主要内容有：传切配合，二过一配合，交叉掩护配合，三过二配合等。

(1) 传切配合。传切配合是指控球球员将球传给切到防守球员身后的同队球员的配合方法。传切配合形式有局部传切和长传转移切入。如图 6-2-20 所示。8 向 4 身后传球，7 快速切入得球。

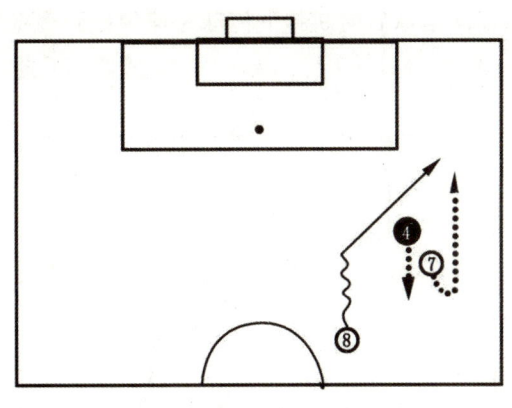

图 6-2-20　传切配合

(2) 二过一配合。二过一配合是指在局部区域两个进攻队员通过两次以上的连续传球配合，越过一个防守队员的默契行动。

①7 横传给 8，然后 7 直插到 4 的背后，再传给 7。如图 6-2-21 所示。

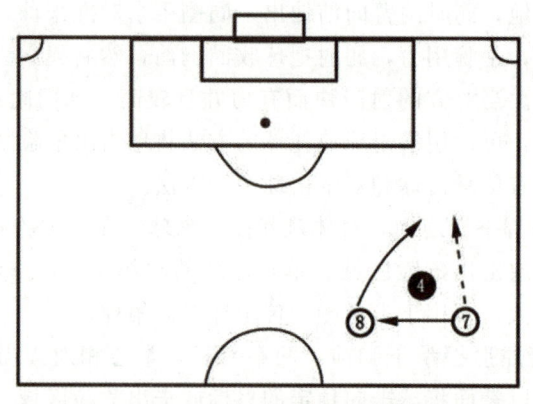

图 6-2-21　斜传直插二过一

②直传斜插二过一。8 传给 7 斜插到 4 的背后，7 直传给 8。11 传给 10 后斜插到 2 的背后，10 直传给 11。如图 6-2-22 所示。

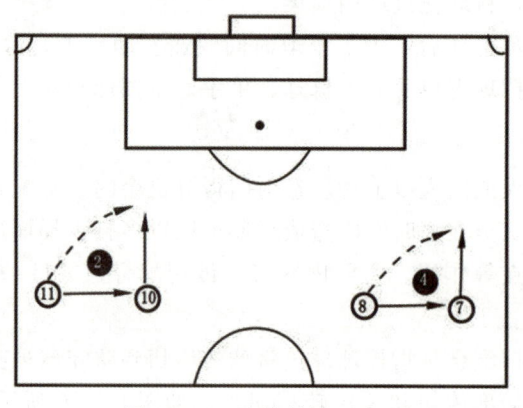

图 6-2-22　直传斜插二过一

③踢墙式二过一。8 运球后向 9 脚下传球，球像碰到墙壁反弹一样，弹向 3 的背后。如图 6-2-23 所示。

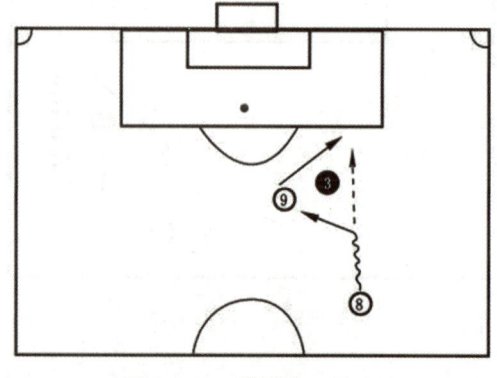

图 6-2-23　踢墙式二过一

④横传、回传反切二过一。7回撤接球，8向7传球，如果4紧逼盯人，7横传或回传给8后突然反插到4的身后，8传球给7。如图6-2-24所示。

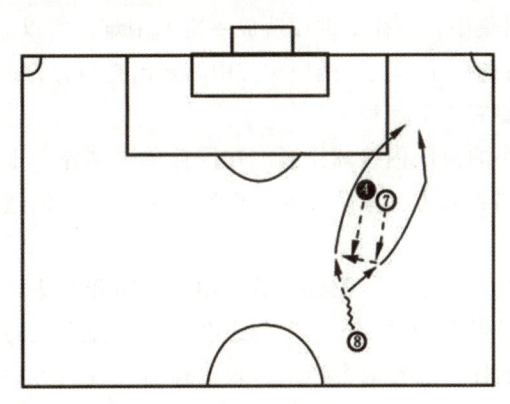

图6-2-24　横传、回传反切二过一

⑤二过一配合时注意以下几个方面。

a. 战机，尽量回传。在局部地区出现二过一局面的时候，要及时抓住战机。防守人数较多时，要采用一脚出球的方法。

b. 掌握时机，避免越位。控球队员运球逼近防守队员，诱使其上前阻截，为传球创造时机。传球后要快速插上，准备接应。在面对最后一名后卫时，注意起动的时机，避免越位。

c. 注意纵深，用力适当。在前场做配合时，特别是做回传反切二过一时要有一定的纵深距离。传球的力量要适中，既要保证传球的准确性和不被对方破坏，又要让"做墙"的队员方便直接传递。

7. 全队进攻战术

全队进攻战术是为了完成整体的进攻战术任务所采取的队配合方法，是全队进攻的面比较广、投入的人数比较多的进攻战术配合。全队进攻战术的方法主要有：快速反击、边路进攻、中路进攻和转移进攻等。

（1）快速反击。快速反击是指在对方全部压出、后防空虚、缺乏精神准备的客观有利条件下，一旦断球后，以最快速度进行突然袭击的进攻方法。快速反击的战术打法被许多球队所采用，特别是一些注重防守的球队。

快速反击的配合方法：一是中、后场抢断球后，利用准确的中长传，将球传到对方后卫身后的空当，让本队突前前锋高速切入突破射门，或传给快速插上的同伴配合突破射门。二是将球传给中前场跑位接应的同伴，然后利用个人的能力或配合突破射门。

（2）边路进攻。边路进攻是指在对方半场两侧地区进攻所采取的配合方法。

在比赛中，中路一般都是各队防守的重地，边路的防守队员相对少些，空当较大。在由守转攻时，将球传给边锋。边锋利用个人的突破在边路打开缺口，然后通过外围吊中、下底传中或里切回扣传中的方法，为中间同伴包抄射门创造机会，甚至可以运球直接内切突破射门。边路进攻的主要目的是充分利用场地的宽度，拉开对方的防线，削弱对方中路的防守力量，为中路破门得分创造有利的战机。

边路突破的方法一般有：边锋个人运球突破，边锋与中锋或前卫配合突破，边锋内切后前卫、后卫插入边锋位置突破等。

（3）中路进攻。在对方半场中间区域组织的进攻称为中路进攻。中间地带正面对着球门，一旦突破就能直接威胁对方球门，射门的角度也较大。虽然中路的进攻威胁较大，但是中间防守队员密集，力量集中，往往给进攻造成一定的困难。所以，中路进攻的时候，两边锋要拉开，借以牵制对方的两个后卫，诱使对方中路露出空当，为中路进攻创造有利条件。

中路进攻的方法主要有以下几种。

①个人突破。在较小的范围内接球摆脱或在同伴的牵制掩护下运球突破射门，也可做突然性的切入射门。在遇到对方密集防守时，鼓励个人突破，以造成对方的犯规，获得罚任意球和点球的机会。

②中路几人之间连续"二过一"配合突破。中路的防守密集，空隙小，运球突破的难度大，可以通过几个队员做多种"二过一"的组合配合，提高成功率。

③前卫、中卫的突然插上。在对方压上进攻丢球后，趁对方立足未稳之时，前卫、中卫突然插上，利用运球突破或与中锋、边锋配合，对对方球门形成威胁。

④外围传中争顶抢点射门。当地面传切配合受阻时，通过外围的传中，高大中锋争抢第一点，可直接射门或摆渡给同伴，或是造成对方后卫失误，由临近的同伴抢点射门。

（4）转移进攻。转移进攻是指在一侧进攻不能奏效时而改变进攻方向的进攻战术。转移进攻的方法有：边路转中路、中路转边路、左（右）边路转右（左）边路的大范围转移进攻等。在运用转移进攻战术时，要突然快速，才能使对方来不及调整防守位置，从而乘隙而入，突破防线。在转移进攻时，一般采用中长距离的斜横传球。

总的来说，在比赛中边路进攻和中路进攻必须结合运用，也可以以边路进攻为主，中路进攻为辅，或中路进攻为主，边路进攻为辅，并通过不断地转移来改变进攻的线路，才能更好地发挥进攻的威力。

8. 局部防守战术

基本的局部防守战术有：保护与补位、围抢以及造越位等。

（1）保护与补位。保护是指在同伴紧逼控球的对手时，自己选择有利的位置来保护同伴，防止对手突破的默契行动。补位是指防守队员之间的互相协助的防守配合行动。保护与补位是区域防守的基础，保护是补位的前提，两者紧密结合。

在保护的时候选择站位是很关键的，保护时要站在紧逼盯防的同伴的侧后方，一旦同伴被对手突破，能够及时地补位。如图所示：2紧逼11，5在侧后方保护，当11向边路突破时，5也向边路移动。当11向中路突破时，5向中间移动。如图6-2-25所示。

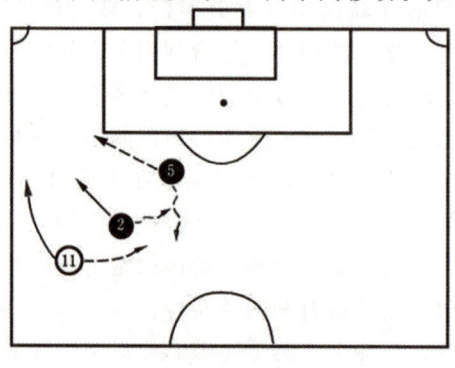

图 6-2-25 保护

在二防二时，一人紧逼有球队员，另一人进行区域防守或紧盯人，一旦同伴被突破，必须进行相互补位。如图 6-2-26 所示：4 被 7 突破，5 补防 4 的位置，4 补防 5 的中卫位置。

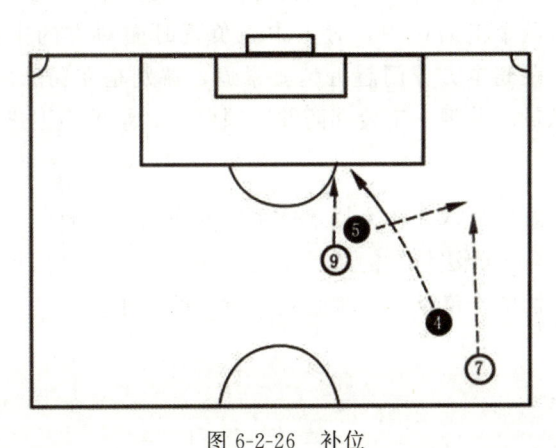

图 6-2-26　补位

（2）围抢。围抢是指防守时几名防守队员同时围堵、抢断某局部地区的对方控球队员的默契行动。抢、逼、围是现代足球比赛的一个显著特点，它在防守中增加了局部地区防守的人数，以多防少来提高防守效果。

①围抢的时机和条件。在前后场的四个角上或中场的两个边路；对方个人运球较多或短传、横传较多而又缺乏转移球时。

②围抢的要求。队员之间行动一致，动作突然，凶狠果断；要有充沛的体能，顽强的意志；先封堵控球队员的前进路线，再从侧面、后面进行围抢。

（3）造越位。造越位是利用比赛的规则而设计的一种防守战术。造越位战术能够起到以巧制敌的效果，但是在比赛中不可盲目地使用造越位战术。而且，越位规则的不断修改，越来越有利于进攻。在 2005 年荷兰世界青年足球锦标赛中，国际足联对越位规则的解释是："在进攻中，处在越位位置的队员只要没触到球，助理裁判就不能举旗。"

在采取造越位战术时，后防线上的队员行动必须统一、默契，而且还应密切注意对方后插上的队员。

9. 全队防守战术

全队防守战术要求发挥集体的力量。对方进攻时，场上的每一个队员都应积极参与防守，并形成一定的防守阵形。全队防守战术包括：人盯人防守、区域防守和混合防守。

（1）人盯人防守。人盯人防守是指比赛中由攻转守时每个防守队员盯住一个进攻队员，封锁对方的进攻路线，控制对手的活动和传控球时机的配合方法。

人盯人防守时分工明确，但是某一点一旦被突破，就会使整个防线出现大漏洞，体力消耗也较大。所以，通常在后场设一名自由中卫，以便随时补防。

（2）区域防守。在防守时，场上队员根据自己的位置分布，每个队员负责防守一个区域，当某一进攻队员跑入本区时，就进行积极防守，限制对方的进攻活动。但是采取区域防守时，对方可以自由换位，而造成以多打少的局面，所以单纯地采取区域防守是不可取的。

（3）混合防守。混合防守是指盯人防守和区域防守相结合的防守方法。

在比赛中，通常都是盯人防守和区域防守相结合。具体来说就是，对有球队员要紧逼盯人，对有球的区域要紧逼盯人，距球远的防守队员可进行区域防守，对特别有威胁的进攻队员可派专人盯防。两个拖后中卫，盯人中卫负责盯防对方的中锋，拖后中卫（自由人）负责保护与补位。距离本方球门越近越要紧逼，特别是在罚球区附近更是不能松动。对对方插入与切入的队员，前卫一定要回防并紧逼盯人，帮助边卫进行人盯人防守。

10. 任意球战术

在足球比赛中，任意球战术在整个战术体系中的作用是重要的。特别是在对方罚球区附近获得直接任意球时，由脚法精湛的队员主罚，往往能直接破门得分。像英国的贝克汉姆、法国的齐达内、巴西的卡洛斯等，都是罚任意球的高手。

五、羽毛球运动

1. 发球技术

发球是运动员在发球区将球由静止状态，用球拍击出，使之在空中飞行，落到对方的接发球区的技术动作。通过不同的发球手法，发出各种线路和不同落点的球，为己方创造进攻或得分的机会。因此，发球作为组织进攻的开始，其质量的好坏，直接关系到比赛的主动或被动，以至赢球得分或丧失发球权。发球在比赛中占有重要地位。

（1）正手发高远球。发球时，左手把球举在身体的右前方并自然放下，使球下落，右手同时持拍由大臂带动小臂，从右后方沿着身体向前并向左上方挥动。当球落到右手臂向前下方伸直能触到球的一刹那，握紧球拍，并利用手腕的力量向前上方发力击球。击球之后，球拍顺势向左上方挥动缓冲。

（2）平高球。这是一种比高远球低、速度较高远球快、具有一定攻击性的球。发球的动作过程大致同发高远球，只是在击球的一刹那，小臂加速带动手腕向前上方挥动，拍面要向前上方倾斜，以向前用力为主。发平高球时要注意发出球的弧线以对方接球时伸拍打不着球的高度为宜，并应发到对方场区底线。

（3）平快球。这种球比平高球的弧线还要低、速度还要快。站位比发平高球稍后些（防对方很快回到本方后场）充分利用前臂带动手腕爆发力向前方用力，球直接从对方的肩稍上高度越过，直攻对方后场。发平快球关键是出手的动作要小而快，但前期动作应和发高远球一致。发平快球时还应注意不要过手、过腰犯规。

（4）正手发网前球。发网前球是在双打中主要采用的发球技术。击球时，握拍要放松，大臂动作要小，主要靠小臂带动手腕向前切送，用力要轻。发网前球时应注意手腕不能有上挑动作，另外，落点要在前发球线附近，发出的球要贴网而过，这可免遭对方扑杀。

2. 接发球

（1）接发球的站位。要提高接发球技术，首先要有正确的站位和准备姿势。有的人在羽毛球比赛中不知所措发挥不利，往往跟这两者有关系。单打和双打中站位和姿势也是有区别的。

①单打接发球站位和姿势。单打接发球站位应离前发球线约1.5米处，在右发球区站

位应偏靠中线一些，左发球区应站在中间的位置。目的是为了防备发球员通过发平快球的方式直接进攻反手部位，这样接发球就不会变得被动。

准备姿势：以右手持拍为例，侧身对网，通常都是左脚在前，右脚在后，两脚自然开立。身体重心放在前脚上，后脚脚跟稍微提起，双膝微屈，含胸收腹，左手自然抬起屈肘，球拍举于右侧体前，全神贯注，目不转睛，盯着对方及来球的方向。

②双打接发球站位和姿势。由于发高远球容易被对手扣杀，所以双打比赛中多以发网前短球为主，接发球员接发球时要站在靠近前发球线的地方，这样比较容易对付对方的网前球，或快速上网击球。

准备姿势：与单打接发球准备姿势基本一致，不同之处是对身体重心没有规定，可前可后，放在哪只脚上都可以，球拍要举得高些，以取得更高的击球点争取主动。在右发球区接发球时，发球员有可能采用发平快球突袭反手部位，对此要注意做好防备。

（2）接发各种来球。如果对方发的是高远球或平高球，则可以用平高球、吊球或扣杀球进行回击。一般来说，接高远球是一次翻身的机会，球接得好就可以扭转被动的局面，夺回主动权。因此，初学打羽毛球者应该多加练习接高远球技术，借以提高后场进攻的能力。

如果对方发的是网前球，则可以用平高球、高远球、放网前球或平推球还击。如果对方发的球质量不高，或球离网顶较高过网，则可采用扑球还击。若对方企图发球抢攻，而自己的防守能力又不强，这个时候适合放网前球或平推球，落点离对方站位要远，尽量控制住球，不让对方有进攻的机会；若对方连续采用发球抢攻，这个时候务必要保持冷静、沉着，耐住性子，如果疏忽麻痹，回球质量稍差，就有可能让对方抢攻得手。

当对方发平快球时，一般采用平推球或平高球进行回击，采取以快制快的方式。由于接发球员回击的击球点比发球方高，因此，可以通过使出全力将球下压得狠一些来夺得主动权。其次还有一种还击方法是采用高远球，以逸待劳，赢得时间上的主动性。不能仓促地回击网前球，否则，如果击球质量不高，就会让对方乘虚而入，攻击得手。

3. 击球技术

击球技术是羽毛球技术中的核心和重点。因为球的飞行形式千变万化，所以击球技术方式也是多种多样，基本可分为高远球、平高球、平射球、吊球、杀球、网前击球、抽球、快挡击球、半蹲快打击球和接杀球等。各种技术各具特色、有攻有守，通过紧密衔接和完美的结合形成了滴水不漏的防守和让人眼花缭乱的进攻。下面针对这几项基本击球技术做简单的介绍。

（1）高远球。高远球击球方式可分为三种，即一般高远球、过顶高远球和平高球。其中前两种击球技术在比赛中应用最多，在平时训练中，就要有意识地多花时间来练习。

特别是一般的高远球，它比其他任何一种击球方式使用得都要多。与攻击性很强的扣球相比，高远球主要以防守为目的，在情况对自己不利时打高远球能有效地改变状况。因为球的弧线高，在空中飞行时间长，距离远，对方就不得不退到最远的底线去接球，这样就不容易马上组织进攻，减弱了其进攻威胁。在己方处于被动时，就有了更多的时间来调整站位，摆脱被动的局面。所以，高远球技术的好坏，能直接影响到战局的发展。

打高远球主要目的是防守，但如果打出的球质量好，也有可能得分。

打高远球时应注意的事项如下。

①多数情况下要在头顶击球，且多以正手发球。步法要与之相配合，做到能够迅速、敏捷移动，同时还要具备准确的判断力。

②做好接球准备，迅速地到达落球地点，在球快落到头顶时做好相应的准备姿势。

③目光要一直盯着球，不能离开。

④挥拍动作要大而有力，动作要连贯自然，从握拍准备到击球结束要流畅地完成。

⑤落球点要有效，打到何处对手比较难接，击球前做出准确判断。

⑥球落到对方的端线附近时，是最理想的状态。

⑦当对手站在网前时，要打后场球使对手退至后场。

⑧当对手站在端线附近时，应把球打到左右场区的空位，这样迫使对手离开原来的位置，增加其接球的难度。

⑨发球要多变，发出各种方向和弧线的球，让对手难以摸清发球规律。

⑩击出球的时候要有足够的高度和距离，防止在中途就被对手接到。

⑪一般来讲，打高远球的主要目的是迫使对手离开其场区的中心位置。但也有特殊情况，就是向同一地点反复多次击球。老是在同一位置接球，对手可能就会变得没有耐心甚至烦躁，从而容易发挥失常产生失误。这个时候考验的不仅是选手的击球技术，还有心理素质，要冷静沉住气，把握好节奏，每一拍都要打得不慌不忙且有质量。

⑫在击球前，可适当地用球拍做假动作以迷惑对手。但不能影响到自己的击球。

(2) 平高球。高远系列的击球方式一般都以防守为主，但并不是说就不具备攻击性，如果打得好，也可以给对手带来很大威胁。其中平高球的攻击性最大。打平高球时应注意的事项如下。

①击出的球要有一定高度，如果高度不够在飞行途中就会被对手中途拦截。

②由于平高球呈直线飞出，要控制好防止出界。

③要控制好击球力度、球的飞行方向、速度和距离。

④击球时通常都是把球击到端线附近或左右场区的空当位置，还可以直接击向对手的身体，那样更有攻击性。但是，要控制好球的高度，以防在中途被对手扣杀。

(3) 平射球。和平高球相比，平射球速度更快、飞行时间更短，飞行弧度更低。可以有效限制对方进行强有力的进攻。由于击出的球速度极快角度又很平，造成对方在接球时措手不及，在遇到反应迟缓、动作反应慢、腰部柔韧性不好的对手时，发平射球往往可以创造直接得分的机会。特别是正手直线平射球威胁更大。但是，打平射球存在一定的限制性，即只适用于两边线直线球，不宜用于对角线球。

平射球可分为上手正手击平射球、上手反手击平射球和上手头顶击平射球。

动作要领：准备姿势、击球的动作要领均同击高远球不过动作略小一些，区别的地方是，在击球瞬间拍面要与地面垂直，并击中球托的中下部，这样做的目的是使球的飞行弧度比平高球更平，速度更快。

(4) 吊球。吊球动作与扣杀动作有很大的区别。吊球技术最大限度地利用了羽毛球本身特性。球的飞行弧线同夹头发的发夹那样的曲线类似，角度很急。吊球时要尽可能靠近球网击球，使球贴网而过，并在过网后迅速垂直下坠。吊球的方向没有限定，既可以是直线球，也可以是对角线球。击球时，不仅要注意控制好球拍，还要掌握好身体的重心，以免由于失去身体平衡而让对手有机可乘，乘虚而入借此反击。

此外，在吊球时，比起击打球的感觉，"接住球送过网"的感觉要更加强烈。但是，球在拍上停留时间过长的话，就有可能造成"持球"犯规。因此，要控制好球在拍上停留的时间。在不犯规的前提下，"接住球送过网"。

吊球时应注意的事项有以下几点。

①右脚（右手握拍者）向前迈出一大步。由于多数情况下击球位置都是在近网处，因此，要把握好球拍与球网的距离。不能过近，以防动作的幅度受到影响，避免触网犯规。

②手腕用力要柔软并且要有弹力。对球的控制不单是用到手腕的力量，也需要柔性，如此才能对球进行微妙的控制，此外，为了把球送出，手腕还需要具备足够的弹力。另外，注意控制球在过网时的高度，如果过高，对手就会趁此机会扣杀或吊球等来进行反击。

③由于是在网前进攻，因此，动作要迅速有力。

④球的落点控制好，防止对手趁机吊球或挑高球。

⑤挥拍动作要流畅、有节奏、一气呵成。技术熟练的选手可以做一些假动作来迷惑对手，但前提是要保证球的下落角度仍为锐角。

（5）网前击球。前场技术包括网前的放、搓、推、勾、扑、挑球等，其中搓、推、勾、扑属于进攻技术，这几种技术开始时的准备动作都大同小异，只是在最后的击球刹那发生变化；要灵活握拍，动作要细腻，手腕、手指要灵巧，以控制好球的落点。

前场击球具有很大的威胁性，因球飞行距离较短，落地快，常使对手措手不及招架不住，从而直接得分。即使不能直接得分，也能迫使对方被动回球，为自己创造下一拍的机会。网前击球是调动对方、寻找战机的重要手段。选手若对网前进攻和中后场进攻能驾轻就熟灵活运用，并能将二者紧密结合起来，在前后场的连续进攻下使对手眼花缭乱应接不暇，没有还击之力，只能跟着自己的节奏走，这样就把主动权牢牢掌握在了自己手中。

（6）抽球。抽球是把在身体左、右两侧，肩以下，腰以上的来球平扫过去。有正手抽球和反手抽球两种。

抽平球是一种比较主动的击球技术，它的特点是速度比较快，飞行弧度较低，落点较远，如果再能掌握好回球路线，就可以形成很大的反攻威力。比赛中可以根据实际情况，选择抽平球或者抽高远球。用抽高远球的方法接杀球，可以将对方牵制在后场，待其杀球质量较差时进行反攻。

（7）快挡击球法。快挡是一种中场击球技术，是把位于体前的来球弹击过去，使球过网后落于网前区，用于双打中，属于防守技术。快挡球分两种，分别是正拍快挡和反拍快挡。

（8）半蹲快打击球法。半蹲快打是实战中由守转攻最具威胁性的技术，双打中用得比较多。当对方杀球时，我方站位要靠近网前，并采用半蹲的方式，将球的方位调整在肩上方，以利于使用上手平打、快打的技术，使球过网后向下飞行。

半蹲快打有它的特点，一是站位靠网前，身体呈半蹲式。由于对方发过来的球到达击球点时间短，就要迅速反应，快速挥动手臂和闪动手腕，以迅雷不及掩耳之势挥击来球，使球过网后朝下飞行，再有就是每次打完球后都要及时复原，力争下一拍获得更高更前的击球点。

半蹲快打可分为正面半蹲快打、正侧面半蹲快打和绕头顶半蹲快打3种。

(9) 接杀球。接杀球是指击球者将对方扣杀过来的球，还击到对方场区的技术方法统称。接杀球是转守为攻的打法，如果接杀球技术好，可以在比赛中取得主动或能直接得分。

由于杀球速度都比较快，往往是充满霸气、气势汹汹，所以接杀球时精神也要保持高度集中，全心全意应对。关键要做到反应起动快，引拍快，动作幅度小。击球时，主要依靠前臂、手腕和手指发力，同时注意借助对方杀球的力量控制好拍面和击球力度。

接杀球时，为了能自如地运用手腕和手指的力量，来变换击球的拍面和用力的大小，应尽可能抢在自己的身体前方击球。在接对方杀来的追身球时，也应尽可能用反手方式还击。

此外，还要有充分的站位意识。因为如果站位得当，可以弥补判断、反应和移动之不足。一般情况下，当球在对方右后场区时，我方站位可稍偏左场区；球在对方的左后场区时，我方站位可稍偏右场区。这时，主要侧重于防对方杀直线球。若对方杀对角线，由于球的飞行距离较长，较容易接好杀球。其次，要善于抓住对方扣杀的习惯球路，如有的人头顶区习惯杀对角线，那么就要调整自己的站位，并注意对方球路的变化。

4. 单打进攻战术

（1）发球抢攻战术。发球是运动中唯一不受对方约束、完全在自己控制之下的进攻机会。只要没有犯规，发球者可以击出各种路数、各种速度和弧线、落点变化无穷的球来。采用的发球战术变化多端，常常能起到先声夺人、取得主动的作用。因此，发球在比赛中占有重要地位。

在采用发球战术时，不要一心一意只顾着发球，眼睛在看球和球拍的同时，还应用余光密切观察对方的动作，根据捕捉到的蛛丝马迹找出对方的弱点。发各种球的准备姿势和动作要注意一致性，使对方难以辨别出你想打什么球，只能选择等待和观望。发球后应立刻将球拍收回至体前，根据情况为下一拍选最好的位置并迅速回动，两脚自然开立，身体重心在两脚间，但千万不能把重心定得太死。双眼紧紧盯住对方，观察对方的细微变化，做好还击的准备。

（2）控制后场，高球压底。通过发高远球或进攻性的平高球到对方后场底线，使对方不得不后退接球，使网前出现空当。然后寻找机会以大力扣杀或吊网前空当争取得分。当对方回球不够后时，可以采用扣杀球技术；当对方前场防守较为薄弱时，则用轻吊、搓球等技术在网前吊球。需要注意的一点是，通过若干次高远球大力压住后场，对方又不能及时回到前场时，才能进行吊球。这种打法要求选手具备足够的力量和扎实的后场高、吊、杀技术。在应付脚下步法较慢或基础技术比较薄弱的选手时，使用这种打法非常有效。这是比较基础的打法，作为初学者必须学习和掌握。

（3）打四角球，高短结合。在后场，以打高远球、平高球和吊球为主，在前场则以放网前球、推球和挑球准确地攻击对方场区前后左右四个角落，主要目的是调动对方来回跑动，打乱其阵脚，使其疲于应付，首尾难顾，就很容易出现失误，比如回球质量差，或是因为没能及时归位而造成防守空当，这时可以乘虚而入发起攻击。这种打法要求进攻队员具有较强的控制球落点的能力和灵活快速的步法，否则不会占据有利优势。

（4）下压为主，控制网前。采用后场的高远球、扣杀、劈杀、吊球等技术，先声夺人，随后迅速上网以搓、推、扑、钩等技术，高点控制网前，使对方直接出现失误，或被动击球过网，从而一举击败对手。通常也称"杀上网"，属于主动进攻打法。需要选手具备良好的速度耐力和力量耐力。因为完成这个过程需要耗费很大的体力，所以在碰上防守技术好的对手时，体力就往往成为成败的关键因素。

（5）快拉快吊，前后结合。以平高球快压对方后场两底角，结合快吊网前两角（或运用劈杀）引对方上网，当对方被动回击网前球时，即迅速上网控制网前，以网前搓、钩球结合推后场底线两角，使得对方疲于奔命，就可以趁机进行前场扑杀和中、后场大力扣杀。这也是一种积极主动、快速进攻的打法。这种打法，要求运动员具有良好的身体素质和速度耐力、较全面的攻守技术，手法准且熟练，步子快速灵活。

（6）守中反攻，攻守兼备。以平高球和快吊球击向对方前后左右四个角落，以调动对方。这种打法一般是对方进攻时进行，面对进攻方打的高远球、四方球、吊球等，要做到不慌不忙，防守有道，滴水不漏。同时配合快速灵活的步法、变化莫测的球路和飘忽不定的落点，使得对方在进攻中紧赶慢赶，接球变得吃力，出现失误，或当对方回球质量较差时，抓住有利战机，发动强有力的进攻。这种打法对队员攻中有守，守中有攻的控球和反控球能力要求很高，不仅应具备优良的速度耐力、灵活的步法、准确快速的反应和判断应变能力，更应具有顽强的拼搏精神和心理素质，这样才能在逆境和被动中保持沉着冷静，并奋起反击。如果进攻能力不是很强，但防守技术较好、反应较快、身体灵活，可以选择这种打法。

5. 单打制胜的六大技巧

（1）逼反手。由于生理结构限制，几乎所有的运动员后场的反手击球能力都多多少少要弱于正手击球，进攻性相对较弱，球路也较简单，有的运动员还不能在后场用反手把球打到对方端线，所以一旦发现对方的这个弱点，就要毫不犹豫地出手痛击。

（2）平高球压底线。用快速、准确的平高球打到对方后场两角，尽量降低球的飞行弧线，但要保证不能被对方中途拦截，把对方紧压在底线，当对方回击半场高球时，就可以通过扣杀进攻。使用平高球压底线时，如果能够与劈吊和劈杀有效配合，能够大大增加平高球的进攻威力，可以取得更好的效果。通常来讲，平高球的落点和杀、吊的落点拉得越开效果越好。

（3）拉、吊结合杀球。运用战术把球准确地打到对方场区的四个角上，使对方每次接球都要在场上不停跑动。使用这种战术时，要根据选手的特点，有针对性地采用对应的拉、吊方法。对后退步法慢的可以多打前、后场；对盲目跑动满场飞的可使用重复球和假动作；对灵活性差的应多打对角线，尽量使对方多转身；对后场反手差的仍通过拉开后攻反手；对体力不好的可用多拍、拉吊来消耗其体力，然后战胜之。

如能熟练地使用平高球、劈吊和网前搓、推、勾技术，快速拉开对方，伺机突击扣杀，可以使这一战术收到更好的效果。

（4）吊、杀上网。先在后场以轻杀、点杀、劈杀配合吊球把球下压，尽量使落点落在场地两边，以迫使对方被动回球。对方还击网前球时，迅速上网以贴网的搓球，或勾对角，或快速平推创造半场扣杀机会；若对方在网前挑高球，可在其向后退的过程中把球直接杀向他的身上。

（5）过渡球。首先要明确过渡球的作用，字面上很容易理解，即在处于被动时，通过打过渡球可以有效摆脱对方的控制，为下一拍的反攻积极创造条件，从守势转为进攻，从被动转为主动。被动时要做到：首先争取时间，调整好自己的位置和控制住身体的重心。

从网前或后场底线击出高远球是被动时常用的手段。当处于不停地跑动追球的状态时，或身体重心失去控制时，都可以打出高远球，以赢得时间，恢复身体重心，调整自己的处境。其次，运用多变的球路破坏对方的击球计划和节奏。当对方发起吊、杀上网的连续强势进攻时，要把球还击到远离对方的地方，以抑制其强势来袭。如果对方吊、杀球后盲目上网，而自己的位置较好时，则可把球还击到对方底线。

（6）防守反攻。这一战术用来对付那种盲目进攻而体力又差的对手比较奏效。比赛开始时，先以高球诱使对方进攻，在对方只顾进攻而疏于自己的防守时，即可突击进攻。或者在对方体力下降、速度减慢时再发动进攻。这种战术特点是开始固守、乘虚而入、以逸待劳、后发制人，也可以收到较好的效果。

6. 双打战术

双打中每方都有两名队员，两个人的配合使得防守变得更牢固，进攻变得更猛烈，竞争也变得更加激烈。这也对运动员提出了更高的要求。需要具备精湛而全面的技术，良好的攻守能力，快速的反应和应变能力，同时队员间要默契配合同心协力，做到打法上攻守衔接站位协调一致，形成牢不可破的防守和强劲有力的进攻，从而击败对手。

双打比赛中，战术是千变万化的。尤其在双方势均力敌、竞争激烈的情况下，进攻和防守要随着回球质量的好坏而不断变化。一旦处于主动就应该把握机会，抓住战机进行强攻；当处于被动时，两人应共同努力，调整战术以达到破坏对方，坚持"积极防守、守中反攻"，避免"消极防守"，寻找机会转守为攻。

（1）攻人战术。即攻击人的战术。双打中常常会用到。一般情况下，双打中配对的选手在技术上都会存在一些差距，一个要好些，一个差些。这时就可以采用这种战术，集中力量攻击较差的人，另一人跑过来协助时，会暴露出空当，可在其仓促接应、立足不稳时偷袭。对付两名水平相当的选手时也可以采用此战术，集中力量攻击其中一人，也可给其造成很大的心理压力，就很容易出现失误。

（2）攻中路战术。

①当对方分左右站位进行防守时，把球打在两人的中间。这种战术可以造成守方两人同时抢接球或互让，容易出现失误；限制对手在接杀球时挑大角度高球调动攻方；有利于攻方的封网。

②当对方前后站位防守时，把球下压或轻推在边线半场处。在接发网前球和守中反攻抢网时常会用到这种战术。这种球守方前场队员拦截不到，后场队员又只能以下手击球放网或挑高球，后场两角便会露出很大空当，这时可以乘虚而入攻击对手的空当或身体位。

（3）攻后场战术。这种战术常用来对付后场扣杀能力较差的对手，把对方弱者调动到后场后也可以使用。可采用平高球、推平球、挑底线，把对方一人紧逼在底线两角移动。当对方被动还击时，则抓住机会大力扣杀。如另一对手后退支援时，即可攻网前空当或打后退者的追身球。

（4）后攻前封战术。后场队员积极大力扣杀创造机会，在对方接杀放网、挑高球或企图反击抽球时，前场队员以扑、搓、勾、推控制网前，或拦截吊、点封住前半场，使整个进攻紧凑迅速而又有节奏变化，令对方措手不及无力抵挡。

六、乒乓球运动

1. 握拍技术

握拍方法与击球动作有密切关系。每个击球动作，都是由手臂、手腕和手指相互配合用力来完成的。因此，较好的握拍方法既要适合自己打法的特点，又要不影响手臂、手腕和手指的灵活运用。

握拍方法有直拍和横拍两种。这两种握拍法又由于打法特点不同而在具体握法上有所差别。

(1) 直拍握拍法。这是普及度仅次于横拍握法的握拍方法。此时，正手击球显得容易，而反手击球则比较困难。使用这种握拍法时，步伐的移动要迅速，以便使用正手击球。

1) 握法。以食指第二指关节和拇指第一指关节扣拍的正面成钳式，虎口贴柄握拍后，三指自然弯曲贴于拍的三分之一上端。

2) 优点。
①适用正手握拍法。
②快速反手击球。
③可以充分利用手腕的运动特别是发球时。
④对于回击台中位置的球没有约束。

3) 缺点。
①用反手握拍时有较大的约束。
②不适用在以防御为主的对抗中，除了阻拦对方的进攻。
③反手击球须远离桌面。

(2) 横拍握法。

1) 握法：虎口贴拍肩，食指在拍前，拇指在拍后，食指斜伸在拍的另一面。

2) 优点。
①用途最广。
②唯一一种允许使用反手握拍法的主要握拍法种类。
③反手握拍法的最佳选择。
④应付远台击球的最佳选择。
⑤以防御为主的比赛所应选的握拍法。
⑥使用此种方法打到对方台角的球有相当的攻击性。

3) 缺点。
①不能有效地还击处于选手中路位置的来球。
②很难运用手腕的力量。

2. 发球技术

(1) 正手平击发球。

1) 动作方法。
①站位：身体离球台约 40 厘米，两脚开立，略宽于肩。

②引拍：抛球时，向后上方引拍，球拍拍面略前倾。

③挥拍击球：球拍向前下方挥动，击球的中部略偏上。

④还原：击球后迅速还原。

2）要点。

①抛球和引拍的时机要准确

②挥拍击球时有一个略微向前下方压球的动作。

(2) 反手平击发球。动作方法如下。

①站位：身体离球台约 40 厘米，两脚开立，略宽于肩。

②引拍：抛球时，右臂外旋，使球拍拍面略前倾，向左后上方引拍。

③挥拍击球：当球从高点下降至稍高球网时，击球的中上部向右前方发力。

④还原：击球后迅速还原。

(3) 直拍正手转与不转发球。

1）动作方法。

①站位：左脚在前右脚在后，以便发挥腰的力量。

②引拍：抛球后，向后上方引拍，使拍面后仰，手腕适当外展，腰向后转。

③挥拍击球：以腰带臂向前下方挥动，触球时拍面后仰，手腕加力，身体微向前下压，充分运用身体发力。

④还原：发球后，挥拍动作尽可能停住，以利于还原。

2）要点。

①在拍触球的瞬间，决定发球是转或不转。

②发下旋时，用球拍下半偏前的部分摩擦球的中下部。

③发不转球时，用拍的上半部撞击球的中下部。

(4) 直拍反手转与不转发球。

1）动作方法。

①站位：站位近台，重心稍低，持拍手的肩部略低于对侧肩。

②引拍：抛球时，持拍手向后上方引拍，拍面后仰，同时身体向左侧适当转动，以便用力。

③挥拍击球：球拍向前下方挥动，控制好球拍的角度。保证动作的连贯性和相似性。触球时用力多靠手腕。

④还原：发球后，挥拍动作尽可能停住，以利于还原。

2）要点。

①发下旋球时，用球拍的前半部去摩擦球的中下部，手腕发力摩擦。

②发不转球时，用球拍的后半部去撞击球的中下部，手腕和前臂有送球的感觉。

(5) 横拍正手转与不转发球。

1）动作方法。

①站位：身体离球台约 15 厘米，重心稍降低，双膝微屈。

②引拍：当球抛起后，持拍手向后上方引拍，拍面适当后仰，手腕、手臂适当放松，便于发力。

③挥拍击球：当球下降到适当位置（击球点高，发球的弧线会高，击球点低，发球可

能不过网），持拍手迅速用力由后上向前下方挥拍。击球后，使转与不转两种发球的动作要近似。

④还原：发球后要控制动作幅度，并注意还原。

2）要点。

①发下旋时，用球拍的下半部去摩擦球的中下部，触球瞬间，拇指、食指和手腕加强用力，做下旋的摩擦。

②发不转球时，用球拍的中上部去撞击球的中下部，触球瞬间，同样加速。注意体会球拍吃不住球的感觉。

（6）下蹲发球。

1）动作方法。

①站位：一般在左半台，在抛球时身体开始下蹲。

②引拍：球拍向持拍手肩上方引，引拍线路呈半弧状，球拍略后仰。

③挥拍击球：在球下降至头上方时，挥拍击球可以用拍内侧摩擦球的外侧中上或外侧中下部，也可以用球拍内侧摩擦球的内侧中下部。

2）要点。

①发侧下旋球时，击球点是在球拍向前下方挥动转向内侧变化之后。

②发侧上旋球时，击球点是在球拍向横侧方变化之前。

③两个动作在击球点上要尽量靠近。

3. 推球技术

（1）快推。其特点是球速快、动作小、落点活，稍带上旋或不转，既可积极防守，又可辅助进攻，是使用最多的一种反手推挡技术。

1）击球前。

选位：身体离台约 40 厘米，站位在球台中间或偏左。

引拍：两脚平站或右脚略前，两膝微屈，收腹含胸，身体向前或略向左转，右上臂和肘关节靠近身体右侧。

迎球：手臂自然弯曲，引拍至身前或偏左，同时前臂外旋，使拍面稍前倾，来球从台面弹起后，前臂和手腕向前或向前兼略向上挥拍迎球。

2）击球时。在来球的上升前期，以稍前倾的拍形推击球的中上部。球拍击球瞬间，前臂和手腕自然向前或向前兼略向上发力，并主要借用来球反弹之力（即借力）将球快速击回。

3）击球后。手和臂顺势向前挥动，并迅速还原成准备姿势。动作过程中，身体重心放在双脚上。

（2）加力推。加力推的特点是回球力量大、球速快、落点活，稍带上旋或不转。能遏制对方进攻，迫使对方离台后退，陷于被动防守局面，创造进攻机会。

1）击球前。

选位：身体离台约 50 厘米，站位在球台中间或偏左。两脚平站或右脚稍前，两膝微屈，收腹含胸，身体向前或略向左转。

引拍：右上臂和肘关节靠近身体右侧，前臂外旋并向上提起，引拍至身前或偏左，与球网同高或略高，拍面稍前倾。

迎球：来球飞越球网时，上臂、前臂和手腕向前，挥拍迎球，同时，腰、髋向左转动。

2) 击球时。在来球的上升后期或高点期，以前倾拍形推击球的中上部。击球瞬间，上臂、前臂和手腕向前下方发力推压，腰、髋亦协助用力。

3) 击球后。手和臂顺势向前下方挥动，并迅速还原成准备姿势。动作过程中，身体重心从左脚移到右脚上。

（3）推下旋。推下旋的特点是回球下旋且速度较快、弧线较低、落点远、球下沉，对方回击时不能借力，并容易落网，故能遏制对方进攻，创造进攻机会，是威力很大的一种推挡技术。但当对方来球力量较大、旋转较强时，使用推下旋将有一定困难。

1) 击球前。

选位：身体离台约40厘米，站位在球台中间或偏左。两脚平站或左脚稍前，两膝微屈，收腹含胸，身体向前或略向左转。

引拍：右上臂或肘关节靠近身体右侧，前臂略内旋并提起，引拍至向前或偏左，与球网同高或略高，拍面微后仰。

迎球：来球从台面弹起后，前臂和手腕向前下方挥拍迎球。

2) 击球时。在来球的上升后期或高点前期推击球的中部。球拍击球瞬间，上臂、前臂和手腕用力使球拍向前下方摩擦球。

3) 击球后。手和臂顺势向前下方挥动，并迅速还原成准备姿势。动作过程中，身体重心放在双脚上。

（4）推挤。推挤的特点是球速快、弧线低，推斜线时角度大，带左侧下旋，对方回击难度大，易从左侧出界。由于球拍击球部位是在来球的微转区，所以是对付弧圈球的一种比较稳健和有效的技术。

1) 击球前。

选位：站位在球台中间或偏左，身体离台约40厘米。两脚平站或左脚略前，两膝微屈，收腹含胸，身体向前，右上臂和肘关节靠近身体右侧。

引拍：手臂自然弯曲，前臂上提并外旋，引拍至身前，使拍面稍前倾。

迎球：来球从台面弹起后，前臂和手腕向左前下方挥拍迎球。

2) 击球时。在来球的上升前期，以稍前倾的拍形推击球的中上部。球拍击球瞬间，前臂和手腕向左前下方发力。

3) 击球后。手和臂顺势向左前下方挥动，并迅速还原成准备姿势。动作过程中，身体重心放在双脚上。

4. 进攻性技术

攻球是乒乓球最重要的技术，也是各种打法都必须具备的主要得分手段。从某种意义上讲，它是决定乒乓球水平的标志性要素。

（1）正手攻球。

1) 正手近台攻球。

特点：站位近台，击球时间早，球的速度快，动作幅度小，是我们近台快攻打法的主要技术之一。

运用：还击发球、推挡球、一般的上旋球等，使对方措手不及，在对攻中将线路、落点变化相结合，调动对方，伺机扣杀。

要点：①基本姿势：左脚稍在前，膝盖弯曲，重心前倾；

②充分利用全身的协调性；

③以前臂发力为主，手腕辅助用力；

④击球点在身体右前侧（大约为前臂的长度）。触球瞬间以向前打为主，略向上摩擦。

2）正手中远台攻球。

特点：站位稍远，动作幅度大、力量重，进攻性强，但步法移动的范围较大

运用：多用于对攻中，以力量配合落点变化直接得分或为扣杀创造条件，也用于侧身后扑正手打回头，防御时，在相持中寻找机会；削球选手的削中反攻。

要点：①加大向右手方引拍幅度，是为了增大击球的动作半径；

②上臂带动前臂发力。前臂向前，以手腕向上发力为主；

③身体其他部位的协调用力不可缺少；

3）正手扣杀。

特点：动作幅度大、击球点高、力量重、球速快、攻击性强。

运用：用来对付着台后弹起比网高的机会球或前冲力不大的半高球。

要点：①击球点离身体稍远，球拍应与球同高；

②在高点期击球；

③击球瞬间，整个手臂应发挥到最大力量，配合腰部转动及蹬地的力量；

④如来球带有下旋，球拍应略低于来球。

4）正手台内突击。

特点：站位近、动作小、速度快、突击性强，是处理近网短球的一项重要技术。

运用：常用于处理近网短球、下旋球，或在对搓中突击起板，或在对付削球时，利用这一技术直接得分以及为扣杀创造机会。

要点：①击球前持拍手臂不宜伸得太直；

②用中等力量击球较为合适；

③应根据来球的旋转性质与强度，调节好拍面角度、击球的部位和发力的方向。

5）正手侧身攻球。

特点：侧身攻的特点是速度快、力量重、攻势强，它是各种不同类型打法都必须掌握的一项重要技术。

运用：多运用于左半区来球。

要点：①左脚在前，右脚在后，身体保持侧向位置，把身体让开；

②拍面稍前倾，在来球高点期，击球的中上部；

③利用右脚蹬地的力量，重心适当前移，手臂向前发力为主。

（2）反手攻球。

1）直拍反手攻球。

特点：站位近、动作小、速度快、突击性强。

运用：一般用来回击落在左半区的来球，与反手推挡、下手攻球结合，能加强攻势，取得更多的主动权，但反手攻球因受身体妨碍，攻球力量不如正手大。

要点：①两脚平行或右脚稍前，近台站立；

②击球前，引拍到腹前左侧，拍形应前倾；
③击球时，向右转髋转腰，前臂外旋向右上方挥拍，在上升期击球的中上部；
④击球后，及时还原。

2）直拍横打。

特点：

①直拍手腕灵活，在发球上具有相当高的隐蔽性和变化性，还能发出极强的旋转；

②直拍的特殊握拍方式，在前三板的上手方面表现为：质量高、变化强、上手快，主动进攻能力突出；

③直拍横打，特殊的握拍方式和特殊的先进技术让台内技术得到了最大限度的提高，能直接拉出非常高质量的进攻球；

④突然性，很多人不适应直拍横打的旋转和落点变化，造成对手的不适应；

⑤正手和反手的技术变化更丰富，给对方寻找破绽提高了难度，突然的起板和抢拉，给对方以措手不及的进攻，其质量强悍有力，拓宽了快攻打法的球路。

要点：

①近台站位，双脚平行站立，或者右脚稍前，两腿与肩同宽或比肩宽；

②击球前身体左转，上臂、前臂适当向后下方撤稍内旋引拍，手腕略屈，重心更多地放在右脚上，球拍略低于台面；

③击球时，拍面稍前倾，身体前迎，转腰同时，小臂外旋，发力。向前上方发力，以肘为轴进行旋转。在来球的上升期向前略向上击球中上部。以前臂为主，手腕保持相对固定，借力还击。

3）横拍中近台反手攻球。

特点：动作幅度较小，动作快，力量小。

应用：主要用于还击反手位来球。

要点：①两脚平行或右脚前，近台站立；

②击球前，上体稍微前倾，肘关节自然弯曲引拍到腹前左侧，拍形应前倾；

③击球时，向右转髋转腰，前臂向右前上方挥动，在上升期击球的中上部，触球时手腕向外转动。

5. 接球技术

（1）接急球。所谓急球是指对方发出的直线、斜线或中路底线的长球，具有角度大、速度快的特点。回接急球时，站位应偏远一点，以便做好充分的准备，判断和起动都要快。根据来球的速度、旋转和落点，采取点、拉、冲、拨、推等方法来回接。接正手位的奔球、侧旋球或侧上旋球，都以点、攻、冲为主；接侧旋急长球，以拉冲为主；接反手位的奔球、侧旋或侧上旋球时，多以快推、快拨对方大角度或用反手攻和侧身点、冲方法。

（2）接下旋球。接下旋球可用稳搓、摆短、劈长、挑、拉冲等方法。对于初学者，回接下旋球的最基本方法就是稳搓，要求搓稳、搓低、不能下往。对具备一定水平的乒乓球运动员，接下旋球时，一定要积极主动，要加大回接难度质量。如对方发球旋转很强，就要用摆短、劈长方法回接，还要加大回接的旋转和落点难度。

由于下旋球具有速度不是太快而旋转变化较大的特点，因此，接发球的准备时间较充足，而在判断旋转强度和回接球的手上控制难度要加大。

强烈下旋球一般都用手法相似的不转发球相配套。这就要求接发球者判断要准确，看清来球旋转强度和落点后，敢于上手。如果没有胆量，求稳搓接，甚至托球，多半会被对方抢攻。

搓接不转球，不会使球产生较大的旋转变化，容易被对方抢攻，造成被动或失分。

在运用反手拉球技术回接反手位侧下旋长球时应注意：如对方发球的速度不是太快、角度不大、旋转一般时还比较容易回接。但如果对方发球质量较高，就要求两面拉球或冲球时手感要强，用摩擦旋转来克制对方的旋转。让位要充分，抢冲对方两大角。如能对来球判断准确，用搓挤的方法回接也很有效。如对方的发球是急下旋，用正常的搓球方法回接容易出高球，用推、拨的方法回接又容易下网。这时可用搓挤回接，还可使回球产生一定的急下旋，但要注意掌握好击球时间、拍形及用力方法。

（3）接左、右侧上、下旋球。站在反手位侧身用正手发球，可使球产生左侧上、下旋。站在反手侧身位，用反手发球，使球产生右侧上、下旋。无论是高抛还是低抛、反手还是正手发球，除下旋球和不转球外，基本上都是左、右侧上、下旋球。但左、右侧上、下旋球是一个统称，也只是一个旋转的概念，并不包括速度和落点的因素。左、右侧上、下旋球都有斜线长、短球，中路长短球，直线长、短球之分。

在这其中还有以旋转落点为主或以速度落点为主之分。同样是左侧下旋斜线长球，一个是斜线角度大，旋转较强；另一个则可能斜线角度大、速度快。

因此说，左、右侧上、下旋球是一个统称。如果详细用旋转、速度及落点划分起来，可分出几十种。

对发球者来讲，较大的发球旋转变化，都是在球拍触球的一瞬间，通过调整拍形和触球用力方向而产生的。这就要求接发球者在判断准确的基础上采用相对固定的接发球模式，并在这一接发球模式的制约下，加强有针对性的强化训练，以提高接发球的质量和命中率。

接出台长球或半出台球，无论是直、中、斜线侧上、下旋或半出台球，一定要立足于抢拉、抢冲或抢点。至于在什么情况下运用，则要根据对方发球的速度、旋转及落点而定。接旋转较强的侧下旋长球或半出台球，以抢拉高吊弧圈为主。

接旋转一般、速度较快的侧旋、侧下旋或侧上旋球应以冲点为主。

直握球拍接反手位斜线大角度长球时，要求步法移动要快，让位要充分，侧身抢拉或抢冲。如来不及侧身，能用直拍反手横拉最好，用反手横拉抢先上手后可制约对方发球抢攻，变成上旋球后打来回、打摆速，就不至于陷入被动。

当然，回接反手位侧旋或侧上旋球，用推、拨、挤或反手攻的方法都是有效的，关键是推、拨挤攻的质量，要求在不失误的前提下，速度快、力量大、落点刁。

（4）接短球

短球也是一个统称，从路线上可分为反手位、中路、正手位短球。从旋转上可分为上旋、下旋、侧旋、侧上旋、侧下旋和不转的短球。

在接短球的方法上，要根据不同球性而异，当然不排除同一种发球可用几种回接方法。比如：接正手位一般侧下旋的短球，可摆短、也可劈长，可快挑、也可以晃接。在这种情况下，接发球的方法就取决于你本身接发球的能力。如能熟练地运用上述各项技术，就可以速度快、积极主动的挑、撇为主，以提高接发球的质量。

6. 削球技术

削球是一种防御性技术，但它具有稳健性和积极性两大特点。稳健性表现在击球者离台较远。较多地在球的下降后期击球，此时来球的速度与旋转已经减弱，而且有比较充分的击球准备时间，有利于削球的准确性。积极性主要通过旋转变化和落点变化控制与调动对方，以柔克刚。

(1) 远削。

1) 特点与运用：击球动作大，速度慢，弧线长，有利于削转与不转球，有利于以落点变化来牵制对方。常适用于对付对方的扣杀球、弧圈球和提拉球。它是以削为主打法的选手必须掌握的基本技术之一。

2) 方法。

正手远削：离台约 1.5 米站立，左脚稍前，上体稍向右转，重心落在右脚上，击球前手臂自然弯曲，球拍向右上引至肩高；击球时，手臂向左前下方挥动，拍面稍后仰，触球瞬间前臂加速削击球的中下部，同时手腕向下辅助发力；击球后，球拍顺势前进，重心移至左脚。

反手远削：右脚稍前，上体左转，重心在左脚，手臂自然弯曲，球拍向左上方引至肩高，拍柄朝下；击球时，手臂向前下方挥动，拍面稍后仰，触球瞬间前臂和手腕加速削击球的中下部；击球后，上体向右转，球拍随势挥至身体右侧，重心移至右脚。

3) 要点：①向上引拍是为了增大削击球的用力距离；

②在下降期击球，但不能过于低于台面；

③要保持足够的撞击力，否则球不会过网。

(2) 近削。

1) 特点与运用：动作幅度小，回球速度快，前进力较强，多用于近削逼角，有一定的威胁，往往能获得主动或直接得分。一般用来对付轻拉球和一般的上旋球。

2) 方法：正手近削离台较近，其他同上。触球时前臂用力向左前下方挥击，手腕积极下压，在上升后期或高点期击球的中部或中下部。反手近削的动作方法则相反。

3) 要点：①向上引拍比肩高；

②根据来球的情况调节拍面后仰角度；

③以前臂发力为主，手腕配合下压，击球后没有前送的动作。

7. 搓球

搓球是近台和台内回击下旋球的过渡性技术，也是初学削球时必须掌握的一种技术。搓球具有旋转、速度和落点变化多，线路短，回球多在台内等特点，多用以等待、寻找或创造进攻机会。

(1) 动作要领。挥拍时以肘部轴，摩擦球的底部。搓球回球速度快，弧线低，且有一定的下旋力，可用来对付对方发过来或削过来的下旋或侧下旋球。搓球可分为直拍正手搓球、直拍反手搓球、横拍正手搓球和横拍反手搓球。

(2) 具体动作。

1) 站位方法：身体离球台约 40 厘米，左脚稍向前。

2) 引拍方法：球拍向后方偏上些引拍，动作不宜过大，拍面稍后仰。

3）挥拍击球方法：球拍向前下方挥动，以前臂为主，在球上升期击球的中下部。触击球时，手腕要明显地摩擦球。

4）挥拍方法：击球后，球拍自然向前送出并还原。

8. 摆短球

摆短球是在搓球的基础上，于 20 世纪 70 年代发展起来的一项技术，多用于接发球或对搓中，具有速度快、弧线低、落点非常短的特点，限制对方抢攻或抢位作用显著。摆短球可分为直拍正手摆短球，横拍正手拍短球、直拍反手摆短球和横拍反手摆短球。

动作要领。

（1）站位方法：站位近球台，在球的上升初期击球。

（2）引拍方法：引拍比较短，身体前倾。

（3）挥拍击球方法：动作同搓球，只是击球时，摩擦的力量比较小，几乎是借对方来球的力量回击。

（4）随势挥拍方法：其动作很小。

9. 发球抢攻战术

反手发右侧上（下）旋球至对方中路靠右近网处，伺机抢攻；反手发急上（下）旋球至对手左角，配合发近网短球，伺机抢攻；正手发左侧上（下）旋球，配合发转与不转球抢攻；正手高抛发左侧上（下）旋球（长、短球）至对方左角，伺机抢攻。

10. 接发球战术

接发球战术的特点在于由某一单项攻（冲）球技术所形成，进攻性强，可变接发球的被动地位与主动地位，也可直接得分，是乒乓球运动各种打法特别是进攻型打法的主要战术。

11. 对攻战术

对攻，是进攻型打法选手互相对垒时常采用的一项重要战术。快攻类打法，主要是依靠手攻球、反手攻球、反手推挡或快拨技术，充分发挥快速多变的特点，达到调动对方、有效攻击的目的。弧圈类打法，主要是依靠正、反手两面弧圈球技术，充分发挥旋转的威力，达到牵制对方、增加攻击效力的目的。

12. 拉攻战术

拉攻战术的特点是连续正手快拉以创造进攻机会，机会出现后，采用突击和扣杀的手段来得分。拉攻战术是快攻打法对付削球类打法的主要战术之一。

13. 搓攻战术

搓攻战术是进攻型选手的一项辅助战术。主要是利用搓球的旋转和落点变化，为进攻创造机会。但搓球次数要适宜（不可过多），一般快搓一两板就应组织进攻。

14. 双打战术

双打的战术与单打基本相同，但特别强调同伴之间的配合，尤其是前三板的配合。此外，在战术运用中，还可以考虑到对方要二人轮流接发球的特点，制定相应的战术。

为了加强配合、协同作战，双打选手在发球时可用手势相互暗示发球意图，尽量为同伴创造抢攻条件，力争主动。在接发球时则应以抢攻、抢位为主。当发球或接发球时，可运用打一角的战术，迫使对方在一角匆忙换位，再突袭另一角；亦可交叉攻两角或以长短结合的战术，打乱对方两人的基本站位，迫使对方两人不断地左右移动，从而创造进攻机会。

七、网球运动

1. 网球击球基本环节

判断：判断来球是决定脚步移动的方向和击球方法的依据。它包括判断来球的路线，旋转性质，旋转强弱，速度快慢以及落点的远近。

移位：移位（或称选位）的目的主要在于抢占有力的击球位置。

击球：击球是四个基本环节的核心环节，网球的击球动作一般包括摆臂引拍、迎球挥拍、球拍触球、随势挥拍、放松五个部分。

还原：每次击球后都必须迅速还原，及时还原是连续击球的重要保证。

2. 网球运动基本技术

（1）基本站位。面对球网，双脚平行开立，自然放松站在底线后。

（2）准备姿势。双脚向前自然分开与肩同宽，双膝微屈，身体略向前倾，重心落在双脚的前脚掌上，持拍手握拍，非持拍手轻托拍颈，双肘微屈，球拍舒适地放在身前，两眼注视对方来球，做好击球准备。

（3）握拍方法。

1）东方式握拍法（分为正拍和反拍）。

①东方式正拍握拍法：左手先握住拍颈，使拍子与地面垂直，然后手掌也垂直于地面，手握拍柄好像与人握手，用右手掌根与拍柄右上斜面贴紧，拇指垫握住拍柄的左垂直面，食指微离中指，食指下关节压住拍柄右垂直面。拇指与食指成"V"形，对准拍柄的右上斜面和左上斜面的上端中间。

②东方式反拍握拍法：从正拍握法把手向左转动（即把拍子向右转动），拇指与食指成"V"形，对准拍柄左上斜面与左垂直面的中间条线。用手掌根压住拍柄的左上斜面，拇指贴在左垂直面上，食指下关节压在右上斜面上。

2）大陆式握拍法。与东方式握拍法不同，大陆式握拍法在进行正、反拍击球时无须变换握法。握拍时用手掌根贴住拍柄上部的平面，食指与其余三指稍微分开，食指上关节贴在右上斜面上，拇指垫贴在拍柄的左垂直面上。

3）西方式握拍法（分为正拍和反拍握法）。

①西方式正拍握拍法：手掌心朝下，手掌的大部分放在拍柄的底部，手掌根贴在拍柄的右下斜面上，拇指压在拍柄的上部手面，食指握住拍柄的右下斜面，拇指与食指的"V"形对准握柄的右垂直面。

②西方式反拍握拍法：在西方式正拍握拍的基础上，把球拍上下颠倒过来，用同一拍面击球或手腕顺时针转，使拇指与食指的"V"形对准拍柄的左垂直面，食指下关节压住拍柄的上部手面，手掌根贴在左上斜面。

4）其他握拍法。包括混合式握拍法、双手反拍握拍法、双手正、反拍握拍法等。

（4）抽球。

1) 正手抽球：是网球运动中最基本、最主要的击球方式，其击球动作深长、有力，速度较快，也是最容易取胜的重要击球技术。正手和反手抽球均有平击、切削和上旋等几种打法。

平击球的速度快，力量大，球被击出后飞行弧线偏直，在地面反弹时较低，易于控制球路和球速。上旋的球飞行弧度高，下落快，反弹后跳地高，不易触网。下旋球产生下旋并向前飘行，落地后反弹很低。动作要领：面对球网呈准备姿势，当判断来球需用正拍回击时，转动双脚，左脚跟抬起并向右前方上步，右脚向右转90°与底线平行，同时转肩转髋带动右手向后摆动引拍，引拍时肘部弯曲、自然下垂，拍头低于膝盖，左手伸向前方，保持身体平衡，身体重心移向右脚，手腕固定，挥拍转动约180°，拍头指向后方。向前挥动时紧握球拍，手腕后伸、固定，用力蹬脚，转动身体和挥拍，正手抽球的击球点在身体的右侧前方不超过腰的高度；击球时的挥拍速度最快，球打在拍面的中心，抽球挥拍时拍头是自上而下挥动使球稍带上旋。球触拍后，使拍面平行于网的时间尽量长些，挥拍沿着球飞行的方向前送，重心前移落在左脚，身体也随着转向球网，挥拍动作在左肩上方结束，之后立即恢复准备姿势，准备下一次击球。

2) 反手抽球：反手抽球是在底线附近回击来球和进攻对方必须掌握的基本技术，可分为单手和双手。动作要领：准备姿势面对球网，双脚向前自然分开与肩同宽，双膝微屈，用非握拍手轻托拍颈，双肘弯曲，将球拍置于身前，身体前倾，重心落在双脚上。当判断对方来球是反拍位置时，轻握拍颈的左手应该迅速帮助右手握拍变换为反拍握拍法，向左肩转髋带动右手向左后方摆动，左脚向左转90°与底线平行，同时右脚向左前方上步，手腕绷紧、后伸，双肩夹紧。后摆时肘关节自然弯曲、下垂，重心移向后方脚上。单手反拍时，左手可轻托拍颈，伴随向左转的协调动作；若是双手反拍挥臂，需要更充分的转体动作，从后摆进入向前挥动时应紧握球拍，手腕固定，反拍的击球点应在身体的左侧前方。击球瞬间，拍头的挥动最快，对准来球把球打正，肘部应伸直，球拍与手齐平，随着身体重心从后脚移向前脚。球击出后，拍面平行于网的时间尽量长些，挥拍沿着球飞行的方向前送，重心前移，落在右脚，身体也随着转向球网，挥拍在右肩上方结束，迅速恢复原来的准备姿势，准备下一次击球。

（5）发球。发球是现代网球运动最重要的技术之一。基本上分为平击发球、切削发球和旋转发球三类。有效的发球应具有攻击性，并在速度、力量、旋转和落点方面有所变化。切削发球带有侧旋的特点，安全率较高，是一般选手常用的发球技术，它可用于第一发球或第二发球，也可用于单打或双打，平击发球几乎没有旋转，球速快，力量大，直线飞行，常用于第一发球，成功率虽然低，但一旦成功往往能直接得分。旋转发球带有侧上旋的特点，飞行弧度大，落地弹跳高，但技术难度相对较大，一般适用于高水平运动员的第二发球。动作要领：准备姿势全身放松，侧身站立在端线中场外标记边，两脚分开约同肩宽，左脚与端线约成45°，右脚与端线平行，重心在左脚上，拍头指向前方。非持拍手掌心向上托球，抛球与后摆拉拍动作同步开始，球拍向下向后引拍经身后向头上方做大弧度形摆动，身体做转体、屈膝、展肩动作，身体重心随着抛球开始先移向右脚。当球下降至击球点时，迅速向上挥拍击球，左脚上蹬，便手臂和身体充分伸展，挥拍击球时，持拍手腕带动小臂有一个旋内的"鞭打"动作，这就是发球发力的关键动作。球发出后，身体向场内倾斜，保持连续完整的向前上方伸展的随挥动作。

(6) 截击球。截击球是网前进行的一种攻击性击球方法，即在球落地之前，便将来球击回对方场地。它回击速度快、力量重、威力大，使对方难以应付，是迅速取胜的一种有效手段。截击球分为正手截击和反手截击两种。动作要领：截击球的后摆动作不应过大，击球点应保持在身体前方 30～60 厘米，要向前迎击来球，击球时手腕固定，配合脚下步法移动。

(7) 接发球。接发球是网球运动中较难掌握的技术之一。这是因为接球员处于防守地位，球一发出，就需对发来的各种不同球速、落点和旋转的球做出快速的判断和反应，并且要选择各种适当的击球技术来完成接发球动作，而这些技术的运用，要比一般来回击球的难度要高。

(8) 挑高球。挑高球技术在高水平的网球比赛中较少见，而在一般水平的网球比赛中运用较多。当一方在比赛中处于被动地位，而对手高压球水平也不是很高的情况下，用挑高球来破坏对方的进攻节奏，使自己赢得时间回到有利的位置；或者挑球过顶，迫使对方退回底线救球，使自己上到网前，反守为攻，因此业余选手掌握此技术很有必要。

(9) 高压球。同截击球一样，属于上网击球技术，是用以对付对方挑高球的，其动作要领类似发球，在头部上空用扣杀动作还击来球，堪称击球中的一门"重炮"，是迅速制胜的锐利武器。采用高压球，合适的步法是前提，击球时不要迟疑。

(10) 放短球。放短球就是把球刚好"吊"过网。短球放得好，可迫使疲劳的对手从底线上网，而又够不到球。放短球要求多采用手腕动作，带有削击的特点，在一般情况下，放短球有一定的危险性，因此，应用放短球技术要谨慎。

(11) 随机球。随机球是一种上网前的综合击球技术。对方对一浅球，即球的落点一般在发球线附近时，就得上前击球，并随球上网。击球位置一般在发球线与端线之间，打好随机球，对于上网抢攻得分是至关重要的。

(12) 反弹球。反弹球技术是一种难度大的击球技术。比赛中，通常是对方将球击到另一方的脚下，这是既不能向前击凌空球，又来不及退后打落地球，非得在离地面很近处看球刚刚弹起时打。因此反弹球往往是在万不得已的情况下运用的一项高难技术。反弹球节奏快，借力大，球速快，掌握此项技术，往往能在比赛中变被动为主动，使对方因仓促还击而失分。打反弹球注意力要集中在击球时机上，后摆稍短，身体重心要低些。

3. 单打战术

(1) 发球战术。发球不受对方支配，因此可通过力量、速度和落点达到得分目的。针对对方弱点的发球，如对方反手弱等。运用不同的发球方式，制造上网截击的机会。利用风向、阳光等自然条件的发球，给对方制造困难。

第一次发球多采用大力平击发球，使对方难以抵挡而失误。第二次发球为求成功，多采用切削发球或旋转球。

发球站位也应有战术考虑。发第一区时，应尽量接近中点线站位，发直线球逼住对方反拍；发第二区时，可距中点线稍远站位，便于以更大的斜线发至对方反拍区，并扩大自己正拍防守的区域。

(2) 接发球战术。接发球一般处在被动地位，但也应做些战术上的准备，以减少被动，争取主动。

站位：为避免接球时的大距离奔跑，接球站位应选在对方向本人左右发球夹角的分角线上，并站在端线内半米处。这样利于左右回击和上网回击。

接发球方法：一般多采用平击抽球，将球回击到对方底线两角，也可加旋转使球旋向两边线外，使对方大范围左右奔跑。

（3）上网战术。上网是积极主动的打法。在发球或接发球后冲到离网较近的位置，不等对方回击的球落地，即进行空中截击或高压击球。

上网时机：多用于第一次发球。发急速旋转球后，借球在空中长时间飞行。对方难于回击之机上网截击。

上网站位：尽可能站到距网约 2 米处，近网进攻威胁性大，封网角度小，防守控制面积大，但必须有强力高压球作保证，否则对方挑高球时便陷于被动。

上网击球：上网击球主要采用截击球和高压球，还要根据对方的站位决定击球的方向和落点。

（4）底线战术。底线战术：底线击球应以进攻性打法为前提，用快速、准确、凶狠的击球取胜对方。常用的办法有大角度抽击球，使对方左右奔跑；有逼右攻左，逼左攻右，攻击对方的弱点；有大力击直线球，在速度上压制对方等。

4. 双打战术

双打比赛的站位，一般是正拍好的站位靠右侧，反拍好的站位靠左侧，最理想的配对是一个右手握拍，一个左手握拍。发球时，发球者站在端线后中线与边线一半处。同伴则站在距网 2~3 米、离边线 3 米处，守住半边场区，伺机截击或高压击球，接发球时，接发球者在可能发到的角度的分角线上，同伴则站在发球线前距列 4~5 米、离边线 3 米处。同伴之间要有默契，一般原则是来球在两人之间，由正拍击球者回击；球在两人之间又是斜线来球时，由距离近的运动员迎击；挑高球落在两人间，由正拍击球者进行高压击球；对方接发球回击过来的时候，由上网运动员争取截击，另一同伴注意补漏。

八、棒垒球运动

1. 挥击技术

挥击技术包括握棒、站位、挥棒、随挥四个环节。

（1）握棒：以小指、无名指紧握球棒，手法要轻，虎口不要紧贴球棒。右打者，左手在下右手在上，双手靠近且拳面一致；左打者，右手在下左手在上。握棒方法有长握、短握和中握三种（我们以右打为例进行介绍）。

①正常握法：也叫中握法。双手靠拢，距棒端圆头处约 5 厘米左右。

②长握法：左手接近球棒的细端圆头处，右手靠拢左手。由于力矩长，摆幅大，击出的球有力量，打得远，臂力较好者可采用这种握法。

③短握法：左手距离球棒细端圆头处 12~18 厘米，右手与之靠拢。由于力矩短，起棒快，摆幅小，击中率较高，一般在臂力较弱或击快速球时采用。

（2）站位：站位是击球员进入击球区两脚所站的位置。有三种不同的站位方法：平行站位，即双脚与本垒平行的站位方法；开立式站位，即靠近投手一侧脚稍向后撤的站位方法；封闭式站位，即靠近接手一侧的脚向后撤的站位方法。

（3）挥棒：挥棒技术包括引棒、伸踏、挥棒。

以右打为例：
①引棒：以右脚支撑身体重心，肩、腰右转充分向后引棒，手握棒不要过紧。头部转向投手，注意投手动作。
②伸踏：左脚横向迈出约 15 厘米左右，以脚掌内侧着地，平稳过渡到全脚掌，左腿自然伸直。伸踏保持较小幅度，重心起伏小。
③挥棒击球：左脚向前伸踏同时，右脚用力蹬地，转髋，转肩，挥臂，眼睛盯住球，以左臂为主导向下约 45°挥棒，球棒在触球时应处于水平挥动路线上。
（4）随挥：击球后，挥棒动作不应停止，手臂力量、腰部的转动等都要自然地进入到随挥中，球棒、两臂及上体都应随之向前继续推送，然后自然翻腕，棒头摆至左肩后上方，注意保持身体平衡。

2. 触击技术

（1）准备姿势：击球员转体触击前的握棒和站位姿势与挥击技术相同，不要过早暴露触击意图。在投手投球离手瞬时，击球员迅速向前导臂一侧转体，同时右手快速沿棒上滑至中部，拇指在上，其余手指在下，用虎口处握棒，左手控制击球的角度，右手控制击球力量，棒头略高于棒尾，身体正对投手，重心下降，上体稍前倾，两眼注视来球，形成触击的准备姿势。
（2）触击和收棒：当投手投出球后，击球员依据来球运行轨迹，调整站位及身体姿势，使球棒的中部对准来球，当来球接近球棒时，双手轻轻将球棒推出，球弹出后，双手脱棒，快速起动跑垒。

3. 跑垒

根据比赛场上进攻队员的位置和任务，跑垒技术包括击跑员跑垒、跑一个垒和连续跑垒。
（1）击跑员跑垒。击球后的起跑：击跑员完成随挥动作放棒后，左腿蹬地，右脚迅速向一垒方向跨出半步，上体前倾，沿直线疾跑 5～6 步，步幅小，步频快，两臂摆动幅度大，不看击出的球。垒间跑：击跑员上体抬起，眼睛盯住一垒垒包，以最快的速度沿跑垒限制线全力向一垒奔跑，边跑边看球。冲刺踏垒：击跑员在距一垒 4 米左右，身体前倾全力冲刺跑过一垒，尽量用左脚前脚掌踏触一垒垒包右角。踏垒后可沿界限外侧冲出几步。减速返垒：击跑员跑过一垒后，上体抬起，以碎步逐渐减速，在距一垒 3～5 米处停止，随后转身面向场内观察场上的局面，作出是否进二垒或返回一垒的判断，若返回一垒应沿一垒边线的界外区域返垒。
（2）跑一个垒。击球员安全到达一垒后即成为跑垒员。跑垒员分别停留在一垒、二垒或三垒时，随时准备，机智地利用一切机会攻占下一垒位或偷垒。当投手持球踏在投手板上时，跑垒员以侧身滑步动作向下一垒方向移动 3～4 步离开垒包，面向投手，眼睛盯着投手的前导臂和伸踏脚，重心降低置于两脚之间，保持身体平衡，离垒的范围以能够安全返垒为准。当向下一垒起跑时，左脚经体前交叉，同时上体右转向下一垒抢进，并根据守场员接球位置和动作，迅速决定采用哪种方式上垒，如扑垒、滑垒、碎步上垒或连续跑垒。
（3）连续跑垒。击球员击出高远、快速的空当球，或防守队员传球失误，击跑员或跑垒员可连续跑垒。连续跑垒时在临近垒位 5～6 米时，逐渐向外侧绕弧线。跑动中上体向内倾斜，克服离心力，靠近垒位时用右脚踏垒垫内角，踏垒后加速直线跑向下一垒位。

九、手球运动

手球技术可分为脚步移动技术、进攻技术、防守技术及守门员技术等。下面主要对一些常用的基本技术进行阐述（技术动作和图解都以右手持球为例）。

1. 脚步移动技术

（1）基本站立姿势。在比赛中，为了适应瞬息万变的需要，必须随时保持一种既稳定又机动灵活的基本站立姿势，这样才能快速地移动。

动作要领：两脚平行或斜向开立，与肩同宽，脚尖向前，膝关节微屈稍内扣，脚跟稍提起，支撑点在两前脚掌，上体稍前顿，身体重心落于两脚之间，两臂屈肘自然置于体侧，抬头两眼注视目标。

（2）跑。

①起动跑。由静止状态变为移动状态的一种脚步动作。在进攻中突然快速地起动能有效地摆脱防守队员，而在防守中快速起动跑能抢占有利位置，完成防守任务。

动作要领：基本站立姿势开始，起动时（向前起动）一脚用力蹬地，身体前倾，身体重心随之向起动方向移动，另一脚迅速跨步，紧随的前几步要小而快，同时，手臂协调配合，积极摆动，以提高跑动的速度。

②侧身跑。在比赛中，进攻队员为了便于观察场上情况和接来自侧后方的球，经常采用侧身跑的技术动作。

动作要领：跑动中，头部和上体向场内或向有球的一侧扭转，身体重心侧前移，脚尖和膝部朝着跑动方面，形成上体侧转，两臂膀自然摆动，两眼注视场地，随时准备接球。

（3）跳。跳是为了取得空间优势和占据空间有利的射门点而采用的一种双脚离地、身体有一定腾空时的脚步动作。

①向前跳。多用于快速切入射门。

动作要领：起跳时，踏跳腿屈伸膝关节，并且用前脚掌用力蹬地，上体前倾，身体重心向前移动并超越支撑点，腾空后充分展体、抬头，两眼注视目标。落地时，踏跳脚先着地，屈膝，以保持身体平衡。

②向上跳。常用于外围远距离射门或接断高空球。

动作要领：起跳时踏跳腿屈膝，降低身体重心，然后由踏跳脚后掌过渡到前掌用力向上蹬地，上体伸直，手臂协调上摆，使身体重心升高，另一脚自然屈膝抬起。落地时，踏跳脚先着地，屈膝缓冲，降低身体重心，以控制身体平衡。

2. 传、接球技术

传、接球是比赛中进攻队员有目的转移球的方法，也是组织进攻完成战术配合的纽带。

（1）持球。任何一种传球、突破或射门都是由持球开始，持球是进攻中有球技术的基础，持球可分为单手持球和双手持球。

(2) 传球。

①单手肩上传球。单手肩上传球是比赛中最常用的传球方法。它的特点是：动作简单，传球准确，适用不同距离的传球，能与射门动作结合运用，具有很强的攻击性。

动作要领：两脚前后开立，右手持球于肩上并举球后引，左肩稍向右转。持球手的上臂与躯干之间的夹角要大于90°。肘关节高于肩，前臂与上臂的夹角也要大于90°。传球时，右脚蹬地，同时，身体重心前移，髋关节带动躯干向左转动，并以肩关节带动肘关节，向前挥臂，手掌对准出球方向，最后屈腕经手指将球传出。

②单手体侧传球。单手体侧传球是向身体侧方转移球时运用的一种传球方法。它的特点是传球动作幅度小，较隐蔽，出手快，适用于短距离传球。

动作要领：右手持球自然放松下垂置于体侧，两脚前后左右开立，膝稍屈，身体重心落于两脚之间，身体正对前方。传球时肘关节微屈，将球提起置于体前，然后以上臂带动前臂由左向右沿水平挥摆，手腕外旋，使手掌对准传球方向，利用手臂的挥摆和手腕最后的甩动将球传出。

(3) 接球。

①双手接球。接胸部以上高度的球：这是比赛中最基本、最常见的接球动作。

动作要领：两眼注视来球，两臂主动伸向来球，手指自然分开稍向上，两手拇指、食指相对呈"八字"，手掌掌形成半球状，当来球触及手指的瞬间，手指紧张握球，两臂迅速后缩，以缓冲来球力量，并将球置于胸前。

接低于腰部的球：为了接住同伴传来低于腰部的球，接球方法有所区别。

动作要领：接球时，上体前屈弯腰，两臂下垂略向前伸，手指向下，手指自然分开，双手小拇指并拢，整个手形成半球形，当手与球相触时，手指紧张，两臂弯屈，迅速后引缓冲，上体直起将球持于胸腹之间。

②单手接球。单手接球在比赛中运用较少，它的特点是：接球时控制范围大，但接球不够稳固，易失误。

动作要领：接球时，单臂主动伸出迎球，五指自然分开，当手掌与球接触后，顺势往回撤，同时，另一手快速上去护球。

3. 射门技术

射门是手球比赛唯一的得分手段，是进攻技术和战术运用的最终目的。射门技术种类较多，现介绍支撑射门和跳起射门两种主要的射门技术。

(1) 支撑射门。

1) 原地肩上射门。

动作要领：两脚左前右后站立，与肩同宽，上体向右略转，上体侧对球门，身体重心移至右脚，前膝稍屈，同时持球于肩上，形成单手肩上传球的动作。射门时，右脚蹬地，身体重心前移，以肩带动上体向左转动，同时，右臂以肩带动上臂和肘向前挥动，上体前屈，通过手腕、手指力量将球射出。此时，右脚顺势向前跨一步。

2) 跑动支撑射门。

动作要领：接球后跨左脚，同时引球到肩上，随后右脚向前跨步，上体稍向右转动，当身体由右脚支撑时，右脚用力蹬地，上体迅速向左转动，前屈，带动手臂向前挥摆。同时，左脚随着右臂挥摆出球的动作向前迈步，然后随着快速跑动的惯性继续向前跑动。

(2) 跳起射门。

1) 向前跳起射门。

动作要领：接球后，利用助跑，左脚前脚掌积极用力向前蹬地跳起，此时，上体前倾，左肩侧对球门，上体向右转动，右腿屈膝自然抬起，膝关节外展，使身体向前上方腾起，同时，右手持球快速引球至肩上，挺胸展腹，抬头两眼注视球门，当身体上升接近最高点时，上体向左转动，并带动右臂向前挥摆将球射出。球离手后起跳脚和摆动脚依次落地，屈膝缓冲，以保持身体平衡。

2) 向上跳起射门。

动作要领：接球后快速助跑，当最后一步左脚落地时用力蹬地向上跳起，右腿自然屈膝抬起。同时持球的右手由下向后划弧快速引球至肩上方，身体向右转动，左肩侧对球门，当身体腾空接近最高点时，快速向左转体，并带动右臂用力挥动，收腹，最后通过屈腕将球射出。球离手后，起跳脚先落地，并迅速降低身体重心，以控制身体平衡。

4. 防守技术

防守技术是合理地通过脚步移动，抢占有利位置，利用身体躯干部分来阻挠和破坏对方的进攻，以争夺控球权的一项基本技术。

(1) 防守的基本姿势。防守的基本姿势是防守动作的准备期。站立姿势要做到稳定、灵活，又能进行有力对抗。

动作要领：两脚平行或斜向开立，与肩同宽，两膝稍屈，脚跟稍提起，身体重心稍降低前移，并落于两脚之间，上体略前倾，抬头，目视对方，两臂自然屈肘置于体侧，便于随时做出移动和防守动作。

(2) 防持球队员。

动作要领：当对方接球时，快速移动，主动出击，采用斜步站立的方法以身体躯干对着其持球手顶贴上去，与对方持球手同侧的脚在前，另一脚在后，与前脚同侧的手臂上举，阻挡和影响其持球手的活动，另一手屈肘置于胸腹间，以防对方向前冲击。当进攻队员持球在外围进行较远距离射门时，要积极主动地迎上，并充分伸展两臂进行封堵。如内线进攻队员接球而防守队员又在其背后时，应采用双臂"卡压"对方的持球手，破坏其抬手射门的动作。

5. 守门员技术

守门员技术可分为准备姿势、位置选择、脚步移动、封挡球、传球等五项。现主要介绍封挡球技术。

(1) 手挡球。手挡球分为双手挡球和单手挡球。

①双手挡球。双手挡球多用于靠近身体的来球或头顶上方的来球。特点是封挡面积大。

动作要领：双臂向来球方向伸展，手臂并拢，手掌五指自然分开，掌心对准来球，在触球的一刹那，手腕下压，将球挡落在身前。

②单手挡球。单手挡球多用于封挡离身体两侧较远的不同高度的来球。其特点是封挡范围大，动作灵活、速度快，但是接触球面积较小。

动作要领：单臂向来球方向伸展，五指自然分开，掌心对准来球，当球与掌接触的一刹那，手指、手腕紧张，并做下压动作，将球挡落于身体附近，也可用单手托球的方法将球托出。

（2）臂封挡球。臂封挡球分为单臂封挡球与双臂封挡球。

①单臂封挡球。

动作要领：单臂向来球方向伸出，手臂肌肉和肘关节保持紧张，当球触及手臂时，手臂顺势稍后引，同时手臂作内旋将球挡落在身体附近。当一些来球速度快而来不及正确判断飞行路线时，可采用单臂撩球动作，撩球时，伸直手臂从体侧由下向上呈扇形快速挥摆，这样能控制较大范围，效果较好。

②双臂封挡球。双臂封挡球用于守门员封挡头顶上的来球，特别是边锋切入射向球门近上角的球。

动作要领：双臂伸直上举，并拢，掌心向前，当球触及手臂时，快速下压，将球挡落于身体附近。

（3）腿、脚封挡球。主要应用于封挡射来的低球。

动作要领：封挡左侧来球时，右脚用力下压蹬地，使身体重心向左侧方向移动，左腿关节外展并向来球方向伸出，脚弓对准来球，用腿的内侧或脚弓封挡球，此时，腿部肌肉要紧张。脚伸出时，尽量要贴着地面，不要抬脚踩地，以免漏球。如果球离身体较远时，可做"劈叉"动作来挡球。

（4）手脚并用封挡球。常用于封挡胸中以下的来球，其特点是封挡球的面积大。

动作要领：在腿、脚挡球动作的基础上，手臂向来球方向伸出，身体重心向来球方向移动，使手、脚靠拢。当迎球而上进行封挡时，整个躯干和四肢充分伸展，像雄鹰展翅一样跃起，封挡来球。

第三节　形体健美运动

一、健美操运动

1. 健美操基本动作

健美操基本动作是健美操的核心，是各种动作产生和发展的基础，在编排动作时可以在基本动作的基础上进行变化，从而形成相对复杂的动作组合。通过基本动作练习可以培养正确的基本姿态，体会动作的用力和内在感觉，掌握整个动作韵律，建立正确的动作技术概念。同时通过加强身体基本姿态的塑造，真正达到塑形健体的目的。基本动作内容主要包括下肢动作、上肢动作和躯干动作。这里只介绍传统有氧健美操的基本动作和技术。

（1）下肢动作。健美操的下肢动作以基本步法为主，它是进行健美操练习的主要手段。所有步伐可按冲击力分为三种：无冲击力动作（指两脚始终接触地面，身体重心在两脚之间，没有腾空的动作）；低冲击力动作（指有一脚始终接触地面的动作）；高冲击力动作（指腾空阶段，对身体有一定的冲击力的动作），许多低冲击力动作同时也可以做成高冲击力动作。根据动作完成形式的不同，可将基本步伐分成五大类：交替类、迈步类、点地类、抬腿类和双腿类。

1) 交替类：此类动作两脚依次抬起，交替落地，在下落时膝、踝关节有弹性地缓冲。

①踏步：2节拍，两腿原地依次抬起，依次落地。技术要点：下落时，踝、膝、髋关节依次有弹性地缓冲。

②走步：4节拍，迈步向前走时，脚跟先落地，过渡到全脚掌，向后走时则相反。技术要点：落地时，踝、膝关节有弹性地缓冲。

③一字步：4节拍，一脚向前一步，另一脚并于前脚，然后依次还原。技术要点：向前迈步时，先脚跟着地，过渡到全脚掌；前后均要有并腿过程；每一节拍动作膝关节始终有弹性地缓冲。

④V字步：4节拍，右脚向右前方迈一步，左脚随之向左前方迈一步，起点与两脚成"V"字形，然后依次退回原位。技术要点：迈步时，先脚跟着地，注意屈膝缓冲，重心在两脚之间。

⑤漫步：2节拍，一脚向前迈出，屈膝，重心随之前移，另一脚稍抬起，然后原地落下；或向后撤一步，重心后移，另一脚稍抬起，然后原地落下。技术要点：两脚始终保持交替落地，重心随动作前后移动，但始终在两脚之间。

⑥跑步：2节拍，两脚经过腾空，依次落地缓冲，两臂屈肘摆臂。技术要点：落地屈膝缓冲，脚跟有落地过程。

2) 迈步类：此类动作是指一脚先迈出一步，移重心到该腿，另一脚用脚跟、脚尖点地或做并步，或做吸腿、屈腿、踢腿等动作。

①并步：2节拍，一脚迈出，另一脚随之并拢屈膝点地。技术要点：迈出脚落地时注意屈膝缓冲，两膝始终保持弹动，动作幅度和力度可随风格而定。

②迈步点地：2节拍，一脚向侧迈一步，两脚经屈膝移重心，另一脚在前、侧或后用脚尖或脚跟点地。技术要点：两膝同时有弹性地屈伸，重心移动轨迹呈弧形，上体不要扭转。

③迈步吸腿：2节拍，一脚迈出一步，另一腿屈膝抬起。技术要点：迈出脚落地时注意屈膝缓冲，抬膝时支撑腿稍屈膝。

④迈步后屈腿：2节拍，一脚迈出一步，另一腿后屈。技术要点：迈出脚落地时注意屈膝缓冲和移重心，支撑腿稍屈膝，后屈腿的脚跟靠近臀部。

⑤侧交叉步：4节拍，右（左）脚向侧迈一步，左（右）脚在其后交叉，右（左）再向侧迈一步，左（右）脚并拢，屈膝点地。技术要点：第一步脚跟先落地，身体重心快速随着脚步移动，保持膝、踝关节的弹动。

3) 点地类：此类动作是一腿屈膝站立，另一腿伸出，用脚尖或脚跟做点地动作，然后还原到并腿姿势。

①脚尖点地：2节拍，一腿稍屈膝站立，另一腿伸出，脚尖点地，然后还原到并腿姿势。可做向侧、向前和向后的脚尖点地。技术要点：支撑腿随动作有弹性地屈伸。

②脚跟点地：2节拍，一腿稍屈膝站立，另一腿伸出，脚跟点地，然后还原到并腿姿势。只可做向前和向侧的脚跟点地。技术要点：支撑腿随动作有弹性地屈伸。

4) 抬腿类：一腿站立，另一腿抬起的动作。

①吸腿：2节拍，一腿屈膝抬起，落下还原。技术要点：支撑腿保持屈膝弹动，大腿

上抬超过水平，上体保持正直。

②踢腿：2节拍，一腿稍屈膝站立，另一腿上踢，然后还原。技术要点：踢起腿伸直，有控制，保持上体正直。

③摆腿：2节拍，一腿稍屈膝站立，另一腿做摆动。技术要点：摆起腿伸直，有控制。

④弹踢腿（跳）：2节拍，一腿站立（跳起），另一腿先向后屈，再向前下方弹踢，还原。技术要点：腿弹出时要有控制，保持上体正直。

⑤后屈腿（跳）：一腿站立，另一腿向后屈，还原。后屈腿跳时，两条腿做交替后屈，不还原。技术要点：两膝并拢，脚跟靠近臀部。

5）双腿类：双腿站立，身体重心在两脚之间的动作。

①半蹲：2节拍，两腿有控制的屈伸。可分为并腿半蹲和分腿半蹲，技术要点：分腿半蹲时，两腿左右分开稍大于肩，脚尖稍外开，膝关节角度不小于90°，方向与脚尖方向一致，臀部向后下方45°，上体保持直立。

②并腿跳：1节拍，两腿并拢跳起。技术要点：落地缓冲有控制。

③分腿跳：1节拍，分腿站立屈膝半蹲，向上跳起，分腿落地屈膝缓冲。技术要点：屈膝半蹲时，大、小腿夹角不小于90°。

④开合跳：4节拍，由并腿跳起，分腿落地，再由分腿跳起，并腿落地。技术要点：膝关节沿脚尖方向屈，夹角不小于90°，脚跟有落地过程。

⑤弓步跳：2节拍，由并腿跳起，落地成弓步，还原。技术要点：收腹离腰，重心在两脚之间。

（2）上肢动作。上肢动作主要包括上肢的各种动作和手型。上肢的动作主要有臂的各个方向的举、屈伸、摆动、绕和绕环、交叉、屈臂的摆动、上提、下拉、胸前推、肩上推及冲拳等动作。常用的动作主要如下。

①屈臂摆动：屈肘前后拍动，同时或依次。肩部放松。

②屈臂提拉：臂由下举，经体前平屈提至胸前平屈，还原。

③屈臂胸前推：立掌，屈臂由肩部向前推。

④冲拳：屈臂握拳，由腰间冲至某位置。

平型是手臂动作的延伸和表现，运用得好，会使健美操动作舒展，使动作更加丰富，更具有感染力。健美操中的手型主要如下：

①掌型：五指伸直并拢或五指伸直张开。主要有并掌、立掌、五指、开掌、花掌等。

②拳型：握拳，拇指在外，大拇指贴于食指和中指的第二指节处。

（3）躯干动作。躯干动作主要有胸背部的含胸、展胸、俯卧撑以及提肩和沉肩等；腰腹部的仰卧起坐，站立侧屈，站立转体和俯卧两头起等。

2. 健美操动作组合

（1）头部组合 8×8 拍（见图 6-3-1）。

①预备姿势：两脚开立、两手叉腰。

②第一个 8 拍。

1～2拍：两腿屈膝半蹲，同时头前屈；3～4拍：还原；5～8拍：两腿屈膝半蹲，两臂侧举，头后屈；7～8拍：还原。

③第二个 8 拍。

1 拍：右腿屈膝，左腿直立，左臂侧下举，右臂肩下屈，握拳，并向左顶髋、头向左屈；2 拍：还原；3 拍：同 1 拍；4 拍：同 2 拍，但两臂于体前交叉；5～6 拍：两腿屈膝半蹲，左臂侧下举，右臂肩下屈握拳，头向左屈；7～8 拍：还原。

④第三个 8 拍同第一个 8 拍。

⑤第四个 8 拍同第二个 8 拍，唯方向相反。

⑥第五个 8 拍。

1～2 拍：右腿屈膝成右侧弓步，两手叉腰，头向左转；3～4 拍：还原；5～7 拍：头向左右平移 3 次；8 拍：还原。

⑦第六个 8 拍。

1～4 拍：头经前屈向左绕环一周；5～6 拍：左侧弓步，头向左前方甩；7～8 拍：还原。

⑧第七个 8 拍和第八个 8 拍同第五个 8 拍和第六个 8 拍，唯方向相反。

图 6-3-1　头部组合 8×8 拍

(2) 上肢组合 12×8 拍（见图 6-3-2）。

①预备姿势：直立。

②第一个 8 拍。

1 拍：左脚上步，左臂前举；2 拍：右脚上步，右臂前举；3 拍：左脚上步，左臂侧举；4 拍：右脚并于左脚，右臂侧举；5 拍：两腿屈膝半蹲，左臂上举，头右转；6 拍：还原于两臂侧举；7 拍：两腿屈膝半蹲，左臂上举，右臂落于体侧，头向右转；8 拍：还原。

③第二个 8 拍。

1 拍：左脚上一步，两腿屈膝，两臂向左侧摆至右侧举，右臂胸前平屈，两手握拳；2 拍：两脚后退一步，两臂落于体侧；3 拍：左脚后退一步，两臂向右侧摆至右臂侧举，左臂胸前平屈，两手握拳；4 拍：右并于左脚，两臂于体前；5 拍：左脚向侧一步成屈膝半蹲，左臂侧举，右臂胸前平屈；6 拍：右脚并左脚直立，两臂上举，掌心向前；7 拍：左脚向侧一步成屈膝半蹲，右臂侧举，左臂胸前平屈；8 拍：右脚并左脚直立，两臂于体侧。

④第三个 8 拍。

1～2 拍：左脚向侧一步承左侧弓步，左臂侧上举，五指张开，掌心向前；3～4 拍：

两腿开立，左臂肩侧屈，握拳；5 拍：左侧弓步，左臂侧上举，掌心向前；6 拍：同 3～4 拍；7 拍：同 5 拍；8 拍：还原成开立。

⑤第四个 8 拍。

1～2 拍：两腿屈膝半蹲，两臂肩上屈，两手扶头、头前屈；3～4 拍：两腿开立，两臂侧举按掌头正；5～8 拍：两臂上下上小幅度振动 4 次，两手勾腕。

⑥第五个 8 拍。

1～2 拍：两腿屈伸一次，两臂以肘为轴向内绕环一周；3～4 拍：两腿开立，两臂以肘为轴向外绕环一周；5～6 拍：右腿屈膝内扣，左臂向外旋，右臂向内旋；7～8 拍：同 5～6 拍，唯方向相反。

⑦第六个 8 拍。

1 拍：左脚上步，两臂前举握拳；2 拍：右腿并左脚，两臂胸前平屈；3 拍：左脚回退一步，两臂伸直前举；4 拍：右面脚向侧一步成开立，两臂打开成侧举；5～6 拍：右侧弓步，左手叉腰，右臂上举，掌心向前向左振动 2 次，并向左顶髋 2 次；7～8 拍：两臂向左侧振一次，同时向左顶髋一次。

第七个 8 拍至第十二个 8 拍同第一个 8 拍至第六个 8 拍，唯方向相反。

图 6-3-2　上肢组合 12×8 拍

(3) 躯干组合 12×8 拍（见图 6-3-3）。

①预备姿势：直立。

②第一个 8 拍。

1~2 拍：左脚向侧一步开立，两臂经前举向侧打开扩胸一次；3~4 拍：右腿左后一步成左弓步，两手叉腰，振胸 2 次；5~6 拍：右脚向侧一步成左弓步，提踵立，上体向左转一次，右肩向内收展一次，并还原开立；7~8 拍同 5~6 拍。

③第二个 8 拍。

1 拍：两腿屈膝半蹲，左臂侧下举，右臂肩下屈，五指张开，两手掌心向后，同时上体向左侧屈；2 拍：还原开立，两臂胸前交叉，掌心向内；3~4 拍：同 1~2 拍；5~6 拍：右腿直立，左腿侧点地，两臂经侧摆至上举，上体向左侧屈；7~8 拍：右腿向左后交叉成左弓步，左臂经胸前平屈向侧打开成侧举，掌心向前，五指张开，右手叉腰。

④第三个 8 拍和第四个 8 拍同第一个 8 拍和第二个 8 拍，唯方向相反。

⑤第五个 8 拍。

1~2 拍：向左转 45 度同时左脚向侧一步，两臂经前举交叉打开至左臂肩侧上屈，右臂侧举，两手握拳，同时振胸 2 次；3~4 拍：右脚并于左脚，同时左臂侧举，右臂胸前平屈，两手五指张开，振胸 2 次；5~6 拍：同 1~2 拍，但左脚向侧一步；7~8 拍：同 3~4 拍。

图 6-3-3 躯干组合 12×8 拍

⑥第六个 8 拍。

1~4 拍：两腿经屈膝半蹲，上体稍前屈含胸低头，两臂上举，接着膝、髋、腰、胸、颈各关节依次向前上方伸展，同时两臂经前下向后绕至上举成挺胸抬头站立姿势；5~6 拍：右腿屈膝站立，左腿屈膝前提吸，同时含胸低头，两臂于胸前交叉屈；7~8 拍：左脚上前一大步屈膝成前弓步，同时两臂向外打开至侧上举，挺胸抬头。

⑦第七个8拍同第五个8拍，但方向相反。

⑧第八个8拍。

1～4拍：同第六个8拍的1～4拍；5～8拍：同第六个8拍的5～8拍，但腿的方向相反。

⑨第九个8拍。

1～4拍：左脚向侧一步同时向左平转360°成开立，右臂与体侧至左臂上举，掌心向前；5～6拍：两腿屈膝半蹲，上体向左转180°，右脚前脚掌点地，两臂侧举，掌心向前；7～8拍：身体向右转180°，两腿伸直开立，并还原至开立。

⑩第十个8拍同第九个8拍，唯方向相反。

⑪第十一个8拍。

1拍：左脚向侧一步，右脚在左后方点地，右臂胸前平屈，掌心向内，左臂侧上举，眼看下方；2～4拍：做踏步翻身360°，左腿屈膝站立，右腿屈膝在左后方点地，两臂侧举，眼看前下方；5～8拍：左腿向侧一步，右腿向左后方一大步，脚尖点地或成左前弓步，同时两臂经肩侧屈成右臂上举，左臂侧举，腰向左侧屈。

⑫第十二个8拍同第十一个8拍。

（4）下肢组合：24×8拍（见图6-3-4）。

预备姿势：直立

第一个8拍：

1～2拍：两腿提踵一次，两臂前举，两手握拳一次；3～4拍：两腿提踵一次，两臂上举，两手握拳一次；5～6拍：两腿屈伸提踵一次，两臂侧举，两手握拳一次；7～8拍：两腿屈伸提踵一次，两臂于体侧握拳一次。

第二个8拍同第一个8拍。

第三个8拍：

1～2拍：左腿屈膝经前提吸向左打开至直立，两臂侧举；3～4拍：左腿屈膝经侧提吸向前合拢至直立；5～6拍：右腿屈膝，左腿右前下点地，左臂后上举，右臂前下举；7～8拍：还原。

第四个8拍同第三个8拍，唯方向相反。

第五个8拍：

1～2拍：左腿上步交叉在右脚前，两腿屈膝，两臂胸前交叉；3～4拍：右腿侧伸点地并向右顶髋，两臂侧平举；5～8拍：同1～4拍，唯脚的方向相反。

第六个8拍：

1～2拍：左脚后退一步交叉在右脚后，两腿屈膝，两臂胸前交叉；3～4拍：右腿侧伸点地并向右顶髋，同时两臂经侧摆至上举手指打响一次；5～8拍：同1～4拍，唯脚的方向相反。

第七个8拍：

1拍：右腿屈膝半蹲提踵一次，左腿右前点地，同时两臂自然向左摆动；2拍：右腿屈膝半蹲提踵一次，左腿向左后伸直点地，同时两臂自然向右摆动；3拍：同1拍；4拍：还原；5拍：左脚向侧一步成半蹲，左臂侧举，右臂胸前平屈；6拍：右脚并左脚成提踵立，两臂上举；7拍：同5拍，但手臂方向相反；8拍：右脚并左脚成直立。

第八个8拍同第七个8拍，唯方向相反。

第六章 身体健康教育实践

图 6-3-4 下肢组合 24×8 拍

第九个 8 拍：

1~2 拍：左脚开始前提膝向前走足尖步 2 次，同时左臂肩上屈于头后，右臂屈肘贴于体后；3 拍：右腿屈膝，左腿向侧伸直点地，同时左臂侧举，掌心朝前；4 拍：还原；5~6 拍：右脚向前并步跳一次，左臂前举，右臂侧举；7~8 拍：同 5~6 拍，唯方向相反。

第十个 8 拍：

1~2 拍：左腿屈膝，同时右腿向前一步左转 90°，右脚侧点地，并向右顶髋一次；两臂经肩侧屈至左臂上举，右臂侧举，五指张开，掌心向前；3~4 拍：同 1~2 拍。但左转 180°；5~6 拍：同 1~2 拍；7~8 拍：还原。

第十一个 8 拍和第十三个 8 拍同第九个 8 拍和第十个 8 拍，唯方向相反。

第十三个 8 拍：

1~2 拍：左脚开始原地后踢跑 2 次，同时两臂胸前屈前摆一次，两手握拳，掌心向内；3~4 拍：继续原地后踢腿跑 2 次，同时两臂经前下摆至肩侧屈一次，拳心相对；5~8 拍：同 1~4 拍。

第十四个 8 拍同第十三个 8 拍。

第十五个 8 拍：

1 拍：向左移重心跳成左侧弓，右脚脚跟侧点地，同时两臂经前举摆至左臂胸前平屈，右臂侧举，左手拳心向内，右手拳心向前；2 拍：两脚跳成并步，两臂前举；3~4 拍同 1~2 拍，唯方向相反；5~8 拍同 1~4 拍。

第十六个 8 拍：

1 拍：跳起成两脚开立，两臂侧举；2 拍：跳起还原；3 拍：跳起成两脚开立，同时两臂经体前交叉向外绕至侧举；4 拍：跳起成并步，同时左手叉腰右臂前举按掌；5~8 拍：原地跳 4 次同时向左转体 360°。

第十七个 8 拍同第十五个 8 拍，方向相反。

第十八个 8 拍：

1~3 拍：同第十六个 8 拍的 1~3 拍；4 拍：同第十六个 8 拍的 1 拍，唯手臂方向相反；5~8 拍：同第十六个 8 拍的 5~8 拍，唯方向相反，第 8 拍还原成右腿站立、左腿屈膝后踢，两臂侧屈按掌。

第十九个 8 拍：

1~8 拍：左脚开始向前踢弹腿 4 次，两臂前推掌 4 次。

第二十个 8 拍同第十九个 8 拍，但两臂向上伸展 4 次，并还原成直立。

第二十一个 8 拍：

1~2 拍：左腿后踢，右脚原地小跳 2 次，同时左臂上举（掌心向外），右臂体侧下举（掌心向内）；3~4 拍：同 1~2 拍，唯方向相反；5 拍：同 1~2 拍；6 拍：同 3~4 拍；7~8 拍：同 1~2 拍。

第二十二个 8 拍同第二十一个 8 拍，唯方向相反。

第二十三个 8 拍：

1~8 拍：左脚开始原地踏步 8 次，两臂自然前后摆动，并还原直立。

3. 健美操创编

创编健美操是一项十分复杂的工作，其基本要求是要有新意，具有独特的风格特点，力求动作完美、结构美、音乐美、编排美协调统一；同时又要求有一定运动负荷，能起到强身健体的作用；而且还要符合规程、规则要求，具有可比性和竞技性。因此，健美操的创编必须了解和掌握以下问题。

（1）健美操的创编目的。

①改善精神状态。现代社会人类活动更多的由单纯的体力型变为脑力活动，高密度的人群与现代化的工业生产模式给人们精神上造成了越来越大的压力与负担。一方面是体能活动的减少，另一方面是脑力工作的加大与精神压力的增加，是造成现代人很多疾病与心理障碍的重要原因。现代的生活方式，即人类从原来"大家庭"转变成为"小家庭"，钢筋水泥把人们禁锢在狭小的空间内，人际交往减少，是造成心理问题的又一重要因素。科学、适当的体育锻炼可以使人的肌体疲劳得以缓解，优美动听的音乐可以愉悦身心，健美操综合了两个方面的特点，因此能够使人的疲劳状况得以缓解。它通过热情奔放的动作与强烈的节奏及丰富的展现力，使人们在锻炼的同时，释放心中的压抑与烦恼，从而使人们的心理压力得以缓解。集体锻炼的形式为人际交往创造了条件。

②竞赛。健美操作为一项体育运动项目，体现了人体在力量、柔韧、协调、节奏感、审美及表现力等诸多方面的综合能力。根据它的不同特性，按动作的难易、运动强度的高低，区别出不同的层次，可以作为评价运动能力、健康水平等方面的标准。我国现已公布了区别运动等级的《健美操等级运动员规定动作》及区别健康水平的《健美操大众锻炼标准》，这些等级中大部分为规定动作，但我们仍可以通过其他套路的创编用以达到或接近这些标准。

自1985年美国首创有氧操比赛至今，健美操已逐渐成为竞技性的体育运动项目。各种赛事众多，影响日益扩大。竞赛是通过围绕对各个运动员的健美操套路的评价及完成情况的评价而进行的。套路本身作为基础，它的创编就显得尤为重要了。

（2）健美操的创编原则。

①目的性原则。健美操可以根据不同的锻炼目的分为形体健美操、减肥操、矫正操等。健美操的创编应针对练习者的生理、心理、爱好、接受能力以及参与健美操活动的需要等不同，切合实际、有所侧重、有的放矢地进行，力求做到因人而异。风华正茂的大学生，文化素质高，接受能力强，有热情，体力充沛，精力旺盛，因此，在创编大学生健美操时应注意选择健美大方、充满青春活力、体现时代特征、富有艺术性和趣味性的动作。

②科学性原则。健美操的创编应严格遵循运动的生理解剖规律。每次运动的负荷应从小到大，动作由简到繁，强度由弱到强逐步增加身体负荷。当达到和保持一定运动负荷后再逐步减小运动量，使心率变化由低到高逐渐上升，然后再逐渐恢复到平静状态。

③全面性原则。人体各部分之间、各器官系统的机能之间是相互联系、相互制约的。为了达到全面发展身体的目的，在创编成套健美操时，要尽可能充分地动员整个机体参与运动，使身体各部分的肌肉、关节、韧带及内脏器官得到全面发展。在每个部位尽可能全面运动的基础上，应重视编排健美操的不对称动作。

④创新性原则。创新是健美操的生命，因此，创新性是健美操创编的一项重要原则。首先要丰富自己，了解国内外健美操发展现状和趋势，深刻理解健美操的精髓。然后根据健美操特点及编排对象，创编出既有健身价值又有美学价值的健美操。健美操的创新应从多方面着手，如动作创新，包括方向的变化、动作路线的变化、动作连接的创新、队形路线变化的创新及难度创新等。

⑤一致性原则。一套健美操的特点和风格是通过与音乐的协调搭配而表现出来的。音乐是健美操的灵魂，健美操是表现音乐的一种手段。动作是解释音乐的一种身体语言，音乐的选择决定了整套操的风格。因此，在创编健美操时，要根据音乐的背景、文化特点，尽量设计出既能充分说明音乐，又不失健美操特点的动作，使音乐旋律和风格与动作形象和风格融为一体，达到音乐和身体动作相互促进和表现的高度统一。

（3）创编者所应具有的素质和能力。

①掌握健美操的特点、要素。健美操是一门综合艺术，根据健美操练习的目的和所要解决的任务可分为健身健美操和竞技健美操两大类。健身健美操是在充分有氧供给的条件下进行的练习。其目的是锻炼身体，增强体质，增进健康，促进身体全面发展，提高身体的工作能力。竞技健美操是以争取优胜为目的的健美操，是以有氧与无氧代谢相结合的运动方式，并以无氧代谢为主，它有特定的竞赛规则，按照规定的项目和规则要求，组织运动员进行训练和比赛。

健美操编创人员必须掌握健美操的两大要素：一是动作因素。动作是指肢体的活动，健美操的动作是指人体在空间的活动。动作在健美操当中居首要因素，是健美操的核心。

良好的、科学的、安全的动作会使我们更容易接近乃至达到目标，反之则会事与愿违，甚至对人体造成伤害；优美大方的动作可以使人赏心悦目，并给人们带来欢乐，缓解疲劳，反之则使人退避三舍，产生厌恶心理。人体的运动形式主要有屈、伸、举、绕、弹、踢、摆，以及由躯干、上肢活动与下肢活动配合而产生的各种姿态、步伐、跳动、旋转。科学、有机地使用这些动作，会产生促进人体健康的效果。掌握这些动作的规律，了解它们的功能是作为一个创编者所必需的。

二是音乐因素。音乐是声音的艺术。它作为完整的艺术形式，有着自己独特、系统、完整的表现形式。健美操的动作在音乐的衬托之下，使健美操更具生命力与艺术性，可以说，音乐为健美操添上了一对翅膀，增强了健美操的表现力。音乐的节奏与速度，控制着动作的节奏与速度，也在很大程度上控制着运动的强度；音乐的风格指导着动作的风格。不同音乐风格受时代变化、民族地域、环境、作者等因素影响，各具特色，我们应当更好地加以利用，使动作与音乐协调配合，音乐才能更有力地支撑动作。另外，了解音乐强弱变化与动作产生的在结构上的联系，曲调与节奏的变化与动作起伏产生的韵律感，以及音乐对控制脑细胞兴奋的作用等知识，也都是健美操编创人员所应具有的基本素质。

②具有丰富的想象力。人类的想象能力是创造历史的重要源泉之一。这些想象并非凭空而来，而是通过对周围事物的观察分析加工而来。所谓观察能力，是人们对周围事物感知察觉的高低水平。想象力是对事物未知领域的设定与判断。丰富的想象力对于任何一种艺术创作都是必需的。那么，对于健美操的创编这项艺术性极强的工作来说，它同样是应当具备的素质之一。

③掌握信息，做好创编前的准备工作。健美操的创编，除了把握上述原则，具备上述条件，在创编前了解个方面信息，做好充分的准备工作也同样重要。

第一，掌握健美操最新信息，了解健美操发展动态。通过各种录像、资料及各种形式的交流活动（如参观、学习、比赛），了解国内外健美操发展水平、潮流和最新采用的动作、音乐旋律、组合结构、规则要求等。

第二，确定创编健美操的目的任务，了解学生的具体的情况。

第三，搜集大量的健美操动作、音乐素材。比如，各种类型的健美操动作、艺术表现形式、古典和现代舞蹈、各类民间民族音乐、日常生活和劳动素材等。

综上所述，一套健美操动作的编排绝不是简单的单个动作的罗列，而是动作间的有机联系、和谐配合，是一项创造性的工作。作为一名健美操教师和教练员必须具备与其相关的诸方面的知识和能力，不断提高编排技巧。

二、排舞运动

1. 跳

"跳"是排舞的入门舞步之一。掌握"跳"的动作是学习排舞舞步的基础。

（1）双脚跳。从预备姿势开始。双腿屈膝向上纵跳，身体与地面垂直，双腿同时落地还原成预备姿势（见图6-3-5）。

图 6-3-5　双脚跳

（2）爵士跳。从预备姿势开始。以左腿起跳为例，左脚蹬地起跳后，双脚同时落地（见图6-3-6）。

图 6-3-6　爵士跳

（3）开合跳。从预备姿势开始。双脚起跳后，双腿分开落地；双脚起跳后，并脚落地（见图6-3-7）。

图 6-3-7　开合跳

注意：在做"跳"的相关动作时，应注意保持上半身正直的身体姿态，落地时稍屈膝缓冲。

2. 踢换步

踢换脚是排舞的入门舞步，它包括踢换脚、踢旁旁、踢换点及踢换交叉步等，踢换脚舞步简单。

（1）踢换脚。从预备姿势开始。以右腿为例，右脚向正前方踢出，左脚保持原地不动；右脚原地踏步；左脚原地踏步。如图 6-3-8 所示。

图 6-3-8　踢换脚

（2）踢旁旁。从预备姿势开始。以右腿为例，右脚向正前方踢出后，向右侧迈出一小步，左脚抬起向左侧迈出一小步。如图 6-3-9 所示。

（3）踢换点。从预备姿势开始。以右腿为例，右脚向正前方踢出，左脚保持原地不动，右脚原地踏步，左脚抬起原地点地，还原至预备姿势。如图 6-3-10 所示。

（4）踢换交叉步。从预备姿势开始。以右腿为例，右脚向左前方踢出，左脚保持原地不动，右脚原地踏步，左脚抬起向前做交叉步动作，右脚前脚掌着地，身体重心前移。如图 6-3-11 所示。

注意：踢换脚舞步对学生的腿部协调性与灵活性要求较高，因此，在学练过程中，教师可以先喊口令练习，再配音乐巩固提高技术动作。在练习时，也应注意身体重心的移动及方向。

图 6-3-9　踢旁旁

图 6-3-10　踢换点

图 6-3-11　踢换交叉步

3. 锁步

锁步由锁舞的基本步伐演变而来。锁步分前、后锁步。其节拍为 1~2。

从预备姿势开始。以右腿前锁步为例，右脚向正前方迈一步，左脚向前跟一步锁在右脚后，身体重心不变，右脚再向前一步。如图 6-3-12 所示。后锁步动作相同，方向相反。

图 6-3-12　锁步

在锁步动作学练过程中，应注意上半身身体姿态的保持及身体重心的控制。

4. 曼波步

曼波步来自于曼波舞，动作轻快、欢乐，该步伐在曼波舞风格的排舞中出现较多。其节拍为1~2。

（1）前（后）曼波步。从预备姿势开始。以右腿前曼波步为例，右脚前踏，左脚原地踏步，右脚收回并步左脚。如图6-3-13所示。后曼波动作相同，方向相反。

图 6-3-13　前曼波步

（2）右（左）曼波步。从预备姿势开始。以右曼波为例，右脚向右侧方迈步，重心落在右腿，左脚原地踏步，右脚收回与左脚并步。如图6-3-14所示。左曼波动作相同，方向相反。

（3）曼波交叉步。从预备姿势开始。以右腿为例，右脚向右侧迈步，左脚原地踏步，右脚向左脚正前方迈步做交叉动作。如图6-3-15所示。

注意：在曼波步的学习中，要求身体放松，身体重心随步伐前后、左右移动，始终控制在两腿之间。在学习中，应控制好腰腹部位，避免出现身体上下颤动或者左右摇动的现象。

图 6-3-14　右曼波步

图 6-3-15　曼波交叉步

5. 恰恰步

恰恰步在恰恰风格舞中出现较多，这里介绍的恰恰步分为前（进）、后（退）、左、右四个方向。其节拍为 1~2。

（1）进（退）恰恰步。从预备姿势开始。以右脚进恰恰为例，右脚向正前方迈一步，左脚并右脚，右脚再向前迈一步，左脚保持原地不动，重心在右腿。如图 6-3-16 所示。退恰恰动作相同，方向相反。进（退）恰恰起始脚也可为左脚。

图 6-3-16　进恰恰步

（2）右（左）恰恰步。从预备姿势开始。以右恰恰为例，右脚向右侧迈一步，左脚并于右脚旁，右脚再向右侧迈一步，左脚保持原地不动。如图 6-3-17 所示。左恰恰步与其动作相同，方向相反。

图 6-3-17　右恰恰步

注意：在练习恰恰步时，注意身体重心变化，抬头挺胸，腰腹部收紧。

6. 摇椅步

摇椅步来自于爵士舞中的摇摆舞，其舞步流畅、自然。学习中注意掌握动作步骤，它是排舞中经常出现的舞步。摇椅步分为正向（左/右）接力摇椅步和反向摇椅步。其节拍为 1 个 4 拍。

（1）正向（左/右）摇椅步。从预备姿势开始。以右摇椅步为例，右脚向正前方迈一步，左脚原地踏步，右脚向后退一步，左脚原地踏一步，右脚原地不动。如图 6-3-18 所示。身体重心始终保持在两腿之间。左摇椅步动作相同，方向相反。

图 6-3-18　正向摇椅步

（2）反向摇椅步。从预备姿势开始。以右腿为例，右脚向后迈一步，左脚原地踏步，右脚向前迈一步，左脚原地踏步。如图 6-3-19 所示。身体重心始终保持在两腿之间。这里要注意左右脚的协调和身体重心的控制。

图 6-3-19　反向摇椅步

7. 海岸步

在排舞曲目学习中，海岸步经常与摇摆步一同出现。这里讲解的海岸步主要分为正向（左/右）和反向海岸步。其节拍为 1～2。

（1）正向（左/右）海岸步。从预备姿势开始。以右腿为例，右脚向后退一步，左脚撤后退一步并右脚，右脚再向前迈一步，左脚保持原地不动。如图 6-3-20 所示。左海岸步动作相同，方向相反。

图 6-3-20　正向海岸步

（2）反向海岸步。从预备姿势开始。以右腿为例，右脚向前迈一步，左脚向前迈一步并右脚，右脚再向后退一步，左脚保持原地不动。如图 6-3-21 所示。这里要注意左右脚的转换及动作的流畅性。

图 6-3-21　反向海岸步

8. 爵士盒步

爵士盒步分为左爵士盒步和右爵士盒步，其节拍为 1 个 4 拍。

从预备姿势开始。以右爵士盒步为例，右脚在左脚前交叉，左脚向后退一步，右脚向右侧迈步，左脚前交叉（可并步、侧点等），右脚在原地不动。如图 6-3-22 所示。左爵士盒步动作相同，方向相反。这里要注意动作的流畅性以及重心的变换。

图 6-3-22　右爵士盒步

9. 水手步

水手步分为水手步和水手交叉步，其节拍为 1~2。

（1）右（左）水手步。从预备姿势开始。以右水手步为例，右脚向后交叉，左脚原地不动，重心稍移动；左脚向左侧迈一步；右脚向右侧迈一步，如图 6-3-23 所示。左水手步动作相同，先出左脚。

图 6-3-23　右水手步

（2）水手交叉步。从预备姿势开始。以右水手交叉步为例，右脚在左脚后交叉，重心稍移动，左脚向左侧迈一步，右脚前交叉。如图 6-3-24 所示。这里一定要注意动作的流畅性及身体姿态的保持。

图 6-3-24 水手交叉步

10. 桑巴步

桑巴步来源于桑巴舞，在桑巴舞风格的排舞运动中运用此舞步较多。舞步流动性较强，节奏相对明快，其节拍为 1~2。

（1）右（左）桑巴步。从预备姿势开始。以右桑巴步为例，右脚向前交叉，左脚向侧迈一步，右脚原地踏步。如图 6-3-25 所示。左桑巴步与其动作相同，方向相反。

图 6-3-25 右桑巴步

（2）桑巴交叉步。从预备姿势开始。以右桑巴交叉步为例，右脚向前交叉，左脚向侧迈一步，右脚在左脚前交叉。如图 6-3-26 所示。

图 6-3-26 桑巴交叉步

注意：在桑巴步的学习过程中，要注意重心的前后、左右移动，身体姿态的控制，髋关节的自然摆动。

三、体育舞蹈

1. 舞蹈的基础训练

（1）基本功训练。学习体育舞蹈必须注意和加强基本功训练。首先要制订一个适合的训练计划，然后按计划分阶段进行。基本功训练一般包括体能、规范动作、技术、音乐听力及舞伴间的配合等方面的训练。体育舞蹈的基本功训练同芭蕾舞基本功训练有很多相同之处，如训练中要充分利用和掌握舞蹈的直、绷、软、开之间的相互作用及制约关系。直、绷在舞蹈中通称为立背、直膝、绷脚。体育舞蹈还必须加强腹背肌肉的练习及上下左右交替直腿绷脚的练习，增强腰背、腿、踝的素质力量，同时要加强踝关节柔性训练，这些可以通过健美操和器械进行训练。总之，加强身体各部位的"外开"与"柔性"和训练是掌握体育舞蹈重心控制能力的重要条件。同时，体育舞蹈还要加强多种身体素质的辅助训练，如跑步、体操、哑铃操、器材健身等等，以获得高度的灵活性和协调性。体育舞蹈的动作既需要有稳定的控制力，又要有灵活敏捷的动作，同时舞蹈动作的快慢要对比鲜明。

（2）形体训练。形体训练是学好体育舞蹈的一门必修课，形体训练的主要内容：①手臂的训练。首先应从手型训练入手，不同的舞种在手的形态上，表现是不一样的。手臂的位置构成了身体的基础架子，手臂训练时强调细致、准确，手臂与整体姿态的协调配合。②脚位与脚型的训练。每种舞如何站位、如何支撑重心、如何保持方面都是有严格标准的。因此在训练时要明确方向、角度的概念。脚位一般分为开位、关位、交叉位三种形式。无论哪种战法都要注意膝关节与脚位方向的关系。一般应保持膝与脚面脚趾成垂直线，这样腿部肌肉的用力才可正确，反之将会带来不正确的用力。腿部的感觉常常通过脚的形状与动作来转达，脚型的动作主要是踝关节、趾关节的用力。③腰部的训练是形体训练中非常重要的。第一它是幅度、软度等基本能力的训练；第二腰部动作具有表现性，是体育舞蹈运动的核心部位。腰可分为胸腰、中腰、板腰3个部位。胸腰以颈椎、胸椎部位为主，中腰以腰椎为主，板腰以髋关节为主。训练方式一般分为前腰、旁腰、拧腰、涮腰。先从胸腰开始逐渐加大幅度，颈部要与腰的弯曲角度保持垂直。腰部训练主要以压腿、控腿、踹腿为主，也有许多的辅助训练。

总之，通过各种手臂的基本动作、腿的基本动作、躯干动作、舞蹈基本的动作与步伐的训练促使肢体增加协调性，使体型匀称和谐，从而达到增加体育舞蹈所需的力度和美感。下面重点讲四个方面的练习。

1）头部运动。体育运动都是以肢体为主，因此人们在运动时往往忽视头部动作。头部是生命中枢所在，是位觉和视觉的感受器，是本位感觉的中枢和人体的反射中枢，因此，舞蹈时头部对肢体的不同运动起着重要的作用，这一点对于学习体育舞蹈者至关重要。头部的主要作用有，维持平衡作用和引导的作用。头部的扭转会引起身体不同的状态反射，因此，在旋转运动中，头部要随旋转方向迅速转动，这样才能反射性地引起肌肉力量重新分配，加速旋转。旋转是体育舞蹈中的重要步型，而头部运动与身体配合的优劣，又决定旋转步型质量的高低，所以平时训练时一定要注意头部与身体的协调。

2）脚的五个基本部位的训练。

一位。八字步站立，两臂自然下垂于体侧，头颈梗立眼平视，沉肩，挺胸，立腰，腹部微收，胯部收紧，两腿靠紧，重心与地面垂直，两手一位，以左脚跟为轴，脚尖向左侧转动30°，接着以右脚为轴，脚尖向右侧转动30°，使两脚跟候补靠紧，两脚尖向两侧成一字，重心在两脚上，从脚趾到脚跟都应用力着地，膝伸直，两腿内侧夹紧。

二位。一位站立，两手一位，重心移至右脚上，左脚掌向内侧擦出一脚距离，脚跟落地，重心在两脚之间。

三位。二位站立，两手一位，重心移至左脚上，右脚掌向内侧擦地收腿，使左脚在右脚弓处成平行半重心重叠站立，两脚尖向两侧，重心在两脚上。

四位。三位站立，两手臂一位，右脚站立，左脚掌向前右侧方擦出约一脚距离，脚跟横落下，两脚跟与两脚尖方面相反的平行站立。膝伸直大腿夹紧，重心在两脚中间。

五位。四位站立，两手臂一位，重心移向右脚，左脚掌向右脚跟处擦地收腿，使两脚平行重叠，左脚尖和右脚跟、左脚跟和右脚尖相对齐。膝直、腿靠紧重心在两脚上。五个站立位都要开胯，身体直立。

3）手臂七个基本部位的训练。

一位。八字步站立，两臂自然下垂体侧，两臂弧形下垂于体前，两手指尖相对约一拳距离，两掌心向上于小腹前。

二位。八字步站立，手臂一位，两臂保持一位姿势，前举至不足水平步位，两掌心对胸。

三位。八字步站立，手臂两位，两臂保持二位姿势，上至额头的上方，两掌心向下，稍抬下颚，用眼的余光可以看到手的位置。

四位，八字步站立，手臂三位，右臂三位不动，左臂由三位经前至二位，稍抬下额，目视左手。

五位。八字步站立，手臂四位，右臂三位，左臂由二位向左侧打开至侧举，掌心向前，稍抬下额，目视左手。

六位。八字步站立，手臂五位，左臂五位不动，右臂由三位经前至二位，稍抬下额，目视右手。

七位。八字步站立，手臂六位，右臂侧打开至侧举，掌心向前成手臂七位，稍抬下鄂，目视右手。注意，肘与腕微屈成弧形，下额稍抬起，目视规定的目标。

4）把杆的基本训练。把杆训练是体育舞蹈的一种辅助身体形态训练的手段，通过这种训练可使初学者能够更快地掌握身体重心的平衡、基本姿态、控制能力、转体动作的稳定性，建立准确的肌肉感觉，最后达到离开把杆独立完成动作的目的。

把杆常用的3种方法是：面向两手扶把杆站立；背向两手扶把杆站立；侧向单手扶把杆站立。训练时应注意，把杆的手应轻轻放在把杆上，不要抓把杆或用身体不必要地靠把杆，否则会使动作走样变形。

①擦地训练：五位站立，手一位经二位侧打开或七位。

a. 右脚全脚掌向前用力擦地绷脚，伸出约一脚距离，重心在左腿上。右脚面逐渐绷直，脚尖前点地，脚跟提起。

b. 右脚尖擦地收回的同时，脚跟逐渐下压至着地，重心在左腿上。右脚还原成预备姿势，然后换左脚做。

②向侧擦地；五位站立，手一位经二位侧打开成七位。

a. 右脚全掌侧用力擦地绷脚，伸出约一脚距离，重心在左腿上。右脚面逐渐绷直，脚尖右侧点地，脚跟提起，重心在左脚上。

b. 右脚尖向回擦地的同时，脚跟逐渐下压至着地。右脚收回于左脚后成五位，然后换左脚做。

③转体；转体动作在身体平衡的基础上才能顺利进行。它要求身体重心高度稳定，可在原地、移动和跳起加转体等。对支撑腿的发力要从半蹲蹬直到提踵立（支撑地面接触面积越小越好），并以头、肩、手臂等来带动身体转体，保持身体纵轴与地面垂直旋转。

双脚站立转体180°，八字步站立，两臂七位，掌心向下。

1拍：右脚由前向左脚外侧交叉，重心在两脚上，成双脚交叉站立。

2拍：身体保持直立，两脚提踵，以两前脚掌为轴向左转肩、转头，同时两臂上举（掌心向外）转体180°，成八字步提踵立。

3～4拍，左脚向右脚交叉做，转体时要保持身体与地面垂直，双脚站立转体270°。第1拍右脚由前向左脚外侧交叉，重心在两脚上，成两脚交叉站立；第2拍身体保持直立两脚提踵，以两前脚掌为轴向左转肩、转头，同时两臂腹前交叉至上举，转体90°、180°、270°成左脚在前、右脚在后的提踵立，然后还原预备姿势。

5～6拍，左脚向右脚外侧交叉做，注意身体保持与地面垂直，转体动作要连贯。

a. 直立向左、向右转体90°及还原动作练习。

b. 直立向左、右转体180°及还原动作练习。

c. 双脚交叉转体180°及还原动作练习。

d. 双脚交叉转体270°动作练习。

旋转是体育舞蹈训练中最重要的一课，因为体育舞蹈中很多舞步都是由不同角度的旋转步组成，特别是在拉丁舞中表现热烈奔放的舞蹈风格时，更少不了快速旋转，所以学习各式旋转对于跳好体育舞蹈尤为重要。

平转：八字步提踵立，两臂侧举掌心向下，重心在两前脚掌上，以两脚掌为轴转肩，头向右转体180°，同时两臂平伸。

右脚向右一小步，前脚掌着地，接着左脚向右侧上步的同时，以右脚掌为轴向右转体180°；两臂成二位；接着以左前脚掌为轴，两臂打开成七位，向右转体180°，右脚向侧落地提踵立，可持续转体动作，再换左脚做。平转时应注意，身体伸直、转体平衡、连贯、圆滑，两臂打开时，带动身体转体。

④身体前后波浪训练：

a. 正步站立，右臂一位经二位侧打开至三位。

b. 两腿屈膝半蹲的同时，含胸、低头。

c. 提踵的同时，向前依次伸膝、伸髋、挺腹、挺胸、抬头，左臂经体侧后摆至三位，伸直身体，提踵立。

d. 两腿屈膝半蹲的同时，挺胸、抬头。

e. 提踵的同时，伸膝依次向后屈髋、拱腰、拱背（含胸）、低头，左臂经后、下、前摆至三位，伸直身体提踵立。

⑤吸腿转体180°：五位站立，右臂一位。左腿屈膝半蹲，右腿向前伸出，脚尖点地，右臂二位；左腿伸直提踵立右膝向右侧，脚底贴于左腿关节内侧，左手推离把杆，两臂二位，以左前脚掌为轴向向右后转头、肩，带动身体转体180°，脚跟落下，换右手扶把，左臂七位。

2. 标准舞基本技术

舞蹈的技术对于舞者来说是至关重要的，没有好的基本技术就无法谈及舞蹈的技巧。标准舞的舞步是由动作连接而成的，而动作连接是靠一定的基本技术来完成的，基本技术包括脚步动作、重心转移、升降、反身、摆荡、倾斜等。如何运用关节、肌肉去完成标准舞中的重心转移、升降、反身、摆荡、倾斜等动作，衔接好每一个动作的结束和下一个动作的开始，表现为舞姿轻盈、舒展、赏心悦目，只有在理论上掌握基本技术规律，并且在做每一个动作时运用技巧，才能在理论和实践中融会贯通，从而达到一定的艺术高度。

（1）重心移动技术。身体的重心靠胯部以下的肌肉关节支撑着用力，准确地运用胯、膝、踝、趾关节的承受力是保证身体的稳定性和身体控制能力的基础。在现代舞中，除探戈舞在移动时重心在后脚，前脚先迈出，其他四种舞蹈在重心移动时都是由身体移动带动腿部移动，用全部身体去摆动才能显示出舒展挺拔、优雅大方的姿态。重心移动技术有三个要点。第一，要尽量缩短双脚同时承担重心的时间。并式脚位时不同的舞种重心交替时机和方法都有所不同。如华尔兹是在收回脚到位的最后一刻进行交替，而探戈是在并脚的最初瞬间完成交替。开式脚位的重心转移虽然没有明显的舞种差别，但必须恪守"一步到位"的原则。第二，必须运用"滚动脚"。这是指人体重心在脚底部位有程序地移动，由脚跟滚动到脚尖，或由脚尖滚动至脚跟，也可能是由脚尖滚动至全脚掌再由全脚掌滚动到前脚掌。滚动都要流畅而平稳，必须有膝关节的屈伸相配合才能完成。要经常做一些最基本的练习，如：将重心放在左脚，右脚向前、向后迈步，反复体会重心在左脚底由脚掌移至脚尖，再由脚尖移至脚跟不同位置的不同感觉。第三，要保持腰胯的稳定，形成以腰胯为中心的整体重心焦点。练习时必须从稳定腰胯开始，要努力克服胯部随着重心脚的交替而摆动的状态，然后练习空中焦点与脚底感觉的配合，最后进入用空中焦点的急速推动，引导脚底重心集中点的快速跟进。

（2）平衡技术。在现代舞中由于男女舞伴是在同步同位中运动，所以特别要求两者在运动中保持力量平衡，尤其在转动或超过180°的旋转动作中显得更为重要。旋转会产生一种离心力，这种离心力要用男女舞伴的平衡感觉加以控制才能稳定。而在做轴转、步动作时，如右推转、双左旋转和女伴在狐步舞中的多次轴转都是以足跟为轴做力点，所运用的力量是旋转时的离心力。在做以上这些平衡动作时，男女的力量中心是在右胯至上腹部的接触点上，如果这个接触点上下错位、左右扭曲或离开距离和压挤等，都说明力量平衡遭到了破坏。自我平衡是默契配合的保证，双方在做任何动作时，必须保持重心稳定的相对独立性，任何依赖对方来维持自我重心稳定的动机都将是错误的，单独练习可提高自身的重心稳定能力、自我平衡能力、运步过程的程度性发展等能力。只有在反身、倾斜、升降、重心移动和替换等动作中存在双方的作用力与反作用力，而在重心稳定与平衡动作上是绝对不应有作用力与反作用力的，不然默契的配合就无法实现。

（3）升降技术。升降是指在舞步的行进中身体在纵轴上做"波浪"性起伏变化的动作状态，它是摩登舞不可缺少的动作表现形式。在现代舞中，除探戈舞没有升降动作之外，其他四种都有升降动作，升降动作是在膝、踝、趾关节的屈和伸的转换动作中完成的。升降技术的难度相当大，完美的升降必须将膝、踝和掌的用力进行特殊的处理，使之交叉协调地伸屈，同时还应将上身和"间隔"（指骨盆与横膈膜之间的部位）打开才能达到升降。正确的升降技术是上升运动时应先把重心转移到脚掌，使脚跟微微离地，然后在脚跟上升的过程中逐渐伸直膝盖，配合整个身体的上挺动作，使上升动作达到理想的高度；下降运动时则应首先使用膝盖放松的技术，让膝盖的弯曲先于脚跟的落地。假如还需继续下降，则应进一步地弯曲膝关节，退让性用力降重心。总之，升降动作应当始终在圆韵的舞步流动中完成，这是完成好该项技术的前提。而要想掌握好这项技术，不仅需要明确技术要领，而且还需要在实践中不断地改善各关节柔韧性。

（4）摇荡技术。从字义上看，像摇船和荡秋千一样，把身体摇荡起来。这是一个很重要的技术，也是区别一般选手和优秀选手的标志。一般舞者把动作和步法跳对就可以了，而优秀选手就必须具备摇荡技法，只有运用这个技法才能称之为舞动，否则为走舞，或是跑舞而不是跳舞。只有当运用以胯部为中心点，在身体的升降中把整体摇荡起来时，美感才会出现，尤其在跳华尔兹舞时，这个动作形态更要强调，这样才能跳出华尔兹舞的特性，以及其他几种有升降动作舞蹈的特性。

（5）摆动技术。这个技法只有在做一些特殊动作时才运用，如右推转、双左旋转、电纹步（转折步），以及各种轴转步。由于需要在转动中保持平衡，所以不用脚的升降动作调节平衡，而是用身体平稳的摆动来完成这些特殊动作。这个技法也是比较难掌握的，但必须学会运用，否则是跳不好那些轴转步（足跟转或向心力旋转）动作的。

（6）反身技术。反身是指人体的肩横线与胯横线形成一种立体而又平行的交叉状态。有两个动作都可以使身体形成这种交叉状态，即因上体动作而形成的交叉为反身动作，因下肢动作而形成的交叉为反身位置。反身动作是以腰轴转动意识为发力要领，整个上半身向左或向右转动，使肩胯横线形成交叉。如左脚正直前迈，上身的右侧领先整体向前向左转动，形成向左的反身动作。与此相反，右脚正直前迈就形成向右的反身动作。反身位置是在身体不转动的情况下，一脚向左或向右横跨准线迈向另一脚的外侧位置，从而使肩胯横线形成交叉。如：左脚跨越准线向右脚外侧位置迈步，两脚前后交叉，从而形成向左的反身位置。与此相反，右脚跨越准线向左脚外侧位置迈步就形成向左的反身位置。

（7）倾斜技术。倾斜是指身体不弯曲地向某一特定方向出现纵轴偏离垂直轴的状态。由于重心移动是以胯部为中心，当身体向上摇荡时，腰和胯先向前移动，而肩和头部在后，在中止重心移动的瞬间，由于肩的后拖力就形成了身体的倾斜角度。人体大幅度向前流动、旋转和造型动作，一般都离不开倾斜技术。倾斜技术有三个方面的作用：一是促进流动，这种倾斜是由腰部强有力的推进形成的（而不是故意地抬高或降低某一侧的肩），其形态特征表现为：下体运动先于头部，引导前进方向一侧的肩高于另一肩，这种倾斜是在自然状态下完成的，是狐步和探戈风格展现的重要技巧；二是作用于对抗离心力的倾斜，主要在旋转动作中运用，其特征是人体纵轴向圆心方向偏移，即左转前进时向左（后退则向右）倾斜；右转前进时向右（后退则向左）倾斜，人体这种盘旋状或旋涡状运动，有效地抵抗和减缓了离心力带来的阻碍。三是用以展现人体曲线美的"重倾斜"，它是在旋转状态下，由于脚下位置的相对固定，上体沿着旋转的运动趋势做圆弧形运动，形成的一种开放式舞姿造型（如左、右身），它是变换人体运动节奏、展示人体造型美的一项特殊技术，其变化形态很多，在摩登舞中被广泛运用。

3. 拉丁舞基本技术

（1）闭式舞姿。

①男士：右脚全脚着地，支撑重心；左脚左横，两脚间距基本与肩同宽，伸直膝关节、屈趾，大脚趾的内侧着地成旁点步（或双脚并立）；头正直、两肩放松、挺胸、立腰、收腹、膈肌内收；身体有挺拔上立感。

②女士：左脚全脚着地，支撑重心；右脚右横，两脚间距基本与肩宽，伸直膝关节、屈趾，大脚趾的内侧着地成旁点步（或双脚并立）；头正直、两肩放松、挺胸、立腰、收腹、膈肌内收；身体有挺拔上立感。

③握持：两人身距约15厘米，女士稍稍在男士右侧，重心可在任意一只脚上。

男士右手五指并拢置于女伴背后左肩胛骨下缘（或男士右手"虎口"打开置于女伴左上臂三角肌下端），手臂成柔和曲线，肘部大约在胸的水平位置；左手上半部手臂抬起，手腕伸直，大约在鼻子高度。女士左手"虎口"打开，搭在男士右上臂三角肌下端；右臂上举，屈肘。小臂与大臂成90°，手心朝前，"虎口"打开，四指并拢，置于男士左手大拇指和食指中间扣手握待。

（2）开式相对舞姿。开式相对舞姿是舞伴双方采取的单手握持，无扶抱的面对站位，它的派生舞姿是开式舞姿，其要求如下：

男、女士面对站立，两人间距约为两人小臂的长度之和；双方大臂自然下垂，小臂在腰前伸出，屈肘；手的相握可以是男士左手握女士右手，男士右手握女士左手，男士左手握女士左手，男士右手握女士右手；重心可在任意一脚上，握的那只手向前握住，微微缩回，在胸骨以下的水平位置，空着的那只手向侧微微缩回，从肩部起成一条柔和的曲线。

（3）扇位。这种姿态主要用在伦巴和恰恰中，女士在男士的左侧约一臂距离处，完成向后走步后，女士的左脚支撑着全身重心，男士的右脚侧微向前，支撑着全身重心。男士的左手手心向上，女士的右手手心向下，男士左手的大拇指握住女士手背，男士的左手向侧在肩以下水平微微缩回，女士的右手在肩以下向前微微缩回，展示出一条柔和的曲线。

（4）拉丁交叉步。在拉丁舞中，当一腿交叉在另一条腿之前或之后，做成的姿态叫作拉丁交叉步。

如：当右脚交叉在左脚之后，双膝弯曲，臀部拉平，左脚脚尖转向外，右膝弯曲在左膝后面，根据从膝到脚的长度和踝关节的伸张，右脚尖距左脚跟的距离大概为15厘米。在拉丁交叉中，右脚在左脚后面，称为"右脚在左脚后交叉"；左脚在右脚后面时，称为"左脚在右脚后交叉"。

（5）胯部的律动。

拉丁舞中的胯部的律动都是靠腰部来带动。胯部做律动时，腰部要放松，上体保持正直，两臂在体侧自然摆动。伦巴、恰恰舞胯部的动作要平稳；桑巴舞的胯部律动与其他舞区别较大，胯部的摆动是绕横轴环形绕摆，整体身体的律动也以胯部和腹部的环形前后绕动而摆动，律动中要求身体自然放松，膝关节、踝关节保持弹性以增强身体的协调性；牛仔舞在做胯部运动时，上体与胯部的摆动保持一致；斗牛舞的胯部律动幅度是拉丁舞中最小的，随着舞步的移动，胯部与上体同时摆动。

四、瑜伽运动

1. 瑜伽呼吸

呼吸是生命的特征之一。呼吸节律的变化，表明我们的情绪、行为和健康也在发生着变化。瑜伽的呼吸训练，能让人掌握正确、科学的深呼吸方法，即瑜伽完全呼吸。它能使身体变得稳定、放松，能更好地舒展筋骨，并且能最大限度地将氧气吸纳到肺部，对身体的健康非常有益处。深呼吸还能安抚人的情绪，使心灵获得平衡。所以，瑜伽的精髓是由呼吸来控制身体的放松、稳定、平衡，以达到身心合一的境界，从而调动起我们内在生命的智慧和力量。正确的瑜伽练习必须先从呼吸的练习开始，而不是先从体位法开始。正确的瑜伽呼吸主要有以下几种方法。

（1）腹式呼吸——以肺的底部进行呼吸，感觉只是腹部在鼓动，胸部相对不动。

仰卧，手轻轻放在肚脐上；吸气时，把空气直吸向腹部；吸气正确，手随腹部抬起；吸气越深，腹部升起越高，随着腹部扩张，横膈膜就向下降。接着呼气，腹部向内朝脊柱方向收缩；凭着尽量收缩腹部的动作，把所有废气从肺部全部呼出来，这样做时，横膈膜就自然而然地升起。

（2）胸式呼吸——以肺的中上部分进行呼吸，感觉是胸部在张缩鼓动，腹部相对不动。

仰卧或伸直背坐着，深深吸气，但不要让腹部扩张；代替腹部扩张的是把空气直接吸入胸部区域。在胸式呼吸中，胸部区域扩张，腹部应保持平坦。然后，当吸气越深时，腹部向内朝脊柱方向收入；吸气时，肋骨是向外和向上扩张的，接着呼气，肋骨向下并向内收。

（3）完全呼吸——肺的上、中、下三部分都参与呼吸的运动。腹部、胸部乃至感觉全身都在起伏张缩。

完全呼吸是最正确的瑜伽呼吸法。可以选择站立或仰卧或直背坐着，深深吸气，先填满肺的底部，这时腹部会挤涨，然后填满肺的中部，然后上部。呼气的时候相反，应先送肺的上部，然后中部，下部，最后腹向里挤。这种绵长的呼吸是一种自然的呼吸方式，略加练习后，这种呼吸方法就会在全部日常的练习和生活中自动地进行，习以为常。

2. 瑜伽姿势

瑜伽体位法，梵文意为保持在很舒适的姿势中。远古的时候，瑜伽修行者在大自然中仔细观察动物的习性，模仿动物的典型姿态，创造出了瑜伽体位法。所以，许多姿势都被冠以动物名称，像猫式、鱼式、狮子式、眼镜蛇式等，意在要获取动物身上神秘的力量——自然康复能力，以使人的精神和肉体保持健康状态。瑜伽姿势是一些健身功法或练习，其专门功用是帮助人保持身体健康，并经常处于有利于内心平和、善于创造、富于成果以及冥想深思的精神状态。瑜伽姿势的每个伸展动作都是配合呼吸来完成的，它柔和地按摩人体的各个器官，通畅经络，矫正不良体态，调整自主神经系统和内分泌系统，减少赘肉脂肪，使体形更为紧凑、健美。

（1）太阳致敬式。这是唤醒身体的最佳姿势，它由一系列姿势组成。清晨太阳升起，傍晚落山时，朝着太阳的方向练习，给予大脑以充分的氧气，使身体各系统达到和谐的状态，有助于从昏沉或慵懒的状态中清醒过来，使身体更加灵活，精力更加充沛，并且使心灵更加警惕、清晰。初学者每次练习一遍即可，循序渐进，逐步增加到一次练习12遍。

递增的方法是每两周增加一遍，不要贸然增加。

1）祈祷式（山式）。

双手合十，以祈祷式站于瑜伽垫前段。平缓呼吸，全身放松（见图6-3-27）。

要点：通过深长的呼吸让身心都慢慢松下来。

功效：集中和宁静思绪。

2）脊柱后弯式。

脊柱后弯，头部后仰（见图6-3-28）。

要点：髋部向前推，不要把力只放在腰上，而是放在整条脊柱上。

功效：伸展腹部脏器，促进消化，消除多余的脂肪。加强脊神经，开阔肺叶。

3）增延脊柱伸展式。

身向前倾，双手抓住同侧脚踝，尽量使身体贴近双腿（见图6-3-29）。

要点：双腿不要弯曲，腹部、胸部、面部都贴近身体。

功效：预防胃病，促进消化，缓解便秘，柔软脊柱，加强脊神经。

图6-3-27 祈祷式　　　图6-3-28 脊柱后弯式　　　图6-3-29 增延脊柱伸展式

4）新月式。

双手撑于两脚外侧，右脚向后退行一步，双手高举过头顶，然后呼气，脊柱后弯，头部后仰（见图6-3-30）。

要点：髋部向下沉，让髋部得到充分的锻炼；左腿在前，右腿在后。

功效：按摩腹部器官，改善其活动功能。加强两腿肌肉，增强平衡能力。

图6-3-30 新月式

5)顶峰式(下犬式)。

左脚向后退行一步,双膝并拢,呼气,将双肩下压,尽量让脚跟触地(见图 6-3-31)。

图 6-3-31 顶峰式

要点:双肩下压,让上身充分地伸展开。

功效:强化四肢神经和肌肉。与前一姿势反方向弯曲脊柱,有助于脊柱柔软和脊神经供血。

6)八体投地式。

保持身体状态,慢慢弯曲手肘,双膝放在地面上,胸部下颌贴于地面(见图 6-3-32)。

要点:下巴、胸部贴地。

功效:内脏倒置,促进内脏自我按摩和自愈,加强肠道蠕动。强化身体协调能力。

图 6-3-32 八体投地式

7)眼镜蛇式。

伸直双臂,撑起上身,双膝跟脚背触地;然后呼气,脊柱向后弯曲,头部向后仰,全身放松(见图 6-3-33)。

要点:将意识放在腰部,感受这个体位对腰部和双肾的挤压和按摩。

功效:这个姿势对胃病,包括消化不良和便秘非常有用。锻炼脊柱,让脊神经焕发活力。

图 6-3-33 眼镜蛇式

8）顶峰式（下犬式）。同前。

9）新月式。同前。

10）增延脊柱伸展式。同前。

11）脊柱后弯式。同前。

12）祈祷式（山式）。同前。

（2）树式。站姿，双腿并拢，双手在胸前合十做祈祷姿势，腰背挺直，挺胸抬头，平视前方。脚尖张开，左腿利用大腿肌肉的力量抬腿，膝盖弯曲，小腿向上抬平，使左脚掌贴在右大腿根部（初学者如不能完成，可用手来帮助完成）。注意保持身体平衡，避免来回晃动，保持这个姿势，做 5 次均匀呼吸。如果腿部柔韧性不够，也可将脚掌放在小腿膝盖位置。用心去感受一棵树稳稳地扎在土地的感觉，深呼吸（见图 6-3-34）。

（3）三角式。山式姿势开始，左脚向身后迈一大步，脚部向右侧扭转，左脚向前，使左脚与右脚在一条直线上。向前弯腰，使背部与地面平行。左手臂向上伸直，指尖朝向天花板，右手臂向下垂直，手握脚踝，双手臂在一条直线上。头部抬起，目光向上看可保持身体平衡，做 5 次均匀呼吸（见图 6-3-35）。

图 6-3-34 树式　　　　图 6-3-35 三角式

（4）三角转动式。自然站立，两脚宽阔分开；深吸气，举手臂与地面平行，双膝伸直，右脚向右转 90°，左脚转 60°。呼气，上体左转，弯曲躯干向下，右手放于两脚之间；右手臂与左手臂呈一竖线，双眼看左手指尖。伸展双肩及肩胛骨，保持 10～30 秒；吸气，先收双手，再收躯干，最后两脚收回，然后换方向进行（见图 6-3-36）。（注：两侧保持的时间应一致。）

（5）三角扭转式。站立，挺直腰背，双脚分开约两肩宽，双臂侧平举，与肩平齐。右脚向右转约 90°，左脚向内收，双腿膝盖绷直，身体微向右转，向前屈身，使左手能够握住右脚的脚踝。右臂向上伸展伸直，使其与左臂形成一条直线，眼睛望向右手指尖的方向。保持姿势 30 秒，回到初始姿势，换一边重复动作（见图 6-3-37）。左右边轮换，3 次。

（6）侧角伸展式。站立面向前方，双腿尽量分开，双手侧平举与肩同高，手心向下。右脚向外打开 90°，左脚收回 30°，呼气，右膝弯曲，大腿与地面平行，左膝膝盖伸直。沿右腿内侧放低右手手臂，手放在脚内侧地上。脸向上转，左手臂向头侧前方伸展，上臂贴太阳穴部位。保持30～60秒，平稳地呼吸，吸气起身，重复另一侧伸展背和脊柱；胸向上方和后方伸展，最终做到胸、髋、臂形成一条线（见图6-3-38）。

图6-3-36 三角转动式　　　　　图6-3-37 三角扭转式

（7）蝴蝶式。坐姿，双腿伸直并拢，挺直腰背，双臂放于身体两侧，掌心朝下。吸气，弯曲双膝，两脚跟往臀部方向靠拢，呼气，双膝向两侧打开，双脚贴地，脚心相对。双手握住双脚，将其拉近身体。用双手分别按住左右膝盖，轻轻地向下按动，双腿像蝴蝶的翅膀一样上下弹动数次。感觉到双腿有些累时，停止按压，双腿伸直，稍稍抖动，放松全身（见图6-3-39）。

图6-3-38 侧角伸展式　　　　　图6-3-39 蝴蝶式

（8）半莲花脊柱扭转式。坐立，双腿向前伸直，弯曲左腿放在右大腿上，脚心朝上。呼气，左臂前伸，左手抓住右脚脚趾，上身转向右边，将右臂收向背部，将右手揽住腰的左侧。吸气，然后呼气，同时头部和上身躯干尽量向右转，保持20秒自然呼吸，换另一侧（见图6-3-40）。

（9）简化脊柱扭动式。坐立，两腿伸直；两手平放在地上，略微在臀部的后方，两手手指向外，把左手移过两腿，放在右手之前。把左脚放在右膝的外侧，右手掌进一步伸向背后，吸气，尽量把头部转向右方，从而扭动脊柱。蓄气不呼，保持这个姿势若干秒；呼气，把躯干转回原位；换另一侧（见图6-3-41）。注：背不要弯曲。

（10）半莲花坐单腿背部伸展式。端坐在垫面上，挺直腰背。眼睛平视前方，双手放在身体两侧的垫面上。吸气，将左腿弯曲，左脚掌置于右大腿的根部，脚心朝上，呈半莲花坐姿。呼气，双臂向上伸展，带动身体向上，脊柱伸直；两手拇指相交，掌心向前。双臂向前伸展，带动身体跨步向前折叠，直至双手平行地落于地上。腹部、胸部贴近右大腿，下巴靠近右小腿，保持3～5次呼吸的时间。吸气，放开两手和左腿（见图6-3-42）。换一边重复动作。

图6-3-40 半莲花脊柱扭转式

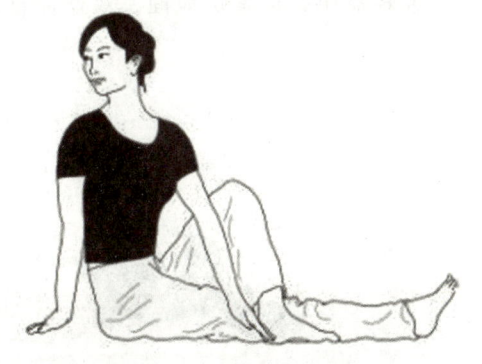

图6-3-41 简化脊柱扭动式

图6-3-42 半莲花坐单腿背部伸展式

（11）半鱼王式。以坐式为起式，双脚向前伸直。弯曲左脚，并将其置于右大腿外侧，膝盖旁边。弯曲右脚，让右脚踝放在左臀旁边。吸气，并将右手放在左膝上边，腹部以上的身体向左转，头看向左边，左手放在身体左后位置。维持动作深呼吸10～15次（图6-3-43）。然后换边，重复。

图6-3-43 半鱼王式

图6-3-44 鸽子式

（12）鸽子式。坐姿，双腿伸直并拢，挺直腰背，双臂放于身体两侧，掌心朝下。左腿向左侧伸直,与肩部平行;弯曲右膝,右脚跟抵住会阴部位,右膝盖贴地。右手放在右膝盖上,左手放在左膝盖的内侧。吸气,身体稍微向右转。左腿弯曲向上抬起,仅以左膝盖着地。左手手肘内侧揽住左脚脚背,右手绕过头顶与左手手指相握,头部稍微向右转。保持姿势15秒。慢慢放下双手和左脚,调整呼吸,换另一条腿重复动作(见图6-3-44)。

(13)鱼式。平躺,双腿伸直并拢。吸气,拱起背部,把身体躯干抬离地面,胸口上顶,抬头,轻轻地让头顶紧贴地面。双臂伸直,呈合十状,双脚同时抬离地面(图6-3-45)。

图 6-3-45　鱼式

(14)倒立三角式。跪坐,双脚并拢,臀部放于脚后跟上,双手自然地放于大腿之上。调整呼吸,上半身向前俯身,前额触地,双肘弯曲,双手置于头部两侧,手掌撑地。吸气,双手十指交叉抱住后脑勺,慢慢将臀部向上抬高。伸直双膝,使腿部绷紧,用双手、头部以及双脚支撑全身的重量。整个身体呈倒"V"形,保持姿势30秒。弯曲双膝,臀部坐回到脚跟上,双肘及前臂着地,双手握成空心拳,上下重叠在一起。将额头枕在拳眼上,放松全身,并慢慢回到初始姿势(见图6-3-46)。

(15)前屈式。山式站立,双手自然下垂,眼睛平视前方,调匀呼吸。深吸一口气,同时将手臂依胸前抬高至头顶处垂直,手掌向前,指尖向上。呼气,运动手臂的力量带动上半身向下折叠弯曲,弯曲时腿部和背部始终挺直,手臂在前方伸直,掌心向内,指尖向前。尽量弯曲上半身,感觉腿部和脊椎的拉伸,头部自然下垂,双手抱住两脚脚踝,保持该姿势30～60秒(见图6-3-47)。

图 6-3-46　倒立三角式　　　　图 6-3-47　前屈式

(16) 猫伸展式。跪立在垫子上，两腿略微分开，双手掌心向下撑于地面，背部与地面保持平行，身体呈明显的四角状。深吸气，向下塌腰，翘起臀部，并依次向上抬高头部、胸部。体会后背凹陷的挤压感，保持姿势 30 秒。呼气，向上拱起背部，依次放下头部、胸部和臀部，眼睛看向自己的肚脐眼处，并保持姿势 30 秒（见图 6-3-48）。

图 6-3-48 猫伸展式

(17) 后抬腿式。俯卧，双腿伸直并拢，弯曲手肘，双手手掌上下重叠，放于面部下方，下巴枕在手背上。将双腿绷紧，慢慢向上抬高右腿，直到自己力所能及的最高位置。弯曲左腿，左大腿撑地，左脚掌抵在右大腿外侧。保持姿势 30 秒。双腿慢慢地放回地面，回到初始姿势，放松全身，换另一侧重复动作（见图 6-3-49）。

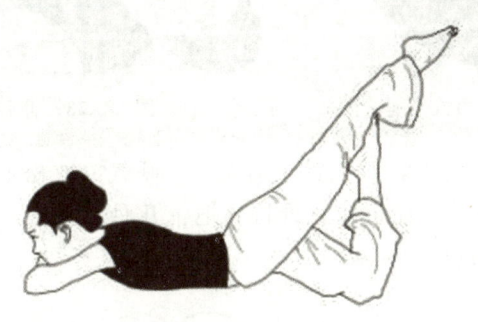

图 6-3-49 后抬腿式

(18) 双角式。站立，挺直腰背，双脚打开与肩同宽，双臂伸直，双手十指在背部交叉握拳。调整呼吸，用力将双臂向上抬高，尽量使双臂与身体垂直。上半身向前弯曲，胸部、腹部逐渐向大腿靠拢，直到头部放于两腿之间，头顶指地。手臂向头部方向下压，拳头指向身体的前方。保持姿势 10 秒，回到初始姿势，放松全身（见图 6-3-50）。

(19) 风吹式。仰卧在地上。弯曲双膝至胸前，并用双手抱住小腿，绷直脚尖。将重心放在背部，压在地上。维持动作深呼吸 20 次（见图 6-3-51）。

图 6-3-50 双角式　　图 6-3-51 风吹式

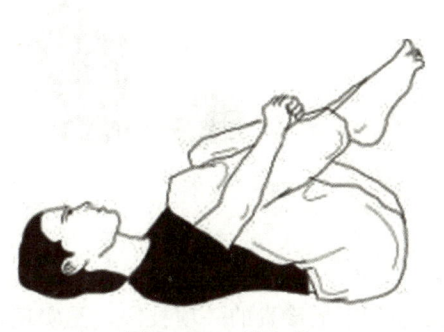

（20）弓式。俯卧，双臂自然放在身体两侧。向上弯曲双膝，双手抓住双脚并将脚跟向臀部拉近。吸气，手拉着脚踝向上拉伸。维持动作深呼吸7次，重复2～3次（见图6-3-52）。

（21）仰卧伸展式。仰卧，双膝弯曲，脚板平放在地上。吸气，双手放在大腿内侧，带动大腿将膝盖往两边压下，尽量靠地，脚板合十。维持动作并深呼吸5～7次，呼气，重复3次（见图6-3-53）。

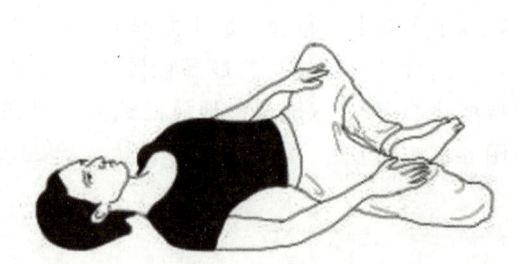

图6-3-52 弓式　　　　　　　　图6-3-53 仰卧伸展式

（22）鳄鱼式。俯卧在地上，双手置于前额下。呼气，放松上身和臀位，慢慢将腹部抬离地面，就像有绳子将臀部往上拉，维持离地十几秒。吸气，放松腹部，使其重回地面。重复3次（见图6-3-54）。

图6-3-54 鳄鱼式

（23）桥式。平躺在地上，双脚张开，与髋同宽。双臂自然置于身体两侧，指尖指向脚跟。屈膝使小腿与地面垂直，脚板贴地。双脚与肩膀同时用力，提升臀部。维持动作并深呼吸5次，重复10～15次（见图6-3-55）。

图6-3-55 桥式

3. 瑜伽冥想

冥想是瑜伽中最珍贵的一项技法，是实现入定的途径。一切真实无讹的瑜伽冥想术的最终目的都在于把人引导到解脱的境界。一名习瑜伽者通过瑜伽冥想来制服心灵（心思意念），并超脱物质欲念。感受到和原始动因直接沟通。瑜伽冥想的真义是把心、意、灵完全专注在原始之初之中。

（1）简易坐冥想。坐在瑜伽垫上，将左脚脚心与右大腿内侧贴近，右脚脚心贴在左小腿内侧，保持重心平稳。双腿尽量放平于地板上，腰背挺直，头部微低让下巴向下微收，脖颈向上拉伸。双手做莲花指动作，拇指与食指相连，手背放在膝盖上，手心向上。让肩膀和手臂放轻松，闭上双眼，鼻子深呼吸。在冥想过程中，腰背始终保持挺直，不能驼背下塌（见图 6-3-56）。

（2）莲花坐冥想。坐在瑜伽垫上，左脚放于右大腿上，右脚放在左大腿上，左右腿交叉呈"X"形。腰背挺直，手势为莲花指，手臂肩膀放松与简易坐冥想姿势相同。莲花坐的冥想姿势是有一定难度的，需要双腿较强柔韧性，所以在做这个姿势之前，稍微活动一下，将腿部与双腿的关节活动开，并且身体柔韧性不太好的初学者不建议采用这个姿势（见图 6-3-57）。

图 6-3-56　简易坐冥想　　　图 6-3-57　莲花坐冥想　　　图 6-3-58　单莲花坐冥想

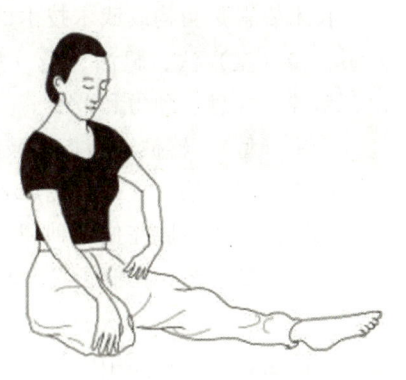

（3）单莲花坐冥想。坐在瑜伽垫上，左腿放于右大腿上，右腿可平放在地板上，其他动作与简易坐相同。注意腰背挺直，肩膀、手臂放松。小贴士：在腿部姿势做好后，用手轻轻向下按压膝盖，目的是缓解膝盖的紧张酸痛感（见图 6-3-58）。

（4）仰卧式冥想。平躺在瑜伽垫上，双腿微微分开，手臂放在身体两侧，手掌心向上，闭上双眼。平躺中头部要摆正，不要向左右两侧倾，脊椎、脖颈要在一条直线上，注意不要让自己睡着了（见图 6-3-59）。

图 6-3-59　仰卧式冥想

这是几种瑜伽冥想方法，对于初学者很难快速进入冥想状态中，但可以借助语音来帮助自己快速进入状态中。试着在呼气时发出"O"音，闭嘴时发出"M"音，接着再重复吸气呼气，发出的声音要能让自己听见，并把注意力全部放在发音上。

第四节　民族传统运动

一、武术套路

武术套路技术属演练性技术。它是以武术的基本技术要素为内容，以攻守进退、动静虚实、刚柔疾缓的变化规律为依据，通过套路运动形式表现出的具有竞技、健身、表演性质的徒手和器械的操作技术。演练技术包括技术要素、动作技术、组合技术、分段技术和整套技术，它们之间是一种既独立又相互联系的关系。

1. 技术要素

技术要素是指构成武术技术的基本成分。它除含有反映单体技术的手（型）法、器械方法、步（型）法、腿法、身（型）法、眼法之外，还必须具备完成以上技术所需的意识、精神、气息、劲力和节奏。

①手（型）、器械法：指上肢完成各种徒手和器械所需的基本形态与运动方法。

②步（型）法：指下肢完成各种规定的步型和双脚移动时的各种方法。

③腿法：指下肢完成各种屈伸、摆动和扫转性动作的方法。

④身（型）法：指躯干各部分的基本姿态和在运动中躯干带动四肢完成各种动作的方法。

⑤眼法：指在运动中眼神与动作配合的方法。

⑥意识：指在运动中把握、支配、调控演练技术的各种思维活动。

⑦精神：指在运动中对演练技术总体感觉的外在气质的表现。

⑧气息：指在运动中呼吸与动作配合的各种方法。

⑨劲力：指在运动中肌肉根据各类动作需要做功时所反映出的各种武术特有的力。

⑩节奏：指对动静、虚实、刚柔、疾缓在套路演练中的掌握与控制的能力。

2. 动作技术

动作技术是指在武术各项目套路中，不可缺少的各种类型的典型动作。它由各技术要素相互合理连接而成，是发展难度动作的基础，并对学习同类动作起着诱导作用；也是构成组合动作、分段动作和整套动作的最基本单元。

3. 组合技术

组合技术是指遵循一定运动规律的若干动作的结合，是将徒手或器械中的几个动作，根据不同对象和任务的要求，连接起来而形成的基本技术。通过组合技术练习，可以在掌握动作技术的基础上，进一步提高各类动作的质量，增进掌握动作与动作之间的协调能力，也是提高掌握高难度动作质量的有效手段。

4. 分段技术

分段技术是指沿着一定运动路线所完成的若干组合技术的演练能力。它反映了组合技术在分段中的实际运用能力和组合之间的衔接技巧。

5. 整套技术

整套技术是体现由起势、往返段落、收势所组成的套路的完整技术。它反映了各类技术在套路中的完整性，通过整套技术训练，能够有效地提高套路演练的整体水平。

二、杨式太极拳（简化二十四式）

1. 第一式：起势

①身体自然直立，两脚开立，与肩同宽，脚尖向前；两臂自然下垂，两手放在大腿外侧；眼平看前方（见图6-4-1、6-4-2）。

要点：头颈正直，下颏微向后收，不要故意挺胸或收腹。精神要集中（起势由立正姿势开始，然后左脚向左分开，成开立步）。

②两臂慢慢向前平举，两手高与肩平，与肩同宽，手心向下（见图6-4-3）。

③上体保持正直，两腿屈膝下蹲；同时两掌轻轻下按，两肘下垂与两膝相对；眼平看前方。要点：两肩下沉，两肘松垂，手指自然微屈。屈膝松腰，臀部不可凸出，身体重心落于两腿中间。两臂下落和身体下蹲的动作要协调一致（见图6-4-4、6-4-5）。

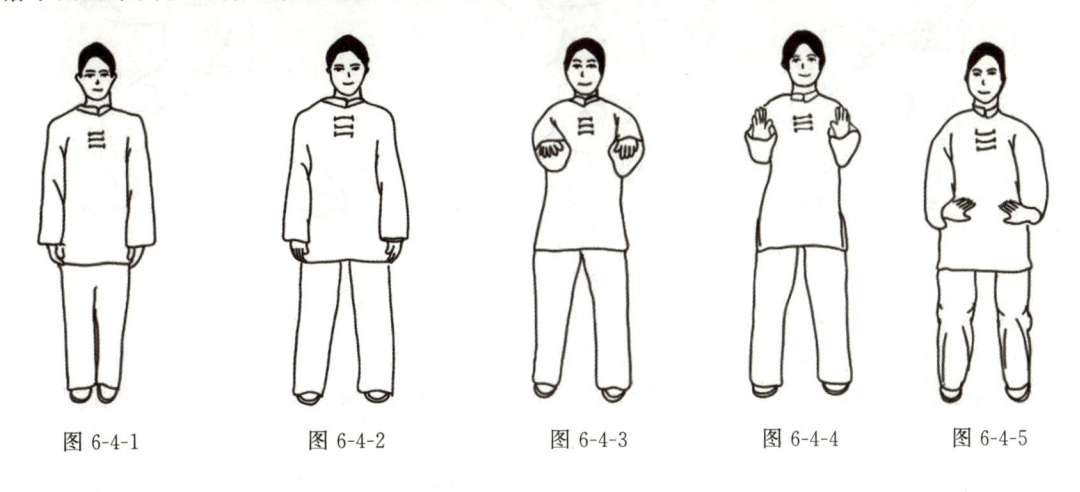

图6-4-1　　　图6-4-2　　　图6-4-3　　　图6-4-4　　　图6-4-5

2. 第二式：野马分鬃

①上体微向右转，身体重心移至右腿上；同时右臂收在胸前平屈，手心向下，左手经体前向右下划弧至右手下，手心向上，两手心相对成抱球状；左脚随即收到右脚内侧，脚尖点地；眼看右手（见图6-4-6、6-4-7）。

②上体微向左转，左脚向左前方迈出，右脚跟后蹬，右腿自然伸直，成左弓步；同时上体继续向左转，左右手随转体慢慢分别向左上、右下分开，左手高与眼平（手心斜向上），肘微屈；右手落在右胯旁，肘也微屈，手心向下，指尖向前；眼看左手（见图6-4-8、6-4-9、6-4-10）。

图 6-4-6 　　　　　　图 6-4-7

图 6-4-8 　　　　　　图 6-4-9 　　　　　　图 6-4-10

③上体慢慢后坐，身体重心移至右腿，左脚尖翘起，微向外撇（大约45°～60°），随后脚掌慢慢踏实，左腿慢慢前弓，身体左转，身体中心再移至左腿；同时左手翻转向下，左臂收在胸前平屈，右手向左上划弧至左手下，两手心相对成抱球状；右脚随即收到左脚内侧，脚尖点地；眼看左手（见图6-4-11、图6-4-12、图6-4-13）。

④右腿向右前方迈出，左腿自然伸直，成右弓步；同时上体右转，左右手随转体分别慢慢向左下、右上分开，右手高与眼平（手心斜向上），肘微屈；左手落在左胯旁，肘也微屈，手心向下，指尖向前；眼看右手（见图6-4-14、图6-4-15）。

图 6-4-11 　　　　　　图 6-4-12 　　　　　　图 6-4-13

第六章　身体健康教育实践

图 6-4-14 　　　　　　　　图 6-4-15

⑤与③解同，只是左右相反（见图 6-4-16、6-4-17、6-4-18）。

图 6-4-16 　　　　　图 6-4-17 　　　　　图 6-4-18

⑥与④解同，只是左右相反（见图 6-4-19、6-4-20）。

图 6-4-19 　　　　　　　　图 6-4-20

要点：上体不可前俯后仰，胸部必须宽松舒展。两臂分开时要保持弧形。身体转动时要以腰为轴。弓步动作与分手的速度要均匀一致。做弓步时，迈出的脚先是脚跟着地，然后脚掌慢慢踏实，脚尖向前，膝盖不要超过脚尖；后腿自然伸直；前后脚夹角约成 45°～60°（需要时后脚脚跟可以后蹬调整）。野马分鬃式的弓步，前后脚的脚跟要分在中轴线两侧，它们之间的横向距离（即以动作进行的中线为纵轴，其两侧的垂直距离为横向）应该保持在10～30厘米。

3. 第三式：白鹤亮翅

①上体微向左转，左手翻掌向下，左臂平屈胸前，右手向左上划弧，手心转向上，与左手成抱球状；眼看左手（见图6-4-21）。

②右脚跟进半步，上体后坐，身体重心移至右腿，上体先向右转，面向右前方，眼看右手；然后左脚稍向前移，脚尖点地，成左虚步，同时上体再微向左转，面向前方，两手随转体慢慢向右上、左下分开，右手上提停于右额前，手心向左后方，左手落于左胯前，手心向下，指尖向前；眼平看前方（图6-4-22、6-4-23）。

图6-4-21　　　　　图6-4-22　　　　　图6-4-23

要点：完成姿势胸部不要挺出，两臂都要保持半圆形，左膝要微屈。身体重心后移和右手上提、左手下按要协调一致。

4. 第四式：搂膝拗步

①右手从体前下落，右下向后上方划至右肩外，手与耳同高，手心斜向上；左手由左下向上、向右划弧至右胸前，手心斜向下；同时上体先微向左再向右转；左脚收至右脚内侧，脚尖着地，眼看右手（见图6-4-24、6-4-25、6-4-26）。

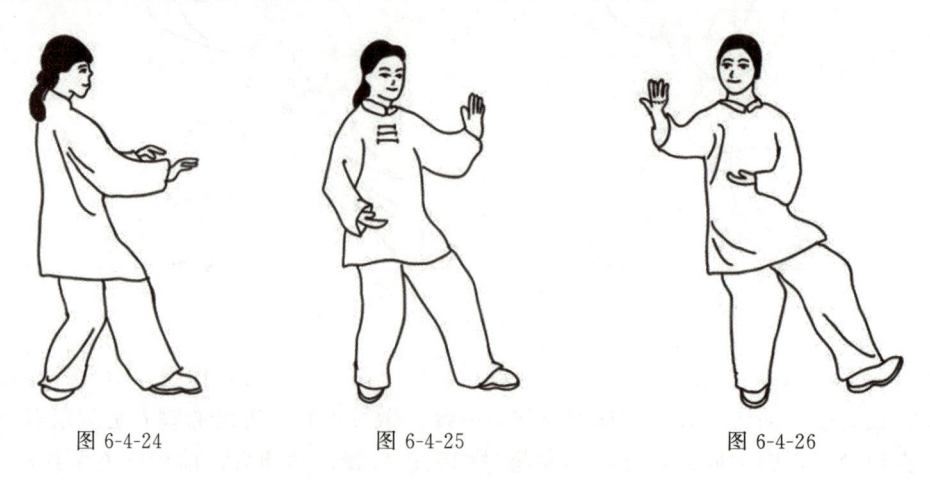

图6-4-24　　　　　图6-4-25　　　　　图6-4-26

②上体左转，左脚向前（偏左）迈出成弓步；同时右手屈回由耳侧向前推出，高与鼻尖

平，左手向下由左膝前搂过落于左胯旁，指尖向前；眼看右手手指（见图6-4-27、6-4-28）。

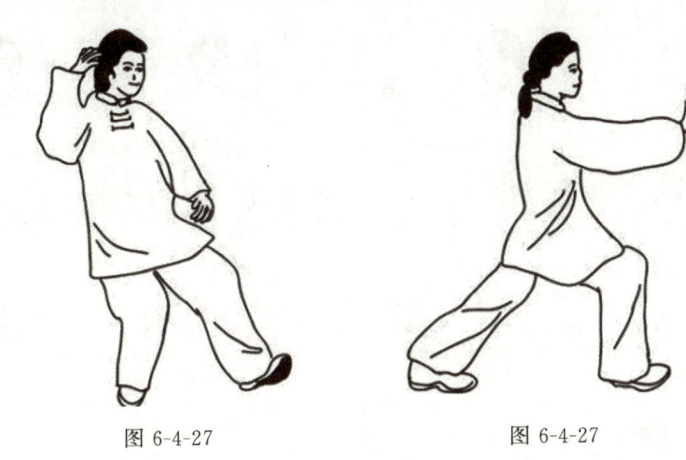

图 6-4-27　　　　　　　　图 6-4-27

③右脚慢慢屈膝，上体后左，身体重心移至右腿，左脚尖翘起微向外撇，随后脚掌慢慢踏实，右脚前弓，身体左转，身体重心移至左腿，右脚收到左脚内侧，脚尖着地；同时左手向外翻掌由左后向上划弧至左肩外侧，肘微屈，手与耳同高，手心斜向上；右手随转体向上、向下划弧落于左胸前，手心斜向下；眼看左手（见图6-4-29、6-4-30、6-4-31）。

图 6-4-29　　　　图 6-4-30　　　　图 6-4-31

④与②解同，只是左右相反（见图6-4-32）。

图 6-4-32

⑤与③解同，只是左右相反（见图6-4-33、6-4-34、6-4-35、6-4-36）。

图6-4-33　　　　图6-4-34　　　　图6-4-35　　　　图6-4-36

⑥与②解同（见图6-4-37、6-4-38）。

图6-4-37　　　　图6-4-38

要点：敛收推出势，身体不可前俯后仰，要松腰松胯。推掌时要沉肩垂肘，坐腕舒掌，同时松腰、弓腿上下协调一致。搂膝拗步成弓步时，两脚跟的横向距离保持30厘米左右。

5. 第五式：手挥琵琶

右脚跟进半步，上体后坐，身体重心转至右腿上，上体半面向右转，左脚略提起稍向前移，变成左虚步，脚跟着地，脚尖翘起，膝部微屈；同时左手由左下向上挑举，高与鼻尖平，掌心向右，臂微屈；右手收回放在左肘里侧，掌心向左；眼看左手食指（见图6-4-39、6-4-40、6-4-41）。

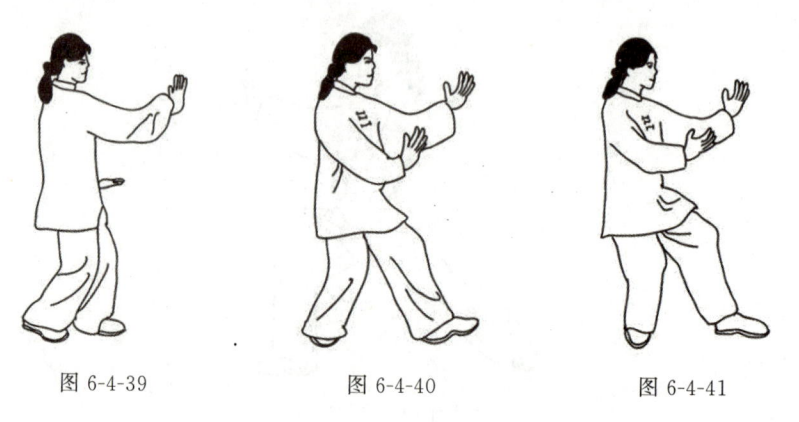

图6-4-39　　　　图6-4-40　　　　图6-4-41

要点：身体要平稳自然，沉肩垂肘，胸部放松。左手上起时不要直向上挑，要由左向上、向前，微带弧形。右脚跟进时，脚掌先着地，再全脚踏实。身体重心后移和左手上起、右手收要协调一致。

6. 第六式：左右倒卷肱

①上体右转，右手翻掌（手心向上）经腹前由下向后上方划弧平举，臂微屈，左手随即翻掌向上；眼的视线随着向右转体先向右看，再转向前方看左手（见图6-4-42、6-4-43）。

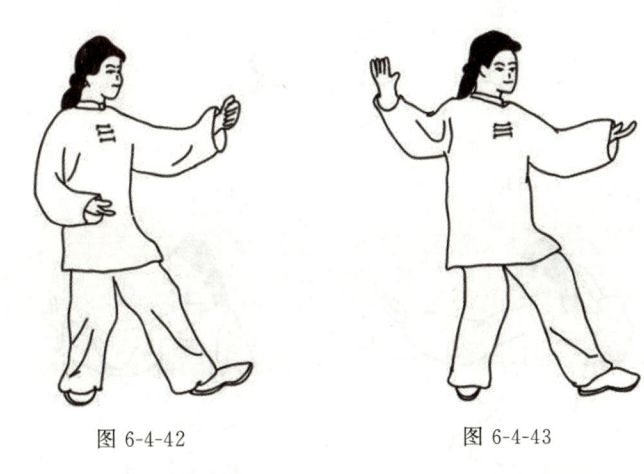

图 6-4-42　　　　　图 6-4-43

②右臂屈肘折向前，右手由耳侧向前推出，手心向前，左臂屈肘后撤，手心向上，撤至左肋外侧；同时左腿轻轻提起向后（偏左）退一步，脚掌先着地，然后全脚慢慢踏实，身体重心移到左腿上，成右虚步，右脚随转体以脚掌为轴扭正；眼看右手（见图6-4-44、6-4-45）。

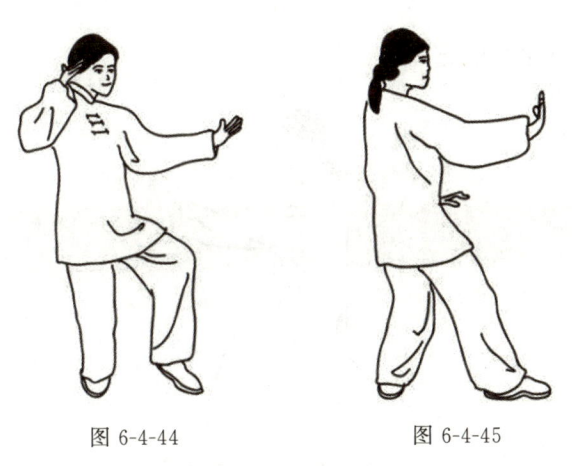

图 6-4-44　　　　　图 6-4-45

③上体微向左转，同时左手随转体向后上方划弧平举，手心向上，右手随即翻掌，掌心向上；眼随转体先向左看，再转向前方看右手（见图6-4-46）。

图 6-4-46

④与②解同，只是左右相反（见图 6-4-47、6-4-48）。

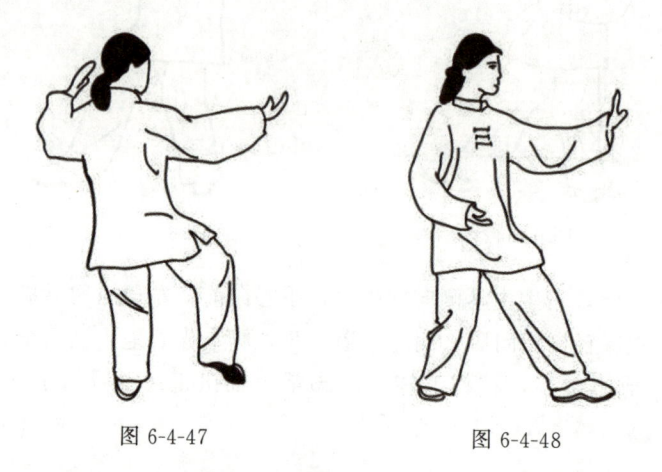

图 6-4-47　　图 6-4-48

⑤与③解同，只是左右相反（见图 6-4-49）。

图 6-4-49

⑥与②解同（见图 6-4-50、6-4-51）。

图 6-4-50　　　　　　　图 6-4-51

⑦与③解同（见图 6-4-52）。

图 6-4-52

⑧与②解同，只是左右相反（见图 6-4-53、6-4-54）。

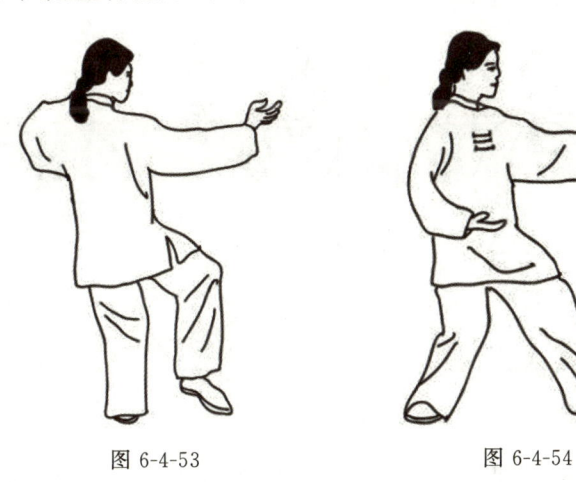

图 6-4-53　　　　　　　图 6-4-54

⑨上体微向右转，同时右手随转体向后上方划弧平举，手心向上，左手放松，手心向下；眼看左手（见图 6-4-55）。

图 6-4-55

要点：前推的手不要伸直，后撤拖泥带水不可直向回抽，参转体仍走弧线。前推时，要转腰松胯，两手的速度要一致，避免僵硬。退步时，脚掌先着地，再慢慢全脚踏实，现时，前脚随转体以脚掌为轴扭正。退左脚略向左后斜，退右脚略向右后斜，避免使两脚落在一条直线上。后退时，眼神随转体动作先向左或右看，然后再转看前手。最后退右脚时，脚尖外撇的角度略大些，便于接做"左揽雀尾"的动作。

7. 第七式：左揽雀尾

①身体继续向右转，左手自然下落逐渐翻掌经腹前划弧至左肋前，手心向上；左臂屈肘，手心转向下，收至右胸前，两手相对成抱球状；同时身体重心落在右腿上，左脚收到右脚内侧，脚尖点地；眼看右手（见图 6-4-56、6-4-57）。

②上体微向左转，左脚向左前方迈出，上体继续向左转，右腿自然蹬直，左腿屈膝，成左弓步；同时左臂向左前方掤出（即左臂平屈成弓形，用前臂外侧和手背向前方推出），高与肩平，手心向后；右手向右下落于右胯旁，手心向下，指尖向前；眼看左前臂（见图 6-4-58、6-4-59）。

要点：掤出时，两臂前后均保持弧形。分手、松腰、弓腿三者必须协调一致。揽雀尾弓步时，两脚跟横向距离不超过10厘米。

图 6-4-56 　　　图 6-4-57 　　　图 6-4-58 　　　图 6-4-59

③身体微向左转，左手随即前伸翻掌向下，右手翻掌向上，经腹前向上，向前伸至左前臂下方；然后两手下捋，即上体向右转，两手经腹前向右后上方划弧，直至右手手心向上，高与肩齐，左臂平屈于胸前，手心向后；同时身体重心移至右腿；眼看右手（见图 6-4-60、6-4-61）。

图 6-4-60 　　　　　　　　图 6-4-61

要点：下捋时，上体不可前倾，臀部不要凸出。两臂下捋须随腰旋转，仍走弧线。左脚全掌着地。

④上体微向左转，右臂屈肘折回，右手附于左手腕里侧（相距约 5 厘米），上体继续向左转，双手同时向前慢慢挤出，左手心向右，右手心向前，左前臂保持半圆；同时身体重心逐渐前移变成弓步；眼看左手腕部（见图 6-4-62、6-4-63）。

要点：向前挤时，上体要正直。挤的动作要与松腰、弓腿相一致。

图 6-4-62 　　　　　　　　图 6-4-63

⑤左手翻掌，手心向下，右手经左腕上方向前、向右伸出，高与左手齐，手心向下，两手左右分开，宽与肩同；然后右腿屈膝，上体慢慢后坐，身体重心移至右腿上，左脚尖翘起；同时两手屈肘回收至腹前，手心均向前下方；眼向前平看（见图 6-4-64、6-4-65、6-4-66）。

图 6-4-64 　　　　　图 6-4-65 　　　　　图 6-4-66

183

⑥上式不停，身体重心慢慢前移，同时两手向前、向上按出，掌心向前；左腿前弓成左弓步；眼平看前方（见图6-4-67）。

要点：向前按时，两手须走曲线，腕部高与肩平，两肘微屈。

8. 第八式：右揽雀尾

①上体后坐并向右转，身体重心移至右腿，左脚尖里扣；右手向右平行划弧至左肋前，手心向上；左臂平屈胸前，左手掌心向下与右手成抱球状；同时身体重心再移至左腿上，右脚收至左脚内侧，脚尖点地；眼看左手（见图6-4-68、6-4-69、6-4-70、6-4-71）。

图 6-4-67

图 6-4-68　　图 6-4-69　　图 6-4-70　　图 6-4-71

②同"左揽雀尾"②解，只是左右相反（见图6-4-72、6-4-73）。

图 6-4-72　　图 6-4-73

③同"左揽雀尾"③解，只是左右相反（见图6-4-74、6-4-75、6-4-76）。

图 6-4-74　　　　　图 6-4-75　　　　　图 6-4-76

④同"左揽雀尾"④解，只是左右相反（见图 6-4-77、6-4-78）。

图 6-4-77　　　　　图 6-4-78

⑤同"左揽雀尾"⑤解，只是左右相反（见图 6-4-79、6-4-80、6-4-81）。

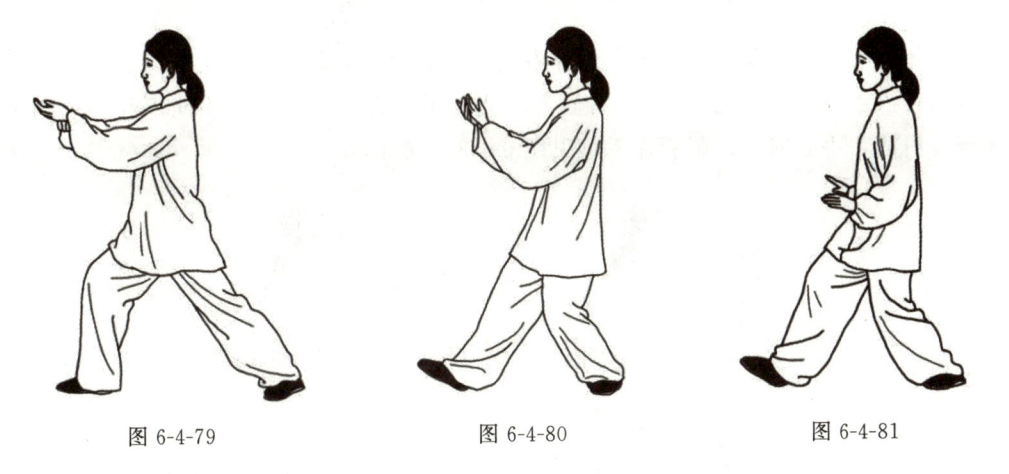

图 6-4-79　　　　　图 6-4-80　　　　　图 6-4-81

⑥同"左揽雀尾"⑥解，只是左右相反（见图 6-4-82）。

图 6-4-82

9. 第九式：单鞭

①上体后坐，身体重心逐渐移至左腿上，右脚尖里扣；同时上体左转，两手（左高右低）向左弧形运转，直至左臂平举，伸于身体左侧，手心向左，右手经腹前运至左肋前，手心向后上方；眼看左手（见图 6-4-83、6-4-84）。

图 6-4-83 　　　　　图 6-4-84

②身体重心再逐渐移至右腿上，上体右转，左脚向右脚靠拢，脚尖点地；同时右手向右上方划弧（手心由里转向外），至右侧方时变勾手，臂与肩平；左手向下经腹前向下划弧停于右肩前，手心向里；眼看左手（见图 6-4-85、6-4-86）。

图 6-4-85 　　　　　图 6-4-86

③上体微向左转，左脚向左前侧方迈出，右脚跟后蹬，成左弓步；在身体重心移向左腿的同时，左掌随上体的继续左转慢慢翻转向前推出，手心向前，手指与眼齐平，臂微屈；眼看左手（见图 6-4-87、6-4-88）。

图 6-4-87 　　　　　　图 6-4-88

要点：上体保持正直，松腰。完成式时，右肘稍下垂，左肘与左膝上下相对，两肩下沉。左手向外翻掌前推时，要随转体边翻边推出，不要翻掌太快或最后突然翻掌。全部过渡动作，上下要协调一致。如面向南起势，单鞭的方向（左脚尖）应向东偏北（大约15°）。

10. 第十式：云手

①身体重心移至右腿上，身体渐向右转，左脚尖里扣；左手经腹前向右上划弧至右肩前，手心斜向后，同时右手变掌，手心向右前；眼看左手（见图 6-4-89、6-4-90、6-4-91）。

图 6-4-89 　　　　图 6-4-90 　　　　图 6-4-91

②上体慢慢左转，身体重心随之逐渐左移；左手由脸前向左侧运转，手心渐渐转向左方；右手由右下经腹前向左上划弧至左肩膀前，手心斜向后；同时左脚靠近左脚，成小开立步（两脚距离约10～20厘米）；眼看右手（见图 6-4-92、6-4-93）。

图 6-4-92 　　　　　　　　图 6-4-93

③上体再向右转，同时左手经腹前向大踏步划弧至右肩前，手心斜面向后；右手右侧运转，手心翻转向右；随之左腿向左横跨一步；眼看左手（见图 6-4-94、6-4-95、6-4-96）。

图 6-4-94 　　　　　　　图 6-4-95 　　　　　　　图 6-4-96

④同②解（见图 6-4-97、6-4-98）。

图 6-4-97 　　　　　　　　图 6-4-98

⑤同③解（见图 6-4-99、6-4-100、6-4-101）。

图 6-4-99 　　　　　　图 6-4-100 　　　　　　图 6-4-101

⑥同②解（见图 6-4-102、6-4-103）。

要点：身体转动要以腰脊为轴，松腰、松胯，不可忽高忽低。两臂随腰的转动而运转，要自然圆活，速度要缓慢均匀。下肢移动时，身体重心要稳定，两脚掌先着地再踏实，脚尖向前。眼的视线随左右手而移动。第三个"云手"的右脚最后跟步时，脚尖微向里扣，便于接"单鞭"动作。

图 6-4-102 　　　　　　图 6-4-103

11. 第十一式：单鞭

①上体向右转，右手随之向右运转，至右侧方时变成勾手；左手经腹前向右上划弧至右肩前，手心向内；身体重心落在右腿上，左脚尖点地；眼看左手（见图 6-4-104、6-4-105、6-4-106）。

图 6-4-104 　　　　　　图 6-4-105 　　　　　　图 6-4-106

②上体微向左转，左脚向左前侧方迈出，右脚跟后蹬，成左弓步；在身体重心移向左腿的同时，上体继续左转，左掌慢慢翻转向前推出，成"单鞭"式（见图6-4-107、6-4-108）。

图 6-4-107 　　　　　图 6-4-108

12. 第十二式：高探马

①右脚跟进半步，身体重心逐渐后移至右腿上；右手变掌，两手心翻转向上，两肘微屈；同时身体微向右转，左脚跟渐渐离地；眼看左前方（见图6-4-109）。

②上体微向左转，面向前方；右掌经右耳旁向前推出，手心向前，手指与眼同高；左手收至左侧腰前，手心向上；同时左脚微向前移，脚尖点地，成左虚步；眼看右手（见图6-4-110）。

图 6-4-109 　　　　　图 6-4-110

要点：上体自然正直，双肩要下沉，右肘微下垂。跟步移换重心时，身体不要有起伏。

13. 第十三式：右蹬脚

①左手手心向上，前伸至右腕背面，两手相互交叉，随即向两侧分开并向下划弧，手心斜向下；同时左脚提起向左前侧方进步（脚尖略外撇）；身体重心前移，右腿自然蹬直，成左弓步；眼看前方（见图6-4-111、6-4-112、6-4-113）。

图 6-4-111 　　　　　图 6-4-112 　　　　　图 6-4-113

②两手由外圈向里圈划弧，两手交叉合抱于胸前，右手在外，手心均向后；同时右脚向左脚向左脚靠拢，脚尖点地；眼平看右前方（见图 6-4-114）。

③两臂左右划弧分开平举，肘部微屈，手心均向外；同时右腿屈膝担起，右脚向右前方慢慢蹬出；眼看右手（见图 6-4-115、6-4-116）。

图 6-4-114 　　　　　图 6-4-115 　　　　　图 6-4-116

要点：身体要稳定，不可前俯后仰。两手分开时，腕部与肩齐平。蹬脚时，左腿微屈，右脚尖回勾，劲使在脚跟。分手和蹬脚须协调一致。右臂和右腿上下相对。如面向南起势，蹬脚方向应为正东偏南（约 30°）。

14. 第十四式：双峰贯耳

①右腿收回，屈膝平举，左手由后向上、向前下落至体前，两手心均翻转向上，两手同时向下划弧分落于右膝两侧；眼看前方（见图 6-4-117、6-4-118）。

图 6-4-117 　　　　　图 6-4-118

②右脚向右前方落下，身体重心渐渐前移，成右弓步，面向右前方；同时两手下落，慢慢变拳，分别从两侧向上、向前划弧至面部前方，成钳形状，两拳相对，高与耳齐，拳眼都斜向下（两拳中间距离约 10~20 厘米）；眼看右拳（见图 6-4-119、6-4-120）。

要点：完成式时，头颈正直，松腰松胯，两拳松握，沉肩垂肘，两臂均保持弧形。双峰贯耳式的弓步和身体方向与右蹬脚方向相同。弓步的两脚跟横向距离同"揽雀尾"式。

图 6-4-119 　　　　　图 6-4-120

15. 第十五式：转身左蹬脚

①左腿屈膝后坐，身体重心移至左腿，上体左转，右脚尖里扣；同时两拳变掌，由上向左右划弧分开平举，手心向前；眼看左手（见图 6-4-121、6-4-122）。

图 6-4-121 　　　　　图 6-4-122

②身体重心再移至右腿，左脚收到右脚内侧，脚尖点地；同时两手由外圈向里圈划弧合抱于胸前，左手在外，手心均向后；眼平看左方（见图6-4-123、6-4-124）。

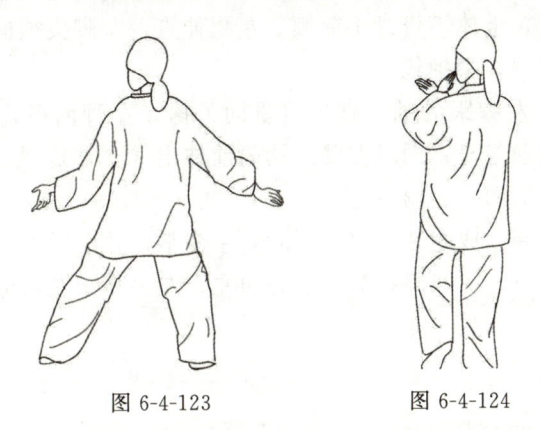

图 6-4-123　　　　图 6-4-124

③两臂左右划弧分开平举，肘部微屈，手心均向外；同时左腿屈膝提起，左脚向左前方慢慢蹬出；眼看左手。要点：与左蹬脚式相同，只是左右相反。左蹬脚方向与右蹬脚成180°（即正西偏北，约30°）（见图6-4-125、6-4-126）。

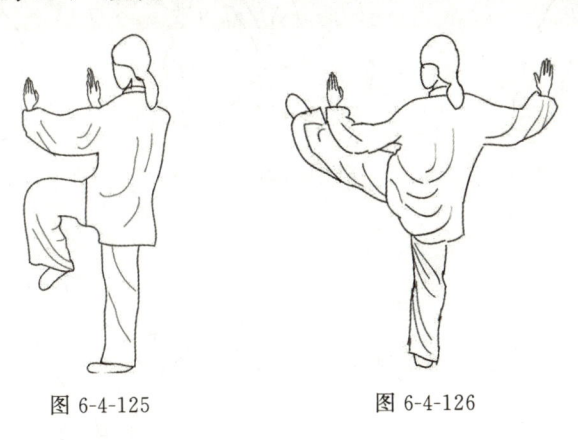

图 6-4-125　　　　图 6-4-126

16. 第十六式：左下势独立

①左腿收回平屈，上体右转；右掌变成勾手，左掌向上、向右划弧下落，落于右肩前，掌心斜向后；眼看右手（见图6-4-127、6-4-128）。

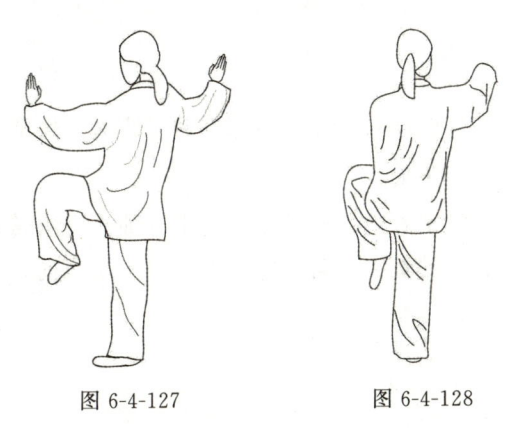

图 6-4-127　　　　图 6-4-128

②右腿慢慢屈膝下蹲，左腿由里向左侧（偏后）伸出，成左仆步；左掌下落（掌心向外）向左下顺左腿内侧向前穿出；眼看左手（见图6-4-129、6-4-130）。

要点：右腿全蹲时，上体不可过于前倾。左腿伸直，左脚尖须向里扣，两脚脚掌全部着地。左脚尖与右脚跟踏在中轴线上。

③身体重心前移，左脚跟为轴，脚尖尽量向外撇，左脚前弓，右腿后蹬，右脚尖里扣，上体微向左转并向前起身；同时左臂继续向前伸出（立掌），掌心向右，右勾手下落，勾尖向后；眼看左手（见图6-4-131）。

④右腿慢慢提起平屈，成左独立势；同时右手变掌，并由后下方顺右腿外侧向前弧形摆出，屈臂立于右腿上方，肘与膝相对，手心向左；左手立于左胯旁，手心向下，指尖向前；眼看右手（见图6-4-132、6-4-133）。

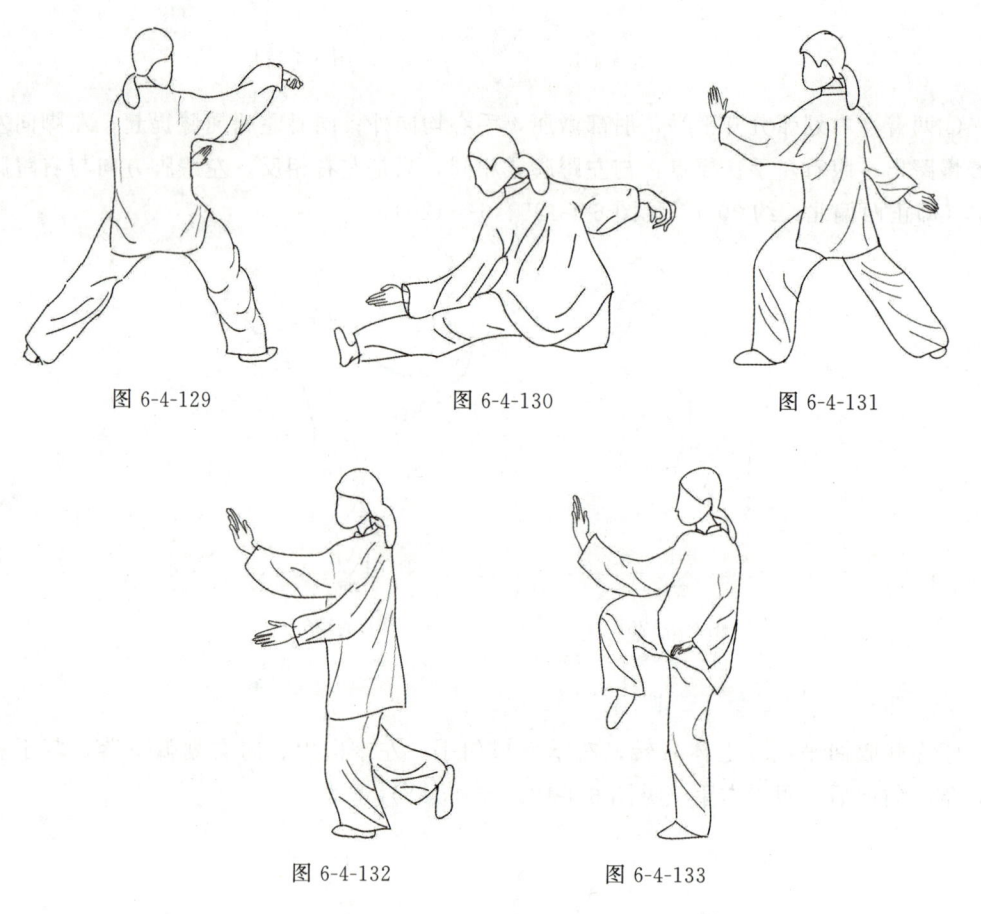

图 6-4-129　　　　　图 6-4-130　　　　　图 6-4-131

图 6-4-132　　　　　图 6-4-133

要点：上体要正直，独立的腿要微屈，由腿提起时脚尖自然下垂。

17. 第十七式：右下势独立

①右脚下落于左脚前，脚掌着地；然后左脚前掌为轴，脚跟转动，身体随之左转同时左手向后平举变成勾手，右掌随着转体向左侧划弧，立于左肩前，掌心斜向后，眼看左手（见图6-4-134、6-4-135）。

图 6-4-134 　　　　　图 6-4-135

②同"左下势独立"②解，只是左右相反（见图 6-4-136、18-137）。

图 6-4-136　　　　　图 6-4-137

③同"左下势独立"③解，只是左右相反（见图 6-4-138）。
④同"左下势独立"④解，只是左右相反（见图 6-4-139、6-4-140）。

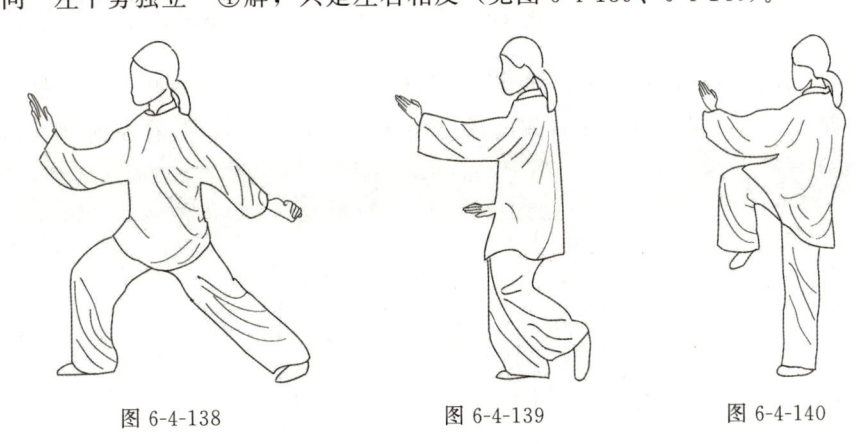

图 6-4-138　　　　图 6-4-139　　　　图 6-4-140

要点：右脚尖触地后必须稍微提起，然后再向下仆腿，其他均与"左下势独立"相同，只是左右相反。

18. 第十八式：左右穿梭

①身体微向左转，左脚向前落地，脚尖外撇，右脚跟离地，两腿屈膝成半坐盘式；同时两手在左胸前成抱球状（左上右下）；然后右脚收到左脚的内侧，脚尖点地；眼看左前

臂（见图 6-4-141、6-4-142、6-4-143）。

图 6-4-141 　　　　图 6-4-142 　　　　图 6-4-143

②身体右转，右脚向右前方迈出，屈膝弓腿，成右弓步；同时右手由脸前向上举并翻掌停在右额前，手心斜向上；左手先向左下再经体前向前推出，高与鼻尖平，手心向前；眼看左手（见图 6-4-144、6-4-145、6-4-146）。

图 6-4-144 　　　　图 6-4-145 　　　　图 6-4-146

③身体重心略向后移，右脚尖稍向外撇，随即身体重心再移至右腿，左脚跟进，停于右脚内侧，脚尖点地；同时两手在右胸前成抱球状（右上左下）；眼看左前臂（见图 6-4-147、6-4-148）。

图 6-4-147 　　　　图 6-4-148

④同②解，只是左右相反（见图 6-4-149、6-4-150）。

图 6-4-149 　　　　　图 6-4-150

要点：完成姿势面向斜前方（如面向南起势，左右穿梭方向分别为正本偏北和正偏南，均约 30°）。手推出后，上体不可前俯。手向上举时，防止引肩上耸。一手上举一手前推要与弓腿松腰上下协调一致。做弓步时，两脚跟的距离同搂膝拗步式，保持在 30 厘米左右。

19. 第十九式：海底针

右脚向前跟进半步，身体重心移至右腿，左脚稍向前移，脚尖点地，成左虚步；同时身体稍向右转，右手下落经体前向后、向上提抽至肩上耳旁，再随身体左转，由右耳旁斜向前下方插出，掌心向左，指尖斜向下；与此同时，左手向前、向下划弧落于左胯旁，手心向下，指尖向前；眼看前下方（见图 6-4-151、6-4-152）。

图 6-4-151 　　　　　图 6-4-152

要点：身体要先向左转，再向右转。完成姿势，面向正西。上体不可太前倾。避免低头和臀部外凸。左腿要微屈。

20. 第二十式：闪通臂

上体稍向右转，左脚向前迈出，屈膝弓腿成左弓步；同时右手由体前上提，屈臂上举，停于右额前上方，掌心翻转斜向上，拇指朝下；左手上起经胸前向前推出，高与鼻尖平，手心向前；眼看左手。

要点：完成姿势上体自然正直，松腰、松胯；左臂不要完全伸直，背部肌肉要伸展开。推掌、举掌和弓腿动作要协调一致。弓步时，两脚跟横向距离同"揽雀尾"式（不超过 10 厘米）（见图 6-4-153、6-4-154、6-4-155）。

图 6-4-153 　　　　　　图 6-4-154 　　　　　　　　图 6-4-155

21. 第二十一式：转身搬拦捶

①上体后坐，身体重心移至右腿上，左脚尖里扣，身体向后转，然后身体重心再移至左腿上；与此同时，右手随着转体和右、向下（变拳）经腹前划弧至左肋旁，拳心向下；左掌上举于头前，掌心斜向上；眼看前方（见图 6-4-156、6-4-157、6-4-158）。

图 6-4-156 　　　　　　图 6-4-157 　　　　　　　　图 6-4-158

②向右转体，右拳经胸前向前翻转撇出，拳心向上；左手落于胯旁，掌心向下，指尖向前；同时右脚收回后（不要停顿或脚尖点地）即向前迈出，脚尖外撇；眼看右拳（见图 6-4-159、6-4-160、6-4-161）。

图 6-4-159 　　　　　　图 6-4-160 　　　　　　　　图 6-4-161

③身体重心移至右腿上，左脚向前迈一步；左手上起经左侧向前上划弧拦出，掌心向前下方；同时右拳向右划弧收到右腰旁，拳心向上；眼看左手（见图 6-4-162、6-4-163）。

④左腿前弓成左弓步，同时右拳向前打出，拳眼向上，高与胸平，左手附于右前臂里侧；眼看右拳（见图 6-4-164）。

要点：右拳不要握得太紧。右拳回收时，前臂要慢慢内旋划弧，然后再外旋停于右腰旁，拳心向上。向前打拳时，右肩随拳略向前引伸，沉肩垂肘，右臂要微屈。弓步时，两脚横向距离同"揽雀尾"式。

图 6-4-162　　　　　　图 6-4-163　　　　　　图 6-4-164

22. 第二十二式：如封似闭

①左手由右腕下向前伸出，右拳变掌，两手手心逐渐翻转向上并慢慢分开回收；同时身体后坐，左脚尖翘起，身体重心移至右腿；眼看前方（见图 6-4-165、6-4-166、6-4-167）。

图 6-4-165　　　　　　图 6-4-166　　　　　　图 6-4-167

②两手在胸前翻掌，向下经腹前再向上、向前推出，腕部与肩平，手心向前；同时左腿前弓成左弓步；眼看前方（见图 6-4-168、6-4-169、6-4-170）。

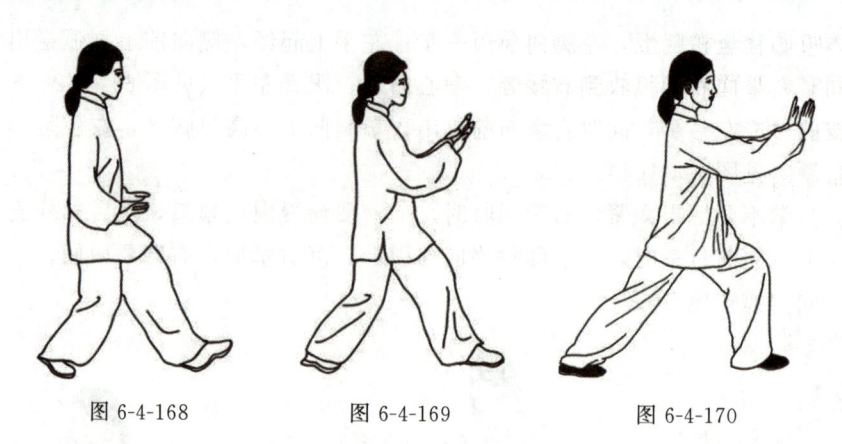

图 6-4-168　　　　　　图 6-4-169　　　　　　图 6-4-170

要点：身体后坐时，避免后仰，臀部不可凸出。两臂随身体回收时，肩、肘部略向外松开，不要直着抽回。两手推出宽度不要超过两肩。

23. 第二十三式：十字手

①屈膝后坐，身体重心移向左腿，左脚尖里扣，向右转体；右手随着转体动作向右平摆划弧，与左手成两臂侧平举，掌心向前，肘部微屈；同时右脚尖随着转体稍向外撇，成右侧弓步；眼看右手（见图 6-4-171、6-4-172）。

图 6-4-171　　　　　　图 6-4-172

②身体重心慢慢移至左腿，右脚尖里押，随即向左收回，两脚距离与肩同宽，两腿逐渐蹬直，成开立步；同时两手向下经腹前向上划弧交叉合抱于胸前，两臂撑圆，腕高与肩平，右手在外，成十字手，手心均向后；眼看前方（见图 6-4-173、6-4-174）。

图 6-4-173　　　　　　图 6-4-174

要点：两手分开和合抱时，上体不要前俯。站起后，身体自然正直，头要微向上顶，下颏稍向后收。两臂环抱时须圆满舒适，沉肩垂肘。

24. 第二十四式：收势

两手向外翻掌，手心向下，两臂慢慢下落，停于身体两侧；眼看前方（见图 6-4-175、6-4-176、6-4-177）。

图 6-4-175　　　　图 6-4-176　　　　图 6-4-177

要点：两手左右分开下落时，要注意全身放松，同时气也徐徐下沉（呼气略加长）。呼吸平稳后，把左脚收到右脚旁，再走动休息。

三、散打

1. 散打的技法

（1）拳法：主要由直拳、摆拳、勾拳、贯拳等拳法组成。

（2）腿法：主要由正蹬腿、侧踹腿、鞭腿（横踢腿）、后摆腿等腿法组成。

（3）摔法：主要由快摔动作组成，如"夹颈过背""抱腿过胸""抱腿前顶""接腿勾踢"等。

（4）组合：主要由拳法组合、腿法组合、摔法组合3种顺搭和混搭组成。顺搭如拳法的"直摆勾组合"，混搭如"拳摔组合""拳腿组合"等。

2. 散打的基本技术教学（以下技术动作均以左势为例）

（1）散打的格斗势。散打格斗势，俗称"抱架"，是进入对抗前的准备姿势，它不仅能使身体处于强有力的状态，而且有最佳的快速反应能力，利于快速移动发起进攻和防守，并且暴露面小，能有效地保护自己的要害部位。

1）动作要领。两脚微呈八字平行开立，距离略比肩宽，两膝微屈成并肩裆。左脚不动，右脚以脚前掌为轴向左旋转，身体随之转动25°左右，重心在两脚之间，右脚跟稍稍踮起。

图 6-4-178

含胸拔背、收下颌，前手轻握拳，屈臂抬起，拳与下颌等高，前臂与上臂夹角成90°~110°，后手轻握拳，屈臂抬起，前臂上臂夹角小于60°，后手拳自然置于下颏外侧处，肘部下垂轻贴在右肋部（见图6-4-178）。

2）易犯错误。进退不够灵活，攻守不严密，姿势过低或过高，重心没有控制在两脚之间。两手没有紧护躯体，暴露给对方打击的有效部位太多。

（2）散打的基本步伐。步伐是散打技术运用的基础，要求"快""灵""变"。正所谓，"步动招随，招起步进"。

1）进步。

①动作要领。在格斗势的基础上，身体向后退步。左脚先动时，左脚向后退一步，右脚随即后退一步；右脚先动时，右脚向后退一步，左脚随即紧跟后退一步。身体向后退步时，上体保持预备势不变，两眼平视前方（见图6-4-179）。

图 6-4-179　进步

②易犯错误。进步步幅过大，后脚跟进后没有保持实战姿势，进步后跟步衔接慢。控制不好身体重心，身体不协调。

2）退步。

①动作要领。在格斗势的基础上，身体向后退步。左脚先动时，左脚向后退一步，右脚随即后退一步；右脚先动时，右脚向后退一步，左脚随即紧跟后退一步。身体向后退步时，上体保持预备势不变，两眼平视前方。如图6-4-180所示。

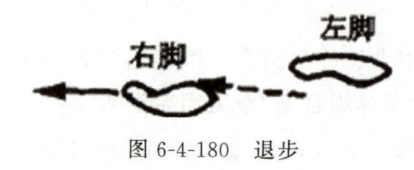

图 6-4-180　退步

②易犯错误。退步步幅过大，后脚跟进后没有保持实战姿势，退步后跟步衔接慢。控制不好身体重心，身体不协调。

3）换步。

①动作要领。在格斗势的基础上，左脚与右脚同时蹬地并前后交换位置，同时两拳也前后交换成反架格斗势。如图6-4-181所示。

②易犯错误。换步距离过大或过小，换步后没有及时变为反架格斗势。控制不好身体重心，身体不协调。

4）躲闪步。

①动作要领。在格斗势的基础上，身体向左（右）斜上一步。左躲闪步时，左脚向左前方斜移一步，后脚随即紧跟一步，同时身体向左侧转；右闪躲步时，左脚向右前方斜移一步，后脚随即紧跟一步同时身体

图 6-4-181　换步

向右侧转。如图 6-4-182、6-4-183 所示。

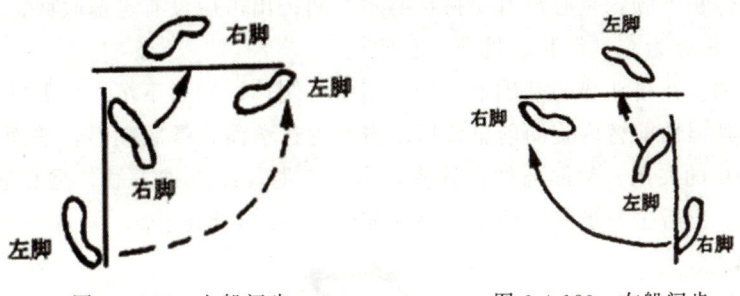

图 6-4-182　左躲闪步　　　　图 6-4-183　右躲闪步

②易犯错误。速度慢，不够灵活敏捷。在躲闪过程中，没有保持好格斗势，暴露过多的有效击打部位。控制不好身体重心，身体不协调。

（3）散打的拳法。

1）冲拳——分为左冲拳和右冲拳。

①左冲拳动作要领。在格斗势的基础上，右脚蹬地，重心微向前倾，借扭腰松胯之力，左拳直线向前冲出，力达拳面。拳面朝前，拳眼朝右。右拳护下颌，重心落于两腿之间，目视攻击方向。出击后，迅速还原格斗势。如图 6-4-184 所示。

图 6-4-184　左冲拳

②右冲拳动作要领。在格斗势、预备势的基础上，右脚蹬地内扣，身体向左侧转，转腰顺肩，借扭腰送胯之力，右拳直线向前冲出，力达拳面。拳与肩同高，拳面朝前，拳眼朝左，左拳护下颌，重心落于两腿之间，目视攻击方向。出击后，迅速还原格斗势。如图 6-4-185 所示。

图 6-4-185　右冲拳

③左右冲拳易犯错误。出拳不够迅速，身体过于前倾。没有借助扭腰松垮之力。出拳时左右手没有保护下颌，重心没有保持在两腿之间。出击后没有迅速收回，还原格斗势。

2）贯拳——分为左贯拳和右贯拳（右例）。

①动作要领。在格斗势的基础上，身体稍向右侧转，右肩下沉。右肘随即回带，合胯转腰，而后以其惯性前臂内旋向前里弧形出击，力达拳面。拳眼朝后，拳面朝左，小臂与大臂成大于110°的夹角，拳面与体侧并齐，拳低于肘，左拳护下颌，重心落于两腿之间，目视攻击方向。出后击，迅速还原格斗势。如图6-4-186所示。

图6-4-186 贯拳

②易犯错误。转体与侧摆不连贯，出拳时左右手没有保护好下颌，控制不好重心。出击后没有迅速还原格斗势。

3）抄拳——分为左抄拳和右抄拳（右例）。

①动作要领。在格斗势的基础上，右脚蹬地，扣膝合胯，右肩下沉，微向左转腰的同时，借扭腰送胯之力，右拳由下、向前、向上抄起，拳心朝里，力达拳面。拳面朝上，拳眼朝右，大小臂夹角在90°～110°之间。左拳护下颌，重心落于两腿之间。出击后，迅速还原格斗势。如图6-4-187所示。

图6-4-187 抄拳

②易犯错误。没有扭腰送胯，出拳不自然。控制不好重心，出击后没有迅速还原格斗势。如图6-4-188所示。

（4）散打的腿法。

1）鞭腿——分为左鞭腿和右鞭腿（右例）。

①动作要领。在格斗势的基础上，向前提膝展胯，身体向左后方倾斜，随即小腿像鞭子一样，脚尖绷直，向左横击，着力点于脚背。右手自然向右后方挥动，左手护下颌，重心落于左腿。出击后，先收小腿，下落时顺势回带，落于左脚后方，还原格斗势。

(a) (b)

图 6-4-188 鞭腿

②易犯错误。出击时没有充分展胯且凸臀。回收时效仿跆拳道，收小腿后先将脚落于左脚前方，再还原格斗势。而不是下落时顺势回收。

2）正蹬腿——分为左正蹬腿和右正蹬腿（左例）。

①动作要领。在格斗势的基础上，右脚在左脚跟后进一步，身体微向后仰，左脚随即正直提膝送胯，脚尖向上，向正前方蹬，着力点在脚掌。两臂自然下垂护住两肋，重心落于左腿。出击后，先屈收左腿，迅速还原格斗势。如图 6-4-189 所示。

(a) (b)

图 6-4-189 正蹬腿

②易犯错误。后倾幅度过大，重心不稳，前蹬无力。

3）侧踹腿——分为前侧踹腿和后侧踹腿（右例）。

①动作要领。在格斗势的基础上，身体向左转体逆向左斜，右腿屈收至腹前，展胯而后向右前方踹出，着力点在脚掌，腿与体侧成直线。左手护下颌，右手自然下挥，重心落于左腿。出击后，先屈收小腿，而后迅速恢复成格斗势。如图 6-4-190 所示。

(a) (b)

图 6-4-190 侧踹腿

205

②易犯错误。展胯不充分且凸臀，腿踹出时与体侧不成直线。

以上进攻技术可单招练习使用，也可根据动作转换的合理性和可行性进行组合运用。如上下结合、手脚并用、左右连击、纵横交错、真假虚实，灵活变换，使对手顾此失彼、防不胜防。

(5) 散打常用的摔法。摔法是运用手拉、脚绊配合身体旋转的力学原理使对方身体失去平衡而被摔倒的技击形式。

1) 抱膝前顶摔。

①动作要领。由格斗势开始，当对方拳击自己头部时，随即下潜躲闪，上左步，两手抱对方双腿用力回拉，同时用左肩顶对方腹部，将其摔倒。如图 6-4-191 所示。

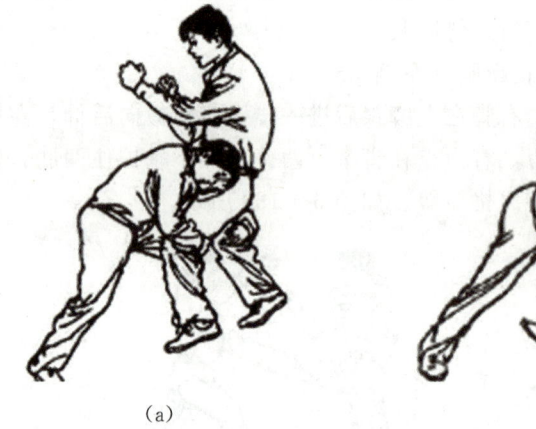

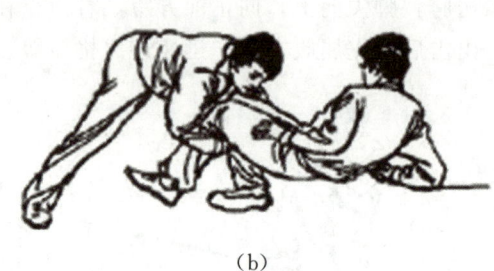

(a)　　　　　　　　　　　　(b)

图 6-4-191　抱膝前顶摔

②易犯错误。下潜时机、距离掌握不好。抱腿回拉与肩顶腹部不是同时进行。

2) 抱腿别腿摔。

①动作要领。当对方用左侧弹踢腿时，随即避势趋进抱起左腿，并上左腿绊别其支撑腿，随即上体右转用胸下压对方左腿，使其倒地。如图 6-4-192 所示。

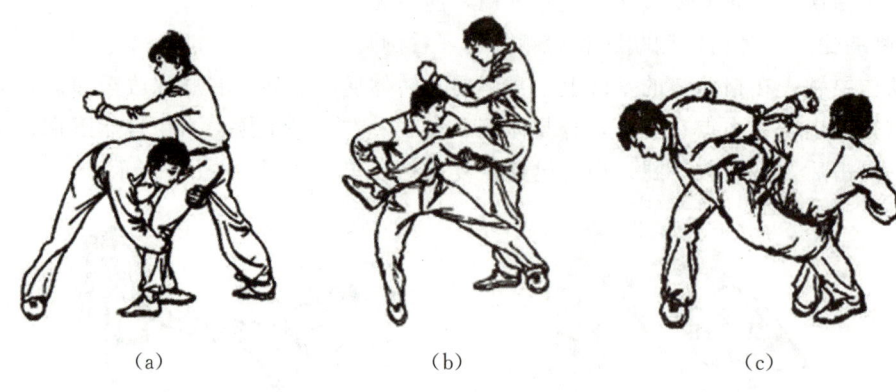

(a)　　　　　　　(b)　　　　　　　(c)

图 6-4-192　抱腿别腿摔

②易犯错误。抱腿不敏捷，别腿、转体压腿衔接不连贯。

(6) 散打的防守技术。

1) 后闪。重心后移，上体略后仰闪躲，目视对方。闭嘴合齿收下颌。防守对方拳法攻击上盘部位。如图 6-4-193 所示。

图 6-4-193 后闪

2）侧闪。两腿微屈、俯身，上体向左侧或右侧闪躲。主要闪躲对方左右冲拳正面攻击上盘部位。如图 6-4-194 所示

图 6-4-194 侧闪

3）下闪。屈膝、沉胯、下蹲、缩颈、弧形向下躲闪，两手紧护胸部目视对方。主要防守对方横向攻击头部的左右掼拳、横踢腿等。如图 6-4-195 所示。

图 6-4-195 下闪

4）拍挡。左手以拳心或掌心为力点向里横向拍挡对方。进攻主要防守对方直线型拳法对中、上盘的攻击。如图 6-4-196 所示。

图 6-4-196　拍挡

5）拍压。左拳变掌，以掌心或掌跟为力点由上向前下拍压。防守对方正面攻击中盘的动作，如勾拳、蹬踹腿等。如图 6-4-197 所示。

图 6-4-197　拍压

6）提膝。身体稍右转，右腿微屈独立支撑，左腿屈膝提起，目视前方。防守对方正面或横向腿法攻下盘部位，如踹腿、横踢腿等。如图 6-4-198 所示。

图 6-4-198　提膝

3. 散打的训练方法

（1）慢速、快速重复练习。慢速重复练习适用于学习新的动作。学习新动作时要对动作的规格有明确的要求，如身体的姿势、重心的高低、手臂的位置、步法的移动、腿的动作路线、击打部位、结束姿势等。经教练员的讲解、示范或自学后，一般不要立即快速练习，而要采用慢速度模仿练习，复杂动作还应分解练习。此时不应过分追求动作的击打力量、速度，应仔细揣摩动作的发力点、路线和动作要领。

在技战术已达到自动自发的程度时一般要根据自身特点，选择几种在实战中常用的组合技术并反复进行强化，此时则需要快速重复练习。

（2）结合身法和步法练习。经过慢速重复性练习基本学会动作后，则根据实战的需要结合相应的身法和步法进行练习，使技术与实战紧密联系。如练习鞭腿技术时，可以向前滑一步后再进行鞭腿的练习。或是后滑一步再练习鞭腿，或是要求先用身体晃动引动对方。

（3）空击攻防练习。由于散打是两个人的直接对抗，为减少不必要的受伤情况的发生，在训练中要求两个人一组，一方主动进攻，另一方防守反击，或是两个人按照比赛的要求进行互不接触的实战。

（4）持靶练习。配合者手持手靶或脚靶，配合练习者进行技术练习，如将脚靶放置与胸齐平，让练习者侧踹；将脚靶放置与头部齐平，让练习者练习高鞭腿踢击头动作。这种练习不但能够有效地提高练习者进攻和防守反击的动作质量，还可以提高练习者击打的准确性、步法的灵活性和良好的距离感、时机感等。

（5）实战练习。这种练习方法经常在散打训练中被采用。如要求双方队员在一个回合中只能用左右直拳进攻和用左手摆拳反击；一方只能用低鞭踢和踹腿进攻，而另一方只能用后手直拳和截腿摔法反击，不准主动进攻等。这种方法的优点是针对性强，能有效地训练和提高运动员的某一方面的能力。条件实战一般包括以下几个方面。

①同伴配合，创造时机和姿势以便进攻者完成进攻战术。

②同伴配合，创造时机和姿势以便进攻者完成防守战术。

③同伴配合，创造时机和姿势以便进攻者完成防守反击战术。

④同伴配合，不创造时机和完成技术的便利姿势。进攻者用自己的行动创造机会完成进攻战术或防守战术或防守反击战术。

⑤同伴配合，积极地防守，但不全力防守，进攻者全力完成进攻战术或防守战术或防守反击战术。

⑥双方进行实战，一方进攻，一方反攻。

⑦双方进行实战限制另一方的进攻技术。

⑧双方进行实战限制另一方的防守技术。

⑨双方进行实战限制另一方的防守反击技术。

4. 实战练习

在掌握并熟练了散打的技战术后，要按照规则不断地进行实战，逐步提高技战术的应用能力。要在对抗中，将技战术使用出来，这样才能在实际比赛中达到利用技战术和其他方面的因素战胜对手，获取比赛的胜利。实战的时间可以根据训练的目的进行安排，如30秒钟实战，则主要让双方运动员在短时间内学会抓住时机尽可能地多进攻并得分，5分钟三局实战，则主要使双方运动员在超过正式比赛的时间内，学会在非常疲劳的情况下使用动作战胜对手，并达到培养坚强意志品质的目的。

四、女子防身术

1. 手法和肘法

（1）手法。

1）直击拳。

①动作方法：预备姿势（左架）站立，左拳直线向前击出，力达拳面，拳心向下；左肩前顺，右腿膝盖内扣，眼视左拳。如图 6-4-199（a）所示。

②学法建议：转腰、催肩、抖臂、爆发用力，拳与小臂成直线。

③攻击部位：面部是左直拳攻击的主要目标；左直拳幅度小、灵活性大、速度快，又有引拳、探拳、先锋拳之称，既可直接进攻，又可做各种诱导假动作，以迷惑对手，突破防线，为其他方法的进攻创造条件。

2）前、后撩掌。

①动作方法：预备姿势站立，左拳或右拳变掌，掌心向前下，由屈到伸向前或向后撩击对方裆部，力达手掌。如图 6-4-199（b）（c）所示。

②学法建议：腰要拧，步要进，速度要快，力点要准。

③攻击部位：主要攻击对方裆部。裆部神经丰富，被撩击后会疼痛难忍，有时甚至使对手全身乏力，出现休克。

图 6-4-199 手法

（2）肘法。

肘法属于近距离击打的技法，利用屈肘时的臂部和突起的肘尖进行进攻和防守。肘不但尖硬，且攻击力大；其招式稳而速，短而险，时短时长，变化莫测。在近身厮斗中，最易发挥攻击和防守的效用。主要的攻击性肘法有以下几种。

1）顶肘。

①动作方法：肘部平抬，屈臂，肘尖向前，发力时蹬地、送髋，同时另一手大臂向另一侧甩力。顶肘是以肘尖攻击，女性自卫时用以顶击歹徒腋下，如图 6-4-200（a）所示。

②学法建议：蹬腿、送髋、大臂猛伸用力，三者要协调一致。

2）横肘。

①动作方法：横肘时大臂向前横移，实际上是用旋转身体的力量，以肘尖击打对手，

适于攻击对手的太阳穴、后脑、耳门、颈部以及胸肋等，如图 6-4-200（b）所示。

②学法建议：横肘主要是两种力，一是蹬腿，二是旋转身体。

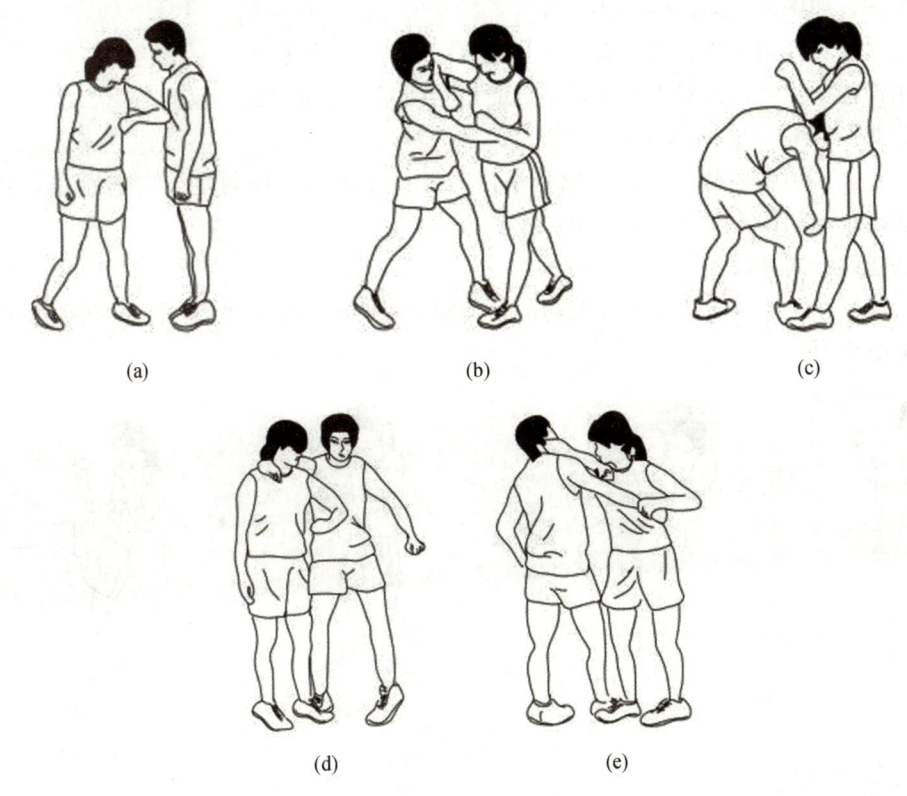

图 6-4-200 肘法

3）砸肘。

①动作方法：手臂上抬，肘尖朝前上，砸击时身体迅速下沉，肘由上向下砸击。砸肘多用于当对手抱腰、腿时，砸击其后脑、腰部，如图 6-4-200（c）所示。

②学法建议：砸肘时，身体下沉与手臂砸击要两力合二为一。

4）反手顶肘。

①动作方法：手臂略上抬，身体迅速下沉（但幅度没有砸肘大），同时肘向后顶击力达肘尖。顶肘主要用于攻击背后之敌的肋、腹部，如图 6-4-200（d）所示。

②学法建议：手臂迅速快抬，身体要下沉，肘尖用力。

5）反手横肘。

①动作方法：手臂平抬，蹬腿，身体旋转发力，同时手臂随旋转方向向后横向猛击达肘尖。反手横肘主要用于攻击背后之歹徒的面部、太阳穴等，如图 6-4-200（e）所示。

②学法建议：摆臂要平，转体发力，力达肘尖。

2. 腿法和膝法

1）腿法。腿法，即人体下肢屈伸、摆扣、剪绞等攻击方法。腿可以上踢头胸，中踢腰腹，下踢裆腿，前后左右也有不同的攻击方法。

①弹踢。

动作方法：预备姿势站立，支撑腿稍屈，另一腿由屈到伸向前弹击，膝部挺直，脚面绷平，力达足尖或足背，先朝其面部虚击左右拳，待其招架时，以最快速度弹踢对方，眼视对方肩部，如图6-4-201（a）（b）所示。

学法建议：弹击要脆、快、有力，且迅速回收。

攻击部位：主要攻击对方裆部，裆部受击会使对手疼痛难忍，甚至昏厥。

②蹬踢。

动作方法：预备姿势站立，支撑腿稍屈，另一腿由屈到伸勾足尖向前蹬击，膝部挺直，力达足跟，如图6-4-201（c）（d）所示。

学法建议：同弹踢。

攻击部位：主要攻击对方小腹及裆部，蹬腿力量很大，击中小腹后，很容易使对方因疼痛丧失战斗力。

(a)　　　　　　　(b)　　　　　　　(c)　　　　　　　(d)

图6-4-201　腿法

2）膝法。膝法是屈胯抬膝进行进攻或防守的方法，具有重要作用。膝部因其解剖生理的特点，而具有起动快、力量大，是近距离的重型"武器"。膝法攻击的部位有面部、下颌、胃、肝、背部、裆部等。

①前顶膝。

动作方法：预备姿势站立，一腿微屈支撑，另一腿迅速提膝上抬，力达膝盖处，如图6-4-202（a）所示。

用法：当对方从正面搂抱时，即可用双手搂住对方脖子回拉下压，同时屈膝上顶，如图6-4-202（b）所示。

学法建议：双手回拉下压与屈膝上顶要协调一致，动作要快，攻击部位要准。

攻击部位：主要攻击对方腹部、裆部，有时也可攻击对方面部。

②横撞膝。

动作方法：预备姿势站立，一腿微屈，外撇支撑，上体稍转并侧斜倾，另一腿屈膝上抬横撞对方，力达膝盖处。

用法：当对方近身平勾拳进攻时，应顺势低头偏身抬膝横撞，力达膝盖处，如图6-4-202（c）所示。

学法建议：屈髋蓄劲，支撑腿要稳固。

攻击部位：主要攻击对方软肋和腰部。

(a)   (b)   (c)

图 6-4-202 膝法

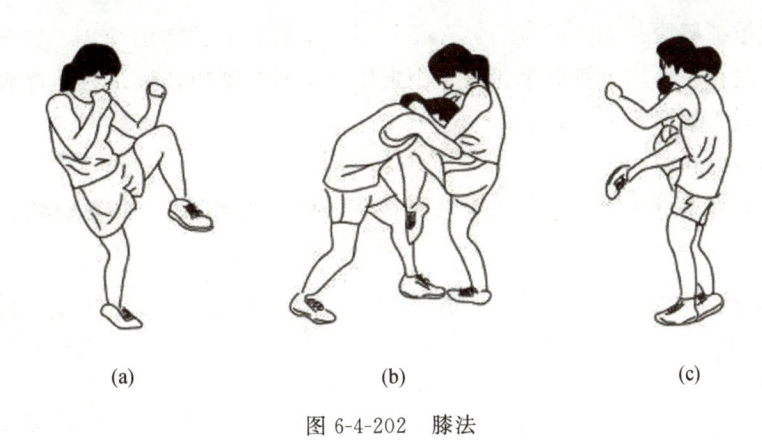

3. 解脱法

当自己的身体某些部位被歹徒抓住或者控制住的时候，首先想到的就应该是如何解脱。如何摆脱歹徒的控制，特别是女子防身时，解脱就显得更为重要。

（1）腕部被抓解脱。

①压腕脱：握拳用力下压对方虎口，对方必松，如图 6-4-203 所示。

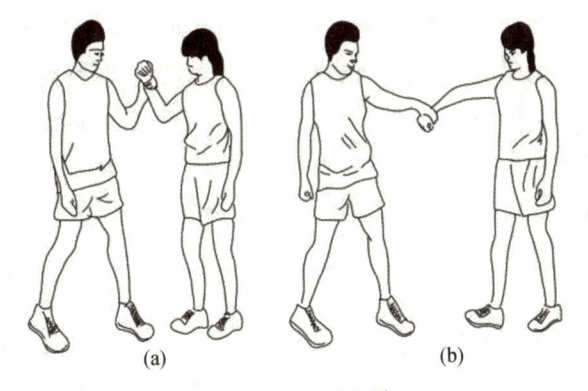

(a)   (b)

图 6-4-203 压腕脱

②上摆脱：握拳臂内旋屈肘，即可解脱，如图 6-4-204 所示。

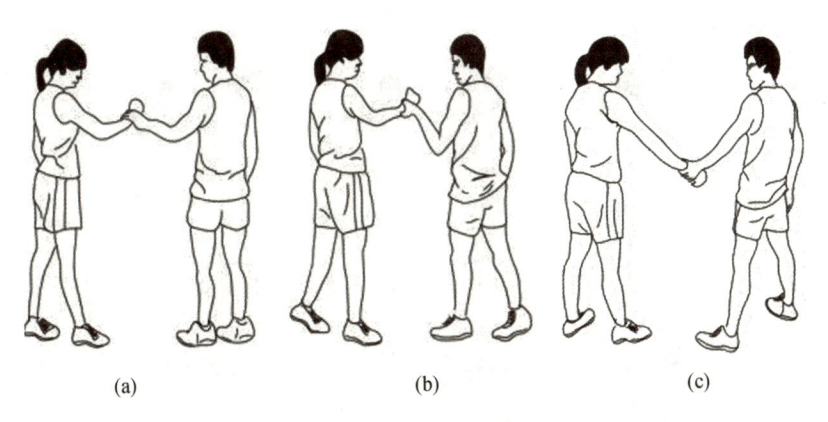

(a)   (b)   (c)

图 6-4-204 上摆脱

(2) 胸襟被抓解脱。

扣腕压肘脱：一手用力将对手抓握手固定压拧，同时蹬腿转腰，另一臂弯弯曲撞击对方肘部即可解脱，如图 6-4-205 所示。

(3) 肩部被抓解脱。

坠肘脱：对方左手抓住肩部，屈肘右上向下坠击对方小臂，即可解脱。如图 6-4-206 所示。

图 6-4-205　扣腕压肘脱

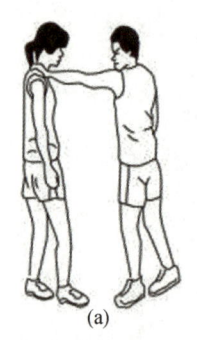

图 6-4-206　坠肘脱

4. 擒拿法

擒拿法是针对人体各部分的关节和穴位，采用各种方法，使对方失去反抗能力的技术，是"四击"之一。运用擒拿方法，借以巧劲，能达到"四两拨千斤"的良好效果。擒拿术技击性强而又复杂，运用的秘诀在于"巧"。只有熟练地掌握各种方法，才能在实战中灵活运用，得心应手，充分发挥其攻击力。擒拿需要一定的力量，而女性的生理特点决定了其力量小于男子，要想很好地运用擒拿术比较困难，因此女性自卫防身时不提倡使用擒拿术。

5. 托颌顶裆战术

(1) 动作方法：当你自然行走或站立，歹徒在正前方，其手臂由你的腋下穿过抱住你的腰部时，双臂上举，双手托（推）歹徒下颌部；屈抬右腿，用右膝下顶歹徒裆部，上体自然后仰，如图 6-4-207 所示。

(2) 学法建议：当歹徒双臂（或手）抱住你时，应该首先搞清楚歹徒的意图，而后双手托其下颌，顶裆要准、狠。

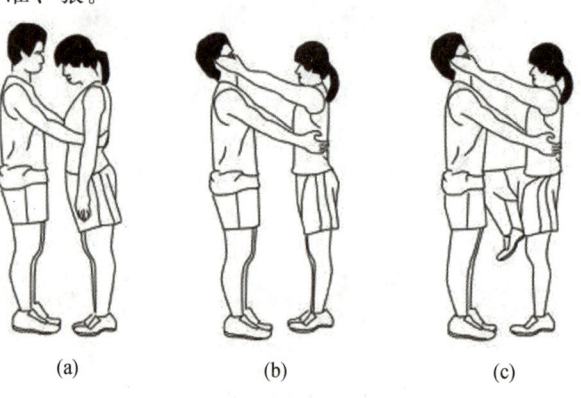

图 6-4-207　托颌顶裆战术

6. 撞面顶裆战术

（1）动作方法：当你自然站立或乘公共汽车，歹徒在正前方用双臂抱住你的双臂及腰部时，上体后仰，然后向前勾头，用前额撞击歹徒面部；随即屈抬右腿，上体后仰，用右膝上顶歹徒裆部，如图 6-4-208 所示。

（2）学法建议：在做撞面顶裆动作时，歹徒将你的双臂及腰抱住，你的双臂（手）无法动弹的情况下，先用头撞其面部，而后用膝顶裆。动作要连贯、有力。

(a)　　　　　　(b)　　　　　　(c)

图 6-4-208　撞面顶裆战术

7. 顶肋击面战术

（1）动作方法：当你自然行走或站立，歹徒在背后用其双臂（手）搂抱住你的双臂及胸部时，向前上右步，双臂屈肘上提；右手抓住歹徒的左手腕，快速左转，右臂屈肘击打歹徒左腋；然后右手松开其左手腕，同时撤左步，身体左转，右手击其左侧下颌，如图 6-4-209 所示。

（2）学法建议：在做顶肋击面动作时，上步、转身要快，抓腕要牢，顶肘要狠，松手及时，击下颌要有力。动作快速、协调、连贯。

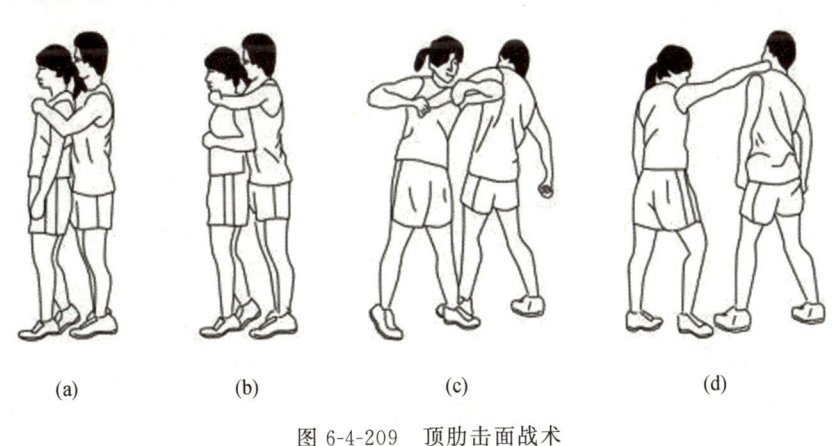

(a)　　　　(b)　　　　(c)　　　　(d)

图 6-4-209　顶肋击面战术

8. 砸面顶颌战术

（1）动作方法：当你自然站立或坐车，歹徒在正前方用其双臂由你的双臂腋下穿过搂抱住你的腰（胸）部时，左臂屈肘上举，用左拳背砸击其面部；右臂屈肘平抬，用右肘横击其左侧下颌，如图6-4-210所示。

（2）学法建议：在做砸面顶颌动作时，出拳要狠，右肘横击动作要连贯、有力。

(a)   (b)   (c)

图6-4-210 砸面顶颌战术

9. 压腕担肘战术

（1）动作方法：当你自然站立或行走，歹徒在前方用其右臂下伸，右手摸裆部时，立即后撤大右步，左手抓握其右手腕；右小臂由其右臂下穿过向上担（击）其肘关节的同时左手下压其右手腕，如图6-4-211所示。

（2）学法建议：当歹徒手向下摸你的裆部时，左手要顺势抓握住其右手腕，快速穿臂，担肘要有力，腕下压要及时。

(a)   (b)   (c)

图6-4-211 压腕担肘战术

五、跆拳道

1. 格斗势（站姿）

实战姿势也称为准备姿势，它是指跆拳道比赛中，运动员运用技法进攻或防守时的预备动作。

双脚自然地与肩同宽，前后站立，前脚掌向前微内扣，后脚掌向前内扣30°～60°。膝盖微屈，保持弹性和灵活。（原理：膝盖若太直，活动不灵活，且容易骨折。）身体侧面对敌，向前呈30°～45°。（原理：拳击、泰拳、空手道等较多的凶悍搏击多采用正面对敌，大有杀敌一千自损五百之势，且便于用拳。）跆拳道是以腿法为主的灵活型竞技格斗，侧面对敌有利于闪躲和用腿。前手低后手高，呈防御状态。（原理：前手作为先锋手，后手作为重攻击手负责近身防御和有力反攻）。也有的习惯于前手高后手低的风格。前手大小臂自然弯曲前伸，拳眼对低，前左右三个方向防御，拳的高度大约在脖颈或肩膀的位置。后手护住胸腹和下巴，拳的高度在下巴位置。双手之间配合防御，不要在胸腹处漏出大空当。右手右脚在后为右格斗势，左手左脚在后为左格斗势。（原理：在后的手脚为"主攻击手"或称"重攻击手"，因此当右手脚在后，则右手脚主攻击，称为右格斗势；反之为左格斗势。有个别教练简单地认为哪手在前就是哪手的格斗势，是错误的。区分标准不在于哪手在前或在后，而是要看哪手是主要攻击手，而在后的才是主要攻击手。）（见图6-4-212、6-4-213、6-4-214）

图 6-4-212　　　　　　　图 6-4-213　　　　　　　图 6-4-214

2. 基本步法

（1）前进步。

1）前滑步。实战姿势站立，右脚蹬地，左脚向前上十步，落地时左脚掌先着地，而后右脚再向前跟进半步。移动时，两脚距离保持不变，两脚离地不要太高，进步要稳，跟步要快（见图6-4-215）。

图 6-4-215　前滑步

2）上步。实战姿势站立，以左脚掌为轴。脚尖外转，右脚蹬地向前上步，成实战姿势站立。动作要协调，要有整体性，上步要快（见图6-4-216）。

图 6-4-216　上步

3）前跃步。实战姿势站立，两脚同时蹬地向前纵出130～40厘米，动作完成后保持实战姿势站立。要依靠两脚踝关节与膝关节的力量弹跳纵出，双脚要紧贴地面，不要腾空过高。动作起动时，重心不要过低，否则容易暴露动作意图（见图6-4-217）。

图 6-4-217　前跃步

（2）后退步。

1）后滑步。实战姿势站立，左脚蹬地，右脚先后退半步，落地时右脚掌先着地，随之左脚向后跟半步，落地后保持实战姿势不变。右脚退步距离不宜过大；右脚退多大距离，左脚要跟多大距离，要借助蹬地的反作用力加快移动速度（见图6-4-218）。

图 6-4-218　后滑步

2）后跃步。实战姿势站立，两脚同时蹬地向后跃出30～40厘米，动作完成后成实战姿势站立（见图6-4-219）。

图 6-4-219　后跃步

3）撤步。实战姿势站立，以右脚为轴内转，左脚向后撤步，成右实战姿势站立。动作要协调一致，撤步要快（见图 6-4-220）。

图 6-4-220　撤步

（3）侧移步。实战姿势站立，左脚蹬地，右脚向右侧方上步，左脚随之跟上使身体重心向右移动离开原来的位置，右侧移步相反。移动时要有弹性，速度要快，身体要放松（见图 6-4-221）。

图 6-4-221　侧移步

（4）弧形步。

1）左弧形步。实战姿势站立，以左脚为轴，右脚蹬地向左侧跨步，上体随之左转，整个动作要协调一致（图 6-4-222）。

图 6-4-222 左弧形步

2）右弧形步。实战姿势站立，以左脚为轴，右脚蹬地向右侧跨步，上体随之右转，整个动作要协调一致（见图 6-4-223）。

图 6-4-223 右弧形步

（5）跳换步。实战姿势站立，左右脚同时离地，以腰部力量带动双腿相互交换，落地后仍成实战姿势站立。换步要灵活，弹跳不宜太高（见图 6-4-224）。

图 6-4-224 跳换步

（6）垫步。

1）前垫步。实战姿势站立，重心后移，右脚向左脚内侧并拢，同时左脚蹬地向前迈步。右脚向前上步要迅速，不等右脚落地，左脚就向前移动，移动的距离不要过大，整个动作要协调连贯（见图 6-4-225）。

图 6-4-225　前垫步

2）后垫步。实战姿势站立，左脚向右脚方向并拢；同时，右脚蹬地向后移动，两脚落地成实战姿势。左脚撤步要迅速，整个动作要协调连贯（见图 6-4-232）。

（7）冲刺步。实战姿势站立，右脚向前上步成左实战姿势，紧接着左脚向前上步回到原

图 6-4-226　后垫步

图 6-4-227　冲刺步

来的位置。两腿动作要迅速，频率要快，如冲刺跑一般，移动时步幅不宜过大（见图 6-4-227）。

3. 拳法

跆拳道以腿法为主，占 70%，因此拳法相对较少。现代的竞技型跆拳道拳法一般只有直拳（冲拳）。

（1）左冲拳。实战姿势站立，右脚蹬地，左脚以前脚掌为轴，脚跟外旋，重心移至左

脚，转腰，上体催动左臂将左拳从胸前向前旋臂直线冲出；冲拳的同时右臂做下格动作；接触目标的瞬间拳心向下，目视前方，动作完成后按原路线返回，成实战姿势站立。冲拳时，应充分利用蹬地、转髋、转腰、顺肩和旋臂的力量，力点应在拳面；发力要果断，整个动作要协调流畅；击打瞬间，肩、肘、腕、指各关节应紧张用力，动作完成后迅速放松，将拳收回成实战姿势站立（见图6-4-228）。

图 6-4-228　左冲拳

（2）右冲拳。实战姿势站立；右脚蹬地；同时，以前脚掌为轴向内扣转，重心移至左脚，右脚随之转动扣膝；转腰，上体催动右臂将右拳从胸前向前旋臂直线冲出，冲拳的同时左臂做下格动作；接触目标的瞬间拳心应向下，目视前方，动作完成后按原路线返回，成实战姿势站立。冲拳时，应充分利用蹬地、转髋、转腰、顺肩和旋臂的力量，力点应在拳面；发力要果断，整个动作要协调流畅；击打瞬间，肩、肘、腕、指各关节应紧张用力，动作完成后迅速放松，将拳收回成实战姿势站立（见图6-4-229）。

图 6-4-229　右冲拳

4. 腿法

（1）弹踢。最基本的腿法，正提膝，大小腿充分折叠，爆发弹踢，小腿像鞭子一样向上抽击目标。攻击部位为正脚背。

（2）前踢。和弹踢类似，区别是小腿攻击方向是向前，用脚背或前脚掌攻击。值得一提的是，此腿法和前踹很像，但有很大区别。前踹运用了大腿的前推力，往往是将人蹬出；而前踢在于将力量通过小腿和脚掌"钉入"攻击目标，由于前踢时不会大幅度地推大腿，因此速度更快。前踢的力量着眼点是"钉入"，前踹的力量着眼点是"蹬出"。

（3）横踢。和散打的"鞭腿"、泰拳的"扫腿"、空手道的"回蹴"属于同性质的左右方向的攻击腿法，但方式不同。横踢要充分地正提膝，注意夹紧双腿，大小腿充分折叠，同时侧转身，展胯，小腿鞭踢。由于正提膝且不甩大腿，因此特点是速度极快，像鞭子一般。这也是跆拳道腿法快的重要原因之一。

（4）下劈。攻击腿像折尺一样向上抬起，充分提膝抬起后，再展出小腿，直到高点，猛然下压，用脚跟或脚掌向下攻击。身体注意不要前俯，可以微微后仰，必要时允许微微踮脚，但要保持重心稳重。手部要保持防御状态。分为内劈（由外向内）、外劈（由内向外）和正劈，正劈又称斧式劈腿。关键点是提腿时要注意大小腿折叠提起，这样劈出的距离才长，力量才足，速度才快。

（5）后踢。转身充分提膝，注意双腿夹紧，向后直线蹬出。注意不要无意识地向上摆甩。此腿法看似一般但实际做好的难度较大。

（6）侧踢。转身完全侧向对手，提膝将大腿充分回收，然后直线蹬出。

（7）双飞踢。左右两个横踢的带微跳跃的完美组合，分为单双飞和双双飞，单双飞时前脚为虚晃，着重于后脚的猛烈抽跳攻击，攻击对手肋部或头部；双双飞时，前后脚都均匀用力，打击对手左右双肋。

（8）前摆。攻击腿向前侧面蹬出，然后将小腿折叠回夹，用脚掌底横向抽打目标。注意不要太大幅度地甩动大腿，否则会影响速度。而散打、泰拳、空手道等的前摆则大幅度甩动大腿。

（9）后旋踢。360°回转身，加上前摆。并非二者简单地相加，而是一气呵成，浑然一体，成为一个连贯的动作。

（10）旋风踢。360°转身，加上微跳跃的横踢，同理，是一气呵成，一个连贯动作。

（11）抽踢。支撑脚（前脚）摩擦地面，迅速后滑，同时攻击脚迅速做出横踢，然后恢复防御姿态，即在抽身离开对手的同时用横踢攻击对手，此腿法是特色腿法之一，在离开对手时，还能给予一击。

以上是基本腿法，而组合腿法、凌空腿法和特技腿法都是在此基础上发展而来的。

5. 格挡

上段外格挡、中段外格挡、下段外格挡分别格挡来自上段、中段和下段的侧向或前方的打击。

（1）下格挡。同手同脚，右手—左手向身体前下方伸直，右手握拳，拳眼向上，放在左手上方，从脸颊处沿着左手臂下拉到身前转拳眼，同时右脚前抬呈弓步状，右手拉到右腿上方，左手成拳放在腰间，拳心向上，同时右手拳眼转到左方。

（2）中格挡。右手—右手握拳，拳心朝外右手屈臂呈90°，左右握拳，拳面对着右手肘关节处，左手后拉同下格挡，右手转拳，放在两胸前，拳眼对着自己。

（3）上格挡。右手—左手折叠竖放在胸前，拳心对着自己，右手放在左手上，拳心也对着自己，然后左手同下格挡，右手上拉同时转拳，到额头的正前方位置，离额头一拳的距离，这个时候拳心也转到正前方。

6. 跆拳道战术

（1）技术战术。利用技术全面、熟练、有效果的特点，变化运用各种技术，发挥自己的得意技术，掌握比赛的主动权，抑制对手，达到取胜对手的目的。

（2）利用假动作或假象战术。用逼真的假动作或假象欺骗对手，引其上当，分散其注意力，使其露出破绽，利用这个机会猛烈攻击而得分。

（3）心理战术。比赛开始前，利用情绪、动作和表情等震慑对手，比赛中用气势压倒对手，或利用规则允许和基本允许的各种手段，干扰对方情绪，给对方造成心理负担，使对手技能战术发挥失常，挫伤对方的锐气，发挥自己的优势，在气势上战胜对方。

（4）破坏战术。使用黑招重招使对手先受伤，失去正常比赛能力，或用技术破坏对手技术，控制其动作发挥，使对方进攻无效并且消耗体力，丧失信心，导致比赛的失败。

（5）先得分战术。比赛时利用对方立足未稳或未适应比赛的机会，主动先得分，然后，立刻转入防守，以静制动，利用防守反击战术与对方对抗，既节省体力，更保住得分。

（6）防守反击战术。利用防守好的特点，在防守的基础上利用反击技术打击对方。

（7）抢分战术。比赛中得分落后的情况下，利用各种手段有效地组织进攻力争得分。这种情况下，要主动出击，不能与对方静耗或纠缠，要打破对方的保分意图，以动制静。

六、毽球

毽球基本技术动作包括以下大类，即准备姿势与移动、发球、起球、触球、传球、进攻、防守。

1. 准备姿势

毽球运动中的站立姿势也就是准备姿势，它是运动员在场上未接球时身体的一种等待状态，保持良好的姿势是为了迅速起动，快速移动接近球，是身体能随时在瞬间由静变动，由被动状态变为主动状态的关键。基本站立姿势包括：平行站立法和前后站立法。

（1）平行站立法。动作要领：两脚左右开立，比肩略宽，两脚几乎站在同一条直线上，两脚尖内收成"内八字"，脚跟稍提起，脚掌内侧着地，两膝稍弯曲，重心置于两腿之间，上体放松稍前倾，两臂自然屈于体侧，保持待动状态，目视来球。

重点：两脚掌内侧用力着地，重心下降，两膝内扣。

难点：身体保持待动状态。

（2）前后站立法。动作要领：两脚前后分开站立，支撑脚在前，两脚稍内扣，用脚内侧用力，后脚跟稍提起，两膝稍弯曲，重心稍前移下降，两臂自然屈于体侧，保持待动状态，目视来球。

重点：两脚掌着地，重心落在前脚。

难点：身体保持待动状态。

（3）准备姿势的教学方法如下。

①按正确动作要领反复做准备姿势练习。

②看教师手势或听教师口令快速做出正确准备姿势。

③二人或多人一组互帮互练反复做准备姿势练习。

2. 移动技术

移动的目的就是调整好人与球的最佳位置，有利于更好地发挥传、接、攻、防等各种技术，步法是移动的灵魂，因此，移动必须快速准确。

（1）前上步。前上步或斜前上步时，踢球脚蹬地，支撑脚向前或者斜前上方迈出一步，踢球脚随前做好踢球时准备姿势。

（2）后撤步。后撤时支撑脚向后蹬地，重心后移，同时踢球脚向后迈出一步，支撑脚跟上成踢球准备姿势。

（3）左右滑步。平行站立时，左（右）脚用力侧蹬，重心侧移，同时右（左）脚向侧迈出，左（右）脚迅速地跟上，可连续滑步。

（4）并步。前并步时，右（左）脚向前蹬，重心前移，左（右）脚向前迈出一步，同时右（左）脚跟上并步，准备接球或起跳。

左（右）并步时，右（左）脚向左（右）侧蹬地，重心向左（右）移，左（右）脚向左（右）侧迈出一步，右（左）脚并步跟上成准备姿势。

（5）交叉步。向右（左）交叉步移动时，左（右）脚向右（左）侧蹬地，把身体重心移到右（左）脚，左（右）脚从右（左）脚前往右（左）侧交叉迈出，同时右（左）脚向外侧蹬地，从左（右）脚后侧迈出，成踢球准备姿势。

（6）跨步。支撑脚用力向前或者斜前方蹬地，重心前移，踢球脚随即跨出成救球姿势。

（7）转体上步。左（右）转体时，以右（左）脚为中枢，左（右）脚向后蹬地，重心下降稍后移，以髋带动身体向左（右）转体 90°~180°，成踢球准备姿势。

（8）跑动步。跑动是在来球离身体较远，运用以上移动步法都不能很快接近来球时所采用的一种移动形式；跑动时两臂应用力摆动，以加快速度，争取用最快的速度接近球的落点，然后重心稍下降成踢球准备姿势。

3. 发球技术

发球既是比赛的开始又是一项进攻技术，既可以直接得分又能破坏对方一传，也为防守和反击创造有利条件；发球的时候可以采用盯人、找空、压后、吊前等手段，发出各种战术球，以便达到破坏对方组织进攻或直接得分的目的。发球的方法一般有：脚内侧发球、脚正面发球和凌空发球三种。

（1）脚内侧发球。身体和球网约成45°角站立，左脚在前与端线成45°角，右脚在后与端线平行站立，膝关节微屈；左手将球垂直抛起于体前，距离身体约一臂远，身体重心前移至左脚上，右腿以髋关节为轴，屈膝外转，脚掌与地面平行，小腿迅速前摆，用脚内侧将球击出。

重点：毽球与脚内侧接触的部位。

难点：全身协调用力。

（2）脚正面发球。身体面对网站立，左脚在前右脚在后，两膝微屈，上体稍前倾，重心落在两脚间，左手持球于腹前；左手将球垂直抛起于体前，距离身体约一臂远，抛球的同时，重心前移到左脚上，右脚迅速蹬地、屈膝，小腿后屈，尽量靠近大腿，击球刹那间，小腿迅速前摆，脚面绷直，用脚背正面将球击出。

重点：毽球与脚背正面接触的部位。

难点：全身协调用力。

（3）凌空发球。身体侧对出球方向，左脚尖指向出球方向，左手持球于体前，距离身体约一臂远，将球向上抛起，球要高过头顶，当球下落到大约肩部高度时，右腿迅速抬起，大腿带动小腿快速摆动，脚面绷直，用脚正面将球击出；击球后身体随即转向出球方向，保持身体平衡。

重点：毽球与脚面接触的部位。

难点：击球时机与全身协调用力。

4. 起球技术

起球技术是指利用脚、腿、胸、腹、头（除两手臂外）等身体有效部位把对方击过网或突破拦网后的球击起，并组织进攻的击球动作。

（1）脚内侧起球。脚内侧起球是指用脚的内侧面击球的起球动作。

1）技术动作方法：起球前，两脚前后自然开立，踢球脚在后，两膝微曲，两手臂放松自然下垂于体侧。起球时，身体重心转移到支撑脚上，踢球腿大腿带动小腿由后向前上方摆动。在摆动过程中逐渐形成髋关节外张，膝关节弯曲，踝关节内翻的基本姿势。击球的一刹那脚部击球面端平，击球部位应在脚内侧面的中部，击球点一般应在支撑腿膝关节高度的体前约 40 厘米处。起球的全过程应注意柔和协调，大腿小腿应完成向前上方送球的动作。

2）技术动作的运用：在起球基本技术中，脚内侧起球是一项使用频率最高的基本技术。它不但可以单独运用，而且还可以与头部、胸部、腿部起球技术衔接使用。在毽球比赛中，脚内侧起球主要在以下三种情况中运用。

①接起对方发过来的球。这时要求队员必须积极移动，调整好人与球之间的位置，做到一次起球到位，给二传队员提供一次自我调整球的机会。

②在组织进攻的传球中使用。脚内侧起球是一项传球的专项技术，要想传好球，首先必须养成良好的习惯，即通过积极移动以及第一次调整击球的机会，处理好人与球之间、人与传球方向之间、传球队员与攻球队员之间的合理关系。在此基础上，应提高传球队员的控球能力，使之具备能传高球也能传低球，能传集中球也能传拉开球，能传近网球也能传远网球，以及变向球的能力。

③在防守中运用。由于毽球比赛攻球的飞行路线短，速度快，落点变化多，所以给防守增加了难度。

脚内侧起球的主要作用是防起正面飞来高度在踝关节与膝关节之间的来球，以及其他起球技术防起后的第二次起球到位。这就要求在训练中加强防快速球、大力量球，提高出脚速度的练习，加强其他起球技术与脚内侧起球技术的衔接能力练习。只有这样才能保证在困难条件下合理运用脚内侧起球技术。

3）练习方法：脚内侧起球技术动作的练习方法多种多样，可以先进行原地练习而后再在移动中练习，从单人自己练习过渡到多人的配合练习，随着熟练程度的提高，逐渐在起球的速度、弧度和落点上加大变化和难度。在练习过程中要注意对正确技术动作的体会。

①原地起球练习：高度为肩高，反复练习，逐渐把球送过头顶，此时应提醒注意眼要盯住球，认真体会送球动作和触球部位准确的感觉。

②原地高低起球练习：先起一次低球（约 1.8 米高），接着起一次高球（约 3 米高）。规定若干对为一组反复练习。认真体会踢高球的送球动作，提高脚的感受能力和控球能力。

③向前移动中起球练习：先原地起一次低球，接着向体前 3 米处起一次高球，迅速向

前移动再起一次低球。规定若干对为一组反复练习。认真体会向前上方踢高球的送球动作，以及移动与起球的衔接动作。

④原地变向起球练习：

a. 背向起球，先原地起球1～2次，再把球踢到背后，迅速转体180°踢体前低球。规定若干对为一组反复练习。

b. 顺或逆时针转体90°起球，例如顺时针方向，先原地起球1～2次，再把球向右侧送，转体90°起低球，再向右侧送。规定若干圈反复练习。认真体会背向、侧向起球的送球动作，提高在转身情况下的时空感受能力。

⑤原地两人对面起球练习。两人为一组面对面站立，距离先近后远，相互起球练习。根据训练任务的不同，对起球次数、动作要求给球的弧度以及落点等都提出不同的要求。

⑥原地三角形站位起球练习。三人一组成三角形站立，间距约4米，可按顺或逆时针方向起球。先要求两次起球到位。而后逐渐要求一次起球到位。认真体会来球方向不同的起球方法。

（2）脚外侧起球。脚外侧起球是指用脚的外侧面击球的起球动作。

1）技术动作方法：起球前，两脚自然开立，两膝微屈做好准备姿势。起球时，重心移到支撑脚上，击球腿的髋、膝关节内扣，踝关节背应，膝、踝关节外翻，使脚外侧尽量与地面平行，做好击球前的准备动作。击球是利用小腿外翻快速上抬的动作完成的。脚接触球的部位一般在脚外侧面的中部或中后部，击球点的高度一般不超过膝关节。当来球较高并快速向体侧后方飞行时，触球脚的小腿外转迅速沿地面后摆，伸脚插入球下，踝关节自然勾起向外翻转，脚指向体侧，脚的外侧面约成水平，身体保持前倾。击球是利用小腿快速屈膝上抬的动作向体前上方击球。

2）技术动作的运用：脚内侧起球是一项重要的防守技术。当对方来球平面快，落在身体两侧或从体侧、肩上向后场飞行，来不及移动和转身时采用。

3）练习方法：

①原地外侧起球练习：右手托球放于体侧，轻抛球后单脚垂直起球，踢球失误用手接住。反复练习，然后换左脚做。认真体会动作要领，形成正确的动力定形。

②原地内接外起球练习：

a. 单脚内接外起练习；

b. 双脚内接外起练习，先右脚内侧起球一次，而后接左脚外侧起球。

③脚外侧交替练习：

④向身体两侧的抛球练习：教练员站在离队员约4米的地方，把球抛向队员的体侧，队员用脚外侧起球到体前，而后用脚内侧传给教练，或一次起球给教练。

⑤脚外侧防起手攻球练习：方法同上，只是教练员用手攻球或用力扔球到防守队员的身体两侧。

（3）脚背起球。脚背起球是指用脚的背面击球的起球动作。

1）技术动作方法：起球时，一脚支撑身体，另一脚主动插入球下，脚背与地面基本是水平，当球快落到脚背上时，利用适度的射膝和踝关节背面的协调勾踢动作，把球向上踢起。击球部位在脚的趾关节处，击球点应在离地面10～15厘米的高度为好。击出球的方向、弧度和落点可通过脚背面的变化、踝关节勾踢的程度来调整。

2) 技术动作的运用：脚背起球技术是毽球比赛中防守救球的重要技术，左右脚都必须掌握。当对方的来球速度快、落点低以及球的落点离身体较远不能及时移动到位时，必须运用脚背起球。

3) 练习方法：①自抛自踢练习，首先踢起一次就用手接住，反复练习，认真体会膝、踝关节的协调用力和击球时机，当有一定熟练程度后，可以连续踢和左右脚交替踢；②向前移动中的练习；③脚背向体身起球；④防快速手攻抛球接脚内侧起球。教练员与队员相距4米站位，教练员用手快速抛球到运动员体前40厘米处，队员用脚背低点防起来球，而后用脚内侧平稳地把球送出。

(4) 腿部起球。腿部起球是指用大腿正面部位击球的起球动作。

1) 技术动作方法：当来球飞近大腿时，重心移到支撑腿上，击球腿自然曲膝，大腿带动小腿由后向前上方快速抬起，用大腿的前三分之一处击球，抬腿力量的大小应根据起球的弧度和落点要求加以控制。腿接触球时应与地面保持一定角度，形成良好的反射角。击球后，腿应立即放下，准备移动或接做下一个动作。

2) 技术动作的运用：当来球速度较快，高于膝关节、低于腹部时，常采用腿部起球，接发球时也常用。

3) 练习方法：①原地腿部起球练习，先进行单腿练习，逐步过渡到双腿交替练习，认真体会技术要领，特别是抬腿时机、击球部位和角度控制，②向前移动中的练习，③两人对练，两人一组，相距4米，一队员用脚内侧传球给另一队员，队员用腿部起球，接着用脚内侧传球。规定若干组为一单位，计算成功率。

5. 触球技术

触球一般是指用膝关节以上部位接触球的动作。触球的方法有：腿部触球、腹部触球、胸部触球、肩部触球和头部触球五种。

(1) 腿部触球。左脚支撑身体，右腿曲膝，大腿带动小腿上提，当球下落到髋部左右时，用膝关节以上大腿前部接触球，将球弹起。

重点：毽球与大腿接触的部位。

难点：大腿触球的时机与用力。

(2) 腹部触球。身体对准来球，两腿曲膝，上体稍后仰，稍含胸收腹，当腹部接触球的刹那间稍挺腹将球轻轻弹出。

重点：触球前的收腹与屈髋动作。

难点：挺髋与收腹的时机。

(3) 胸部触球。两脚前后或左右站立，身体正对来球，两膝微屈，上体稍后仰，当球距胸前约10厘米时，两臂自然微屈，两肩稍用力向后拉，接触球的刹那间挺胸、蹬地，用胸部将球弹起。

重点：毽球与胸部接触的部位。

难点：毽球与身体接触的时机。

(4) 肩部触球。两脚前后或左右站立，身体正对来球，两膝微屈，上体稍后仰，当球距肩部约10厘米时，两臂自然微屈，两肩稍用力向后拉、前摆，用肩部将球弹起。

重点：毽球与肩部接触的部位。

难点：全身协调配合。

（5）头部触球。两脚前后或左右站立，身体正对来球，两膝微屈，上体稍后仰，当球距头部前方约10厘米时，两脚蹬地，收腹屈体，同时颈部稍紧张向前摆头，用前额正面将球弹起。

重点：毽球与前额接触的部位。

难点：毽球与前额接触的时机。

6. 传球技术

传球技术在接发球、一传和二传组织进攻以及防守组织反击中起着串联和纽带作用，是组织各种进攻战术、变换战术和创造进攻得分的有效手段。传球一般有脚内侧传球和正脚背传球。

（1）脚内侧传球。身体稍向前微屈，注视来球，大腿带动小腿，脚内侧端平，用脚弓将球向上或前上方传出。

重点：脚内侧端平与地面平行。

难点：全身协调用力。

（2）正脚背传球。身体稍向前微屈，注视来球，大腿带动小腿，踝关节前屈，脚面绷直，用脚背正面将球传出。

重点：踝关节前屈，脚面绷直。

难点：全身协调用力。

传球在练习中应贯彻"稳、准、快、变"的原则。

稳：首先是情绪稳定，思想稳定，沉着冷静，对任何的来球都要充满信心，并协调柔和用力地稳定控制传球。

准：主要体现在判断准、移位准、传球目标准，特别注意二传的准确性。

快：要判断快，起动移动快，选位出球快和与战术配合衔接快，能体现快攻的节奏。

变：主要应体现在传球的瞬间，动作有变化，在方向、速度、力量、弧度上的改变，都能体现出组织战术进攻球的特色，使对方难以捉摸。

7. 进攻技术

进攻是得分的主要手段，是决定比赛胜负的关键。进攻技术一般有倒勾攻球、脚踏攻球和头部攻球。

（1）倒勾攻球。倒勾攻球有正倒勾攻球、外侧倒勾攻球和内侧倒勾攻球三种技术。

1）正倒勾攻球。背向网平行站立，右腿蹬地起跳，左腿曲膝上摆，摆到最高点时，左腿迅速下摆，同时右腿曲膝，大腿带动小腿用力上摆，当球下落到大约头的前上方时，小腿快速用力摆动，击球瞬间，脚腕抖屈，用脚趾根部以上部位将球击过网，两腿顺势依次缓冲着地，保持身体平衡。

重点：毽球与脚接触的部位。

难点：击球时机与全身协调配合。

2）外侧倒勾球。背向网平行站立，右腿蹬地起跳，左腿曲膝上摆，摆到最高点时，左腿迅速下摆，同时右腿曲膝，大腿带动小腿用力上摆，当球下落到大约头的前上方时，小腿快速用力摆动，击球瞬间，右腿向外侧摆动，同时脚腕抖曲，用脚趾根部以上部位将球在身体外侧击过网，两腿顺势依次缓冲着地，保持身体平衡。

重点：右腿向外侧摆动。

难点：击球时机与全身协调配合。

3）内侧倒勾球。背向网平行站立，右腿蹬地起跳，左腿曲膝上摆，摆到最高点时，左腿迅速下摆，同时右腿曲膝，大腿带动小腿用力向内侧斜前上方摆动，当球下落到大约头的斜前上方时，小腿快速用力摆动，击球瞬间，脚腕内翻抖曲，用脚趾根部以上部位将球在身体内侧击过网，两腿顺势依次缓冲着地，保持身体平衡。

重点：右腿向内侧斜前上方摆动。

难点：击球时机与全身协调配合。

(2) 脚踏攻球。脚踏攻球有直腿踏球和曲腿踏球两种技术。

1）直腿踏球。面向网站立，左脚向前迈出一步支撑身体或跳起腾空，右腿迅速上摆，当球下落到前下方时，击球瞬间，展髋、展腹，脚面绷直，扣脚趾，快速收小腿，用前脚掌将球击过网。

重点：毽球与脚掌接触的部位以及快速收小腿动作。

难点：击球时机与全身协调配合。

2）曲腿踏球。面向网站立，左脚向前迈出一步支撑身体或跳起腾空，右腿迅速上摆，当球下落到前下方时，击球瞬间，大腿带动小腿加速上摆，踝关节放松，小腿带动脚掌快速向下做鞭打动作将球击过网。

重点：击球时的鞭打动作。

难点：击球时机与全身协调配合。

(3) 头攻球。随着规则的改变，用头攻球的机会也随之减少，并且进攻的威力远远小于倒勾攻球和脚踏攻球，所以现在只作为一般接球时使用。

身体正对来球，在限制线后原地或者跳起，身体后仰成反弓，当球下落到头的前上方时，收腹曲体，上体快速前摆，用头发或前额将球击过网。

重点：毽球与前额接触的部位。

难点：击球时机与全身协调配合。

8. 防守技术

防守是毽球比赛中反攻的重要环节，掌握好此项技术能在比赛中缓解对方的进攻，有利于创造反击得分的机会。防守技术一般有：无人拦网、单人拦网和双人拦网。

(1) 无人拦网。对方进攻的来球点离网较远，三人防守时可以站成"马蹄"形，根据对方进攻方式的变化来判断对方攻球的方向；2、3号位的队员注意防守网前球，1号位队员防守后排球。

重点：判断攻球路线。

难点：步法移动及整体配合。

(2) 单人拦网。面向球网距球网约20厘米左右双脚平行站立，约与肩同宽，稍曲膝，重心落在两脚间，收腹，上体稍前倾，两臂自然曲于体侧，注视来球，准备起跳拦网；当对方攻球时，两脚用力蹬地跳起，两臂收拢自然下垂于体侧，提腰、收腹、挺胸堵击球，击球后身体下落，两脚掌先着地，曲膝缓冲，衔接下一个动作。

重点：收腹挺胸。

难点：起跳时机。

(3) 双人拦网。判断好对方击球点，双人在网前滑步选准位，同时起跳，提腰、收腹、挺胸堵击球，击球后身体下落，两脚掌先着地，曲膝缓冲，衔接下一个动作。

重点：起跳时机。

难点：拦正面、挡侧面。

9. 毽球基本战术

毽球战术就是毽球各项基本技术在比赛中的综合运用。它是场上双方根据自身的具体情况所采取的有目的进攻或防守的集体配合。毽球基本战术包括：进攻战术和防守战术两种。

（1）进攻战术。在确定一个队的基本进攻战术时，首先要根据本方队员的具体情况、具体技术特点进行合理恰当地阵容配备。一般有："一、二"配备、"二、一"配备和"三、三"配备。

①"一、二"配备。就是场上三名队员中有一名主攻手和两名传球手的组合形式。它是最基本的阵容配备，适用于最初阶段的比赛战术。

②"二、一"配备。就是场上三名队员中有一名主攻手、一名副攻手和一名传球手的组合形式。这种阵容适用于场上有勾球手、踏球手各一人以及一名二传手的阵容。

③"三、三"配备。就是场上三名队员都能攻球又能传球的组合形式。这种阵容配备是最先进的进攻战术配备，是现在国内众多高水平队伍都采用的一种阵容配备。

（2）防守战术。防守战术首先应根据场上对方进攻战术的不同特点，结合本队的具体情况，制定的基本防守战术阵型，它有以下三种。

①"马蹄"形防守。就是三名队员在场上成"马蹄"形站位防守。

②"一拦二防"。就是场上三名防守队员中有一名队员在网前拦网，另两名队员在他身后两侧站位防守。

③"二拦一防"。就是场上三名防守队员中，有两名队员在网前拦网，另一名队员在中间后方站位防守。

毽球基本战术实际就是攻防双方在技术上、心理上利用各自的基本技术，根据临场的具体情况，不断组成制约与反制约的攻防对抗。可以这样说：强有力的进攻就是防守，而有效的防守更是进攻。二者既可互为依存条件，又可互为转化条件，可算是瞬间即变，关键在于能否及时、准确地分析出对方的强、弱之处，组织起各种多变的攻防战术，发挥自己的长处，攻击对方的短处。"知己知彼，百战不殆"之所以成为放之四海而皆准的兵家格言，其道理就在其中。

七、花样跳绳

1. 跳短绳

（1）基本技术。

1）握绳方法。握有把（柄）的绳，手自然握住；握无把的绳，要把跳绳两端绕在手心和手背上，用拇指与食指的第一、二关节握住跳绳。

2）量绳方法。跳绳的长短可用双脚开立（不应大于肩）或一脚踏在跳绳中间部位，两手握绳的两端，两臂曲肘与体侧成直角，然后拉直跳绳即可。

3）摇绳方法。

①正摇绳：两手握绳，两臂自然曲曲，将绳置于体后，两手腕、手臂协调一致用力，

将绳向上、向前抡起,当绳抡至头以上位置时,两手臂不停顿继续向下、向后抡绳,使绳绕身体周而复始地抡动。开始时,以两肩为轴,双臂双手腕同时用力,手臂抡绳动作比较大。技术熟练后,手臂抡绳动作可逐渐减小幅度,以两肘为轴,用两前臂和手腕配合摇绳。十分熟练后,可仅以两手腕的动作来摇绳。

②反摇绳:动作与正摇绳动作相同,只是方向相反。

4) 停绳方法。当跳绳由后向前摇转时,一脚向前伸,脚跟着地,脚尖抬起,使跳绳中段停在脚掌下。

(2) 正摇跳短绳。

1) 连续并脚跳。两手握绳的两端,两臂自然曲曲,将绳置于体后,两手腕、手臂协调一致用力,将绳向上、向前抡起,当绳抡至头以上位置时,两手臂不停顿继续向下、向后抡绳,当绳即将落地前的一瞬间双脚随即跳起,绳从两脚下抡转过去,两手臂不停顿继续向后、向上、向前抡绳,绳接近地面的瞬间双脚继续跳起,连续做数次。

备注:加垫跳(1次),两手握绳的两端,两臂自然曲曲,将绳置于体后,两手腕、手臂协调一致用力,将绳向上、向前抡起,当绳抡至头以上位置时,两脚原地跳跃一次,两手臂不停顿继续向下、向后抡绳,当绳即将落地前的一瞬间双脚随即再跳一次,绳从两脚下抡转过去,连续做数次。

2) 连续单脚交换跨绳跳。两手握绳的两端,向前摇1次绳,两脚分前后依次跨绳;连续单脚交换跳短绳。当绳摆至前下方时,一脚前摆越绳,绳击地时摆动腿落地、踏跳,另一腿后举。当绳摆至前方时,后退再前摆、踏跳,如此交替进行。

3) 反摇跳短绳。跳跃动作同正摇跳短绳,摇绳方向相反。

(3) 编花跳。

1) 向前摇绳编花跳。向前摇绳编花跳有两种跳法。第一种把跳绳摇到前上方时,两臂迅速体前交叉,同时经下向后快速抖腕,两脚立刻起跳,这种固定两臂在体前交叉摇绳跳的动作方法,也称"死"编花跳;另一种跳法是两臂在体前稍分开,摇跳一次,再摇时两臂在体前交叉摇绳跳,叫"活"编花跳。

2) 向后摇绳编花跳。向后摇绳编花跳也有两种跳法。动作与向前摇绳编花跳基本相同,只是两臂交叉的时机(两脚跳过绳后,两臂由下向上在体前交叉)和摇绳方向不同。

(4) 正摇双摇跳。两手持绳端,绳从背后向前摇动,当两脚并脚高跳起时,双手快速抖动摇绳,使绳子在脚下通过两次落地。

2. 双人跳短绳

(1) 一人带一人跳。被带人与摇绳人面对或同向站立。摇绳人两手各握绳的一端,将绳放于体后。摇绳人发出"预备—跳"后,向前摇绳,两人同时并脚跳起,绳从两人脚下依次摇过,连续跳数次。

(2) 双人同摇一绳向前跳。两人并肩站立,各用外侧手握绳的一端,将绳放于体后,其中一人喊"预备跳—跳"后,两人立即同时向前摇绳,同时并脚跳起,连续跳数次。

(3) 双人同摇一绳向后跳。两人并肩站立,各用外侧手握绳的一端,将绳放于体前,其中一人喊"预备跳—跳"后,两人立即同时向后摇绳,同时两脚跳起,连续并脚或两脚交换跳数次。

(4) 二人摇绳一人并脚跳。跳绳人左(右)手握绳,将绳放于体后,摇绳人面向跳绳人左（右）站立，手握绳。其中一人喊"预备—跳"后，两人同时摇绳，当绳摇至跳绳人脚下时立即跳起，继续进行，连续跳数次。

（5）一正一反跳。两人并肩、方向相反站立，各用外侧手握绳端，将绳放在一侧，其中一人喊"预备—跳"后，两人立即同时摇绳，同时一人向前而另一人自然向后并脚或两脚交换跳，连续跳数次。

3. 跳长绳

握绳方法：二人可单手或双手握绳各握跳绳一端，如绳长可在拇指与其他四指间适当绕几圈。

摇绳方法：两位摇绳人面对面而立，两人的身高接近为宜。两人向同一方向摇绳，动作要协调一致。

（1）原地并脚和单脚交换跳长绳。站在跳绳的中间，由静止的侧立姿势开始。当绳摇过头顶接触地面的一瞬间，原地并脚向上起跳，绳从脚下穿过后轻巧落地，连续数次。单脚交换跳要求靠近绳一侧腿向侧跨跳，另一腿上提依次越过，轻巧落地。

（2）正面、斜面（侧面）跑入跳长绳。面对或侧对绳圈来的方向，把跳绳打地声音当作"跑"的启动信号，一打地就跑入。当摇转的绳子着地瞬间及时跳起。连续跳1~3次（可并脚跳、单脚交换跳或并脚加垫跳），从反面跑出。

①侧面进入，鱼贯"8"字形跑过。学生站成一路纵队，站在一摇绳人的一侧。两摇绳人向同侧方向正摇绳，当摇转的绳子着地瞬间排头先跑入，跳起一次后从反面跑出，绕过一侧的摇绳人，站在绳的同侧另一端。全队依次轮流跳完，再从另一端开始。

②两侧跑入交叉"8"字跳绳。将学生分成甲、乙两组，各站成一路纵队，分别站在绳子同侧两端。两摇绳人向同侧方向正摇绳。甲队第一人跳绳人在摇转的绳子着地瞬间立即跑入，跳起一次后从反面跑出，绕过异侧摇绳人，站在乙队排尾；乙队第一人在甲队第一人跑出后，立即跑入，跳起一次后从反面跑出，绕过异侧摇绳人，站在甲队排尾。依次轮流跑完。上绳之前往前站，绳子打地往里钻，跑到中间往上窜，路线跑直别拐弯。

4. 跳双绳

（1）短绳套长绳，单摇跳。长短绳交叉，短绳套长绳，二人摇长绳，跳绳人在长绳下摇短绳，短绳随长绳同时摇转，一摇一跳长短绳。

（2）短绳不套长绳，单摇跳。长短绳不交叉，二人摇长绳，跳绳人在长绳下摇短绳，一摇一跳长短绳。可以跳"死绳"，或跳"活绳（短跳绳人持绳跑入后再摇绳跳）。

（3）一人跳两条长绳。二人面对面站立，手持两条平行的长绳，分别握绳两端，跳绳同学站在先摇起绳的一侧。当先起的绳子摇过跳绳同学的头顶时，另一条绳子摇起，先起的绳子在打地的一瞬间用单脚交换跳或并脚跳的方式跳跃。跳过之后，立刻跳跃后起的绳子。连续数次。这种跳法属于跳"死"绳。跳"活"绳：跳绳同学侧对或正对来绳。当绳摇至一绳在上，一绳在下时，跳绳人从正面或斜面跑至绳的着地点附近，用单脚交换跳或并脚跳的方式跳跃。

八、三十二式太极剑

三十二式太极剑是著名武术家李天骥老先生在杨式太极剑的基础上简化整理而成的剑

术套路，剑术灵活多变，造型优美，似操如舞，是一种观赏性很强的健身活动。全部动作除起、收势外共 32 个动作，整个套路分四组，每组由 8 个动作组成。

三十二式太极剑内容精炼充实。主要包括：点、刺、扫、带、劈、抽、截、撩、拦、挂、托、击、抹等多种剑法。太极剑的身型身法，步型步法与太极拳相同，动作规范，易学易练，易于推广并普及，深受广大太极剑爱好者的喜爱。

1. 预备式

面向正南，两脚靠拢并立，身体正直，两臂自然垂于身体两侧，左手持剑，剑尖向上；右手握成剑指，手心向内，眼睛平视前方。如图 6-4-230 所示。

图 6-4-230

注意：头正颈直，下颏微内收，身体中正，全身放松，含胸拔背，集中意念；剑身在左臂后直立，不要触及身体，不要故意挺胸、收腹。

2. 起势

（1）右手握成剑指，两臂慢慢向前平举，高与肩平，手心向下。目视前方（见图 6-4-231）。

图 6-4-231

要点：两臂上起时，不要用力，两手宽度不超过两肩。剑身在左臂下要平，剑尖不可下垂。

（2）上体略向右转，身体重心移于右腿，曲膝下蹲，然后再向左转体，左腿提起向左侧前方迈出，成左弓步；左手持剑随即经体前向左下方搂出，停于左胯旁，剑立于左臂后，剑尖向上；同时右手剑指下落转成掌心向上。由右后方曲肘上举经耳旁随转动方向向前指出，高与眼平。眼先向右视，然后向前视右剑指（见图6-4-232）。

图6-4-232

要点：左臂向体前划弧时，身体要先微向右转，身体重心在右腿放稳之后再提左腿。转体、迈步和两臂动作要协调柔和。

（3）左臂曲肘上提，左手持剑（手心向下）经胸前从右手上穿出，右剑指翻转（手心向上），并慢慢下落撤至右后方（手心仍向上），两臂前后展平，身体后转；与此同时，右腿提起向前横落，脚尖外撇，两腿交叉，膝部弯曲，左脚脚跟离地，身体稍向下坐，成半坐盘势。目视右手（见图6-4-233）。

图6-4-233

要点：两手必须在体前交错分开，右手后撤与身体右转动作要协调。

（4）左手持剑和右脚的位置不动，左脚前进一步，减左弓步；同时身体向左扭转，右手剑指随之经头部右上方向前落于剑把之上，准备接剑。目视前方（见图6-4-234）。

图6-4-234

要点：动作时应先提腿和向左转头，然后再举右臂向前下落。两臂不要硬直，两肩要松。上体保持自然。

注意：右腿提起向前横落步时，前后脚不得处于一条直线；上肢在体前交错分开时注意沉肩动作；腰的转动要与上肢、下肢配合一致。

3. 分组动作

（1）并步点剑。左手食指向中指一侧靠拢，右手松开剑指，虎口对着护手，将剑接换过，并使剑在身体左侧划一立圆。然后剑尖向前下点，剑尖略向下垂，右臂要平直；左手变成剑指，附于右手腕部；同时右脚前进向左脚靠拢并齐，脚尖向前，身体略下蹲。目视剑尖（见图6-4-235）。

图 6-4-235

要点：剑身向前绕环时，两臂不可高举。右手握剑划圆只用手腕绕环。点剑时，力注剑尖。肩要下沉，上体正直。同时，并步与点剑要协调一致。

（2）独立反刺。

①右脚向右后方撤一步，随即身体右后转，然后左脚收至右脚内侧，脚尖点地；同时，右手持剑经体前下方撤至右后方，右腕翻转，剑尖上挑；左手剑指随剑回撤，停于右肩旁。目视剑尖（见图6-4-236）。

(a)　　　　(b)

图 6-4-236

②上体左转，左膝提起，成独立式，脚尖下垂；同时右手渐渐上举，使剑经头部前上方向前刺出（拇指向下，做反手立剑），剑尖略低，力注剑尖；左手剑指则经下颌处随转体向前指出，高与眼平。目视剑指（见图 6-4-237）。

图 6-4-237

要点：分解动作中间不要间断。独立姿势要稳定，身体不可前俯后仰。这里要注意：首先要多练习独立步，注意头正、体松；注意提膝与反刺剑要协调一致。

（3）仆步横扫。

①上体右后转，剑随转体向右后方劈下，右臂与剑平直，左剑指落于右手腕部；在转体的同时，右膝前弓，左腿向左横落撤步，膝部伸直。目视剑尖（见图 6-4-238）。

图 6-4-238

②身体向左转，左手剑指经体前顺左肋反插，向后、向左上方划弧举起至左额前上方，手心斜向上；右手持剑翻掌，手心向上，使剑由下向左上方平扫，力在剑刃中部，剑高与胸平；在转体的同时，右膝弯曲成半仆步；此势不停，接着身体重心逐渐前移，左脚尖外撇，左腿曲膝，右脚尖里扣，右腿自然伸直，变成左弓步。目视剑尖（见图 6-4-239）。

图 6-4-239

— 237 —

要点：以上两个分解动作，要连贯进行。弓步时，身体保持正直。

注意：从独立反刺到仆步横扫，首先要松膝，与此同时转腰落步要一致；左手剑指的反插要与腰的转动一致；扫剑时，剑身要与地面保持平行。

（4）向右平带。右脚提起经左腿内侧向右前方跨出一步，成右弓步；同时，右手剑向前引伸，然后翻转手心向下，将剑向右斜方慢慢回带，曲肘，握剑手带至右肋前方，力在右剑刃，剑尖略高于手；左手剑指下落附于右手腕部。目视剑尖（见图6-4-240）。

图 6-4-240

要点：剑的回带和弓步曲膝动作要一致。

注意：上步时，两脚不能处于一条直线上；剑的回带要与腰的微右转协调一致。

（5）向左平带。右手剑向前引伸，并慢慢翻掌将剑向左斜方回带，曲肘握剑手带至左肋前方，力在左剑刃，左手剑指经体前左肋向左上方划弧举起至左额上方，手心斜向上；与此同时，左脚经右腿内侧向左前方迈出一步，成左弓步。目视剑尖（图6-4-241）。

图 6-4-241

要点：与"向右平带"的要点相同。教法提示：与"向右平带"的教法相同。

（6）独立抢劈。右脚前进到左脚内侧，脚尖着地；左手从头部左上方落至右腕部；然后身体左转，右手抽剑由前向下、向后划弧，经身体左下方旋臂翻腕上举，向前下方正手立剑劈下，力在剑下刃；左手剑指则由身体左侧向下、向后转至左额上方，掌心斜向上；在抢劈剑的同时，右脚前进一步，左腿曲膝提起，成独立步。目视剑尖（见图6-4-242）。

第六章　身体健康教育实践

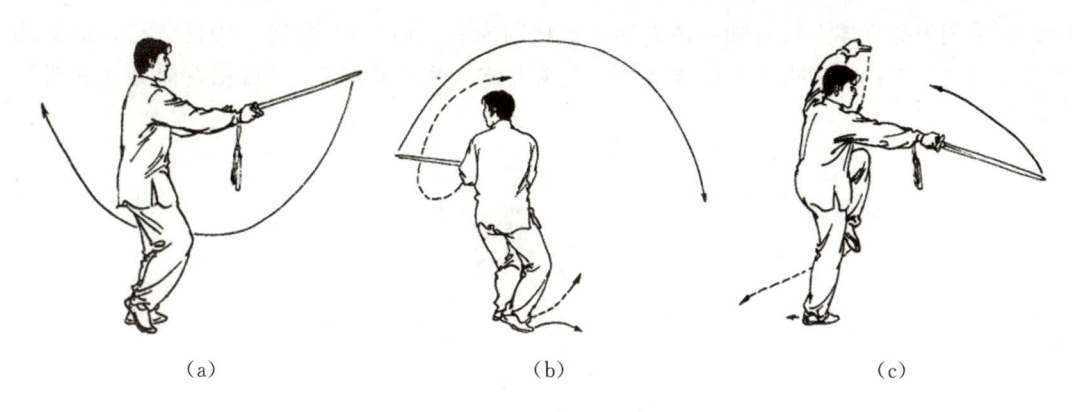

(a)　　　　　　　　　(b)　　　　　　　　　(c)

图 6-4-242

要点：劈剑时，身体和头部先向左转，然后随剑的抡劈方向再转向前方。提膝和劈剑要协调一致。整个动作过程要连贯不停。

(7) 退步回抽。左脚向后落下，曲膝，右脚随之撤回半步，脚尖点地，成右虚步；同时，右手剑抽回，剑把靠近左肋旁边，手心向里，剑面与身体平行，剑尖斜向上；左手剑指下落附于剑把上。目视剑尖（见图 6-4-243）。

要点：右脚回撤与剑的回抽动作要一致。上体要正直。

注意：回抽剑时要沉肩松胯；上身要保持正直；虚步时重心偏于左腿。

(8) 独立上刺。身体微向右转，面向前方，右脚前进一步，左腿曲膝提起，成独立步；同时，右手剑向前上方刺出（手心向上），力注剑尖，剑尖高与眼平；左手仍附在右手腕部。目视剑尖（见图 6-4-244）。

图 6-4-243

图 6-4-244

要点：身体微向前倾，但不要故意挺胸。独立式要平衡稳定。

注意：独立步时，要注意右腿蹬地与上刺要一致；先使身体右转，右脚再前进一步。

(9) 虚步下截。左脚向左后方落步，右脚随即微向后撤，脚尖点地，成右虚步；同

239

时，右手剑先随身体左转再随身体右转，经体前向右、向下按（截），力注剑刃，剑尖略下垂，高与膝平；左剑指由左后方绕行至左额上方（掌心斜向上）。目视右前方（见图6-4-245）。

图 6-4-245

要点：右脚变虚步与剑向下截要协调一致。如面向南起势，此式虚步方向正东偏北（约30°），上体右转，面向东南。

注意：反复练习右手剑先随身体左转再随身体右转的方法；须注意截剑的力点在剑刃中部；虚步时重心偏于左腿。

（10）左弓步刺。右脚向右后方回撤一步，左脚收至右腿内侧后再向左前方迈出，成左弓步，面向左前方；同时，右手剑随身体转动经面前向后向下抽卷，再向左前方刺出，手心向上，力注剑尖；左手剑指向右、向下落，经体前再向左、向上绕行至左额上方，手心斜向上，臂要撑圆。目视剑尖（见图6-4-246）。

(a) (b)

图 6-4-246

要点：右手回撤时，前臂先外旋再内旋（手心先转向外，再向下，再转向上），从右腰部将剑刺出。左剑指绕行时要先落在右手腕部再分开转向头上方。弓步方向为东偏北（约30°）。

注意：先反复练习右脚后撤与右手上举的动作，以保持身体重心的平稳；注意转腰与右手剑的外旋、内旋要协调一致。

（11）转身斜带。

①身体重心后移，左脚尖里扣，上体右转，随后身体重心又移至左脚上，右腿提起，贴于左腿内侧；同时，右手剑收回横置胸前，掌心仍向上；左剑指落于右手腕部。目视左方（见图6-4-247）。

②上式不停，向右后方转体，右脚向右侧方迈出，成右弓步；同时右手剑随转体翻腕，掌心向下并向身体右侧外带（剑尖略高），力在剑刃外侧；左剑指仍附于右手腕部。目视剑尖（图6-4-248）。

图 6-4-247 　　　　　　　　图 6-4-248

要点：身体重心移动、向右侧方迈出成右弓步，须与向右后转的动作一致，力求平稳、协调。转身斜带弓步方向应转为正西偏北（约30°）。

注意：反复练习重心后移、左脚尖里扣、上体右转、重心再移至左腿的动作；身体右转要充分，用腰胯的转动带动左脚尖的里扣；上肢动作要强调沉肩，坠肘，与剑的回收协调一致。

（12）缩身斜带。左腿提起后再向原位置落下，身体重心移于左腿，右脚撤到左脚内侧，脚尖点地；同时，右手翻掌，手心向上并使剑向左侧回带（剑尖略高），力在剑刃外侧；左手剑指随即由体前向下反插，再向后、向上绕行划弧重落于右手腕部。目视剑尖（见图6-4-249）。

图 6-4-249

要点：剑回带时，身体也随着向左扭转。身体后坐时，臀部不要凸起。

注意：左腿提起时，重心要落于右腿；左手剑指向下反插时，上身要向左微转；两手合于体前要与右脚回撤协调一致。

（13）提膝捧剑。

①右脚后退一步；左脚也微向后撤，脚尖着地；同时两手平行分开，手心均向下，剑身斜置于身体右侧，剑尖位于体前，左剑指置于身体左侧（见图6-4-250）。

②左脚略向前进，右膝向前提起成独立式；同时右手剑把与左手（剑指变掌）在胸前相合，左手捧托在右手背下，两臂微曲，剑在胸前，剑身直向前方，剑尖略高。目视前方（见图6-4-251）。

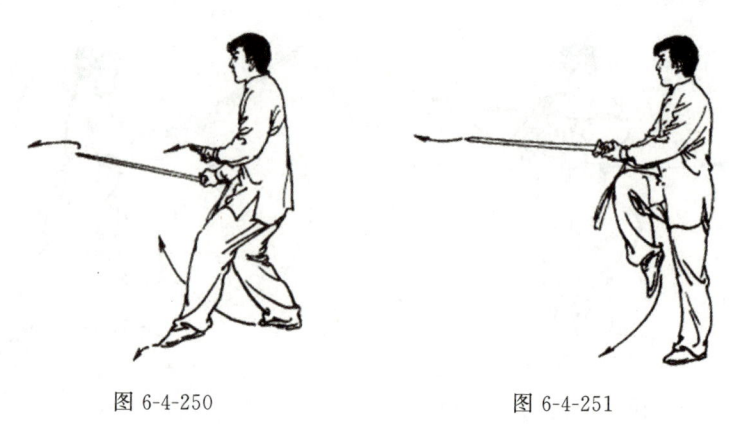

图 6-4-250　　　　　　　图 6-4-251

要点：以上两个分解动作要连贯不停。独立步左腿自然蹬直，右腿提膝，脚尖下垂。上体保持自然。

注意：左脚向前活步成独立式时，须脚跟先着地；两手在胸前相合要与右腿提膝协调一致。

（14）跳步平刺。

①右脚向前落下，身体重心前移，然后右脚尖用力蹬地，左脚随即前进一步踏实，右脚在左脚将落未落地时，迅速向左腿靠拢（脚不落地）；同时，两手捧剑先微向回收，紧接着随右脚落地再直向前伸刺，然后随左脚落地两手分开撤回身体两侧，两手手心都向下，左手再变剑指。目视前方（见图6-4-252）。

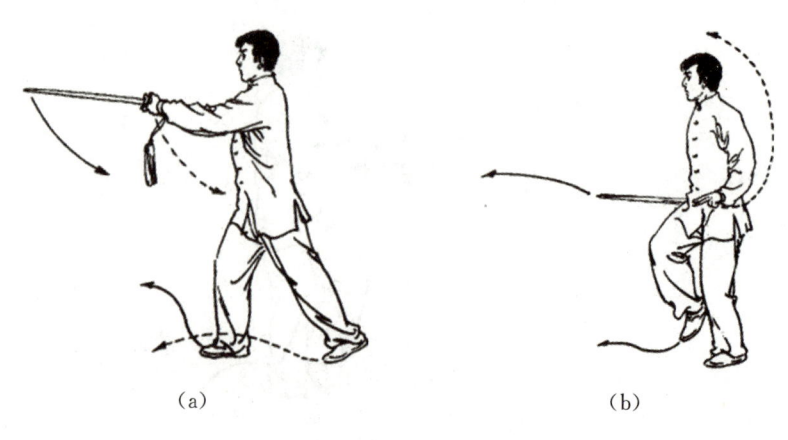

(a)　　　　　　　(b)

图 6-4-252

242

②右脚再向前上一步，成右弓步；同时，右手剑向前平刺（手心向上），力注剑尖；左手剑指由左后方上举，绕至左额上方，手心斜向上。目视剑尖（见图6-4-253）。

图6-4-253

要点：两手先略回收，再与右脚落地同时向前伸。左脚落地要与两手回撤动作一致。刺出后，剑要平稳。

注意：两手回收要沉肩坠肘；右脚蹬地，左脚前进落地时，前脚掌先着地，然后过渡到全脚掌；跳步要松快；气息要下沉。

（15）左虚步撩。身体重心后移至左腿上，上体左转，右脚回收再向前垫步，脚尖外撇，再向右转体，身体重心前移至右腿，左脚随即前进一步，脚尖着地，成左虚步；同时，右手剑随身体转动经左上方向后、向下、立剑向前撩出（前臂内旋，手心向外），力在剑刃前部，剑把停于头前，剑尖略低；左手剑指在上体左转时即下落附于右腕部，随右手绕转。目视前方（见图6-4-254）。

(a) (b)

图6-4-254

要点：撩剑的路线必须划一个整圆。剑指须下落到左肋侧再与右手相合。

注意：上体左转必须以腰为轴；左脚上步与撩剑要协调一致。

（16）右弓步撩。身体先向右转，剑由上向后绕环，掌心向外，剑指随剑绕行附于右臂内侧；随之左脚向前垫步，右脚继而前进一步，成右弓步；右手剑随着上右步由下向前立剑撩出（前臂外旋，手心向外），剑与肩平，剑尖略低，力在剑刃前部；剑指则由下向上绕行至左额上方，手心斜向上。目视前方（见图6-4-256）。

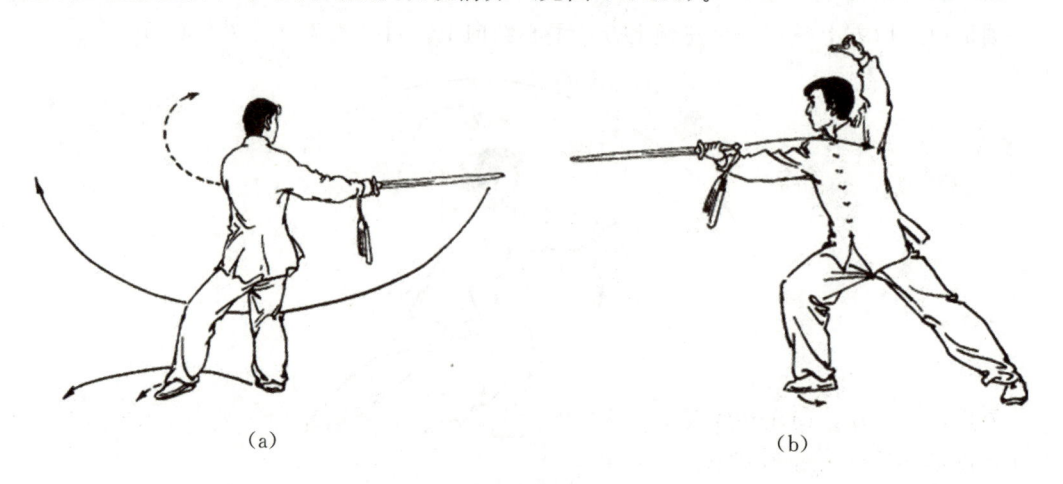

（a）　　　　　　　　　　　　　（b）

图6-4-257

要点：剑向后绕环时，身体和眼神随着向后转。整个动作要连贯。

注意：左脚向前垫步时，身体重心不能前移，仍在右腿上；上步撩剑要与弓步协调一致。

（17）转身回抽。

①身体左转，重心后移，右脚脚尖里扣，左脚脚尖稍外展，右腿蹬直，成侧弓步；同时，右手将剑柄收引到胸前，剑身平直，剑尖向右后，剑指仍附于右腕上；然后身体再向左转，随转体剑向左前方劈下，力在剑刃（剑身要平），左手剑指附于右腕部。目视剑尖（见图6-4-258）。

（a）　　　　　　　　　　　　　（b）

图6-4-258

②身体重心后移至右腿，右膝稍曲，左脚回撤，脚尖点地，成左虚步；同时，剑抽回至身体右侧（剑尖略低）；左剑指收回再经胸前、下颌处向前指出，高与眼齐。目视剑指（见图6-4-259）。

图 6-4-259

要点：第一动，向左转体时，要先扣右脚，再展左脚；右臂先曲回胸前再向左劈。第二动，剑指必须随右手收到腹前，再向上、向前指出。全部动作要协调。如果面向南起势，此式方向则为东偏南（约30°）。

注意：第一动，向左转体时，左胯要松，左膝要主动曲膝；右手剑回收时要注意两肩的松沉；回劈时注意右手腕的剑的配合；此动作可让初学者先进行下肢练习，然后再进行上肢练习，待协调后再一起配合练习。

(18) 并步平刺。左脚略向左移，右脚向左脚靠拢成并步，面向前方，身体直立；同时剑指向左转并向右下方划弧，反转变掌捧托在右手下，然后两手捧剑向前平刺，手心向上．力注剑尖，高与胸平。目视前方（见图6-4-260）。

要点：剑刺出后两臂要微曲，并步和刺剑要一致。身体直立要自然，不要故意挺胸。如果面向南起势，刺剑的方向为正东。

注意：平刺时，剑要从腰侧向前刺出；可原地进行平刺练习。

图 6-4-260

(19) 左弓步拦。右手翻腕后抽，随身体右转由前向右转动，再随身体左转经右后方向下、向左前方托起拦出，力在剑刃，剑身与头平，前臂外旋，手心斜向里；剑指则向右、向下、向上绕行，停于左额上方，手心斜向上；在身体左转时，左脚向左前方进一步，左腿曲膝，成左弓步。眼先随剑向右后视，后平视前方（见图6-4-261）。

— 245 —

(a)   (b)

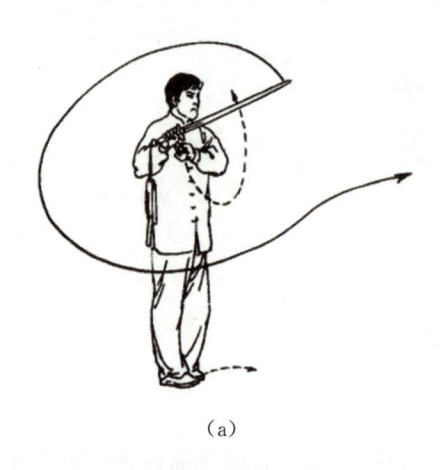

图 6-4-261

要点：身体应随剑先向右转再向左转。右腿先微曲，然后上左脚。左手剑指随右手绕行，到右上方之后再分开。

注意：身体右转时，重心移向右腿；拦剑时，意想剑身中部有向前拦击对方之意；右腿蹬直要与拦剑的动作协调一致。

(20) 右弓步拦。身体重心微向后移，左脚尖外撇，身体先向左转再向右转；在转体的同时，右脚经左脚内侧向右前方进一步，成右弓步；右手剑由左后方划一整圆向右前托起拦出（前臂内旋，手心向外），力在剑刃，剑身与头平；左剑指附于右手腕部。目视前方（见图 6-4-262）。

要点：以上两动要连贯，剑须走一大圈，视线随剑移动。

图 6-4-262

注意：手臂的内旋要与腰的右转协调一致；弓步时两脚的横向距离不要在一条直线上。

(21) 左弓步拦。身体重心微向后移，右脚尖外撇，其余动作及要点与前"右弓步拦"相同，唯方向相反。右手剑拦出时，右臂外旋，手心斜向内。目视剑尖（见图 6-4-263）。

图 6-4-263

— 246 —

要点：与"右弓步拦"相同。

教法提示：与"右弓步拦"相同。

(22) 进步反刺。

①身体向右转，右脚向前横落盖步，脚尖外撇，左脚跟离地成半坐盘式；同时，剑尖下落，剑指下落到右腕部，然后剑向后方立剑刺出，剑指向前方指出，手心向下，两臂伸平，右手手心向体前。目视剑尖（见图6-4-264）。

②身体左转，左脚前进一步，成左弓步；同时，右前臂向上弯曲，剑尖向上挑挂，继而向前刺出（前臂内旋，手心向外，成反立剑），力注剑尖，剑尖略低；剑指附于右腕部。目视剑尖（见图6-4-265）。

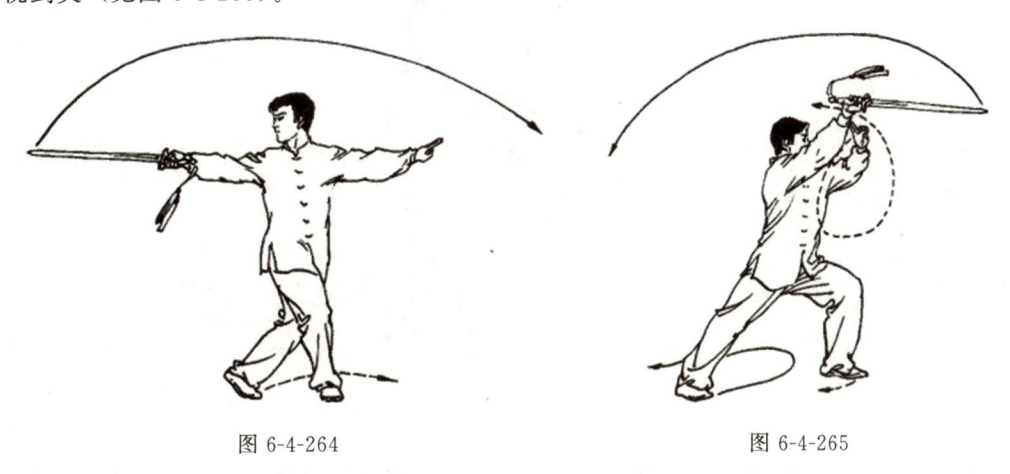

图 6-4-264　　　　　　　图 6-4-265

要点：以上两动要连贯，弓步刺剑时身体不可太前俯。

注意：先练习盖步；盖步、身体右转与向后刺剑及剑指前伸这四个动作要一致。反刺时两肩要松沉。

(23) 反身回劈。身体重心先移至右腿，左脚脚尖里扣，然后再移到左腿；右脚提起收回（不停），身体向右后转，右脚随即向前迈出成右弓步，面向中线右前方；同时，剑随转体由上向右后方劈下，力在剑刃；剑指由体前经左下方转架在左额上方，手心斜向上。目视剑尖（见图6-4-266）。

图 6-4-266

要点：劈剑、转体和迈右脚成弓步要协调一致。弓步和劈剑方向为正西偏北（约30°）。

注意：先徒手进行转体、迈步的练习；转体时注意以腰胯为轴转动，带动左脚的内扣；右脚向前迈步时重心在左腿上。

（24）虚步点剑。左脚提起，上体左转，左脚向起势方向垫步，脚尖外撇，随即右脚提起落在左脚前，脚尖点地，成成虚步；同时，剑随转体划弧上举向前下方点出，右臂平直，剑尖下垂，力注剑尖；剑指下落经身体左侧向上绕行，在体前与右手相合，附于右腕部。目视剑尖（见图6-4-267）。

图 6-4-267

要点：点剑时，腕部用力，力达剑尖。点剑与右脚落地要协调一致。身体保持正直。虚步和点剑方向与起势方向相同。

注意：先做上体左转，左脚提起的练习；初学者须注意上体的转动在腰胯；点剑时要注意手腕的上提。

（25）独立平托。右脚向左腿的左后方倒插步，两脚以脚掌为轴向右转体（仍成面向前方），随即左膝提起成右独立步；在转体的同时，剑由体前先向左、向下绕环，然后随右转体动作向右上方托起，剑身略平，稍高于头，力在剑刃上侧；剑指仍附于右腕部。目视前方（见图6-4-268）。

图 6-4-268

要点：撤右腿时，右脚掌先落地，然后再以脚掌为轴向右转体。身体不要前俯后仰。提膝和向上托剑动作要一致。右腿自然伸直。

教法提示：让初学者先转体，再带下肢转动；剑的平托要与地面保持平行；两肩要松沉；气息于丹田。

（26）弓步挂劈。

①左脚向前横落，身体左转，两腿交叉成半坐盘式，右脚跟离地，同时右手剑向身体左后方穿挂，剑尖向后；左剑指仍附右腕上。目向后视剑尖（见图 6-4-269）。

②右手剑由左侧翻腕向上再向前劈下，剑身要平，力在剑刃；左剑指则经左后方上绕至左额上方，手心斜向上；同时，右脚前进一步，成右弓步。目视剑尖（见图 6-4-270）。

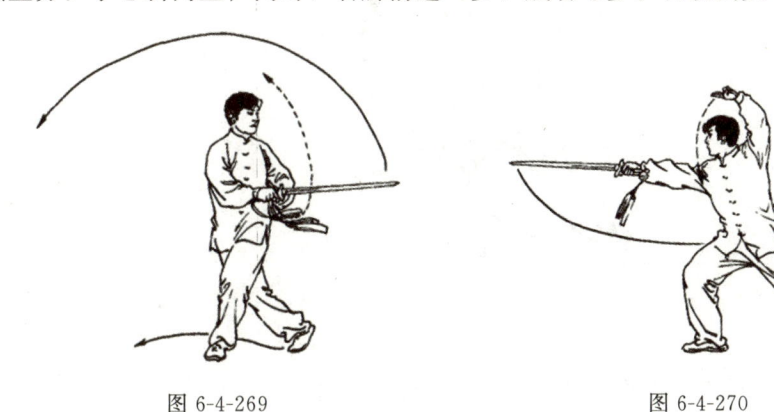

图 6-4-269　　　　　　　　　　图 6-4-270

要点：身体要先左转再右转。视线随剑移动。

注意：左脚向前横落时，右腿先曲膝，使重心下降；而右脚前进一步时，重心要保持在左腿上，然后再过渡到右腿；右手的挂劈剑要走立圆。

（27）虚步抡劈。

①重心略后移，身体右转，右脚脚尖外撤，左脚脚跟离地成交叉步；同时，剑由右侧下方向后反手撩平，左剑指落于右肩前。目视剑尖（见图 6-4-271）。

②左脚向前垫一步，脚尖外撤，身体左转，随即右脚向前一步，脚尖着地，成右虚步；与此同时，剑由右后翻臂上举再向前劈下，剑尖与膝同高，力在剑刃；左剑指自右肩前下落经体前向左上划圆再落于右前臂内侧。目视前下方（见图 6-4-272）。

图 6-4-271 　　　　　　　　　　图 6-4-272

— 249 —

要点：以上两个分解动作要连贯，中间不要停顿。教法提示：让学员先站立练习抡劈剑的练习；注意两手的配合；然后进行下肢步法的练习，提醒学员注意两腿虚实的转换。

（28）撤步反击。上体右转，右脚提起向右后方撤一大步，左脚跟外转，左腿蹬直，成右侧弓步；同时，剑向右后上方斜削击出，力在剑刃前端，手心斜向上，剑尖斜向上，高与头平；剑指向左下方分开平展，剑指略低于肩，手心向下。目视剑尖（见图 6-4-273）。

图 6-4-273

要点：右脚先向后撤，再蹬左脚。两手分开要与弓腿、转体动作一致。撤步和击剑方向为东北。

注意：先掌握上体右转、右脚向右后撤步及左脚跟外展的动作；教者在教学时可按口令分解动作，以便学员掌握。

（29）进步平刺。

①身体微向右后转，左脚提起贴靠于右腿内侧；同时右手翻掌向下，剑身收回于右肩前，剑尖斜向左前；左剑指向上绕行向前落在右肩前。目视前方（见图 6-4-274）。

②身体向左后转，左脚垫步，脚尖外撇，继而右脚前进一步，成右弓步；同时，剑随转体动作向前方刺出，力贯剑尖，手心向上；剑指经体前顺左肋反插，向后再向左上绕至左额上方，手心斜向上。目视剑尖（见图 6-4-275）。

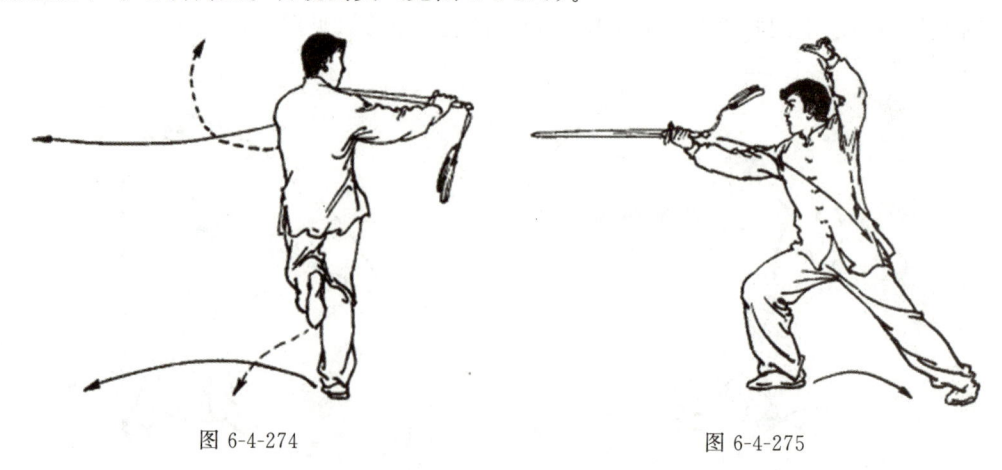

图 6-4-274　　　　图 6-4-275

要点：左腿提起时，要靠近右腿后再转身落步，待左腿稳定后再进右步，上下须协调一致。

注意：左腿提起时，身体要保持中正；继而腰先左转，左脚垫步、左手剑指反插要与腰的左转协调一致。

（30）丁步回抽。身体重心后移，右脚撤至左脚内侧，脚尖点地，成右丁步；同时，剑曲肘回抽（手心向里），剑把置于左肋部，剑身斜立，剑尖斜向上，剑面与身体平行，左剑指落于剑把之上。目视剑尖（见图6-4-276）。

图 6-4-276

要点：右脚回收和剑回抽要一致，上体须正直。

教法提示：剑回抽时两肩要松沉，右脚回收时右胯要松沉。

（31）旋转平抹。

①右脚提起向前落步外摆（两脚成八字形）；同时上体稍后转，右手翻掌向下，剑身横置胸前。目视剑尖（见图6-4-277）。

图 6-4-277

②身体重心移于右腿，上体继续右转，左脚随即向右脚前扣步，两脚尖斜相对（成内八字形），然后以左脚掌为轴向右后转身，右脚随转体向中线侧后方后撤一步，左脚随之稍后收，脚尖点地，成左虚步；同时，剑随转体由左向右平抹，力在剑刃外侧，然后在变

左虚步的同时，两手向左右分开，置于两胯旁，手心都向下，剑身斜置身体右侧，剑尖位于体前，身体恢复起势方向。目视前方（见图6-4-278）。

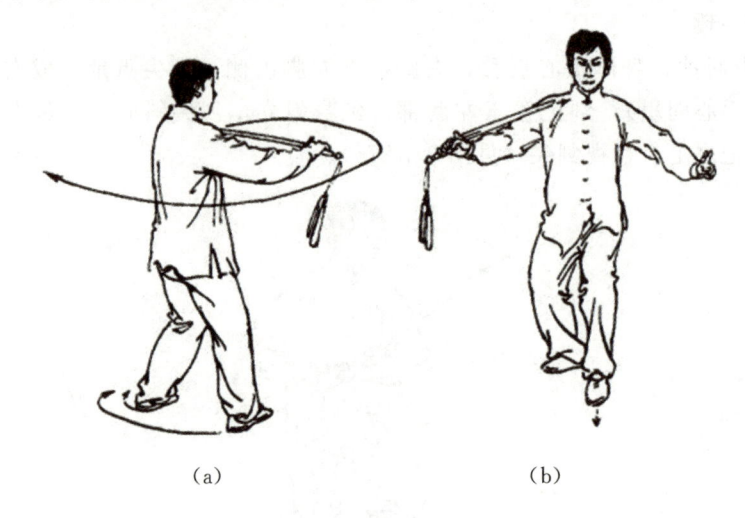

(a) (b)

图6-4-278

要点：移步转身要平稳自然，不要低头弯腰，速度要均匀。由"丁步回抽"到"旋转平抹"完成，转体约360°，身体仍回归起势方向。

注意：徒手练习下肢步法，明确方位；上肢抹剑时，提醒学员注意剑身要平；腰的转动要与摆步、扣步协调一致。

（32）弓步直刺。左脚向前进半步，成左弓步；同时，立剑直向前刺出，高与胸平，力注剑尖；剑指附在右手腕部。目视前方（见图6-4-279）。

要点：弓步、刺剑要动作一致。

注意：左脚向前进半步时，重心仍在右腿；弓步时两脚横向距离不可在一条直线上。

图6-4-279

4. 收势

（1）身体重心后移，随即身体向右转；同时，剑向右后方回抽，手心仍向内；左手也随即曲肘回收（两手心内外相对），接握剑的护手。目视剑身（见图6-4-280）。

（2）身体左转，身体重心再移到左腿，右脚向前跟进半步，与左脚成开立步（与肩同宽，脚尖向前）；同时，左手接剑（反握），经体前下落垂于身体左侧；右手变成剑指向下、向右后方划弧上举，再向前、向下落于身体右侧；全身放松。目视前方（见图6-4-281）。

图 6-4-280　　　图 6-4-281

第五节　休闲体育运动

一、轮滑

1. 轮滑运动的平衡技术

（1）起立与坐下。

1）起立。

①坐立时，双手应放在膝盖上。只要是坐立，都应保持着姿态，以免被其他轮滑者意外压伤。

②侧转时以双膝跪地，并注意双脚稍分开。

③在右脚立起的时候，重心应随之移到右脚支撑，并主动提臀，以双手扶按住右膝，准备起立。

④右脚主动用力站起时，随动收落左脚，成 T 字蹲立。熟练后可以成 H 字蹲立（见图 6-5-1）。

图 6-5-1　起立

2）坐下。

①站立时，要稍曲膝，躯干前倾，双手掌心朝前，平抬于胸部。

②在曲膝下蹲过程中，随势收髋，躯干加大前倾角度，以免向后摔倒。

③全蹲后，身体主动侧倾，以手撑地。

④支撑手同侧的腿伸直，同时臀部着地（见图6-5-2）。

图 6-5-2　坐下

（2）站立与保持。

1）八字脚站立。两脚尖外展 40°～50°呈八字形，脚跟靠紧，上体微前倾，并且上体放松，重心落在两脚中间（见图6-5-3）。

图 6-5-3　八字脚站立　　图 6-5-4　平行站立

2）平行站立。两脚平行分开稍窄于肩，脚尖稍内扣，膝部微曲，上体放松，重心落在两脚中间（见图6-5-4）。

3）A字内刃站立。双脚间距宽于肩，两脚都是内刃支撑，稍曲膝，收髋，躯干稍前倾（见图6-5-5）。

4）H中刃站立。双脚开立与肩同宽，膝关节微曲，放松，保持弹性。收髋，躯干稍前倾（见图6-5-6）。

图 6-5-5　A 字内刃站立　　　　图 6-5-6　H 中刃站立

5）V 字外刃站立。V 形外刃站立是在 H 形中刃站立姿势基础上的变形，不同点就是膝关节弯曲角度大一些，并主动脚踝内翻，以外刃支撑（见图 6-5-7）。

6）T 字内中刃站立。前脚以中刃支撑，后脚以内刃支撑。双脚皆稍曲膝，重心主要在前脚上（见图 6-5-8）。

图 6-5-7　V 字外刃站立　　　　图 6-5-8　T 字内中刃站立

2. 原地移动重心练习

（1）前滑技术。

1）双脚平行前滑。

①呈"V"字站立。

②两脚交替向前蹬滑，产生前滑动力。

③上体略微前倾，曲膝下蹲，双脚平行，借助前滑惯性，向前滑行（见图 6-5-9）。

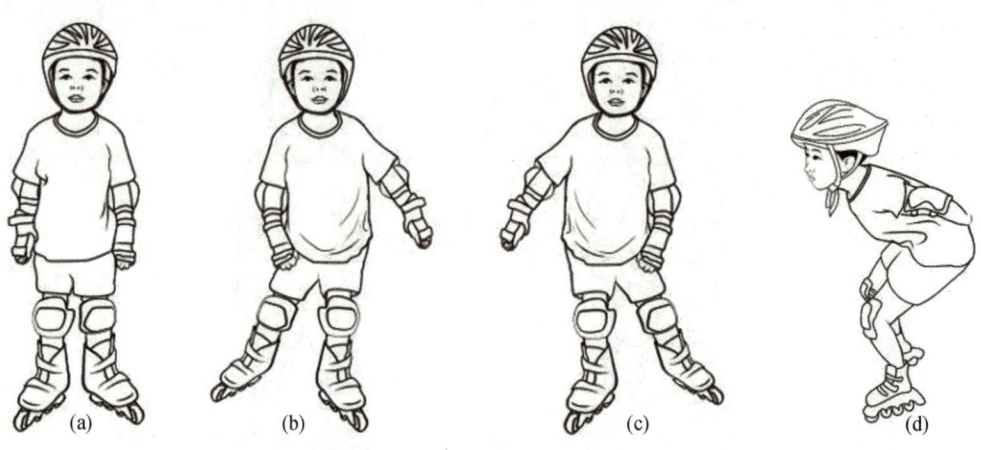

图 6-5-9 双脚平行前滑

2）单脚向前蹬滑。

①呈"V"字站立。

②呈"V"字行走。

③右脚前滑中支撑重心，提左膝并前送。

④左脚落地并在右脚鞋轮内刃蹬地作用下支撑重心前滑。

⑤左脚支撑，提右膝前送。

⑥右脚落地并在左脚鞋轮内刃蹬地作用下支撑重心前滑（见图 6-5-10）。

图 6-5-10 单脚向前蹬滑

3）双脚向前"一"字步前滑。
①呈"V"字站立。
②两脚交替向前蹬滑，产生前滑动力。
③借助前滑惯性，左脚前伸，双臂自然张开，双脚成"一"字步前滑（见图6-5-11）。

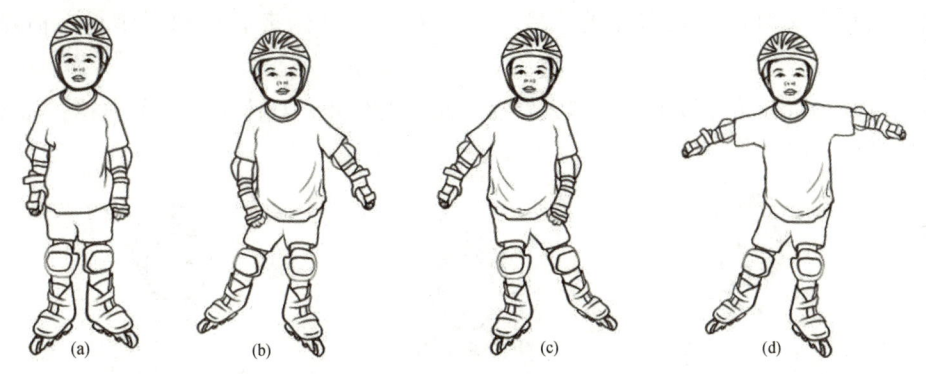

图 6-5-11　双脚向前"一"字步前滑

4）双脚葫芦步前滑。
①呈"V"字站立。
②重心下降前移，两脚鞋轮内刃蹬地，各自顺着脚尖向侧前弧线前滑。
③两脚借着惯性，顺势划弧内收。
④当两脚内收相近时，即完成第一个葫芦步。随即脚跟鞋轮碾地，使脚尖迅速外斜开始第二个弧形前滑。重复上述动作，连续滑行（见图6-5-12）。

图 6-5-12　双脚葫芦步前滑

5）向前交叉步滑行。

①两脚"V"字站立，重心压低并适当前移，膝盖微曲。

②两脚以鞋轮内刃向外蹬地，朝脚尖方向外展划弧。

③顺势两脚脚尖内收。

④到双腿交叉时，一只脚在前，另一只脚在后，身体重心回移，实现向前交叉步滑行。

⑤双脚以脚跟鞋轮外刃压地、脚尖外拐，使两腿分开，身体重心重新前移。如此循环（见图6-5-13）。

图6-5-13 向前交叉步滑行

（2）倒滑技术。

1）倒滑。

①双腿膝盖微曲，上体稍前倾，腿部稍后坐，两脚后跟外展，脚尖内收，呈内八字站立，身体重心保持在两脚之间。

②身体重心稍向身后倾，并落于右脚，左脚内刃蹬地，推动右脚朝脚跟方向滑行，使两脚分开。

③然后左腿轻抬、膝盖向内顶、收回，身体重心后移。

④左脚掌放下,以四轮平落地,落到右脚稍后方,脚尖朝内(见图 6-5-14)。

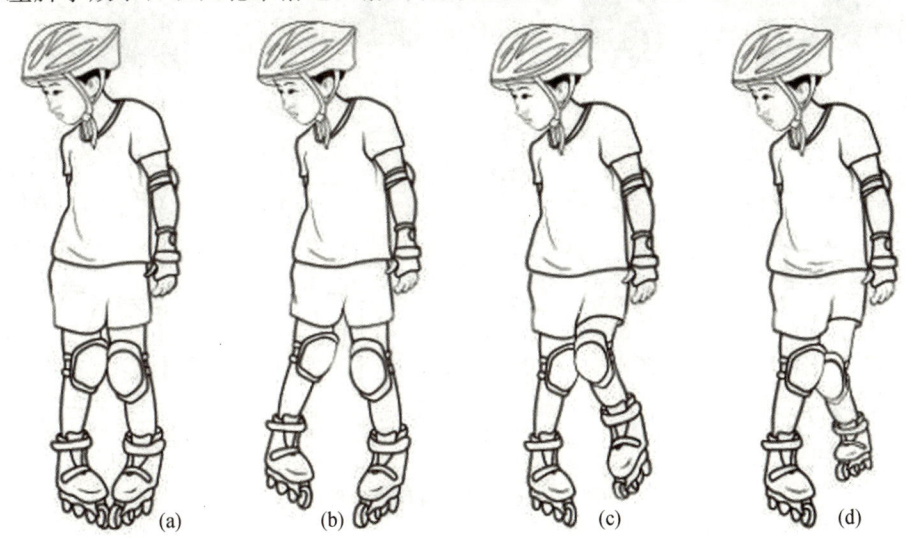

图 6-5-14 倒滑

2)双脚平行倒滑。
①双脚呈内八字站立。
②两脚交替蹬滑,产生倒滑动力。
③借助惯性两脚平行倒滑(见图 6-5-15)。

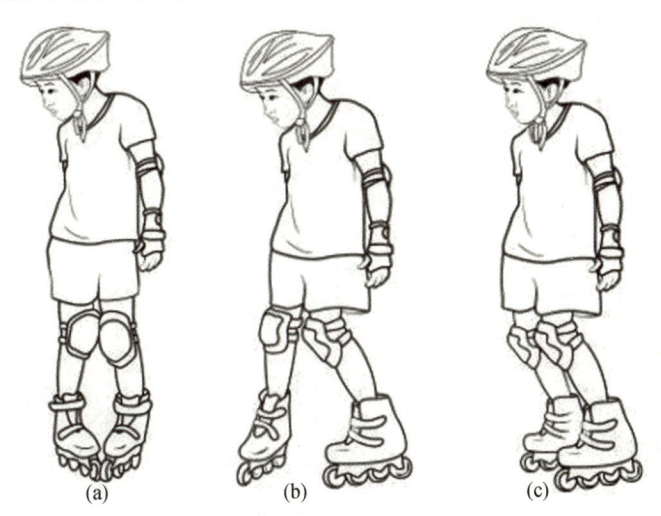

图 6-5-15 双脚平行倒滑

3)双脚葫芦步倒滑。
①双脚呈内八字站立,膝盖微曲,上体直立。
②大腿向外发力,两鞋轮以内刃蹬地向后滑弧,重心随之后移。
③顺势两脚脚跟内拐、往外划弧,完成一个倒葫芦步滑行。
④两脚脚跟接近后,随即以前脚掌撑地,脚跟迅速外展,然后开始第二个倒葫芦步。
如此循环(见图 6-5-16)。

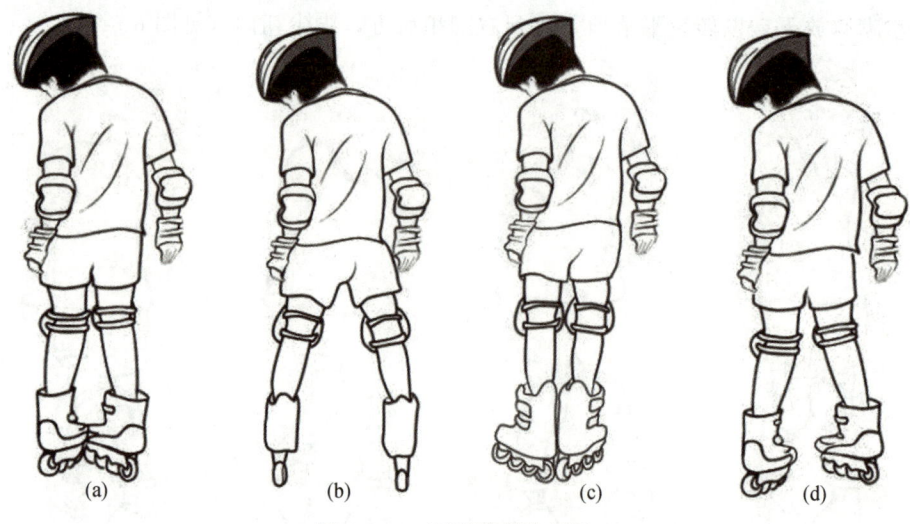

图 6-5-16 双脚葫芦步倒滑

3. 轮滑运动的制动技术

（1）利用刹车器刹停。

①在滑行中，双脚平行并拢，俯身下蹲，重心后移。

②刹车脚稍往前滑出，双手同时前摆，按压到该脚膝盖上。

③刹车脚脚尖稍翘起，以脚跟踩地，利用刹车器摩擦地面减速，注意刹车脚脚尖朝向正前方，避免拐弯（见图 6-5-17）。

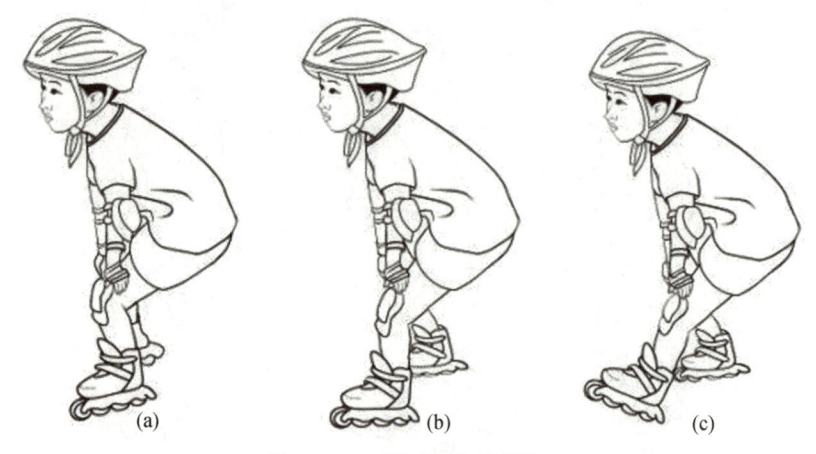

图 6-5-17 利用刹车器刹停

（2）内八字刹车。

①两脚呈"V"字站立。

②重心前移，两脚在鞋轮内刃蹬地下，向侧弧线前滑。

③两脚顺着惯性划弧内收。

④上体抬起，两脚尖靠近，呈内八字站立（见图 6-5-18）。

4. 轮滑运动的转向技术

（1）踏步转弯。

①双脚平行站立，重心由右脚支撑。

②抬左脚，先向左转。

图 6-5-18　内八字刹车

③左脚落地后，重心换由左脚支撑。

④右脚抬起收回后，双脚仍呈平行站立（见图 6-5-19）。

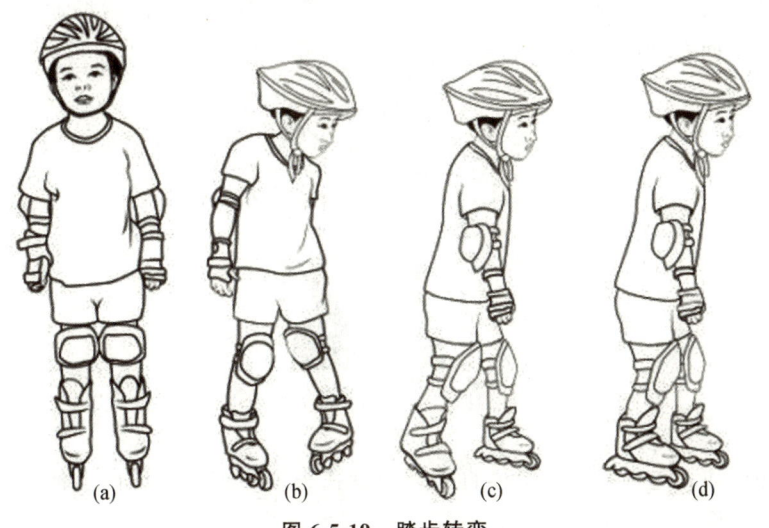

图 6-5-19　踏步转弯

（2）A字转弯。

①两脚交替蹬滑，产生前滑惯力。

②右转弯时，借助惯性，双脚开立、平行前滑。

③重心偏向右腿，右腿压内刃脚跟撑地，脚尖向右转动。

④上身顺势转向右侧，自然带动左脚向右划弧滑行，完成转弯（见图6-5-20）。

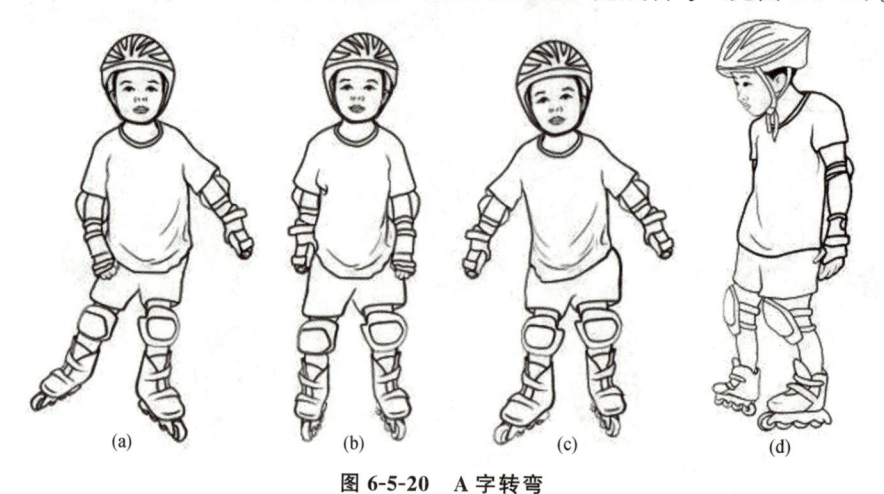

图 6-5-20　A 字转弯

二、游泳

1. 下水前的热身运动

在下水之前最好先在陆上做一些徒手体操和肌肉、韧带的牵拉伸展运动，以提高神经系统的兴奋性，使心血管系统、呼吸系统预先得到准备，使体温升高，从而增强肌肉的活动能力。由于水温一般比较低，下水游泳容易引起肌肉抽筋或拉伤等，经过充分热身可以避免这种情况。游泳前的热身运动可以选择徒手操、压肩、压腿、关节绕环、陆上动作模仿动作等。下水前用凉水擦身体，下水后，刚开始不要游得太快、太用力，可用舒缓伸展的动作做好准备。

（1）头部运动。两腿自然站立，双手叉腰，头部先向前，再向后振动，然后再向左右振动。接着由左向右绕圈，再由右向左绕圈。如图6-5-21所示。

图 6-5-21　头部运动

（2）肩部运动。两脚并拢，身体直立，两臂在头顶并拢且尽量向上伸直。如图6-5-22所示。

图 6-5-22 肩部运动

（3）双臂大绕环运动。两脚自然站立，两臂伸直同时向前大绕环，接着向后绕环。如图 6-5-23 所示。

图 6-5-23 双臂大绕环运动

（4）拉伸腰部运动。身体直立，双脚分开与肩同宽，双臂在头顶交叉，上体向左曲一次，使右侧腰腹部位充分受到拉伸。然后换成上体向右曲一次，使身体左侧腰腹部位充分受到拉伸。如图 6-5-24 所示。

图 6-5-24 拉伸腰部运动

（5）腹背运动。两腿并拢站立，两臂同时向下、向后振动，接着向下振动触地，臂向下时，身体随之成体前曲，两腿伸直。如图 6-5-25 所示。

图 6-5-25　腹背运动

（6）正压腿运动。右脚向正前方跨出一大步，成弓步，右膝关节弯曲，两手撑于右膝上。左腿向后伸直，身体向下振动做压腿动作。然后身体后传，左膝关节弯曲，右腿向后伸直，双手撑于左膝上，身体向下振动。如图 6-5-26 所示。

图 6-5-26　正压腿运动

（7）侧压腿运动。右脚向横侧方跨出，左膝伸直，右膝弯曲，身体重心移向右侧，并向下振动。然后身体重心移向左侧，右膝伸直，左膝弯曲，身体向下振动，两手各放在同侧膝关节处。如图 6-5-27 所示。

图 6-5-27　侧压腿运动

2. 出水后的注意事项

游泳结束上岸后，应及时用清水清洗眼、耳、鼻和口腔，冲洗身体，然后擦干，穿上衣服保暖，以防感冒。还应适当补充水分和营养。同时做一些放松整理活动，使身体恢复。

由于水中有杂质和细菌，游泳者易产生眼、耳疾病。游泳后要向眼中点氯霉素眼药水或金霉素眼药膏，切勿用脏手乱擦眼睛，以免挫伤结膜，或使细菌进入眼内。

游泳时如果有水进入耳内，切勿用手指挖耳，以免擦破耳道，导致污水感染，引起中耳炎。处理方法有：

（1）单脚跳动法：头歪向耳朵进水的一侧，用手拉住耳垂，用同侧腿进行单足跳。

（2）吸引法：头偏向有水的一侧，用手掌紧压同侧耳朵的耳孔外部，屏住呼吸，然后迅速拉开手掌，水就可吸出。

（3）也可用消毒的棉棒和柔软的吸水纸，轻轻地伸进外耳道把水吸出。

3. 蛙泳技术

蛙泳因模仿青蛙在水中游动的动作而得名，也是最古老的一种游泳姿势，在民间广为流传。它的臂腿动作方向变化较多，内部技术结构是四种泳式中最为复杂的。由于蛙泳水下的移臂和收腿都会给身体带来很大的阻力，使得身体前进的速度不均匀，因此它在四种泳式中的游速也是最慢的。但蛙泳可以用较小的力游较长的距离，是四种泳式中实用价值最为突出的泳式。它不仅是人们游泳健身时喜欢采用的泳式，而且是水上救护、生产建设和军事训练等常采用的泳式之一。

与自由泳和仰泳不同的是，蛙泳的手和脚左右成对称紧密相连、协同配合，因而身体也较容易水平地俯卧水中。但如果手脚配合不好，身体失去平衡，腰以下就会比较容易沉入水中。为了防止下半身下沉，身体必须保持较好的流线型姿势，充分发挥手臂和腿的推进作用。另外，因为是双手在前，两眼看向前方，又可以在水面上呼吸，蛙泳能给人一种特别的安全感。如图 6-5-28 所示。

蛙泳属于"易学难精"的一种泳式，由于呼吸容易掌握，每个动作周期结束后都有一定的滑行放松时间，所以较容易学会；但蛙泳的技术结构较复杂，臂腿变化方向多，所以又较难掌握好。

图 6-5-28　蛙泳

(1) 身体姿势。在游进过程中，蛙泳的身体姿势是不断变化的，在一次蹬腿一次划手以后，有一个短暂的滑行瞬间，此时，身体保持一定的紧张度，两臂向前伸直，两腿并拢向后伸直，两眼注视前下方，身体俯卧水中呈较好的流线型。身体纵轴与水平面约成5°～10°的角，可以减小阻力，维持良好的流线型。

蛙泳分为平式蛙泳和波浪式蛙泳。当内划手时，肩部上升，身体与水平面的夹角在15°以内为平式蛙泳，20°～30°为波浪式蛙泳。对于蛙泳初学者来说，不宜采用波浪式蛙泳，如果抬头过高或过分挺胸，会造成下肢下沉，阻力增加。

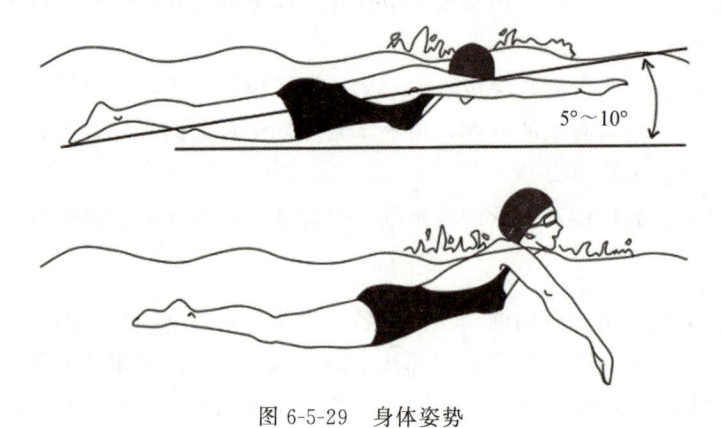

图 6-5-29　身体姿势

(2) 腿部技术。蛙泳腿部的动作不仅能够维持身体平衡，还可以产生较大的推动力，因此，腿部技术的掌握是游泳技术的前提和基础。蛙泳腿部的技术可以分为收腿、翻脚、蹬腿、滑行四个紧密相连的动作阶段。

①收腿。蛙泳收腿是为翻脚和蹬腿做准备的，收腿动作不但不产生推进力，而且会给身体带来阻力。因此，应当考虑收腿时，尽量减小阻力。

收腿时，两腿肌肉自然放松，同时曲膝曲髋，大腿略向下沉，两膝盖和两脚踝慢慢分开，脚踝向臀部靠拢。两小腿和两脚在前收的过程中要落在大腿的投影截面内，以避免迎面水流，减小阻力。在收腿时，力量要小，速度要慢，避免增大阻力。

收腿结束时，大腿与躯干成120°～140°角，大腿与小腿约成30°～45°角。

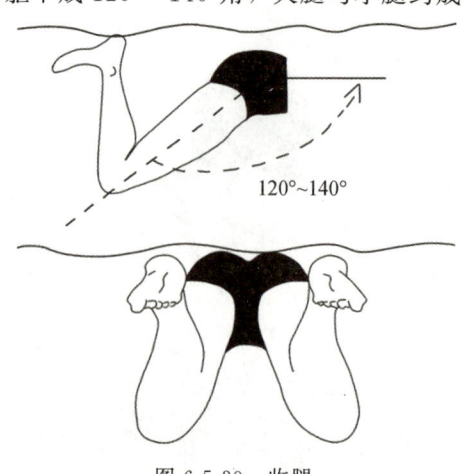

图 6-5-30　收腿

②翻脚。翻脚是收腿和蹬腿之间很重要的动作,翻脚能使腿在蹬夹时增加对水面,为蹬水创造有利条件。

外翻不是一个独立的动作,在收腿即将结束时,脚仍向臀部靠近,此时,大腿内旋,两膝稍向内扣,小腿和踝关节外旋,同时勾脚尖使脚尖朝外,使脚和小腿内侧对准蹬水方向,形成良好的对水面。翻脚结束时,两脚之间的距离要大于两膝之间的距离,形状似"W"。如图 6-5-31 所示。

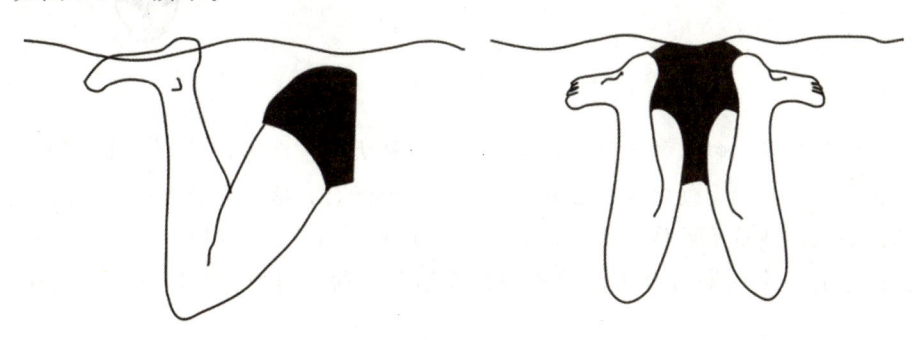

图 6-5-31　翻脚

③蹬腿。蹬腿动作是推动身体前进的重要动力来源。由于在后蹬水的同时向内夹水,使脚的运动路线呈弧线,因此,蹬腿也叫蹬夹水或鞭状蹬水。

蹬水动作在翻脚即将完成时开始,利用最初向外、向后蹬夹水的动作,由腰腹和大腿同时发力,依次伸展髋关节然后是膝关节,最后是踝关节,在向后蹬的同时向内夹水,直至两腿伸直并拢,完成弧状的鞭状蹬夹。蹬夹水是通过伸髋和伸膝,以小腿内侧和脚掌向后对准水来完成的。如图 6-5-32 所示。

蹬夹水时,刚开始动作应比较柔和,动作由慢到快,力量由小到大,到最后伸直小腿和脚掌的动作则要快速有力。蹬夹水时用力过猛无济于事,反而会破坏动作的连贯性,影响动作效果。

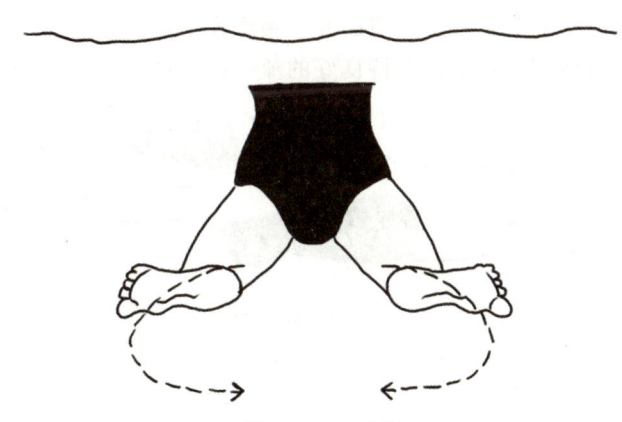

图 6-5-32　蹬腿

④滑行。蹬腿结束后身体有一个向前的惯性,此时,两腿充分伸直并拢,腰、腹、臀、腿及踝部肌肉保持适度紧张,身体保持良好的流线型向前滑行。滑行一段时间后准备下一个腿部动作周期。滑行时间的长短与动作频率有着直接的关系。滑行过程中,要保持

两腿较高的位置,若腿部下沉,将会增加向前的阻力,从而降低了游泳进度。如图 6-5-33 所示。

图 6-5-33 滑行

(3) 手臂部技术。蛙泳的手臂部技术可以产生较大的推动力,臂部动作在划水过程中能够形成较大的对水面,使之与腿部和呼吸动作协调配合,能够有效地提高游泳的进度。

蛙泳的划水路线从下看像一个"倒心形",两手从心的尖顶开始,匀速的划动一周回到尖顶。蛙泳的一个周期可分为开始姿势、外划、下划、内划、前伸五个紧密相连的阶段。如图 6-5-34 所示。

图 6-5-34 手臂部技术

①开始姿势。蹬腿结束时,两臂自然前伸,与水面平行,臂部肌肉适度紧张,掌心向下,手指自然并拢,身体充分伸展,保持良好的流线型。如图 6-5-35 所示。

图 6-5-35 开始姿势

②外划。也称抓水或抱水,从开始姿势起,两臂内旋,使两手掌心转向外斜下方,手腕略曲,两手对称地向外斜下方划水,抓水结束时,两臂分开到约成45°角。外划不产生推动力,其目的是为下划创造有利条件,使对水面增加,身体上浮。

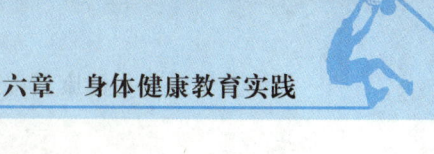

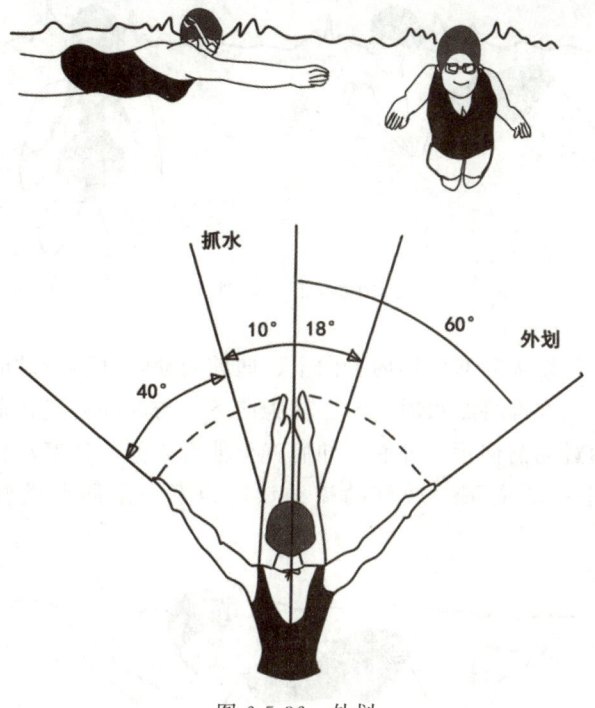

图 6-5-36　外划

③下划。下划是产生推动力的主要部分，下划开始时，前臂稍外旋转，同时曲肘曲腕，使掌心转为朝后下方，保持高肘划水。当划至手和水平面成90°时，手臂同时向内、向下和向后运动。当下划结束时，肘关节曲至130°角手位于肩的前下方。在下划过程中肘关节明显高于手和前臂。如图6-5-37所示。

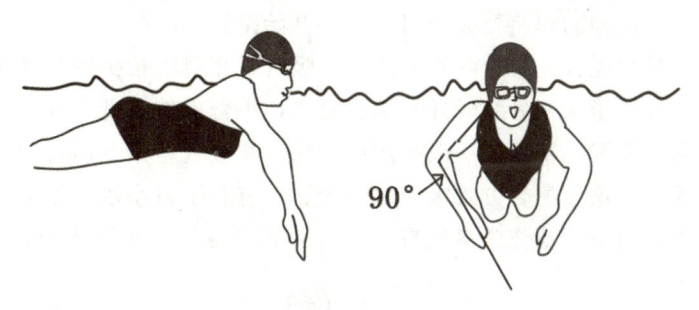

图 6-5-37　下划

④内划。随着下划的结束，手的运动方向应当是向内、向上和向后，两手的夹角约为45°角，在内划过程中手和前臂高于肘关节。肘关节也同时向下、向后、向内收至胸部侧下方，肘关节弯曲成锐角。肩肘关节应有意识地向内加，两手内划需在两肘之间，以手带肘完成内划，这样可以将推进力保持较长时间，并且减小划臂过程中的阻力。如图6-5-38所示。

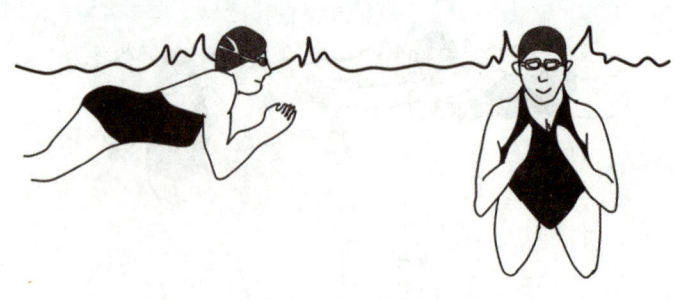

图 6-5-38　内划

⑤前伸。内划即将结束时双手向内、向上、向前划动,划至下颌时转为向上、向前划动,此时,掌心相对,在即将结束时,掌心转为向下。与此同时迅速低头,将头夹于两臂之间。前伸动作是通过向前伸手、伸肘、伸肩直至伸直姿势。伸臂动作完成时,两臂伸直并拢充分伸肩,两手掌心向下呈较好的流线型,为下一个周期做好准备。如图 6-5-39 所示。

图 6-5-39　前伸

(4) 臂部与腿部的配合。当两臂外划和下划时,两腿保持伸直状态,当两臂内划时开始收腿翻脚,当两臂前伸动作将要完成时,两脚开始蹬腿。

(5) 臂部与呼吸的配合。蛙泳呼吸采用抬头吸气,相对于抬头的早晚来说可分为早吸气和晚吸气。早吸气是指两臂外划时开始抬头吸气,手臂前伸时低头呼气,这种配合方式吸气时间较长,易于掌握,初学者一般采用此方法。晚吸气是指在两臂内划时开始抬头吸气,手臂前伸时呼气,这种配合方式吸气时间较短,有利于减小水的阻力,同时有利于更好地发挥手臂划水的力量,动作紧凑连贯。运动水平较高者一般采用晚吸气配合方式。

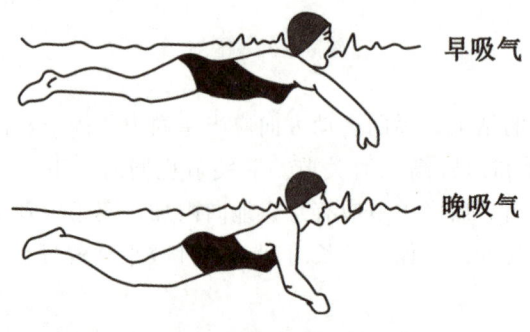

图 6-5-40　臂部与呼吸的配合

(6) 完整配合。蛙泳臂腿配合技术较为复杂,为了保持游进速度的均匀性,臂腿配合周期中每个阶段都有推进力产生。配合不协调会直接影响臂腿的动作效果和游进速度。蛙泳的臂、腿、呼吸的配合一般采用 1∶1∶1 的配合方式，即两臂外划或内划时抬头吸气并收腿，两臂前伸时低头水中呼气，两臂前伸即将结束时蹬水。完整配合时应在充分发挥臂、腿力量的基础上，努力做到协调、连贯、优美、有节奏的连贯动作。如图 6-5-41 所示。

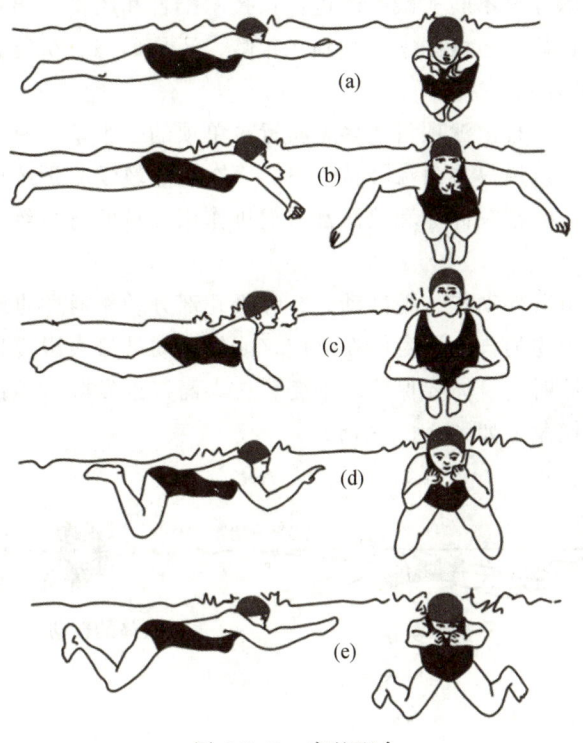

图 6-5-41　完整配合

4. 自由泳技术

自由泳是俯卧在水中，两腿上下交替打水，两臂轮流划水而使身体向前游进的一种泳式，由于动作很像爬行，故也称为"爬泳"。如图 6-5-42 所示。

图 6-5-42　自由泳

自由泳的起源可以追溯到古代人类为了生存，在与自然界的斗争中所采用的游泳姿势。竞技游泳姿势中自由泳也是一种最古老、最基本的泳势。

最初的现代奥运会游泳比赛中只有自由泳比赛项目，20世纪初，人们在自由泳比赛中开始采用自由泳技术。在1908年和1912年奥运会上，澳大利亚运动员开始成功地采用自由泳技术并取得了较好成绩。其特点是游进时头抬出水面，划水频率快，路线短，曲肘划水。每划水2次打腿2次或4次，打水时曲膝较大，以小腿发力为主。这种技术很快流行于欧美选手中，继而人们又尝试把头放进水中，使身体位置提高，改进了自由泳技术。

目前，自由泳技术经过不断实践和改进，在技术配合和风格上出现了多种不同的形式和流派。不论是距离长短、地域国家、性别、年龄，还是形态、机能、素质都可能对运动员的技术产生一定的影响。

由于在游泳竞赛中，自由泳项目最多，将近占单项的一半，且有多项接力、混合泳项目也离不开自由泳，可以说得自由泳者得天下。而在游泳教学与训练中，自由泳又是基础项目，学会了自由泳，对掌握仰泳和蝶泳都有促进作用，是所有教练员、运动员和游泳工作者关注的焦点。

自由泳技术动作由臂部动作、腿部动作、呼吸几部分动作通过协调的配合构成。

(1) 身体姿势。理想的自由泳身体姿势应该能使运动员最大限度地减小阻力，增大推进力。因此，游自由泳时，身体要保持水平姿势，水面接近发际，髋部略低于肩，身体纵轴与水平面成很小的锐角。如图6-5-43所示。

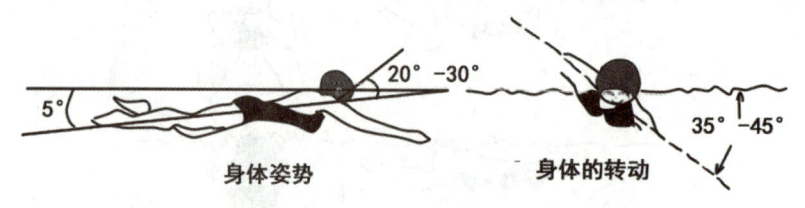

图 6-5-43　身体姿势

高水平运动员的身体位置较高，除与他们较好的浮力有关外，强有力的打腿技术也是一个主要原因。人体前进的速度越快，身体位置就越高，正如人造卫星引力就必须达到较高的速度一样。然而如果试图通过抬高头部来提高身体位置，其结果必定是事与愿违，腿部就会更加下沉，且身体会上下起伏。当感觉到腿沉在水下，打不起水花时，较好的办法是低头，并加快打水的频率。

自由泳游进中身体往往随划水和呼吸动作绕纵轴做有节奏的转动，转动角度在40°左右。这种转动有助于呼吸动作的完成，并使手臂划水的幅度加大，便于更好地发挥上肢和肩带肌群的力量，因此是有益的，但如果转动的幅度过大，就会把前进的动能浪费到无用的身体摆动上，降低动作效果。

(2) 腿的技术。自由泳腿的作用一直为专家学者所争论，观点不完全统一，较为一致的看法是自由泳腿主要起着维持身体平衡，保持身体位置，并配合划水动作的作用。打腿对短距离运动员起的作用非常关键，近年来有些优秀的游泳教练员认为，在短距离项目中，快速的打腿动作能够将兴奋的冲动反馈到中枢神经系统，使其发放更多的神经冲动，加快手臂的划水动作，起到调节动作频率的作用，正如短跑运动员的摆臂动作能够调节腿的频率一样。此外打腿技术好的运动员身体位置都高，能够减小身体前进的阻力。

自由泳打腿基本是在矢状面上完成，由向下打腿和向上打腿两部分构成，其中向下打腿是主要产生推进力的动作，因此要速度快一些，用力大一些。动作可以描述为"大腿带小腿，两腿鞭打水"。具体来说，打腿时两脚应稍内扣，踝关节放松，由髋关节发力，传至大腿，带动小腿和脚，做鞭状打水，动作应有力而有弹性。

向上打水时，大腿带动小腿直腿向上移动，当整条腿移到水面并与水平面平行时，大腿首先停止继续上移，转入向下打腿，如图 6-5-44（a）～（c）所示。但此时小腿和脚由于惯性的作用仍在继续上移，使膝关节弯曲成约160°角，如图 6-5-44（d）(e) 中左腿所示，之后小腿和脚在大腿的带动下开始向下打水，如图 6-5-44（f）～（i）中左腿所示。

当大腿向下打水到最低处并开始向上打水时，小腿仍未完成向下打水，如图 6-5-44（d）～（f）中右腿所示，直到小腿伸直，随打腿转入向上打水，如图 6-5-44（g）～（j）中右腿所示。然后开始下一次动作循环。

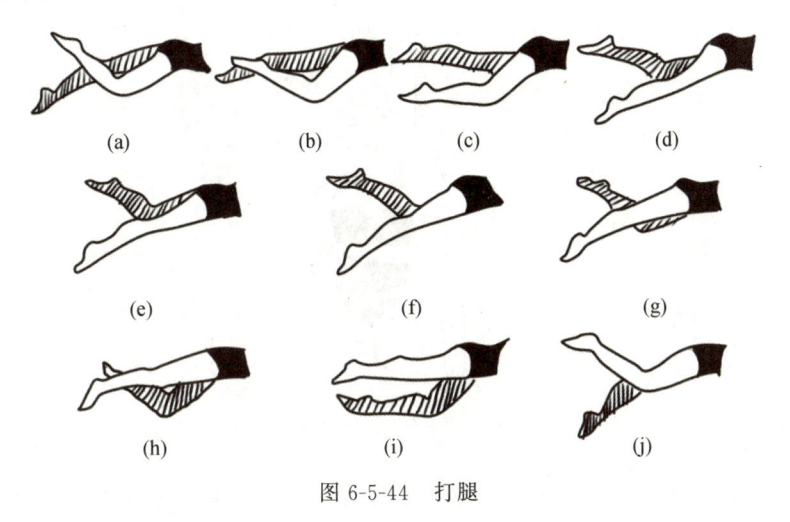

图 6-5-44 打腿

自由泳打水动作应该向下曲腿打水，向上直腿打水，打水幅度 30～40 厘米。如图 6-5-45 所示。向下打水时踝关节尽量伸直，而不要勾起，使脚背朝后下方用力，使身体获得向前的反作用力和向上的升力，如图 6-5-46（a）所示。如果勾脚打水，不但不能推动身体前进，反而给了身体向后的反作用力，使身体倒退，如图 6-5-46（b）所示。

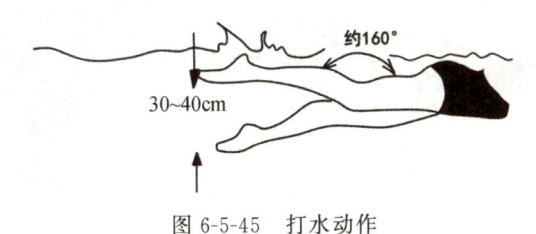

图 6-5-45 打水动作

图 6-5-46 脚部动作

（3）手臂技术。游自由泳时，使身体前进的主要推进力产生于手臂的划水动作。自由泳划水动作可以分为水中划水和空中移臂两个主要部分，空中移臂是水中划水的必要准备，但不产生推进力；真正产生推进力的部分是水中划水。

人们为了更方便地分析和描述划水，把自由泳划水技术习惯地分为几个各具特色而又紧密相连的动作阶段，即入水、抱水、划水、出水和空中移臂。

从侧面看，自由泳的划水动作似乎像船浆一样，只是在一个平面内向后划动。其实不然，手臂在向后划的同时，还经历了向外、向下、向内、向外、向上的三维运动，手的划水路线类似"S"形状。如图6-5-47所示。

图6-5-47　手臂技术

①入水。入水并不产生推进力，它的目的是使手臂伸展到合适的位置，为划水做好准备。入水阶段手的运动方向是向前、向下和向外，而没有向后的力量。手臂入水时，肘关节微曲并高于手，手自然并拢伸直，由大拇指领先，斜插入水，然后前臂和上臂依次入水。手的入水点应在肩的延长线上或身体中线和肩延线之间。过宽或过窄都不利于后面的划水。如图6-5-48所示。

图6-5-48　入水

②抱水。这个动作好像是用手臂去抱一个大圆球一样，使手臂找到合适的发力点和支撑点（见图6-5-49）。抱水开始时，手臂是直的，然后逐渐曲肘，使肘高于手，高肘的目的是使前臂和手最大限度地向后对准水。低肘是较为常见的技术错误，也是划水技术的大忌，因为低肘时作用力方向向下，而不是向后，容易造成身体上下起伏，推进力效果差（见图6-5-50）。

图 6-5-49　抱水

图 6-5-50　低肘

当手臂抱至与水平面成约 40°角，肘关节曲至约 150°角时，抱水结束，进入划水阶段。

③划水。划水是获得推进力的主要阶段，这个阶段又分为两部分，前面是"拉水"，后面是"推水"。

拉水时，手同时向内、向上和向后运动，应保持高肘姿势。拉水结束时，手在身体下方靠近身体中线，手臂与水平面基本垂直，曲肘角度约 90°。此时转入推水阶段（见图 6-5-51）。

图 6-5-51　拉水

拉水阶段较常见的错误技术是曲肘程度太小、手臂过于靠里（手超过身体中线）或手臂过于靠外（见图 6-5-52）。

图 6-5-52　拉水阶段较常见错误

推水时，手同时向外、向上和向后运动，应在拉水的基础上加速连贯地完成，中间不能有停顿。推水过程中肘关节从曲曲过渡到伸直,手臂的推水速度是整个划水过程中最快的。当手臂在后方与水平面成约 20°角时,推水结束,转入出水阶段(见图 6-5-53)。

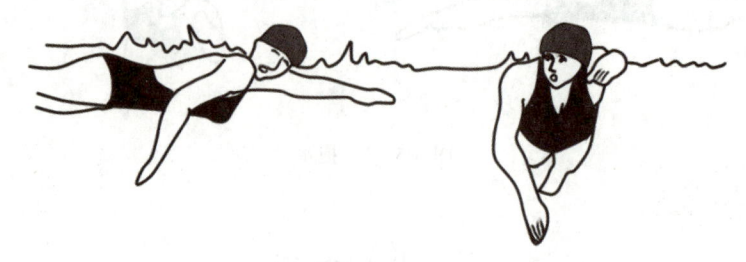

图 6-5-53　拉水连续动作

推水过程中常见的技术错误主要是推水没有加速、推水未完全彻底、手臂未伸直及手过于靠里或靠外等。

④出水。划水结束后应立即在肩的带动下将手臂提出水面。出水的顺序是肩、上臂、前臂和手(见图 6-5-54)。出水动作应快速连贯但前臂和手应尽量放松。

图 6-5-54　出水

出水过程中常见错误是手臂僵硬或手最先出水,这样会激起较大的浪花并使身体上下起伏。

⑤空中移臂。空中移臂是出水的继续,不能停顿。移臂要放松自然,肘高于手。移臂动作应借助于肩关节的自然转动,手的速度快于前臂和上臂的速度,因为移臂开始时手落后于肘关节,而移臂结束时手应在最前方领先入水(见图 6-5-55)。

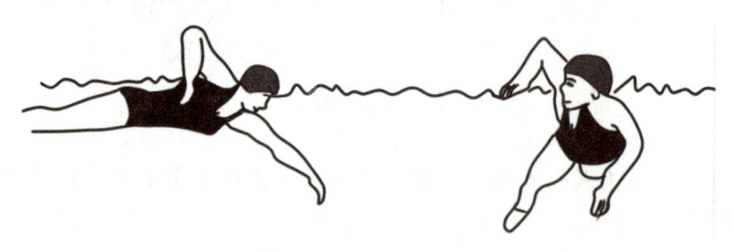

图 6-5-55　空中移臂

空中移臂过程中常见的错误技术主要有肩关节过于僵硬、手过高或移臂过宽等,这些错误易造成身体起伏或转动过大,使身体前进过程中遇到的阻力增大(见图 6-5-56)。

(a)　　　　　　　　(b)

图 6-5-56　空中移臂错误技术

划水过程中各阶段的速度并非一成不变，而是推水速度最快，其次是出水、入水和空中移臂，抱水的速度相对最慢。

⑥两臂的配合。自由泳两臂的配合有三种基本形式，即前交叉配合、中交叉配合和后交叉配合，此外还有介于这三者之间的中前交叉和中后交叉（见图6-5-57）。

前交叉　　　　　　　中交叉　　　　　　　后交叉

图 6-5-57　两臂的配合

前交叉配合指一臂入水时另一臂在肩前方，与水平面约成30°角。这种配合适合初学者，便于掌握臂的技术和呼吸技术，可作为一种分解技术练习方法。其缺点是动作不连贯，速度均匀性差。

中交叉配合指一臂入水时另一臂位于肩下，与水平面约成90°角；后交叉配合指一臂入水时另一臂位于腹下，与水平面约成150°角。这两种配合利于发挥力量，提高频率，保持连续的推进力。

现代自由泳优秀运动员多采用中交叉或中后交叉配合形式。

（4）呼吸及完整配合技术。

①呼吸与臂的配合。自由泳呼吸技术是一个难点，原因是它采用人们所不习惯的侧边转头吸气。吸气的时机要掌握好，如果向右侧转头，应该在右手入水后开始用口和鼻缓缓呼气，并随着划水阶段的推移逐渐增大呼气的幅度。拉水开始时，慢慢向右转头，右臂出水时，嘴露出水面，张口用嘴吸气，待右手移至体侧时，吸气结束，开始转头复原，右手入水时，头部应已复原并保持稳定。

吸气时肩和头应向同侧转动，使口在低于水平面的波谷中吸气，不能抬头，否则会使腿部下沉，身体转动或起伏过度（见图6-5-58）。转头吸气动作可以形象地描述为"咬肩"动作。

呼吸的常见错误主要有抬头吸气，转头幅度太大，吸气过早或过晚等。

图 6-5-58　呼吸与臂的配合

②完整配合。自由泳配合技术有多种形式，其中6∶2∶1配合是较常见的一种，即6次打腿2次划水，1次呼吸。此外还有4∶2∶1、2∶2∶1等多种配合形式。一般来说，短

距离比赛中，常见 6 次打腿的配合技术，呼吸次数也限制得较少，有些运动员可达到 8 次以上划水 1 次吸气，甚至更少。而长距离运动员则多用 2 次打腿配合，呼吸较频繁，2～3 次划水吸 1 次气，但在最后冲刺或超越时多改用 6 次打腿配合技术。有的运动员习惯采用一侧吸气，多数运动员采用两侧轮流吸气，有利于比赛中了解对手的情况，并使两侧肩带和颈部肌肉锻炼平衡。

6：2：1 的完整配合技术，如图 6-5-59 所示。每划水 2 次（1 个动作周期），打水 6 次，其中第 3 次和第 6 次打腿较为重要，处在一臂开始移臂，另一臂开始拉水时。此时划水产生的推进力相对较小，这两次打水可使身体前进速度更为均匀。

图 6-5-59 完整配合技术

由于打水的能量消耗远远高于划水，长距离运动员为了节省体力，往往采用 2 次或 4 次打水 2 次划水的配合技术。2 次打腿 2 次划水的配合时机是当一臂划水结束开始出水时，同侧腿向下打水（见图 6-5-60）。

图 6-5-60 同侧腿向下打水

此外还有一种多为男运动员采用的 2 次交叉打水配合技术，即每打完一次腿，两腿上下交叉一次（见图 6-5-61）。

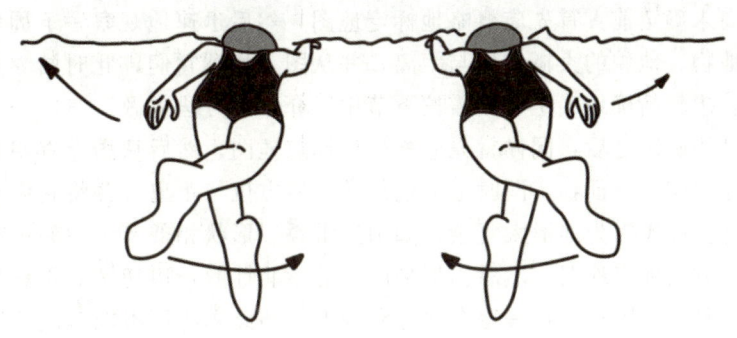

图 6-5-61　2 次交叉打水配合

三、定向运动

熟练地掌握使用国际定向地图与指北针的各种方法,在定向越野中具有特殊的重要意义。认识定向地图是为了正确地使用定向地图,因此,在学习定向越野技能的阶段,必须选择最合适的场地、用较多的时间去进行使用定向地图与指北针的训练。下述内容中,有的是属于最基本的和必须通过反复练习熟练掌握的,有的则可以根据具体情况,先选择一两种最适用的方法进行训练,以便收到触类旁通、由浅入深、循序渐进的学习效果。

1. 标定地图

标定地图就是为了使越野图的方位与现地的方向相一致。这是使用越野图的最重要的前提。

(1) 概略标定。越野图上的方位是:上北、下南、左西、右东。当我们在现地正确地辨别了方向之后,只要将越野图的上方对向现地的北方,地图即已标定。这种方法简便迅速,是定向越野比赛中最常用的方法。

(2) 利用磁北线(MN线)标定。先使透明式指北针圆盒内的定向箭头"↑"朝向地图上方,并使箭头两侧的平行线与越野图上的磁北线重合(或平行),然后转动地图,使磁针北端对正磁北方向,地图即已标定。

(3) 利用直长地物标定。利用直长地物(如道路、土垣、沟渠、高压线等)标定地图,首先应在图上找到这段直长地物,对照两侧地形,使图与现地各地形点的关系位置概略相符,然后转动地图,使图上的直长地物与现地的直长地物方向一致,地图即已标定。

(4) 利用明显地形点标定地图。当你位于明显地形点上,并已从图上找到该地形点的位置(即自己所在的站立点)时,可以利用明显地形点标定地图。方法是:先选择一个图上与现地都有的远方明显地形点(目标),然后转动地图,使图上的站立点至目标的连线与现地的站立点至目标的连线相重合,此时地图即已标定。

2. 对照地形

对照地形,就是要通过仔细地观察,使图上和现地的各种地物、地貌——"对号入座",即相互对应。对照地形在定向越野比赛中的作用主要有两个:一是在站立点尚未确定时——只有正确地对照地形,才能在图上找出正确的站立点位置;二是在站立点已经确定,需要变换行进方向时——只有通过对照地形,才能在现地找到已选定的最佳行进路线。对照地形一般应先标定地图,然后根据不同的需要采用不同的对照方法。

在站立点尚未确定前：首先应概略地标定地图，然后迅速地观察一下周围，记清最大或最有特征的地物、地貌的大概方位与距离，并从图上找到它们，此时站立点的位置即可概略地确定。若想较精确地确定，则需按下节中所介绍的方法去做。

在站立点已经确定之后：同样首先应概略地标定地图，然后从图上查明自己选定的运动路线上近前方两侧的特征物，同时记清他们的大概方位与距离，并将它们在现地辨别出来，然后再前进。如果因为地形太复杂，如山丘重叠、形状相似等，不易进行对照，可以先采用较精确的方法标定地图，然后用带刻度尺的指北针的长边切站立点和特征物，并沿这条直长边向前瞄准，则特征物一定在此方向线上。如此方法还不能解决问题，应变换对照位置，或者登高观察和对照。在这里需要特别强调的是，无论在什么情况下进行现地对照地形，都必须特别注意观察和对照地形的顺序与步骤问题。现地对照地形的顺序一般是：先对照大而明显的地形，后对照一般地形；由近及远，由左至右；由点及线，由线及面；逐段分片，有规律地进行对照。在步骤方面，首要的、也是必不可少的是要保持地图方位与现地方位的一致，然后再根据不同需要进行下面的步骤。

3. 确定站立点

熟练地掌握在图上确定站立点的各种方法是学习使用地图的关键。对于这些方法，除了要记住它们各自的步骤、要领，尤其重要的是要学会根据不同情况，对他们进行选择使用和结合使用。

（1）直接确定。当自己所处位置是在明显地形点上时，只要从图上找出该地形点，站立点即可确定。这是一种在行进中，特别是奔跑中最常用的方法。但是，采用直接确定法的困难在于：在紧张的进程中，怎样才能很快地发现可供利用的明显地形点？当同一种明显的地形点互相靠近的时候，怎样才能够正确地区别他们，防止"张冠李戴"？可以称得上是明显地形点的地物主要有：

——单个的地物；
——现状地物的拐弯点、交叉点（呈"十"字形）、交汇点（呈"丁"字形）和端点；
——面状地物的中心或者有特征的边缘。

可以称得上是明显地形点的地貌主要有：

——山地、鞍部、洼地；
——特殊的地貌形态、陡崖、冲沟等；
——谷地的拐弯、交叉和交汇点；
——山脊、山背线上的转折点、坡度变换点。

（2）利用位置关系确定。当站立点位于明显地形点附近时，可以采用位置关系法。利用位置关系法确定站立点主要是依据两个要素，一是站立点至明显点的方向，二是站立点至明显点的距离。在地形起伏明显的地方，还可以结合高差情况进行判定。

（3）利用"交会法"确定。当站立点附近无明显地形点时，可以利用"交会法"确定站立点。按不同情况，它又可以具体分为90°法、截线法、连线法，后方交会法和磁方位角交会法。这些方法的优点是：不需要判断或测量距离也能确定出较为准确的站立点位置，这对于初学者学习、巩固使用越野图的训练是很有意义的。但是，它们中的一些方法，要么只能在某些特定的条件下才能运用，要么就是步骤烦琐，费时费力，因此在定向越野比赛中一般较少使用。

①90°法：当待测点位于线状地形（包括道路、沟渠、山背线、谷底线、坡度变换线等）上时，如果在与运动方向相垂直的方向上能够找出一个明显地形点，那么确定站立点就简单得多，线状地形符号与垂直方向线的交点即为站立点。

②截线法：当待测点位于线状地形上，但在其与运动方向相垂直的方向上没有明显地形点，可以采用此法。其步骤如下：

标定地图。在线状地形的侧方选择一个图上与现地都有的明显地形点；

利用指北针的直长边缘（也可用三棱尺、铅笔等）切于图上明显地形点的定位点上（为便于操作可插一细针），然后转动指北针，使其直长边照准该地形点；

沿指北针的直长边向后画方向线，该方向线与线状地形符号的交点，就是站立点在图上的位置。

③连线法。当待测点位于线状地形上，同时待测的位置恰好是在某两个明显地形点的连线上，可以利用这种方法确定站立点。

④后方交会法、磁方位角交会法。这两种方法只在下述情况下使用，即在待测点上无线状地形可利用，而且地图与现地相应的都有两个以上的明显地形点。

后方交会法通常要求地形较开阔，通视良好。其工作步骤如下：在图上找到选定的方位物之后，标定地图；然后按照截线法的步骤分别向各个方位物瞄准并画方向线，图上方向线的交点就是站立点。

磁方位角交会法既可以在地形开阔时使用，也可以在丛林中使用。但是，在丛林中需要攀爬到便于向远方观察的树上或其他物体上进行。

4. 迷失方向时的方法

（1）沿道路行进时。标定地图，对照地形，判明是从哪里开始发生的错误以及偏差有多大，然后根据情况另选迂回的道路前进。如果错得不多，可返回原路再行进。

（2）越野行进时。应尽早停止行进，标定地图后选择最适用的方法确定站立点，然后尽量取捷径插到原来的正确路线上去，不得已时再返回原路。

（3）在山林地中行进时。

①如果确定不了站立点，又不能返回原路，就要在图上看一看，迷失地区附近是否有较大型或较突出的明显地形（最好是线状的），如果有，就要果断地放弃原行进方向向它靠拢，并利用它确定站立点。

②在山林中行进，最忌讳在尚未查明差错程度和正确的行进方向都不清楚的情况下，匆忙而轻易地取"捷径"斜插，这样很可能造成在原地兜圈子。

如果在山林地中迷失了方向，甚至连"总的正确方向"都无法确定，那么就需要使用指北针确定方向，或采取"登高"的方法确定方向。

四、高尔夫

1. 高尔夫握杆技术

握杆方式分为左右手握、直角握几种，还包括处理特殊的握杆（例如轻击球握杆）。从握标杆时手指位置来看，又可分为重叠握、互锁握等。无论采取何种方式主要要领是应处理好手掌的摆放位置和掌握用力大小。

(1) 左手伸直，掌心指向目标相反方向，手掌下部紧靠握柄，此时杆头立在地面上，杆面右角对准目标（见图 6-5-62）。

(2) 做手指手心握，手指并拢，杆身放在食指第指二节上，成对角线。

(3) 手并拢，大拇指放在杆身上部略向右处，食指如同在扣扳机（见图 6-5-63）。

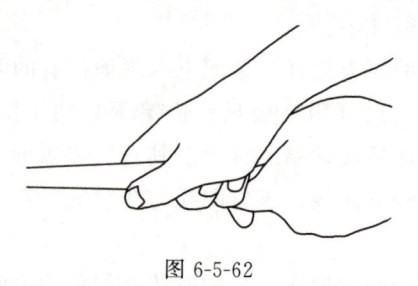

图 6-5-62

(4) 右手放在杆身上，掌心对准目标方向。

(5) 手指并拢握住球杆，右手小指触到左手食指，手撑位于球杆右边，在左手大拇指上方。此种握法又称"自然握"（见图 6-5-64）。

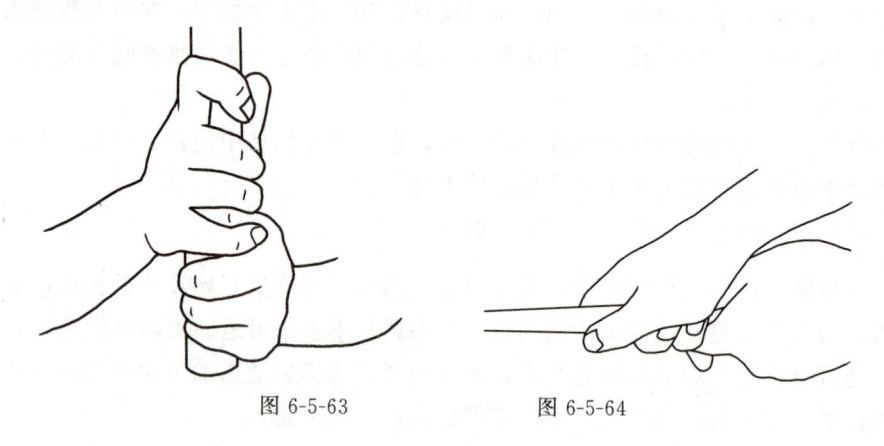

图 6-5-63　　图 6-5-64

(6) 大多数职业选手采用"重叠握"：将右手小指放在左手食指上，从而右手握得更紧（见图 6-5-65）。

图 6-5-65

(7) 在互锁时，右手小指与左手食指交错，此时左手食指离开球杆。

(8) 采取何种握法并无所谓，重要的是双手的方向应对准杆头（见图 6-5-66）。

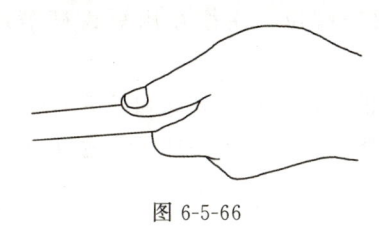

图 6-5-66

2. 站姿要求

改进自己的技术是每一个球手的梦想，也是要求，因为即使是最厉害的球手，也同样存在一些缺陷，而这些缺陷都是持续的，随着身体状况的改变，年龄的增长，一切缺陷就凸现了出来，而原来不影响球技发挥的细节也可能成为限制自己的障碍。而通常需要改进的，都是一些基础的东西、基本的原则，而这些没有巩固，就经常成为人们改进球技过程中阻碍进步的严重问题。

其中一个重要的基础就是站姿——如何站立的方法。因为站姿最大程度决定了挥杆的类型，而且，良好的站姿增加了点击球的机会。如果站姿存在缺陷，挥杆以及杆面击球的效果，一准是存在缺陷的。

如果经常打出高飞球，并且球路是由左向右的，那站姿一定太过直了，包括膝部和腰部，这使得双臂挥杆的平面过于陡直。换句话说，如果通常都是打出低飞球，又是由右向左飞的话，那身体弯曲太多，而且挥杆时球杆是围绕着身体横向画弧，结果就是过于平行的挥杆平面。

虽然说这并没有一个特定的、完美的挥杆平面，但还是需要注意一个分界线：在挥杆顶点，双手应该在右肩和右耳的中间线上，如果双手低于右肩，那说明挥杆太平了，如果双手高于右耳，那说明挥杆平面会变得陡直。

另外可以检查一下膝部，许多业余选手双膝弯曲的不够或者过多，另外一个毛病就是向前耷拉着双肩。正确的动作应该是保持脊椎是直的，然后从腰部开始整个上身向前倾。检查的时候最好放下球杆，放松双臂，自然下垂。正确的站姿是膝盖骨刚好在脚背上面，手指尖指向脚趾尖。如果手尖指向脚尖内侧说明站得太直，指向外侧则弯曲太多。

以下的练习可以帮球手找到一个合适的感觉：像橄榄球裁判执判时那样双脚平贴地面，膝部放松，保持脊椎平直，双手放在膝盖上（如果对橄榄球没有概念，那我们可以先站个马步，但双脚不要太开，与肩同宽即可，然后双手放在双膝上），逐渐从膝部和腰部站直身体，直到有足够的空间握住一支球杆，这就是一个比较完美的站姿。

3. 击球姿势

按握杆要领握好球杆后，身体自然站立，两脚自然分开与肩同宽，头轻松下俯，注视杆头。双膝稍弯曲，使杆头底部着地。身体左侧与目标（果岭或球道）保持适当角度，身体重心平均落在两脚上。

4. 脚位

指准备击球时两脚站立的姿势，分为正脚位、开脚位和闭脚位。

正脚位：指两脚尖连线与准备击球线平行的脚位。若全力击球，无论使用哪种球杆，均可采用正脚位。

开脚位：指左脚稍微后撤的脚位。往往在用短铁杆击球时采用，击出的球路向左弯曲。

闭脚位：指右脚稍向后撤的脚位。常在开球和球道上击球时采用，击出的球路向右弯曲。无论在击球时采用哪一种脚位，右脚与击球方向成直角，左脚与击球方向成45度角。

5. 瞄球

（1）身体放松，精神集中，进行一、两次深呼吸，握杆。

（2）根据所使用的球杆，确定球与足的距离，轻轻踏脚调整姿势，保持两脚的安定。

（3）两肘弯曲，将球杆举至体前，两手向右回旋，检查右手的中指和无名指的握杆。再向左回旋，检查中指、无名指和小指的握杆。

（4）将两臂下放伸出，使杆头位于球的正后方，杆面正对球的飞行方向，杆头底部轻轻触地。

（5）臂弯曲并稍稍内扣，上体微微前倾，头颈部保持正直、放松，目视球。

（6）轻晃动杆头。为了使挥杆动作更加流畅，在开始挥杆之前轻轻左右摆动一下杆头有利于松弛全身肌肉的紧张，集中精力。

6. 挥杆

挥杆动作的全部内容包括杆后摆或后摆杆—上挥杆—挥杆顶点—下挥杆—冲击取—顺势动作—结束动作几大部分。

所有投掷运动都有一个共同特点，通过圆周运动把力量转化成速度。为了达到最大速度，应用身体的大肌肉（腿肌、腹肌、背肌）发力，而小肌肉（手臂、手腕）放松并保持被动。

（1）下杆时重心先移到左脚，然后由腿和腰发力快速向左转，带动肩膀快速回转，再带动手臂和球杆加速。这样以几何级数加速使杆头像闪电一样快速通过击球区，与球撞击后飞出很远距离。如果手臂和手腕主动用力根本无法获得杆头速度，方向也容易偏差。

（2）初学时无法精准地掌握成年人半挥杆击球的技巧，因此在训练的时候必须保证低起杆，让后挥杆有更加充分的发挥机会，并且握杆的双手要高于肩头，让背部对准目标。

（3）挥杆到达顶点时，少年的身体重心应该在右脚上，并且臀部和双肩转向右侧。

（4）完成后挥杆，稍作停顿再开始下挥杆动作，必须养成节奏的概念。

（5）挥杆时，需让身体重心从右腿转向左腿，而这个过程需转动臀部指向目标来带动完成。

（6）杆须面向目标，少年的身体重心应停留在左腿，且双手最后与左耳齐高。

第六节　保健体育

一、八段锦

1. 动作方面

健身气功八段锦是以肢体运动为主要特点的导引术，它通过肢体运动强壮筋骨，调理脏腑，疏通经络，调和气血，从而达到强身健体的目的。其功法特点主要表现为势正招圆。整套动作看似横平竖直、柔和缓慢，但却方圆相应、松紧结合，健身气功八段锦的每一式中均体现了这一风格。如"左右开弓似射雕"一式，两手自胸前开弓至两侧，再由两侧弧形下落，动作以横平为起点，以半圆为路径，在方正中体现开弓时抻拉之力，回收时松柔之美。上述八段锦的功法特点是在动作进入熟练阶段后，自然而然进入的一种求松静、分虚实、讲刚柔、知内劲的状态。在初学阶段要掌握每一式的动作要领，先求动作方整，再求动作圆活，先体会柔和缓慢，再体会动静相兼。

2. 呼吸方面

健身气功八段锦在练习时采用逆腹式呼吸，同时配合提肛呼吸。具体方法是，吸气时提肛、收腹、膈肌上升。呼气时膈肌下降、松腹、松肛。与动作结合时遵循起吸落呼、开吸合呼、蓄吸发呼的呼吸原则，在每一段主体动作中的松紧与动静的变化交替处采用闭气。如"两手托天理三焦"一式，两手上托时，吸气；保持抻拉时，闭气；两手下落时，呼气。在动作的初学阶段，要以自然呼吸为主，不要刻意追求呼吸的细、匀、深、长，不要刻意追求呼吸与动作的配合，不要让呼吸成为心理负担，以免出现头晕、恶心、心慌、气短等现象。要因人而异，量力而行，动作与呼吸的配合要顺其自然，在循序渐进中进入不调而自调的状态。

3. 意念方面

练习健身气功八段锦时意念活动不是守一，而是意想动作过程，不同的练习阶段，其意念活动也是不一样的。在练功初期，意念活动主要在动作要点和动作规格上，这一阶段动作要正确，路线要准确；在功法提高阶段，意念活动主要在动作的风格特点和呼吸的配合上，要不断改进和提高动作质量，肌肉感觉由紧到松；在功法熟练自如阶段，意念活动随呼吸、动作的协调而越来越自然，做到形与神和，意与气和。在松静、愉悦的心理条件下，在似守非守的意念活动中解除各种紧张状态，做到功法自然流畅，从容自如。

4. 八段锦口令、图文说明与功效

（1）第一式：两手托天理三焦。

口诀：

十字交叉小腹前，翻掌向上意托天，
左右分掌拨云式，双手捧抱式还原，
式随气走要缓慢，一呼一吸一周旋，
呼气尽时停片刻，随气而成要自然。

动作要领：两掌向上至胸部时，翻掌上托，舒胸展体，抬头看手；抻拉时下颏微收，头向上顶，略有停顿，脊柱上下对拉拔长，力由夹脊发，上达两掌；两掌下落时要松腰沉髋，沉肩坠肘，松腕舒指，保持上体中正。

易犯错误：两掌上托不充分，抬头不够；两掌保持抻拉时，松懈断劲；两掌下落时，肩臂

图 6-6-1 第一式

僵硬。

纠正方法：两掌上托时抬头看手，下颏先向上助力，再内收配合两掌上撑，力达掌根，保持伸拉两秒；两掌下落时要先沉肩、坠肘，而后手臂自然下落，身体中正，松腕舒指。

（2）第二式：左右开弓似射雕。

口诀：

马步下蹲要稳健，双手交叉左胸前，
左推右拉似射箭，左手食指指朝天，
势随腰转换右式，双手交叉右胸前，
右推左拉眼观指，双手收回式还原。

图 6-6-2　第二式

动作要领：两腕交搭时沉肩坠肘，掌不过肩；开弓时力由夹脊发，扩胸展肩，坐腕竖指充分转头，侧拉之手五指要并拢曲紧，臂与胸平，八字掌侧撑需立腕、竖指、掌心涵空。略停两秒，保持抻拉，有开硬弓射苍鹰之势（见图 6-6-2）。

易犯错误：开弓时端肩、塌腰、重心偏移；成马步时跪腿，收腿时脚擦地、晃动，步法不灵便。

纠正方法：开弓时立项沉肩，上体直立，充分转头，步法转换要清晰，开弓时马步的膝关节不得超过脚尖，两掌侧撑时移为横裆步。在练习过程中，根据自身情况调整马步高度，不可强求，避免动作变形，循序渐进地发展下肢力量。

（3）第三式：调理脾胃须单举。

口诀：

双手重叠掌朝天，右上左下臂捧圆，
右掌旋臂托天去，左掌翻转至脾关，
双掌均沿胃经走，换臂托按一循环，
呼尽吸足勿用力，收式双掌回丹田。

动作要领：单臂上举和下按时，要力达掌根，舒胸展体，拔长腰脊，要有撑天拄地之势（见图 6-6-3）。

易犯错误：两臂在上撑、下按时，掌

图 6-6-3　第三式

指方向不正；肘关节僵直，没有弯曲度；两臂对拉力度不够，上体不够舒展。

纠正方法：上举和下按时两掌放平，指尖摆正；在肘关节稍曲的状态下体会两肩充分拉伸。

（4）第四式：五劳七伤往后瞧。

口诀：

双掌捧抱似托盘，翻掌封按臂内旋，
头应随手向左转，引气向下至涌泉，
呼气尽时平松静，双臂收回掌朝天，
继续运转成右式，收式提气回丹田。

动作要领：两掌伏按时立项竖脊，两臂充分外旋，展肩挺胸，转头不转体（见图 6-6-4）。

易犯错误：两臂外旋时上体后仰；转头与旋臂不充分。

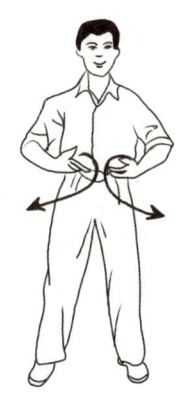

图 6-6-4 第四式

纠正方法：两臂外旋时下颌微收，向后转动时上体中正；转头时看斜后下方 45°，旋臂时小拇指侧最大限度外旋，保持两秒抻拉。

（5）第五式：摇头摆尾去心火。

口诀：

马步扑步可自选，双掌扶于膝上边，
头随呼气宜向左，双目却看右足尖，
吸气还原接右式，摇头斜看左足尖，
如此往返随气练，气不可浮意要专。

图 6-6-5 第五式

动作要领：马步扶按时要悬项竖脊、收髋敛臀、上体中正；侧倾俯身时，颈部与尾闾对拉拔长；摇头时，颈部尽量放松，动作要柔和缓慢，摆动尾闾力求圆活连贯（见图 6-6-5）。

易犯错误：摇转时头部僵直，尾闾转动不圆活；摇转时挺胸展腹，上体后仰。

纠正方法：转头时，颈部肌肉尽量放松，不可主动用力，头部转动速度要慢于尾闾转动；向后转动头部时要含胸，抬头向上看，向前转动尾闾时要收腹，向后转动时要先塌腰，再敛臀立身。在马步状态下转动尾闾有一定难度，可以将动作分解练习，先体会头部摇转，再体会尾闾转动，最后将转头和转动尾闾结合起来。

（6）第六式：两手攀足固肾腰。

口诀：

两足横开一步宽，两手平扶小腹前，
平分左右向后转，吸气藏腰撑腰间，
式随气走定深浅，呼气弯腰盘足圆，
手势引导勿用力，松腰收腹守涌泉。

动作要领：双手反穿经腋下尽量旋腕，俯身摩运时脊柱节节放松，至足背时要充分沉肩；起身时两掌贴地面前伸拉长腰脊，手臂主动上举带动上体立起（见图6-6-6）。

易犯错误：两手向下摩运时低头，膝关节弯曲；向上起身时，起身在前，举臂在后。

纠正方法：两手向下摩运时稍抬头，膝关节伸直，可根据自身身体状况自行调整动作幅度；向上起身时以臂带身，两臂贴近双耳。

图 6-6-6　第六式

（7）第七式：攒拳怒目增气力。

口诀：

马步下蹲眼睁圆，双拳束抱在胸前，
拳引内气随腰转，前打后拉两臂旋，
吸气收回呼气放，左右轮换眼看拳，
两拳收回胸前抱，收脚按掌式还原。

图 6-6-7　第七式

动作要领：马步下蹲时要立身中正，马步的高低可根据自己腿部的力量灵活掌握；左右冲拳时怒目瞪眼，同时脚趾抓地，拧腰顺肩，力达拳面，旋腕要充分，五指用力抓握（见图6-6-7）。

易犯错误：冲拳时上体前俯，塌腰、耸肩、掀肘；旋腕幅度不够；拳回收时抓握无力。

纠正方法：冲拳时上体正直，百会上顶，下颏微收，肩部松沉，前臂贴肋前送，力达拳面；拳回收时，先五指伸直充分旋腕，再曲指用力抓握。

(8) 第八式：背后七颠百病消。

口诀：

两腿并立撇足尖，足尖用力足跟悬，
呼气上顶手下按，落足呼气一周天，
如此反复共七遍，全身气走回丹田，
全身放松做颠抖，自然呼吸态怡然。

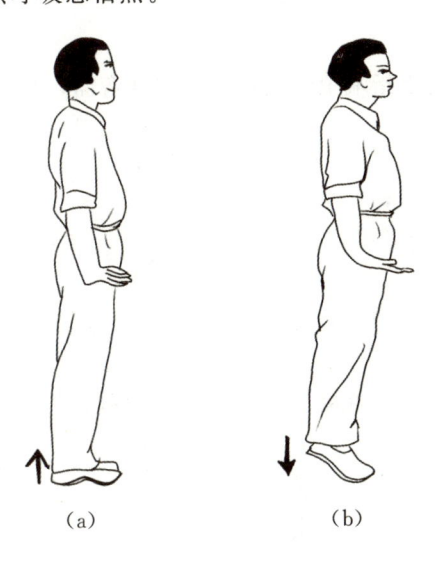

(a) (b)

图 6-6-8　第八式

动作要领：提踵时脊柱节节拉长，脚趾抓地，脚跟尽量抬起，两腿并拢，提肛收腹，头向上顶，略有停顿，保持平衡；下落时沉肩，颠足时身体放松，咬牙，轻震地面（见图 6-6-8）。

易犯错误：提踵时耸肩，身体重心不稳；下落颠足时速度快，用力过大。

纠正方法：提踵时五趾抓地，两腿并拢，提肛收腹，肩向下沉，立项竖脊，百会上顶；向下颠足时先缓缓下落一半，而后轻震地面。

二、五禽戏

1. 五禽戏基本手型

(1) 虎爪。五指张开，虎口撑圆，第一、二指关节弯曲内扣。如图 6-6-9 所示。

图 6-6-9　虎爪

(2) 鹿角。拇指伸直外张，食指、小指伸直，中指、无名指弯曲内扣。如图 6-6-10

所示。

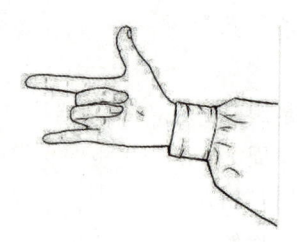

图 6-6-10 鹿角

（3）熊掌。拇指压在食指指端上，其余四指并拢弯曲，虎口撑圆。如图 6-6-11 所示。

图 6-6-11 熊掌

（4）猿钩。五指指腹捏拢，曲腕。如图 6-6-12 所示。

图 6-6-12 猿钩

（5）鸟翅。五指伸直，拇指、食指、小指向上翘起，无名指、中指并拢向下。如图 6-6-13 所示。

图 6-6-13 鸟翅

（6）握固。拇指抵掐无名指根节内侧，其余四指曲拢收于掌心。如图 6-6-14 所示。

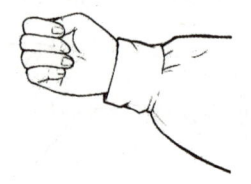

图 6-6-14 握固

2. 五禽戏训练要点

（1）全身放松练功时，不仅肌肉要放松，神经精神也要放松。要求松中有紧，柔中有刚，切不可用僵劲。只有放松使出来的劲才会柔中有刚，才使动作柔和连贯，不致僵硬。

（2）意守丹田，即排除杂念，用意想着脐下小腹部，有助于形成腹式呼吸，做到上虚下实，即胸虚腹实，使呼吸加深，增强内脏器官功能，使血液循环旺盛。身体下部充实，有助于克服中老年人易发生的头重脚轻和上盛下虚的病象。此外做到上虚下实，动作才能达到轻巧灵便、行动自如。

（3）呼吸均匀练功前，先做几次深呼吸，调匀呼吸。练功当中，呼吸要自然平稳，最好用鼻呼吸，也可口鼻并用。但不可张口喘粗气，而要悠悠吸气，轻轻呼气，做起动作来会自然形成腹式呼吸，使腹部运动幅度加大，腹肌收缩有力，对内脏器官都有好处。

（4）动作象形练五禽戏做到动作外形神气都要像五禽。如练虎戏时，要表现出威猛的神态，目光炯炯，摇头摆尾，扑按搏斗等，有助于强壮体力。练鹿戏时，要仿效鹿那样心静体松，姿势舒展，要把鹿的探身、仰脖、缩颈、奔跑、回首等神态表现出来。

鹿戏有助于舒展筋骨。练熊戏时，要像熊那样浑厚沉稳，表现出撼运、抗靠、步行时的神态。熊外似笨重，走路软塌塌，实际上在沉稳之中又富有轻灵。练猿戏时，要仿效猿猴那样敏捷好动，要表现出纵山跳涧、攀树蹬枝、摘桃献果的神态。猿戏有助于发展灵活性。练鸟戏要表现出亮翅、轻翔、落雁、独立等动作神态。鸟戏有助于增强肺呼吸功能，调达气血，疏通经络。

3. 五禽戏图文说明

（1）虎戏。

做虎戏时，手脚均着地，模仿老虎的形象（见图 6-6-15）身体前后振荡，向前 3 次，向后 3 次，即前后、前后、前后（见图 6-6-16）做毕，两手向前移，伸展腰部，同时抬头仰脸（见图 6-6-17）面部仰天后，立即缩回，还原（见图 6-6-18）。按照以上方法继续做 7 遍。

图 6-6-15

图 6-6-16

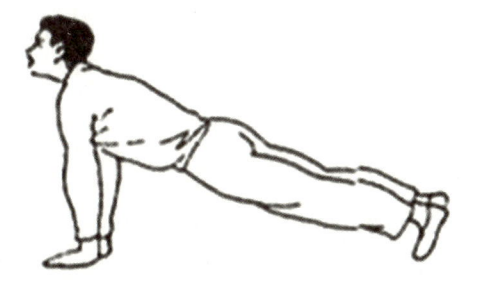

图 6-6-17

图 6-6-18

(2) 鹿戏。

做鹿戏时，手脚仍着地，伸着脖子往后看，向左后方看 3 次，向右后方看 2 次，即左后右后、左后右后、左后（见图 6-6-19）；继而脚左右交替伸缩，也是左 3 次，右 2 次（见图 6-6-20）。

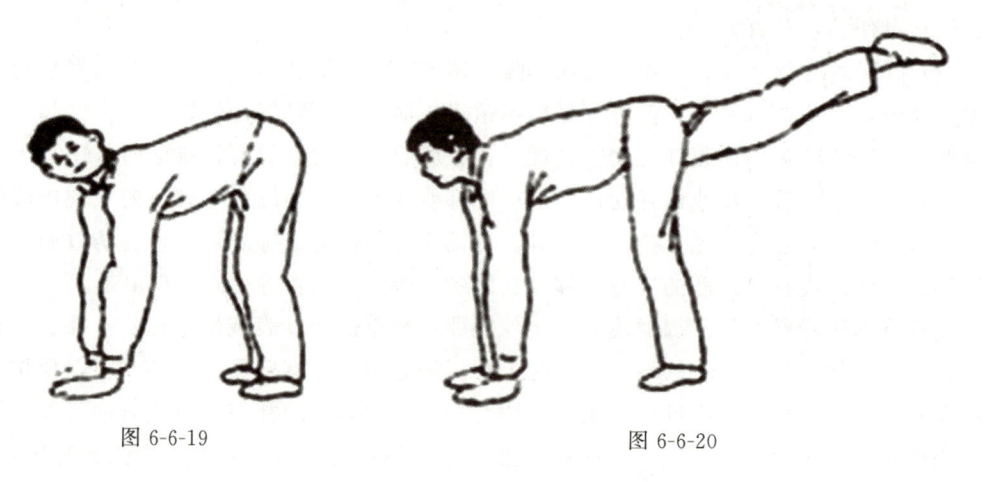

图 6-6-19　　　　　图 6-6-20

(3) 熊戏。

做熊戏时，身体仰卧，两手抱着小腿（见图 6-6-21）抬头，身体先向左滚着地，再向右侧滚着地，左右滚转各 7 次（见图 6-6-22）。然后曲膝深蹲在地上，两手在身旁按地，上体晃动，左右各 7 次（见图 6-6-23）。

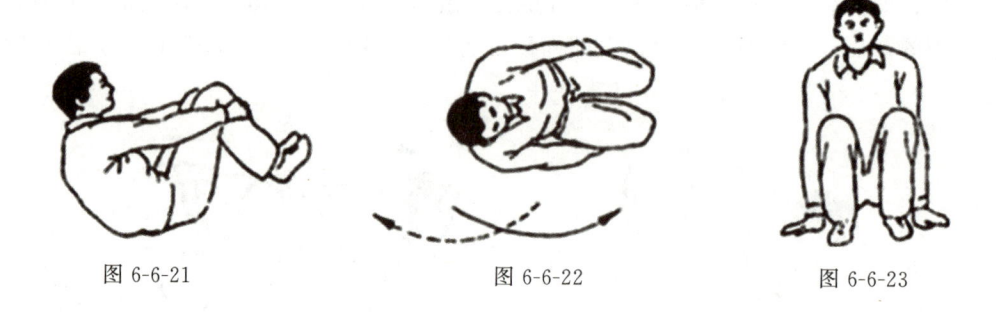

图 6-6-21　　　　　图 6-6-22　　　　　图 6-6-23

(4) 猿戏。

做猿戏时，身体直立，两手攀物（最好是高单杠），把身体悬吊起来（见图 6-6-24），上下伸缩 7 次，如同"引体向上"（见图 6-6-25）。在两手握杠、两脚钩杠的基础上，做一手握杠、一脚钩杠，另一手曲肘按摩头颈的动作，左右各 7 次（见图 6-6-26）。手脚动作要相互配合协调。

图 6-6-24 　　　　　　　　图 6-6-25 　　　　　　　　图 6-6-26

(5) 鸟戏。

做鸟戏时，双手臂向上竖直，一脚翘起，同时伸展两臂，扬眉鼓劲，模仿鸟的飞翔（见图 6-6-27、图 6-6-28）。坐在地上，伸直两腿，两手攀足底，伸展和收缩两腿与两臂，各做 7 遍（见图 6-6-29）。

图 6-6-27　　　　　　　　图 6-6-28 　　　　　　　　图 6-6-29

第三篇

体育与心理健康

第七章　心理健康概述

第一节　心理健康释义

一、心理健康的基本含义

随着物质生活的不断提高，人们对幸福和健康有了更高层次的追求。当今竞争的加剧导致人们的心理健康问题日益突出，心理健康也被纳入"健康"范畴。作为大学生，要想对自己的心理健康状态有很好的把握，首先要做的就是了解什么是心理健康。

心理健康根据范围的不同有广义和狭义之分，广义的心理健康是指一种高效而满意的、持续的心理状态。狭义的心理健康则是指人的基本心理活动的过程内容完整、协调一致，即认识、情感、意志、行为、人格完整和协调，能适应社会，与社会保持同步。

1946年，第三届国际心理卫生大会定义：心理健康是指在身体、智能以及情感上与他人的心理健康不相矛盾的范围内，将个人心境发展成最佳状态。具体表现为：身体、智力、情绪十分协调；适应环境，人际关系中彼此能谦让；有幸福感；在工作和职业中，能充分发挥自己的能力，过有效率的生活。

除此之外，人们还从不同的方面来进行解释。有人认为心理健康是人们对环境能高效而愉快地适应；也有人认为心理健康应是一种积极、丰富而持续的心理状态，在这种状态下适应良好，具有生命活力，能充分发展其身心潜能而绝非仅仅没有心理疾病；还有人认为，心理健康表现为积极性、创造性和人格统一，有行动热情和良好的社会适应力。

较为普遍的观点认为心理健康是能够充分发挥个人的最大潜能，以及妥善处理和适应人与人之间、人与社会环境之间的相互关系。具体说，包括两层含义：一是与绝大多数人相比，其心理功能是正常的，无心理疾病；二是能积极调节自己的心理状态，顺应环境，能有效地富有建设性地完善个人生活。基于以上观点，我们认为，心理健康是指个体在适应环境的过程中，生理、心理和社会性方面达到协调一致，保持一种良好的心理功能状态。

事实上，大学生心理健康与否，其界限是相对的，企图找到绝对标准是非常困难的。我们在研究大学生整体心理健康时，应将目光投向发展的健康观，即更多的大学生在发展中面临许多人生的课题，心理危机与心理困难也都是在发展的大背景下产生的。

二、心理健康的一般标准

作为大学生，从小学到现在几乎都经历过不少健康体检，通过体检可以了解到自己的身体健康状况。医生会采用各种仪器并依据一定的标准和指标来确定结果。而涉及心理健康，相信大家一定也不陌生。新生入学阶段，大家在接受身体常规检查的同时，也会做一些心理测验，并依据一定的标准来得出每个人心理是否健康。那么，在实际工作和生活中心理健康的判断标准有哪些？下面，我们将就主要的标准做简要介绍。

对于大学生来讲，除了运用心理量表测评心理健康状态之外，还可以用简单有效的日常生活标准"检查"自己的心理状态。一般而言有以下四个标准：一是经验标准，即当事人按照自己的主观感受来判断自己的健康，研究者凭借自己的经验对当事人的心理健康进行判定；该标准的重点在于关注当事人的主观内在感受和情绪体验。二是社会适应标准，以社会中大多数人的常态为参照标准，观察当事人是否适应常态而进行心理是否健康的判断。作为大学生，能否适应大学的生活，是否可以应对学习压力，能否搞好与周围人的关系即是该标准。三是统计学标准，依据对大量正常心理特征的测量取得一个常模，把当事人的心理与常模进行比较；简单来讲就是自己的表现是否和周围的大多数人一样。四是自身行为标准，每个人以往生活中形成的稳定的行为模式，即正常标准。比如，人的性格是相对比较稳定的，但是如果一个人突然之间性情大变，就值得注意是否有心理问题了。

三、大学生心理健康的判断标准

心理健康的标准随时代的发展和环境的变化而变化，大学生作为一个比较特殊的群体有其独特的发展特点。一方面，他们身体的发展已是成年人，但另一方面，其心理发展正在趋于成熟但并未完全成熟。结合我国大学生的实际情况，在评价其心理健康时主要从以下几个标准进行评判。

1. 智力正常

智力是以思维能力为核心的各种认识能力和操作能力的总和，它是衡量一个人心理健康的最重要的标准之一。正常的智力是大学生学习、生活的最基本条件，也是衡量大学生心理是否健康的首要标准。一般地讲，智商在 130 以上，为超常；智商在 90 以上，为正常；智商在 70～89 间，为亚中常；智商在 70 以下，为智力落后。但由于大学生是一个特殊群体，基本在智商上都能够达到标准。衡量他们智力正常与否的关键在于自身是否能够正常地完成学习任务、充分地发挥和实现自我的价值。

2. 情绪适中

情绪在心理状态中起着核心的作用，情绪适中是指情绪是由适当的原因所引起；情绪的持续时间随着客观情况的变化而变化；情绪活动的主流是愉快的、欢乐的、稳定的。有人认为，快乐表示心理健康如同体温表示身体健康一样的准确。大学生的情绪健康应有如下表现：积极情绪多于消极情绪，能够合理地控制和宣泄自己的情绪，合理地表达自己的情绪等。情绪健康的大学生整个身心都会处于积极向上的状态，对一切充满信心和希望。

3. 意志健全

一个人的意志是否健全主要表现在意志品质上，意志品质是衡量心理健康的主要意志标准，其中行动的自觉性、果断性和顽强性是意志健全的重要标志。行动的自觉性是对自己的行动目的有正确的认识，能主动支配自己的行动，以达到预期的目标；行动的果断性是善于明辨是非，适当而又当机立断地采取决定并执行决定；行动的顽强性是在做出决定、执行决定的过程中，具有克服困难、排除干扰、坚持不懈的奋斗精神。大学生意志健全的表现为在学习和生活中具有很强的自觉能动性，能够适时果断地做出决定，能够积极和合理地应对遇到的困难和挫折。不畏惧困难、不盲目服从、对自己的行为能够坚持。

4. 人格统一

人格是指一个人的整体精神面貌，即具有一定倾向性的心理特征的总和。人格的各种特征不是孤立存在的，而是有机结合成相互联系的整体，对人的行为进行调节和控制。如果各种成分之间的关系协调，人的行为就是正常的；如果失调，就会造成人格分裂，产生不正常的行为。双重人格或多重人格是人格分裂的表现。一个人的人格一经形成，就具有相对稳定的特点，因此，形成一个统一的、协调的人格和形成一个残缺的、失调的人格，其性质对心理发展和精神表现的影响是截然不同的。

5. 人际关系和谐

人际关系和谐是心理健康的重要标准，也是维持心理健康的重要条件之一。大学生人际关系和谐具体表现为：在与人交往中，能够做到心理相容，互相接纳和尊重；不对同学或周围其他人排斥、贬低；对人情感真诚、善良，而不是冷漠无情；以集体利益为重，愿意关心他人和为他人奉献；不自私自利，不损人利己；等等。

6. 与社会协调一致

心理健康的人，应与社会保持良好的接触，认识社会，了解社会，使自己的思想、信念、目标和行动跟上时代发展的步伐，与社会的进步与发展协调一致。如果与社会的进步和发展产生了矛盾和冲突，应及时调节，修正或放弃自己的计划和行动，顺历史潮流而行，而不是逃避现实，悲观失望，或妄自尊大、一意孤行，逆历史潮流而动。

7. 心理特点符合年龄特征

人的一生包括不同年龄阶段，每一年龄阶段其心理发展都表现出相应的质的特征，称为心理年龄特征。一个人心理行为的发展，总是随着年龄的增长而发展变化的。如果一个人的认识、情感和言语举止等心理行为表现基本符合他的年龄特征，是心理健康的表现；如果严重偏离相应的年龄特征，发展严重滞后或超前，则是行为异常、心理不健康的表现。大学生作为特殊的群体，有着自身的年龄特征和心理发展规律，应具备和年龄和角色相符合的心理和行为特征。

大学生心理健康的标准是一把理想的尺子，它一方面为衡量大学生的心理健康提供了标准，另一方面也为大学生指出了心理健康的努力方向，然而，大学生作为一个特殊的群体，除适用的心理健康的判断标准和具体的评估指标外，还要结合其特点来正确把握该群体的心理健康标准，具体来讲，应重视以下几个方面。

一是心理健康是相对的而不是绝对的。大学生心理健康与否并不是非黑即白有绝对的界限。如同人的生理健康一样，也存在着健康、亚健康和疾病状态。对多数学生群体而言，在学习和成长的过程中，总会遇到一些不同的心理困扰，但这并不意味着心理就是不健康的。但如果遇到心理困扰不及时地调节和干预，就有可能发展成亚健康或不健康状态。因此，大学生应提高心理健康的意识，及时进行自我调整，做自己心理健康的主人。

二是心理健康是整体的而不是局部的。大学生在把握自身的心理健康的标准时，应考察心理健康的整体协调性。大学生在生活中会遇到各种成长中的困扰，如学习、交友、恋爱等，有这些困扰并不意味着心理不健康，只要是不影响正常的学习和生活，都是心理健康的表现。大学生在遇到这些问题时，应该积极地应对，学会去解决。

三是心理健康是发展的而不是静止的。大学生在对待自身的心理健康时，要学会用发展的眼光看问题。人的心理状态是一个动态的变化过程。大学生不能通过自己某一次、某一个时刻的心理和行为来判断自身是否心理健康，而是要通过结合自身和环境的变化来看待心理问题。

四、大学生心理健康的特点

维护和促进大学生的心理健康，必须首先了解大学生心理健康的状况。而要了解大学生心理健康的状况，既要研究大多数正常学生心理健康的状况，也要研究少数不正常学生所存在的问题。

我国大学生心理健康的状况有下述一些特征。

1. 大学生心理健康水平符合正态分布的规律，多数人是健康的

据湖北大学等校以心理健康的六个特征（生活态度、学习动机、自我观念、情绪状态、自控能力和人际关系等）作为尺度编制问卷所进行的测试，发现接受测查的14个系672名大学生的心理健康水平，是按"中间大，两头小"的正态规律分布的，即大多数学生的心理状况是健康的，心理不健康（包括有心理问题和轻度神经症者）的学生只是少数。

上述调查还发现，大学生心理健康水平随年级上升而提高，特别是生活态度与学习动机两项，年级越高，得分越多。只有人际关系一项在各个年级之间波动较大。这说明我国大多数学生心理的发展是健康的。

2. 大学生心理健康的主要问题是成长和发展中的矛盾

大学时期是个人成长过程中又一次面临新的心理矛盾发生、转化而趋向成熟的时期。这个时期产生的心理矛盾，有环境适应问题，有学习问题，有人际关系问题，有自我观念问题，有恋爱和性的问题，还有进一步升学和就业的问题，这些问题是每一届大学生都会面临的。

大学生从入学开始，就面临对环境的适应。他们离开了家庭，离开了中学时熟悉的老师和同学，来到了大学这个陌生的环境。新的学校生活、新的学习秩序、新的老师和同学关系都使一年级新生感到生疏而一时难以适应，尤其是新的人际关系使他们感到难以适应。

入学后的另一个难题，是原有的自我观念面临新的挑战。在中学时，他们都是各自学校的拔尖学生，受到家庭的宠爱、学校的重视和同学们的尊重。渡过了高考难关，他们的自尊心和自信心得到加强，自感是"天之骄子"而不胜自豪。然而，进入大学以后，身处强手如林的班集体中，许多学生原来的优势不再存在。原来是班级的尖子，现在不是了；原来是中学的学生干部，现在也不是了，落差很大，产生了失落感。有的学生感到自卑，开始同别人和集体疏远；有的学生为了博得新的成功和荣誉而重新努力自

我完善，加入了新的竞争行列。大学生又开始了自我观念重新调整的过程，这时正是需要心理辅导的时候。

上大学以后，在学习问题上又产生了新的心理矛盾：有的学生对所报考的学校或专业不满意；有的学生则不适应大学的教与学的方法；有的对自己的专业成绩感到不满意等。

到了三四年级，恋爱问题、择业问题等又成为引起困惑和焦虑的问题。这些问题都影响着大学生的思想和情绪，但又都是大学生成长中正常的心理问题，不属于不正常的心理障碍或心理疾病。

3. 大学生是心理障碍的高发群体

心理障碍是所有心理与行为失常的总称。通常所说的精神疾病、心理异常和变态行为都属于心理障碍。心理障碍可分为心身疾病、神经症、精神病和变态人格等几种类型，这几种类型又可以细分为各种不同的心理疾病。

近几年来，国内许多大学应用《SCL—90症状自评量表》对大学生的心理障碍进行测查，发现该量表所测的10项因子中，除躯体化一项外，其他各项因子皆显著高于国内成年人的常模。这些测查结果都表明，大学生是心理障碍的高发群体。有的调查甚至认为有心理障碍的大学生竟占全体学生数的30%～40%。这些调查认为，大学生心理健康的总体水平低于同年龄青年和正常成年人。

第二节　心理障碍的预防与运动治疗

一、心理障碍的概念

心理障碍是指一个人由于生理、心理或社会原因而导致的各种异常心理过程、异常人格特征的异常行为方式，是一个人表现为没有能力按照社会认可的适宜方式行动，以致其行为的后果对本人和社会都是不适应的。

当心理活动异常的程度达到医学诊断标准，我们就称之为心理障碍，心理障碍强调是这类心理异常的临床表现或症状，不把它们当作疾病看待。此外，使用心理障碍一词容易被人们所接受，能减轻社会的歧视。

二、心理障碍的特点

心理障碍是因为个人及外界因素造成心理状态的某一方面（或几方面）发展的超前、停滞、延迟、退缩或偏离。它的特点是：

1. 针对性

处于此类状态的人往往对障碍对象（如敏感的事、物及环境等）有强烈的心理反应（包括思维、情绪及动作行为），而对非障碍对象可能表现很正常。

2. 不协调性

其心理活动的外在表现与其生理年龄不相称或反应方式与常人不同。如：成年人表现出幼稚状态（停滞、延迟、退缩）；儿童出现成年人行为（不均衡的超前发展）；对外界刺激的反应方式异常（偏离）；等等。

3. 需求助于心理医生

此状态者大部分不能通过自我调整和非专业人员的帮助而解决根本问题。心理医生的指导是必需的。

4. 损害较大

此状态对其社会功能影响较大。它可能使当事人不能按常人的标准完成其某项（或某几项）社会功能。如：社交焦虑者（又名社交恐惧）不能完成社交活动，锐器恐怖者不敢使用刀、剪，性心理障碍者难以与异性正常交往。

三、心理障碍的临床表现

人类精神活动是有机的、协调的、统一的。从接受外界刺激，一直到做出反应，是一系列相互联系不可分割的活动。精神活动包括感觉、知觉、记忆、思维、情绪、注意、意志、智能、人格、意识等，其中任何一方面的变化均可表现为精神活动障碍，即精神活动的各个方面互不协调或精神活动与环境不协调，均可表现为精神异常。

最常见的精神活动障碍为焦虑、恐怖、幻觉、妄想、兴奋、抑郁、智力低下、品行障碍及不能适应社会环境等。心理异常的表现可以是严重的，也可以是轻微的。心理异常的表现是多种多样的，目前，一般仍按下述系统对其进行分类。

1. 严重的心理异常

包括精神分裂症、躁狂抑郁性精神病、偏执性精神病、反应性精神病、病态人格和性变态。

2. 轻度的心理异常

神经官能症包括神经衰弱、癔症、焦虑症、强迫症、恐惧症、疑病症、抑郁症。

3. 心身障碍

躯体疾病伴发的精神障碍包括肝、肺、心、肾等内脏疾病，血液等循环系统疾病，内分泌疾病，结缔组织病，代谢营养病，产后精神障碍和周期性精神病。各种心身疾病（如高血压、冠心病、溃疡病、支气管哮喘等）所引起的心理异常。

4. 大脑疾患和躯体缺陷时的心理异常

包括中毒性精神病、感染性精神病、脑器质性精神病、颅内感染所伴发的精神障碍、颅内肿瘤所伴发的精神障碍、脑血管病伴发的精神障碍、颅脑损伤伴发的精神障碍、癫痫伴发的精神障碍、锥体外系疾病和脱髓鞘疾病的精神障碍、老年性精神病、精神发育不全、聋、哑、盲、跛等躯体缺陷时的心理异常。

5. 特殊条件下的心理异常

如某些药物、致幻剂引起的心理异常；特殊环境（航天、航海、潜水、高山等）下引起的心理异常；催眠状态或某些特殊意识状态下的心理异常等。

四、心理障碍的预防

1. 处理好和谐的人际关系

良好的人际关系是缓解心理压力、振作精神的良方，人际关系不好，我们会感觉处处不顺，而良好的人际关系可以使人感受到自尊和自信，可以更好地适应环境。与人相处时，多结交品格优秀的人，远离品德不好的人，向优秀的人多交流和学习，对人品不好的人少计较，这样我们也会越来越优秀，人际关系也会越来越和谐。

2. 乐观豁达开朗的性格

心理疾病与性格有很大关系，有人胆小怕事、怨天尤人、杞人忧天，遇事容易悲观沮丧或惶恐不安，这样的人在遇到困难或者压力时，很容易出现心理问题。有的人豁达开朗、积极乐观、胸襟开阔，遇事时沉着冷静、从容不迫，这样的人心理就比较健康，出现心理问题的情况就比较少。

3. 调整自己的不良情绪

不良情绪是身心健康的大敌，长期忧郁、压抑、消极和强烈的不悦等不良情绪不但容易引起心理疾病，还可引起某些生理疾病，因此当我们有不良情绪时要及时调整自己，可以做一些喜欢的事，分散自己注意力，比如出去散步、唱歌、旅游、跑步等。

4. 多向可以信赖的人倾诉

倾诉是预防和治疗心理疾病最好的方法，人的心理感觉是很微妙的，当我们心里有事或者压力过大时，我们常常感觉心里有大石头压着一样，而当我们将这些事同信任的人说出来，就会感觉心里的大石头慢慢地被移开，最后有如释重负的感觉。

5. 向心理医生寻求帮助

当我们遇到自己无法解决的心理问题时，向心理医生寻求专业的帮助和治疗是一个不错的选择，现在看心理医生的人越来越多，所以不要担心看心理医生就会没有面子，相反，当你有这种想法时，你的心理负担又加重了，而且恰好有这种想法的人更容易患心理疾病。

6. 坚强的意志品格

生活、工作、感情总是会有各种大事小事交织在一起，不论是什么挫折或失败，我们都要积极面对，培养自己坚强的意志品格，遇到困难时不屈不挠、不轻言放弃、多开动脑筋想办法，也可向他人求助，这样坚强的意志可以让我们拥有更加强大的内心，避免心理疾病的产生。

7. 提高自己心理抗压能力

我们要有充分的思想认识，要以饱满的热情和良好的精神状态去迎接各方面的压力，这样可以提高自己的心理抗压能力，那些杰出的人就是有那股对抗各种压力的韧劲，压力越大他越强。

五、运动治疗

随着社会的不断进步，人们所承受的压力越来越大，有些人往往因为扛不住而出现心理问题。心理问题的出现，使得我们在日常工作中胆小、怯懦，甚至会形成抑郁症。专家提示，适当的运动会缓解自身的一些心理问题。

1. 胆怯

此类人天性胆小，学习起来怕承担失败的风险，动辄害羞脸红，性格腼腆。

运动处方：建议参加游泳、溜冰、拳击、滑雪、单双杠、跳马、平衡木等运动项目。这些活动要求人们必须不断地克服害怕摔倒、跌痛等种种心理畏惧，以勇敢、无畏的精神去战胜困难，方能越过障碍。经过一段时期的锻炼，相信你的勇气会逐渐增加。

2. 紧张

此类人一遇重要场合或考试就惊慌失措，严重时大脑一片空白，从而导致正常水平无法发挥。

运动处方：这些人要克服性格心理缺陷，应多参加竞争激烈的运动项目，特别是足球、篮球、排球等比赛活动。赛场上风云变幻，紧张而激烈，只有拥有沉着冷静的心态，才能从容应对。若能时常经受这种激烈对抗的考验，人在遇事时就不至于过分紧张，学习就会更加从容。

3. 孤僻

这类人天生不大合群，不善与人交往，容易被社会孤立起来，一不小心就使学习和生活陷入四面楚歌的境地。

运动处方：建议少从事单人的运动项目，多选择足球、篮球、排球或是接力跑、拔河等团队性体育项目。坚持参加这些集体项目的锻炼，能增强自身活力和与人合作的精神，使运动者更加热爱集体，逐步适应与同学、朋友的交往，从而逐渐改变孤僻性格。

4. 犹疑

犹疑者不论大事小情都时常犹豫不决，办事缺乏果断，瞻前顾后，结果往往会错失良机，甚至做出错误抉择。

运动处方：建议选择乒乓球、网球、羽毛球、跳高、摩托、跳远、击剑、跨栏、角力等项目。以上项目要求运动者头脑冷静、思维敏捷、判断准确、当机立断，任何多疑、犹豫、动摇都可能导致失败，因而久练能帮助人培养果决的性格品质。

5. 急躁

此类人缺乏耐性、急于求成，往往因一时冲动犯下错误。

运动处方：要克服急躁情绪，可选择下象棋、打太极拳、慢跑、长距离散步、游泳及骑自行车、射击等运动项目。上述运动强度不高，强调持久性和耐力，坚持从事这样的活动，能帮助人调节神经系统的活动，增强自我控制能力，从而达到稳定情绪、克服焦躁的目的。

6. 自卑

此类人缺乏应有的自信心，习惯于未上战场就先打退堂鼓，经常担心自己完不成学习任务，挨老师、父母的骂。

运动处方：可以选择一些简单易做的体育项目，譬如跳绳、俯卧撑、广播操、跑步等。以上项目简单易行，有助于舒缓绷得过紧的"弦"，不断提醒自己"我还行"。坚持锻炼，自信心一定会逐步增强。

7. 自大

此类人凡事喜欢逞强，过于高估自己，轻视别人，易引起同伴反感。

运动处方：不妨有意选择难度较大、动作较为复杂的运动，如跳水、体操、马拉松等项目，或者找一些实力水平远超过自己的高手进行象棋、乒乓球、羽毛球等项目的对垒。人外有人，天外有天，多体验运动的艰难，有助于克服自负、骄傲的毛病。

运动可以说是一种治疗心理问题的好方法，它不仅可以在源头上解决自身的烦恼，还可以锻炼我们的身心健康，增强自身免疫力，使自己远离疾病困扰。

第八章　大学体育与大学生心理健康

第一节　青春期心理特点

大学生，是指正在接受高等教育的学生，其年龄一般在18～23岁之间。从大多数的心理学观点来看，他们处于青年中期，因此，大学生的心理具有青年中期的许多特点，如辩证思维的形成、自我同一性的完善、同伴群体的形成、价值体系的稳定等，但作为一个群体，大学生也有其独特性。

一、辩证思维的形成

作为有幸接受高等教育的青年群体，大学生已不再满足于形式逻辑思维的水平，而是继续走向更高一层，即辩证思维。其特点如下。

（1）对问题的思考不限于寻求原因与结果的逻辑关系，而是把由经验决定的合理性判断也引入思考过程中，并把它当作重要的标准来使用。

（2）辩证思维能力的发展取决于自我调节能力和目的感的发展。所谓自我调节能力，是指个人把现有的心理结构更系统地运用于新领域、新知识体系和新的环境中。目的感是指与生活的价值、目标和职业方向有关的同一性。根据皮亚杰的观点，后形式推理能力（辩证思维能力）的发展，取决于通过有力的自我调节来不断实现人生目标这种日渐加深的目的感的发展。这就是说，青年的思维已转向对现实的计划思考，并使具有创见的洞察力同内心控制力和分析性认知评价获得平衡。这样的思维能力可为生活定下更明确的目标，做出更详细的准备。

二、自我同一性的完善

大学生的自我同一性，同中学生相比，已更趋完善。虽然自我同一性在中学生时期就已经形成，但根据埃里克森的观点，人在依照社会需要、个人期待和年龄而改变自我行为的同时，会努力保留自己内心的同一感。这就是说，大学生的自我同一性仍在发展着，并走向完善。事实上，根据莱文森的研究，青年期（含大学生时期）自我同一性的发展存在以下特点：

（1）具有确认自我的哪些部分已不再适合继续保留的判断能力；

（2）具有忍痛割爱的能力；

（3）具有从以前被忽略的自我部分进行新的选择的能力；

（4）具有把旧的自我同新的自我结成"共存"关系的能力。

不难看出，正是这些特点的存在，使得大学生自我同一性的发展更趋完善成为必然。

三、同伴群体的形成

同自我同一性的发展特点相联系，大学生的价值体系也已经稳定地建立起来了，尽管这并不代表他们的价值观都是由理性来决定的。与此同时，大学生通常会从自己的兴趣、爱好、价值观等内在性的人际关系要素出发，建立起自己的同伴群体。这在中学生时期及其更早时期，是比较罕见的。

四、独特心理特点

除上述的共同特点之外，大学生作为一个特殊的青年群体，还具有以下几个独特的心理特点：

（1）大学生的智力发展通常比较好，不存在智力低常的问题。吴福元用韦氏成人智力量表（WAIS-RC）对大学生进行了一项智力调查，结果发现大学生的平均智商为116.08，属于中上智力或高智力水平。已故心理学家朱智贤主持的一项国家重点研究课题"中国儿童青少年心理发展与教育"的研究结果也证实了这一点。

（2）考试焦虑是影响大学生心理健康的普遍性问题。所谓考试焦虑，是指与入学考试、智能测验、学业测验等相关的焦虑，它是一种急性焦虑。考试焦虑在大学生中普遍存在，并时常危害着大学生的心理健康。美国心理学家布朗使用测验焦虑问卷（TAQ）对大学生在期末考试前的情绪、心情与考试成绩的好坏之间的关系进行了探讨。结果发现，考试前担心、兴奋、情绪不佳的大学生，同考试前平静的相比，有考试成绩恶化的倾向。甚至有的学生因学期末考试焦虑而自杀。凌文辁等用萨拉森的测验焦虑量表（TAI）对中日大学生进行了焦虑测验，结果显示，中日两国大学生虽然在对考试的自信、对考试成绩的介意、认知障碍、生理变化等方面存在差异，但他们都具有对考试结果的担心、空想性的逃避、对考试的嫌恶和批判以及伴随生理变化的不安等。

（3）大学生的自我评价存在光环效应。所谓自我评价的光环效应，是指个体因受过去成功经验或过度赞扬的影响而产生对自己的能力等认识偏高的现象。根据米契尔的个性形成理论，人的主观价值和自我评价系统是在个体生活事件的基础上产生的，并随个体生活事件的变化而变化。大学生与同龄人相比，往往有更多的成功经历、受到过较多的赞美，也被寄托了更多的希望，不难推测出，他们的自我评价会有偏高的可能。道格拉斯等的一系列实验研究结果就证实了这一点。

（4）大学生的价值准则倾向于理想化。大学生的价值准则类型以接受式为主，即价值准则的经验内容主要由间接经验支持，而较少直接经验。这种价值准则具有明显的离散特征，当他们被个体调用来进行社会行为判断时，当事者便会表现出明显的苛求现象或理想化倾向。这一观点同科尔伯格的道德发展阶段说是一致的，并得到了一些实验研究结果的支持。

第二节　生活方式对心理健康的影响

一、生活方式的概念

生活方式狭义指个人及其家庭的日常生活的活动方式，包括衣、食、住、行以及闲暇时间的利用等。广义指人们一切生活活动的典型方式和特征的总和。包括劳动生活、消费生活和精神生活（如政治生活、文化生活、宗教生活）等活动方式。由生产方式所决定，生产方式不仅是生活必需资料的生产和人们肉体存在的再生产，而且"在更大程度上是这些个人的一定的活动方式，是他们表现自己生活的一定方式、他们的一定的生活方式"。

二、"互联网+"时代对大学生心理健康的影响

随着社会的进步，互联网技术迅猛发展，已渗透到全国各地的每一个行业。现如今，网络早已成为大学生不可缺少的工具之一。随着网络的深入，网络生活方式已深入并影响到大学生的思想观念、价值观念、思维方式，特别是心理健康的发展。

1. "互联网+"时代下大学生心理健康现状

大学生是祖国的未来，他们的心理健康关系到社会的健康发展，家长、学校、社会和国家对大学生心理健康教育高度重视，所以高校对于大学生的心理健康教育非常重要。在信息爆炸和互联网时代成长的大学生，对社会时事有自己的见解，喜欢尝试新鲜事物。步入大学之后，身心更加自由，在丰富的互联网信息和多元价值观的影响下，如果他们缺乏正确的教育、引导，很容易出现心理问题。据可靠调查，当代大学生存在各个方面的心理问题，最普遍的主要是学习、人际关系、恋爱、人格、情绪等问题。

（1）"互联网+"时代对大学生的积极影响。

第一，大学生可以通过互联网释放心理压力。互联网具有虚拟性和隐匿性的特点，每个人都可以上网注册，多数社交网络无须实名登录，自由交谈，可以勇敢地展现自身的个性，极大地满足了不同层次的心理需求。当代大学生面临着毕业难、就业难等问题。对于大学生而言，情感的表达非常必要，但难免有些大学生的心理压力在现实生活中无法满足，而通过互联网，有心理压力的大学生可以自由交流，释放内心的压力。

第二，方便感情的联络。自从有了互联网之后，家人、朋友之间通过网络就可以聊天、视频。对于在外地上学的大学生来说，特别是刚进入大学的新生，难免会想念父母。幸运的是，有了互联网可以通过视频和家人聊天，这一点是电话所没有的优势。许久不见的朋友，通过网络偶尔的问候，维系着朋友之间的友谊。通过好友动态，就能更加方便了解到朋友的近况。更重要的是网络信息传递迅速，众多优秀资源在短时间里可以迅速传播。

第三，购物便利，节省时间。随着互联网科技的进步，人们足不出户就可以购买自己喜欢的东西，尤其对于高校大学生来说，网上购物更加方便，节省了大学生的学习时间，无须出门就可以购买到所需要的产品，网上购物可以有更多的选择，通过比较可以买到自己喜欢的产品，另外，产品的价格相对更便宜些。

第四，有利于大学生健康心理的形成。当今社会，科学技术迅猛发展，传统的心理健康授课教育方式已经不能解决大学生心理健康问题，在传统的教育模式下，学生只是被动地接受。而互联网心理健康教育可以让大学生主动接受心理健康知识，这种新型的心理健康教育模式，对于大学生的心理健康教育正发挥越来越重要的作用。网络心理教育打破了传统教育方式，一些心理网站给大学生提供了更多了解心理健康知识的平台，通过自主地学习心理健康知识做出适当的调节，塑造良好的思维方式。网络心理健康教育是在"互联网+"时代的一种全新教育形式，将是大学生心理健康教育创新的一种新趋势。

(2)"互联网+"时代对大学生心理健康的消极影响。

第一，人际关系淡化。步入大学之后，大学生的学习、生活更加自由，开始积累自己的人脉圈，大学时期是人际能力和人际关系形成的关键时期。一部分只沉迷于虚拟网络交往的大学生缺乏现实交往的能力与技巧，不太愿意与班级同学有更多的集体交流与活动，以至于人际关系淡化。

第二，价值取向功利化。在现代社会，上网的人越来越多，尤其是大学生，几乎没有人不上网，而大学生正处于人生价值观的形成时期，互联网中的信息良莠不齐，功利化的思想不免会渗透到一些自制力不强的大学生的大脑中，大学生的人生观、价值观易受到影响。从众心理、攀比心理在"互联网+"时代不断提升，让不少大学生的认知行为盲目化，没有形成正确的价值取向，失去了自己刚进入大学时最初的梦想和奋斗的方向。

第三，沉迷于网络游戏。一些大学生进入大学之后，脱离了父母的约束，一些自制力差的学生便沉迷于网络游戏和网络小说中不能自拔，甚至荒废了自己的学业，迷失了人生目标。

2. "互联网+"时代大学生心理健康教育的必要性

第一，随着"互联网+"时代的到来，网络日趋普及、网上信息资源急剧增加，互联网对大学生各个方面的思想、生活、学习和心理健康带来了深远的影响，出现了积极与消极并存的状态。正确处理网络的消极和积极因素，采取有效可行的措施，引导大学生正确对待和利用互联网，是实施素质教育的必要条件。

第二，大学生是"互联网+"时代最具有活力、最具有思想的一群人，但是由于他们的价值观、世界观还很不成熟，很容易受到互联网中不健康信息的误导，削弱了他们的判断力，影响着他们的心理健康。所以研究"互联网+"时代下互联网对大学生心理健康的影响程度，从而提出可行的解决方案就显得很有必要。在研究之后，更要注重总结教育经验、积累实例，反复实践以提升到更高层次，给大学生提供心理教育指导。

第三，更为重要的是，大学生的心理健康状况对国家的前途也有很大的影响，这是因为青年大学生是国家未来的栋梁、祖国的希望，不健康的网络文化在很大程度上影响了高校大学生身心的健康成长。由此看来，"互联网+"时代下对大学生心理健康教育是非常有必要的。

在"互联网+"时代下，大学生面对着丰富多彩、纷繁复杂的网络信息，高校要特别重视学生的心理健康教育工作，辅导员要明确心理健康教育的责任，要鼓励学生努力学习、健康生活，高校辅导员还要树立一切为学生服务的教育信仰，以实施发展教育为理念，致力于大学生心理健康教育、个性心理品质教育、心理调适教育等方面工作的进行，努力引导大学生向着健康、正确的道路前进。

三、生活方式对大学生身心健康的影响

很多大学生认为自己很健康，但是健康不仅指躯体上的健康，它还有很多的内涵。健康是一个综合概念，躯体健康，心理健康，社会适应能力良好和道德健康才算是完全的健康。良好的饮食习惯和良好的生活习惯都能促进我们的健康，与之相反的，一些不良的行为习惯对健康的影响也是明显的。

1. 紧张的现代生活方式严重制约了大学生参加体育活动的积极性

我们知道我国现代生活方式的特点就是快节奏、低运动，内容丰富而形式单一，快速的生活节奏使人们在忙碌之余已无暇顾及运动这一重要环节。另外在经济较发达地区，生产水平高，物质生活富裕，长期的坐卧、以车代步，会使人们缺乏最基本的运动。

2. 体育活动的缺乏严重影响现代人的生活

世界卫生组织估计，全球因缺乏运动而导致的死亡人数，每年超过二百万。不运动，会使身体的免疫能力下降，某些疾病和病毒不能得到有效免疫而诱发猝死。大学生一般都是静坐在教室、实验室、自习室，低头弯腰学习与工作的，长期处于这种姿势，又不参加身体锻炼，往往会引起各种疾病。如供血不足，神经衰弱，胸腔狭窄，肌肉软弱无力，心脏疾病，便秘等。还有一个重要的情况，如果小孩不进行足够多的体育锻炼的话，那他们的大脑发育也不会很好，体育活动有时也许乏味无趣，但是积极参加锻炼的好处却是毋庸置疑的。

3. 营养过剩对大学生带来不利于影响

随着生活水平的不断提高，摄入的碳水化合物、脂肪、蛋白质、维生素过剩，造成消化不良、肥胖、精神困倦、动脉硬化等不良影响。

4. 不良的生活习惯对大学生带来不利影响

如吸烟危害身体健康，已经成为社会的一种公害，过量或无节制地饮酒即酗酒造成严重的后果，沉迷网络对于人们的心理健康有着极大的影响。

5. 心理压力过大对大学生带来不利的影响

由于交通、通信等现代交通工具的普及使人们的生活节奏加快，社会竞争越来越激烈，人们所感受的心理压力也越来越大，尤其目前大学生所面临的就业压力，给学生不堪重负的感觉，会让学生产生烦躁、焦虑的消极情绪，影响学生健康。

四、调节健康的生活方式

1. 合理安排作息

因为有规律的生活能使大脑和神经系统的兴奋和抑制交替进行，天长日久，能在大脑皮层上形成动力定型，这对促进身心健康是非常有利的。

大学新生应养成早睡早起的习惯，有的同学习惯在晚上卧谈，天马行空地一谈就是两三个小时，结果第二天上课的时候非常疲惫，根本无心听课。长期如此，不仅影响平时的课业学习，还容易引起失眠，甚至引发神经衰弱症。研究表明，大学生的睡眠时间一般每天不得少于7个小时。如果条件许可，午饭后可以小睡一会儿，但最好不要超过40分钟。

每天的作息时间应该规律。饮食规律、作息规律的人的一切生理活动都有周期性的节律，我们称之为生物钟，生物钟紊乱就会生病甚至死亡。制订计划，严格遵守，按时起床，按时睡觉。除非万不得已，不要熬夜。

2. 合理饮食

我国营养学会根据国情，制定了膳食指南，其原则包括："食物要多样、饥饱要适当、油脂要适量、粗细要搭配、食盐要限量、甜食要少吃、饮酒要节制、三餐要合理。"

要保证合理的营养供应，养成良好的饮食习惯。大学生"饮食不良"现象主要表现在两个方面：一是饮食不规律，很多人早晨起床较晚，来不及吃早饭便去上课，有的索性取消了早饭，有的则在课间饿的时候随便吃些零食。二是暴饮暴食。学生们主要在食堂就餐，但食堂的就餐时间比较固定，常有学生由于学习或其他原因错过了开饭时间，于是就吃点饼干、方便面来对付，等下一顿吃饭时再吃双份。

3. 戒烟限酒

吸烟对身体有百害而无一利，这是众所周知的。吸烟是心血管疾病、慢性肺部疾病等的危险因素，也是多种癌症的病因，并且还严重污染环境和威胁周围不吸烟者的身体健康。适量喝酒的确对血液的循环有所贡献，但若因此，却酗酒。殊不知物极必反。世界卫生组织统计，全球因饮酒而死亡的人数超过因吸毒而死的人数，酒成为仅次于香烟的第二号杀手。

吸烟的人，不论吸烟多久，都应该戒烟。戒烟越早越好，任何时候戒烟对身体都有好处，都能够改善生活质量。

过量饮酒，会增加患某些疾病的风险，并可导致交通事故及暴力事件的增加。建议成年男性一天饮用的酒精量不超过 25 克，女性不超过 15 克。所以，无论是大学生还是民众都应该戒烟限酒，获得健康。

4. 适当运动

生命在于运动。体育是"以身体为媒介，以谋求个体身心健康、全面发展为目的，并以完善的社会公民为终极目标的一种社会文化现象或教育过程"，具有"文明其精神，野蛮其体魄"的功效。"文武之道，一张一弛。"学习之余参加一些文体活动，不但可以缓解刻板紧张的生活，还可以放松心情、增加生活乐趣，反而有助于提高学习效率。

听音乐、跑步、做广播体操、踢足球等都有助于增强体质，提高对疾病的抵抗力，这是一种积极的休息。实践证明：7+1＞8。在这里，7+1 表示 7 个小时的学习加上 1 个小时的体育文娱活动，8 表示 8 个小时的连续学习。也就是说，参加体育活动的 7 个小时学习比不参加体育活动的 8 个小时学习效果要好。

5. 心理平衡

心理平衡，是指一种良好的心理状态，即能够恰当地评价自己，应对日常生活中的压力，有效率地工作和学习，对家庭和社会有所贡献的良好状态。乐观、开朗、豁达的生活态度，将目标定在自己能力所及的范围内，建立良好的人际关系，积极参加社会活动等均有助于个体保持自身的心理平衡状态。世界卫生组织认为：健康是一种躯体上、精神上和社会适应上的完好状态，而不是没有疾病和虚弱。

心理平衡作用可以说超过其他一切保健作用的总和。现代医学研究表明，持续的心理紧张和心理冲突会造成精神疲劳，免疫功能下降，容易发生疾病。

总之，要以乐观的态度来对待周围的人和事。多体谅别人，不过分苛求自己，经常反思，疏导自己的愤怒情绪，在助人、奉献中获得快乐。

第三节 体育活动中的心理障碍及表现形式

在工作或生活学习中，人在遇到以当前能力难以克服的困难时，会出现沮丧、不悦、痛苦等消极心理，消极情绪会带来人的精神困扰，进而影响身体。体育运动虽然可以有效提高大学生的身体素质，但不同的学生表现不一样，不少学生情绪消极，不但影响教学，也不利于大学生的精神健康。消除心理障碍首先需要正确认识，其次同学之间、师生之间要保持良好的沟通交流，建立信任，才能逐渐消除不良情绪的困扰。

一、体育运动中大学生常见心理障碍表现

1. 消极

生命在于运动，我国大学生对待体育运动的态度还是比较积极的，但是还是有一小部分学生总有畏难情绪，尤其是女生。经过分析后，大学阶段女生身体发育完全成熟，由于身体特征的原因，在体育活动中会有诸多不方便，自然产生排斥、畏难倾向。女生们更喜欢做旁观者，看男生挥汗如雨。她们喜欢听老师讲课，但是不愿亲自实践，在进行高难度动作时，消极情绪更加明显。

2. 自卑

由于家庭环境或成长经历的关系，有的大学生比较自卑，十分重视周围同学对自己的看法。当面临困难时，往往会强烈地表现出来，或紧张脸红心跳无所适从，或冷漠无语沉默相对。比如觉得在同学面前做了一件事可能会出丑，就会转为旁观者，不再继续参与活动。女生表现就更显著了，天生害羞，比较敏感，担心自己的不当行为被同学嘲笑。还有一些体育技能或身体条件不太好的同学也对体育课有排斥。

3. 怕累

优越的家庭环境或独生子女从小受到娇惯，大学生从小基本上没吃过什么苦，包括很多农村出来的孩子。从小到大的经历，使大学生缺乏吃苦耐劳精神的培养，即便身体条件很好，但是心理和精神的懒惰，往往很轻微的活动量就使他们叫苦叫累。家庭和社会虽然赋予了孩子健康的体魄，但他们却缺乏吃苦耐劳精神。

4. 胆怯

体育活动是肢体体力活动，进而通过体力活动锻炼心理和精神素质。部分体育项目活动比较激烈，肢体接触较多，如篮球、散打等，当看到有人受伤或自己有受伤经历，在有些学生心理上会留下深刻的印象，导致畏惧心理。另外，一些技巧性较强、难度较高的器械，学生如果技巧不足，往往会因可能的失败场景而胆怯。

二、大学生体育运动心理障碍形成原因分析

1. 外部原因

外部环境会对人的心理造成影响，大部分体育项目是在露天场所进行，一般情况下会

受到天气、场地、器械等因素限制和影响。有些不经意或不起眼的动作、物体、声音的干扰都可能给学生带来心理障碍和不适感。学校器械的使用是开放的，有些器械缺少维护，松动不稳，安全性较差；体育场环境差，使学生丧失运动兴趣。

2. 内部原因

学生自身原因也是造成体育运动心理障碍的因素之一。原因主要是：第一，学生不够自信。如一个体育项目动作，如果学生反复练习后效果不明显，或者与同学比相差较远，久而久之会因不自信而失去信心。第二，意志力不够坚强。体育活动对耐力和意志力要求比较高，大部分体育运动都需要长期坚持，才能达到训练效果，有些学生恰恰缺乏意志力，即便拥有强壮的身体，在体育项目上表现却不理想。最后，学习动力不足。学生学习态度不端正，对教学内容表现漠视，难以抵达心底。

3. 教育原因

首先是体育老师的教学方式不适当，与学生缺乏互动，一般是以老师的动作为标准，学生模仿，大学生思想自由，追求发挥主体性和个性，这种方式束缚了学生的天性。单纯的模仿单调乏味，没有起到引导作用。另外，老师教案千篇一律，每个学生学的都一样，做的都一样，标准化、规范化，在"乌合之众"环境支配下，学生特长被限制。考虑到安全原因，学生在体育课上也很少接触到器材。

三、解决大学生体育运动心理障碍的对策

1. 加强专业知识教育

严格按照国家规定，每个学期至少教授4个学时以上的理论知识。大学生掌握了比较完整的体育知识，从认知上解决盲目判断，首先解除心理意识上的排斥，建立自信心。

2. 因材施教重点辅导

即便是体育教学，也可以分小组进行，在老师的指导下，与学生一起制订训练计划，根据教学要求和进度安排，各小组之间互相学习交流，激发大学生的表现欲望，充分感受体育运动的乐趣和给人带来的改变，既可以提高学生训练水平，也锻炼了学生的社交能力。

3. 改善外部体育环境

外部环境对人的影响较大，改善体育运动外在场所也很有必要。要科学规划体育场所，如球场、体育馆等，体育器材多样化，满足学生的各种兴趣爱好。教、学结合，师生互动，逐渐改变学生的体育意识，培养学生树立正确的体育观，寓教于乐，让学生在进行体育活动时保持轻松快乐的心情，释放心灵负担，充分发挥自我实力，改善自卑羞怯的不良心理。

大学生在体育运动过程中表现出来的消极心理不是一时形成的，而是家庭、学校、社会环境共同影响的结果。因此，不能"头痛医头，脚痛医脚"，要认真剖析原因，为大学生进行心理疏导，体育课在锻炼学生身体技能的同时，也成为心理健康教育、学生克服心理障碍的课堂，帮助学生培养健康的体魄和坚强的意志。

第四节 体育运动与个性特征

个性，也可称人格。指一个人的整个精神面貌，即具有一定倾向性的心理特征的总和。个性结构是多层次、多侧面的，由复杂的心理特征的独特结合构成的整体。这些层次有：性格、品质、能力、感情等。而体育运动却能恰到好处地将其融入个性的每个层次，对个性有着深远的影响。

一、发展个性的必要性

个性是在生理素质的基础上，在一定社会历史条件下，通过社会实践活动形成和发展的。先天的遗传因素，是个性发展的自然前提。而后天因素有社会环境因素和教育因素。其中，教育因素在人的个性发展过程中起主导作用。

1. 社会发展的需要

随着社会的发展，科学技术的进步，当代社会对人类素质要求越来越高，分工愈加精细，各层次、各领域、各行业都需要有各类不同个性的人去承担。特别是现代社会的科学技术革命正迅速、深刻地影响着人类社会的发展，竞争越来越激烈，这就更需要人们具有突破陈旧观念、勇于创新、讲求效率、对事业充满信心等心理素质，才能适应现代社会发展的需要。

2. 发展个性的需要

"民主、科学、个性"是现代教育思想的精华，是素质教育最突出的特点，是"着眼全体、尊重全体、倡导发展"。从个性的形成过程看，人的个性发展最完善、最高级的形式，就是健康的个性。学校教育的对象是不同年龄的学生，他们的体力、智力等身心发展水平都是有差异的，为了使他们在德智体美诸方面生动活泼地得到发展，就需要根据不同年龄学生个性发展的特点进行教学。而且从事体育运动能增强肌肉活动的力量，提高心血管系统、呼吸系统以及运动器官的机能，能使高级神经活动得到完善，从而促进学生从事运动所需的特殊能力的形成和发展，为学生个性形成、发展奠定物质基础。

3. 体育教学的需要

体育与健康课程标准下的体育教学表明：在体育教学中，学生是体育学习的主体，而非被动的学习容器，体育教学是在学生现有的学习基础和学习需要基础上，在师生、生生的多维交互活动中进行的，在体育教学中，学生不像在其他教学中那样，被固定在课桌前，而是拥有一个广阔的空间，在一个生动活泼的情景中进行学习，发展身体，掌握知识、技能，促进身心健康发展。在这一过程中要激发学生对体育的兴趣，培养学生自我锻炼的能力，养成终身锻炼的习惯。所以说发展学生的个性是体育教学的需要。

二、体育教学对发展学生个性的作用

1. 能够提供发展个性的良好环境

学生是学习和发展的主体，在体育教学中要重视弘扬学生的主体性，要让学生主动地、生动活泼地进行体育学习。体育教学的特点主要指体育教学功能的全面性，体育教材内容的多样性，体育教学策略的多变性，体育教学过程的整体性，体育教学模式的稳定性和通用性。而体育运动是人的一种独立的行为活动。在体育教学中要建立师生间的良好关系；选用生动有趣，符合学生生理、心理特点的教材；培养学生的道德感、美感和责任感；在体育活动中，学生的身体直接参与活动，思维活动与机体活动紧密结合，个性也在其中得到充分的展示与发展。如：武术能培养学生勇敢、机智、敏捷等性格；球类对发展协作、灵活、独创等个性大有益处。所以说体育教学能够为学生提供发展个性的良好环境。

2. 能够塑造持久、稳定的个性

在体育教学过程中，学生的身体直接参与活动，其思维活动与机体活动紧密结合，因而个性也就在其中得到充分展示与发展，在体育运动过程中，身体运动施加给机体的刺激会在大脑中引起主观意识感受，即心理感受。如果在一段时间里，机体反复多次地感受某种运动形式，就会在个性上形成一种相对稳定的心理特征。如在篮球运动中，一个经常组织进攻的核心队员，在社会实践中同样也会富有组织才能的个性特征。

3. 能够充分地调整和发展个性

美国心理学家马斯洛把人的各种需要划分为五类，其中尊重的需要和自我实现的需要是最高一级形式的需要。一个健康的个性，是以这两种需要得以满足为标志的。体育活动中学生们不仅可以广泛地参加社会交往活动，提高对社会的适应性，得到他人的尊重，还可以体验到成功的喜悦，满足自我实现的需要，从而证明自己的能力，增强其自信与自尊，使个性得到充分的调整和发展。

三、如何在体育教学中发展学生个性

1. 认真识别每个学生的个性，对不同个性要给予正确的引导

学生个性不尽相同，一般隐藏在他们的表象背后，平时不易发现，不易全面了解。但在体育运动中，学生最能集中地表现出自己的个性，合群与不合群，好动与好静，勇猛与胆怯，粗鲁与文静等许多方面，可以一览无余。只有掌握学生的个性特点，才能针对每个学生的不同特点进行教育。

学生的性格类型同样影响教学效果，属于外倾性格的学生，活泼开朗，反应较快，身体素质往往较好，运动能力较强；而属于内倾性格的学生，反应较慢，一般体育素质较差，运动能力也较弱。在教学中，往往忽略了这种个性差异的存在而导致一部分学生产生逆反心理。对此教师可按内、外向型两种性格，结合其运动技能而分组教学，做到有的放矢，因材施教，这样，教师较易控制课的密度和运动量，避免伤害事故发生，让不同个性特征学生的身心都能得以充分培养和发展。我们要允许学生有不同的个性，对于个性特征鲜明的学生不应用同一模式去强求他们，而应允许他们保留那些积极的方面并予以鼓励、支持。因此，教师可根据学生的个性特征，认真地思考与分析，在认清学生个性的基础上，根据不同的情况，按照一定的教育目的，选择一定的教学内容，采取有针对性的教学方法，加以引导和教育。这是培养和发展学生良好的个性和克服不良行为的第一步。

2. 努力培养学生的自我意识，积极发挥学生的主动性

自我意识是意识的核心内容，它标志着个性形成的水平，在体育运动中支配学生身体运动的自我意识，渗透着社会的政治、经济、文化、道德和民族精神等因素的影响。个性的自我调节就是自我意识对心理活动与行为的控制、调节。

体育教师应有目的地培养其自我意识，用高尚的社会影响因素支配学生体育运动的内驱力，为个性培养和发展创造理想的体育环境。在教学中，要明确学生的主体地位，尽可能激发其自我活动的主动性，并给予充分信任和尊重，提供更多的自由，变学生被动参加体育活动为主动追求。学生都具有荣誉感和好胜心，可多组织比赛教学，增加激烈性和趣味性，根据学生性别、体质、技能、技术等差异，采用让时赛、让距赛、让分赛等，刺激其积极性，发挥其主动性。重视发挥学生的主动性，是培养学生个性的重要途径。教师在课上应尽可能地让学生独立进行活动，并给予充分的信任和尊重，以及提供更多的自由，使学生从体育活动的被动驱使变为主动追求，唤起学生的学习激情，使他们获得一种快乐和满足，产生积极的情绪。

3. 承认个性差异的存在，进行因材施教

由于学生的个性不同，在体育运动中的表现也不尽相同，运动能力以及运动负荷也不一样，对此不应强求一律，应在了解学生个性的基础上，有针对性地施教。在体育教学中，学生的运动能力及表现完全暴露在同学面前，体育"优等生"经常表现出优越感，自信心强；而一些体育"差生"往往表现出自卑的心态，丧失自信心，行为也不稳定，担心自己的行为得不到好的评价，所以不愿意练习。针对这种情况，教师要做耐心细致的思想工作，鼓励学生振奋精神，必要时采取动作难度减低的方法，使学生感到有希望，增强他们的自信心。对于这部分学生，教师还应给予较多的关心，稍有进步就给予鼓励和表扬，使他们认识到缺陷是暂时的，是可以弥补的，从而培养自信心和良好的意志品质，形成良好的个性心理。

在体育教学中，对于抑郁型的学生，要多鼓励表扬，要培养他们的自主、自立、自信；对意志差、活泼型的学生应严格要求，给他们布置任务并监督完成；对粗枝大叶不求质量、只求快的兴奋型的学生，要求他们认真求实。因此，不同气质、不同性格的学生，要有不同的要求，因材施教，使学生的个性能向更加成熟、完善的方向发展。

4. 重视发展学生的创新能力，加强教师的自我修养

培养人才是学校的根本任务。深化教育改革的目的是提高全面素质，为社会主义现代化事业造就千百万计的合格的优秀人才。这就要求我们在体育教学中，不但要注意学生知识的增进和道德的养成，而且还要有意识地培养学生的创新意识与能力，发展个性。体育运动本身就是在不断地发明、创新中发展起来的一门科学。因此我们要十分重视学生的创新意识和能力的培养。为了充分挖掘这些能力，教师应尊重学生的主体地位，满足他们的好奇心、学习需求和爱好，充分发挥他们的求索精神。要让学生自己去重新掌握、重新建立和重新发现真理。现代心理学研究告诉我们智慧产生于行动。让学生主动学会学习，是培养学生创新精神和能力的重要途径。例如，在准备活动中让学生设计徒手操或游戏内容，上课时分组做准备活动，可以发现学生们设计的内容是丰富多彩的，大家练习的兴趣也很浓厚，有的组做游戏、有的组花样跑、有的组还跳起街舞来，学生们的积极性高涨，

第八章　大学体育与大学生心理健康

上课的气氛热烈，教学效果也很好。再如在复习课的教学时，让学生主动探索是更好更地达成学习目标的最佳途径，学生的主观能动性，想象力，以及不甘落后勇于创新的精神都得到了培养，个性也得到了发展。

在体育教学中，教师处处都应起表率作用。无论健壮的体格，优美的姿势，还是言谈举止，以及工作中表现的高度责任感，坚强的意志，自信、自强的精神都潜移默化地影响着学生的个性。因此要培养学生的个性，教师必须加强自身修养，竭力使自己成为学生的楷模。只有这样，教师才能完成培养学生个性的重任。

学校体育既是学校教育的重要内容，又是发展学生个性的重要手段。一方面，在体育教学中可以给学生一个广阔的空间领域，尽情游戏、运动和竞赛，使他们的身体直接参与活动，思维活动与机体活动紧密结合。另一面在体育教学中学生们不仅可以广泛地参加社会交往活动，提高对社会的适应性，得到他人的尊重，还可以从体育运动中体验到成功的喜悦，满足自我实现的需要，从而证明自己的能力，增强其自信与自尊，促使学生个性得到健康活泼的发展。在全面推进新课程改革的今天，提高学生的心理健康素质显得尤为重要。而个性发展又是制约学生心理健康发展的重要因素之一，体育运动与学生个性形成和发展有着十分密切的联系。经常有计划地从事体育运动能培养学生的意志力和勇敢精神、自制力、果断性、顽强性和纪律性；还可以提高和改善学生的思维能力，有助于改变不良的个性品质，完善和巩固优秀个性。因此，在体育教学中，体育教师要充分注意到学生在身体条件、兴趣爱好和运动技能等方面的个性差异，使每个学生都能体验到学习和成功的乐趣，以满足自我发展的需要。学校是学生接受系统体育教育的阶段，也是个性形成的关键时期。体育运动与学生的密切程度常常超过其他活动，是伴随每个人终身的一类活动，它对学生个性的塑造是长久和稳定的。体育课程全新的教学理念，既是对传统的体育教学思想的挑战和突破，也对一线教学工作者提出了全新的要求，在教学工作中必须以"健康第一"为指导思想，重视和保持学生的运动兴趣，关注学生主体地位的确立，加强学生各种能力的培养，根据学生的个体差异和不同需求，发展学生的个性。在发展学生个性过程中，教师还要注意分析，注意加强学生思想中积极的、向上的、健康的、创造性等方面的个性的发展，还要注意引导学生思想中消极的、落后的、自私的、不健康的个性加以改正和克服。使学生真正成为身心健康、品德高尚、全面发展的合格人才。

第四篇

体育与道德教育

第九章 道德与体育

第一节 道德的起源

道德属于上层建筑的范畴,是一种特殊的社会意识形态。它通过社会舆论、传统习俗和人们的内心信念来维系,是对人们的行为进行善恶评价的心理意识、原则规范和行为活动的总和。了解道德的起源、本质、功能、作用及历史发展中与体育的密切关系,有助于大学生在体育活动中加强道德修养,更好地发挥体育道德和体育风尚。

一、伦理学史上的争论

"道德"一词,源于拉丁语的 mores,意指风尚、习俗。

自古以来,关于道德的起源有各种争论。一种是客观论,客观唯心主义者认为,道德起源于客观世界之外的"天""神""佛","上帝"和"绝对精神",比如,中世纪神学家和经院哲学家托马斯·阿奎那认为,"人们所具有的美德都来自于上帝的直接启示";再比如,黑格尔认为,道德是绝对精神自身外化的形式,即道德是精神的产物。(代表人物:董仲舒,托马斯·阿奎那,柏拉图,黑格尔。)另一种是主观论,主观唯心主义者认为,道德起源于人类的"天性""良知""善心"和"理性",比如康德,他认为,道德源于人类固有的纯粹理性,理性发端于人的善良意志,道德就是善良意志的绝对命令。所以,才有了他那句刻在墓碑上的、流传至今的名言:"位我上者,灿烂星空;道德律令,在我心中。"(代表人物:孟子,康德。)

"天意神启论"把道德起源归结于上天的命令或者神的旨意,试图以人之外的某种所谓客观意志来说明道德的起源;"先天人性论"把道德的起源或者归结于与生俱来的善性,或者归结于先天存在的良心、理念或精神;"情感欲望论"认为道德起源于人们的情感欲望,是人们为实现情感欲望而形成的行为要求;"动物本能论"则认为道德观念是动物本能的延续,进而把动物基于本能的活动与人类有目的、有意识的活动画上等号。

理念论伦理学认为道德起源于至高的理念和精神。教育论、环境论和社会关系论所指的外在条件和外部的事物已是属人的事物和条件,这些思想已具有了唯物主义的萌芽和倾向。

先天论认为,道德根源于人生而有之的东西。

本能论认为,道德根源于人的本能和本性。

人性论认为,道德根源于人类自然的天性,人的自然本性、本能决定共同的人性,是决定社会本质的共同的东西,因而也是决定道德的根本层次。所以一定社会或阶级道德的产生和形成都是与人的自然本性密切相关的,人的本性不仅决定了道德的产生,而且决定了道德发展的总趋势。道德正是为了满足人们的本能欲求和自然感觉而产生的一种工具性的方式。

需要论认为，道德是人根据自己的生存发展需要，自己为自己立法的产物。道德作为人类社会的重要成果源于人的需要，人类社会产生了道德，就是因为道德满足了人的某种需要。人类通过各种对世界的掌握方式来满足自身的各种需要，以实现对自己的肯定和发展。而道德作为人类理性的结晶，不是表达个人的偏爱和欲求，而是表现人们的共同愿望和需要。从道德发生的历史看，道德产生于人们调节社会群体内部各种关系以维护一定社会秩序以及个人自我肯定、自我发展的需要。这用千百年来客观存在着的道德协调性因素和进取性因素就可证明。

二、道德的起源与本质

马克思主义认为，道德作为一种社会现象，其产生有多方面的条件，经历了一个漫长的发展演变过程。

首先，社会关系的形成是道德赖以产生的客观条件。道德是人的道德，人是社会关系的产物，只要形成了人与人、人与社会之间的相互关系，就一定会产生道德。

其次，人类自我意识的形成与发展是道德产生的主观条件。当人们意识到自己作为社会成员与动物的根本区别，意识到自己与他人或集体的不同利益关系以及产生了调解利益矛盾的迫切要求时，道德便得以产生。应该看到，道德产生所需要的主观条件和客观条件是统一于生产实践的。

再次，劳动创造了人和人类社会，劳动是人类道德起源的第一个历史前提。人们在劳动中结成生产关系，并产生需要调整的人与人之间的利益关系，创造人们的道德需要，提供道德产生和发展的动力，也形成道德产生所需要的主客体统一的重要条件。

人类最初的道德以风俗习惯等形式表现出来。随着社会生产力的发展和社会生活的日益复杂化、多样化，特别是随着人类文明时代的开始，道德便逐渐从风俗习惯中分化出来，成为一种独立的社会意识形式。

道德作为人类社会特定的意识形态，从本质上讲，是由经济基础决定的，它是社会经济关系的反映。

（1）社会经济关系的性质决定各种道德体系的性质。有什么样的社会经济基础，就有什么样的道德。社会经济关系是道德关系的基础，人们的道德观念、道德情感以及行为规范是在一定的经济关系的基础上形成，并不断变化的。

在人类历史上，社会经济基础主要有公有制和私有制两种基本形式，与此相适应，道德也表现为两种：一种是与公有制相对应的原始社会道德和社会主义道德；一种是与私有制相对应的奴隶社会道德、封建社会道德和资本主义社会道德。

（2）在阶级社会中，社会经济关系主要表现为阶级关系，因此，道德也必然带有阶级性：不同的阶级有不同的道德标准。奴隶主杀死奴隶、地主收取地租，在他们看来是天经地义的，但这些行为却要受到奴隶和农民的拼死反抗。

（3）社会经济关系所表现出来的利益直接决定道德的基本原则和主要规范。恩格斯指出："每一个社会经济关系首先是作为利益表现出来。"道德是从经济关系即利益关系中引申出来的。人们在长期的社会生活中逐渐认识到，只有维护一定的经济关系，才能获得利益,也只有提出相应的道德原则和道德规范,才能维护其利益的实现。因此,利益是道德的直接根源,必然决定社会道德的基本原则和主要规范。

(4)社会经济关系的变化必然引起道德体系的变化。社会经济关系发生根本的变革,必然导致新旧道德的更替。在同一社会经济结构内部发生的某些重大变化,也会导致相应道德类型的变化。由此可见,道德是随着经济关系的发展和变化而不断发展变化的。

1. 经济关系决定道德的产生是唯物史观的基本观点

道德根源于经济关系,是从唯物史观的基本观点。一是决定道德产生的要素都是在经济关系的不同作用下产生的;二是可以避免对经济决定道德产生简单的、机械的理解。道德的产生最终只能从经济关系中找到根源,经济关系是道德产生的根本原因之所在。

2. 劳动实践是道德产生的动因

首先,劳动实践是人的创造性的体现。其次,经济关系对道德的决定作用,是通过劳动实践起作用的,劳动实践是道德产生的根本动力。另外,劳动实践的创造推动了道德的产生。

3. 伦理关系是道德发生的前提

道德是对利益的调节,而利益关系和矛盾是存在于广泛的社会关系中的。没有社会关系,就不会有人与人、人与社会之间的利益冲突,也就不会有道德的发生。只有在伦理关系中,在人与人的交往中,才存在调节和规范的问题。作为社会关系中的社会分工,是道德作为一种社会现象发生的关键。

4. 人的生存与发展需要是道德发生的诱因

首先,人类生存的需要是道德发生的直接原因。为了调节人们的利益需要,最初便形成了一些最简单的行为规范和准则,以缓和利益的冲突和矛盾。其次,随着生产力水平的提高,人的生存需要不再是社会利益的主要矛盾时,由人们发展的需要所引发的矛盾冲突就会成为道德所要调节的主要内容。

5. 意识水平是道德发生的主观条件

人类的意识是在实践中产生的,但一经产生就具有相对独立性。这种独立性一是表现在它使社会实践中存在的经济关系、社会关系服从于人的需要;二是表现在意识由不自觉到自觉的过程所形成的能动作用。

三、道德的历史发展

道德同其他社会意识形态一样,不是千古不变的。迄今为止,人类社会先后经历了五种基本社会形态,与此相适应,出现了道德发展的五种历史类型,即原始社会的道德、奴隶社会的道德、封建社会的道德、资本主义社会的道德、社会主义社会的道德。在社会主义社会,有一部分先进分子,还身体力行共产主义道德。每一个社会都有与其经济基础相适应的占统治地位的道德;在同一社会形态中,不同的阶级或人群还有不同的道德。在阶级社会中,占社会统治地位的道德是统治阶级的道德,而同时存在着的被统治阶级的道德则总是处于从属的地位。

人类道德的发展是一个曲折上升的历史过程。道德发展的规律是:人类道德发展的历史过程与社会生产方式的发展进程大体一致。虽然在一定时期可能有某种停滞或倒退现象，但道德发展的总趋势是向上的、前进的，是沿着曲折的道路向前发展的。

人类道德进步的主要表现是：道德在社会生活中所起的作用越来越重要，对于促进社会和谐与人的全面发展的作用越来越突出；道德调控的范围不断扩大，调控的手段或方式不断丰富、更加科学合理；道德的发展和进步成为衡量社会文明程度的重要尺度。

第二节　体育活动中的道德约束

一、体育道德的含义

道德是社会意识形态之一，是人们共同生活的行为准则。为了维护共同的利益，协调彼此的关系，便产生了调解行为的准则和规范。人们不仅根据这些准则和规范来评价一个人的行为，而且也根据这些准则和规范来支配自己的行动。

体育道德，是体育运动中各种社会角色的行为规范的总和。体育运动作为一种社会影响极广的职业，运动员、教练员、裁判员对外作为我们国家的优秀代表，对内作为社会大课堂的"教员"，对他们进行职业道德教育是非常重要的，中华人民共和国体育运动委员会于1981年颁布了《运动员守则》《教练员守则》和《裁判员守则》，提出了明确而具体的要求，这是加强体育职业道德教育，加强体育队伍思想政治工作，建设社会主义精神文明建设的有效措施之一。

体育道德是运动员、教练员和裁判员在体育活动中应当遵循的道德规范。体育道德规范的主要内容：热爱体育事业，勇攀世界高峰；刻苦训练，钻研技术；不伤对手，公平竞争，尊重裁判；对教练工作认真负责，做好日常训练、临场指挥和赛后总结；裁判执法公正等。体育道德是体育工作者的行为准则和规范，是搞好体育工作的基本条件。

二、在体育教学和运动训练中应遵循的道德规范

体育教学是教育的一个重要组成部分，是一个全面发展身体、增强体质，传授体育知识、技能，培养道德和意志品质，有组织，有计划，有目的的教育过程。它与德育、智育和美育密切结合，是培养全面发展的人才的一个重要方面。因此，体育教师要遵守教师的职业道德，以身作则，为人师表。

首先，体育教师要坚持公平公正。体育教师往往偏爱好学生，这就造成体育教师先入为主，认为差学生的动作不如好学生的标准。教师必须消除这种主观感受，决不能忽视对差一些学生的教育，要做到在课上面对全体学生，积极支持、鼓励差的学生，发现他们的长处，当这些学生取得了一定的成绩时，应及时予以表扬。同时，表扬好的学生是为了促进差的学生的进步，而不是用这种方式来贬低差一些的学生，致使他们产生抵触情绪，形成两极分化。这就需要体育教师提高自己的职业道德修养，克服偏爱心理。

教练员首先要具备体育教师的职业道德，有高度的责任感。教练员的基本任务是在对学生进行思想品德、行为规范、文化学习、专项技术训练全面负责的前提下，重点负责训练和竞赛工作。教练员应该坚持四项基本原则：忠诚于党的教育事业，以身作则，为人师

表，不断提高思想修养。教练员必须按时完成本职工作任务，并达到竞赛训练目标要求，根据学校办学特色、项目特点、训练和竞赛工作的需要，制订多年、年度、阶段、周及课时计划，建立技术档案。重视科学选才工作，及时发现人才、珍惜人才、打造人才，努力钻研业务，对技术细节精益求精，及时了解和掌握本项目的发展动向及先进技术和训练方法，结合实际开展科研工作，不断提高科学训练水平，把科学训练运用到实践中去。要团结同事，虚心向他人学习，取长补短，共同进步。

三、在竞技运动中应遵循的道德规范

现代竞技运动的主要特点是竞技性，目的是取得优异成绩或名次。而体育的一个重要特点是公平竞赛，竞赛中要有争取优胜的雄心壮志，但又要注意培养有关竞赛的道德，做到胜不骄、败不馁、尊重裁判、尊重对方、与同伴协作等。只有做到这些，才能赛出风格、赛出水平，力争胜利。这就要求参赛人员必须按照一定的规则进行比赛，从而提高成绩，提高身体健康水平，增进友谊。

但在一些竞技比赛中，裁判不公的行为屡禁不止，其根本原因还是利益驱动。一个球、一分或者一剑，就有可能决定着一些运动员、教练员和官员的车子、房子和票子，甚至是一生的命运，这些都是不道德的行为。大公无私、实事求是是每个裁判员必须具备的素质，让一切运动竞赛公平竞争，任何违背了公平竞争原则的行为都是可耻的。公平竞争意味着尊重对方才智，承认对方的能力，通过公平竞争才能看到自己的不足。

众所周知，兴奋剂问题是长期困扰国际体坛的一大顽症。使用兴奋剂是不道德的欺骗行为。因为使用非法药物与方法，会让使用者在比赛中获得优势，这种违法行为不符合诚实和公平竞争的体育道德。公平竞争意味着"干净的比赛"、正当的方法和光明磊落的行为，使用兴奋剂既违反体育法规，又有悖于基本的体育道德。只要滋生欲望、丑恶和疯狂的温床还在，体坛就不会干净。所以要遵守规则，公平竞争，让体育竞技精神发扬光大。

四、在群众体育中应遵循的道德规范

群众体育是指广大人民的体育活动。在开展群体活动时，要有组织、有纪律，遵守有关规定，进行有计划的活动，这样才能调动群众的积极性，创造社会主义精神文明和丰富文化生活。但是现如今人民群众的道德底线在接受社会发展的考验，个别事例直接影响了整个社会的和谐稳定，道德底线就像拔河比赛的标尺一样，在"分界线"上来回游走。比如企业职工在业余比赛中请外援，请职业选手，贿赂裁判，广场舞也开始频发噪声扰民等纠纷。

现在许多社区和企业的群众、职工练习武术、气功、太极、体育舞蹈、广场舞或拳击、摔跤等，他们的学习目的不尽相同，有的因体弱多病，为了恢复健康而学习，有的因好奇而学，有的为了强身健体而学，当然也有争强好胜、目的不端正的。自古到今，都特别强调习武者要遵守武德，要德才兼备，高尚的武德就是习武者的职业道德。武术教师和教练更需要有高尚的武德，对学生不仅要教技术，还要教怎样做人，培养学生具有高尚的体育道德，避免学生走上歧路。同时体育锻炼还能延年益寿，提升人们的工作效率，例如学习气功、太极或医疗体育等。这些活动在群众中影响很大，只要坚持不懈地进行锻炼，就能产生很好的社会效果。

五、在体育科学研究中遵循的道德规范

在科技领域高速发展的时代，科学技术在体育界的运用同样受到高度重视，并起着重要作用。人们把科学训练和科学管理运用到体育训练和体育比赛中，使运动水平逐渐提高。在体育研究中，必须坚持真理，敢想、敢干、敢拼搏。这就要求从业者坚持真理面前人人平等的原则，探讨新领域，寻找新规律，克服那种不敢想、不敢干、不愿拼搏、坐等条件、不去开拓创新的惰性。在科学研究工作中，必须遵循实事求是的原则，避免无谓的重复劳动或盲目跟在别人后面跑。要破除迷信，解放思想，推陈出新，有忘我的牺牲精神和强烈的事业心，并且要谦虚协作、虚心学习，尊重同志，同行之间同心同德，扬长避短，互相支持，博采众长，绝不能妄自尊大，不尊重别人的劳动成果，甚至把别人或集体的研究成果占为己有，绝不嫉贤妒能，互相拆台，一定要紧密配合同心协力。在科技实践和学术争鸣中共建友谊，做有理想守纪律的科技工作者。

第十章 体育教育中的道德

第一节 道德的功能与作用

一、道德的主要功能

道德的功能，一般是指道德作为社会意识的特殊形式对于社会发展所具有的功效与能力。在道德的功能系统中，主要的功能是认识功能、规范功能和调节功能。

道德的认识功能是指道德反映社会现实特别是反映社会经济关系的功效与能力。道德往往运用善恶、荣辱、义务、良心等范畴，反映人类的道德实践活动和道德关系，从中揭示道德发展的趋势，为人们的行为选择提供指南。

道德的规范功能是指在正确善恶观的指引下，规范社会成员在社会公共领域、职业领域、家庭领域的行为，并规范个人品德的养成，引导并促进人们崇德向善。

道德的调节功能是指道德通过评价等方式，指导和纠正人们的行为和实践活动，协调社会关系和人际关系的功效与能力。这是道德最突出也最重要的社会功能。道德评价是道德调节的主要形式，社会舆论、传统习惯和人们的内心信念是道德调节所赖以发挥作用的力量。

在道德的功能系统中，认识功能、规范功能、调节功能是最基本的功能。此外还有导向功能、激励功能等。

二、道德的社会作用

道德功能的发挥和实现所产生的社会影响及实际效果，就是道德的社会作用。道德的社会作用主要表现在：道德为经济基础的形成、巩固和发展服务，是一种重要的精神力量；道德对其他社会意识形态的存在和发展有着重大的影响；道德通过调整人们之间的关系维护社会秩序和稳定；道德是提高人的精神境界、促进人的自我完善、推动人的全面发展的内在动力；在阶级社会中，道德是调节阶级矛盾和对立阶级之间开展阶级斗争的重要工具。在看到道德具有重大的社会作用的同时，也必须看到道德发挥作用的性质并不都是一样的。道德发挥作用的性质与社会发展的不同历史阶段相联系，由道德所反映的经济基础、代表的阶级利益所决定。道德的力量是广泛的、持久的、深入的，既深刻地影响着人们的意志、行为和品格，也深刻地影响着社会的存在和发展。

第二节　古代体育活动中的道德规范

历史是一面镜子。每一位体育教师，如果在体育教学与研究时，只会教技术，不去注意对学生进行体育精神的塑造，可以肯定地说，这种教学可能是合格的，但绝不是优秀的。体育教师应在日常的体育教学中，注重对学生体育精神的教育和培养，使学生亲身体会到"更高、更快、更强"当中的哲理，并教育他们将这一哲理推广到工作和生活的方方面面，做一个身心健康的人。广大体育教师学习体育理论及体育史的相关知识，深刻领会体育的德育内涵，对于研究和教学都大有裨益。

一、体育德育功能的历史溯源及初步发展

从体育溯源的角度来说，原始部落对祖先祭祀的舞蹈可以算是最早的体育。而据史书记载，早在远古就有用体育进行德育的事例，比如早在尧时就已经有了围棋活动。在史书《路史·后记十》中记载：尧的儿子丹朱，品德不好，造成兄弟之间纷争不休，于是"帝悲之，为制弈棋以闲其情"。这后半句的大意是，尧心里非常着急，就制作了围棋教育丹朱，希望用"棋道"来使他改邪归正。这个史料说明围棋起源于中国，同时古人已经知道通过体育活动来渗透一定的伦理道德教育内容。

1. 夏朝学校教育中的体育

据"夏商周断代工程"中的考古发现与历史典籍中的记载，由于生产的持续发展，奴隶制阶级脱离生产劳动，有一定规模的学校开始出现了。根据奴隶制的性质可知，只有奴隶主贵族才能进入学校接受良好的教育。奴隶制是靠武力维持的，学校的教育应该与体育有着非常密切的联系。夏朝的学校教育有"序""校""学"等多种不同的形式，施教的内容主要是文字知识、生产技能及作战经验等。可以说，夏朝的教育是"文武合一"的，其中"武"与体育有着紧密的联系。《孟子·滕文公上》中说"序者，射也"，可见"序"是当时以"习射"为主要教学内容的学校。

2. 商代学校教育中的体育

商朝时，能进入学校接受教育的一般是奴隶主的后代，也有少量平民的子弟。入学后，他们首先学习文字和典籍。从典籍能学到许多文史知识、自然知识和社会知识。其次学习的内容是礼、乐、射、御等。除了前面提到的，"习射"的地方在"序"，据典籍记载，"瞽宗"是习乐之地，"庠"是学习"礼"的地方，但"庠"也可以习武。《礼记·王制》中说："耆老皆朝于庠，元日，习射上功。"意思是说，年长的人来到"庠"里，选择吉日元旦来教习射箭，以射中为止，叫上功。从殷商甲骨卜辞中可见，"戒"也是当时施教的内容之一，"戒"是象形字，有两层意思：一是持戈而战，二是持戈警戒。

3. 西周学校教育中的体育

在西周，乐舞非常盛行，无论是在祭祀还是在庆典活动中，乐舞都是一项重要内容。《礼记·内则》记载："十有三年，学乐、诵诗、舞勺、成童舞象、学射御，二十而冠始学礼，可以衣裘帛舞大夏。"大意是，依据年龄大小分段学习，由易到难循序开展。西周

第十章　体育教育中的道德

在学校施教中进行乐舞教育，既能陶冶学生的情操，也能增强战斗力。

二、体育德育功能理念的演变

1. 春秋战国时期诸子有关体育的思想理念和实践

（1）老子。老子对中国武术思想的影响表现在认识论和方法论上。在认识论方面，中国武术汲取了老子关于宇宙本源的"道"的观点，用来解释中国武术的本质。《太极拳经》中说："太极者，无极而生，动静之机，阴阳之母。"这"无极而太极"的观点，就是老子的观点。在方法论上，中国武术主要汲取了老子"物极必反""以静制动"的思想，来作为指导武术技击的指导原则。至于后世的内家拳，如太极、八卦、形意等拳种的技击理论都受到老子思想的影响。

（2）孔子。孔子在整理古代典籍、保存文化和教育学生方面做出了重大的贡献。孔子的体育思想和实践具体表现在：第一，孔子的教育中有体育因素。他创立私人学堂，广收门徒，实行"礼、乐、射、御、书、数"的"六艺"教学，其中，"乐、射、御"三艺均属于体育的范畴。虽然如此，孔子却不把"射、御"能手当作自己的得意门生，而把"射、御"看作最次等的艺，因此在他列出的优秀弟子的名单中不包括"射、御"能手，他所看重的是学生的德行、言语、政事和文学方面的才能。孔子在施教中，除了教习"六艺"，还鼓励学生去参加郊游和游泳等。《论语》中记载，孔子学生曾点说："莫春者，春服既成，冠者五六人，童子六七人，浴乎沂，风乎舞雩，咏而归。"对此，孔子大加褒奖。第二，孔子爱好体育，力气大，跑得快。《论语·述而》载"子钓而不纲，弋不射宿"，说明孔子爱好钓鱼和打猎。《孟子》载"孔子登东山而小鲁，登泰山而小天下"，说明孔子爱好登山运动。《吕氏春秋》中说孔子"劲能拓国门之关"，还说他"足蹑郊兔"，可见孔子力气比较大，且健步如飞。第三，孔子讲究饮食与保健。在《论语》中多有记载，说孔子不吃生的、颜色不好的、臭的东西，并且能严格要求自己，按时进餐，不多吃，吃饭的时候不说话，甚至他连睡觉的姿势都有讲究。第四，"仁"和"礼"的体育准绳。孔子的政治思想和道德标准都讲究"仁"和"礼"，他对体育和健康也是以"仁"和"礼"为标准的。他否定一切非仁、非礼的体育活动，讲究礼射，他认为"射不主皮，为力不同科"，也就是说他认为射箭不一定要射中箭靶，因为礼射和练力气不是同一类的事。他还认为行射不在于争高下，而在于树立良好的道德观。他说："君子无所争，必也射乎！揖让而升，下而饮，其争也君子。"孔子在瞿相（地名）的园子射箭，曾宣布凡是打败仗的将军、亡国的大夫和过继给人当儿子的人一律不准进去。他认为那些"不忠""不孝"的人没资格看他射箭。

孔子的"仁"的思想对中国武术也有着深远的影响，它构成了中国武术伦理思想的精髓。崇尚武术伦理，是中国武术文化的特色所在。这一特色，使得迄今中国武术在世人的心目中不仅是强身健体的运动，更是精神修炼与修养的一种途径。

竞渡是战国时期在南方民间流行的一种水上娱乐活动。据传是为了纪念战国时期楚国伟大的爱国诗人屈原而举行的。也就是在每年农历五月初五端午节这一日，为了纪念屈原而赛舟，久而久之，也就形成了风俗，后来竞渡发展为赛龙舟。

2. 秦汉至南北朝时期的体育

思想及实践不同的历史时期对人才的需求是不同的，不同时期的教育观念也是不同的。"文武合一"是西周学校教育的特点,"文武分途"是春秋战国私人学校教育的特征。到了秦汉,学校教育朝着"重文轻武"的方向演变,学校体育衰退。虽然学校体育在这一时期开始衰退,但在学校教育的内容中仍然保留有体育教育的因素。在官办学校推行的"五经"教育中,有"礼"的教育,其中包括一些体育的内容,学生在学礼的时候,不仅要听,而且要付诸实践,在习练各种礼仪活动中锻炼身体。

3. 隋、唐、五代十国时期的体育

木射是一种室内球类运动,按人轮流比赛,适合中老年人。游戏的方法是在一端置15个笋状平底木柱,在场地中一端用木球抛去,击倒木柱。其中10个木柱分别写红字:仁、义、礼、智、信、温、良、恭、俭、让;5个木柱写黑字:傲、慢、佞、贪、滥。击倒红字柱者为胜,击倒黑字柱者为败。唐代陆秉著有《木射图》一书。虽然此项运动带有浓厚的封建伦理色彩,但它是现代保龄球运动的前身。

4. 宋代到清代体育的发展变化

南宋皇帝宋孝宗赵为了抵御金军,雪洗国耻,坚持用马球运动来锻炼身体,且列击球为取士的科目之一。清代民间教门和秘密结社,为反抗清朝统治者的压迫和剥削,借习武之名发展武装力量。民间拳师积极投身于反抗斗争之中,在一定程度上促进了民间武术的传播。

三、伦理至上的体育价值观及其表现

还在远古时代,神话中的身体活动就已经表现出比较强烈的道德倾向。例如射日、猎杀毒蛇猛兽的后羿,逐日竞走的夸父,疏浚水道的大禹……无一不表现出舍身为民的大贤风格。这和古希腊诸神一味炫耀自己、不惜以力量和计谋压倒其他的神形成了鲜明的对比。这种伦理至上的倾向在身体活动方面也有明显的表现。第一,以礼、法作为规范身体活动的最高标准。孔子说得最直接:"非礼勿视,非礼勿听,非礼勿言,非礼勿动。""君子无所争,必也射乎。揖让而升,下而饮,其争也君子。"孔子自己力气很大,但"不以力自矜,知夫筋骨之力,不如仁义之力荣也"。第二,重视体育活动的教化作用。周代的教育内容为六艺,即礼、乐、射、御、书、数,其中书、数为小艺,礼、乐、射、御为大艺,为贵族所必备。这四种教育都十分重视通过一定规范的身体活动来培养学生尊重礼法之习惯和精神。虽然内容、形式不同,但目的都是为了培养熟悉宗法礼仪并且具备一定武功的贵族战士。

与此同时,中国古代体育还反映出强烈的男性中心倾向。在古代中国,妇女只能是男人的附庸,传统的妇女体育运动也打上了男权思想的烙印。女子通过在元宵、上巳等节日中参加一些与结婚、生育有关的活动,从小就被潜移默化地灌输了从父、从夫、从子的观念和"生儿育女是本分"的思想。从这个意义上讲,中国古代妇女体育活动充当着使女性完成社会化、强化其女性意识的重要角色。同时,从审美情趣上,中国古代妇女体育活动是以男性为审美主体的。总之,传统体育观念很重视体育活动的政治和伦理价值,对其本质、基本规律等则很少注意。体育被作为一种治理国家、维护社会政治和伦理秩序以及个人修身养性的工具。在这种观念的支配下,统治者对涉及伦理和政治关系的活动十分注意,常据此而提倡或废除。对个人而言,体育活动对知识阶层更多的是一种个人修身养性的手段,国家对此是不直接过问的。

综上所述，体育德育发展史的脉络比较清晰，每一个体育教育工作者都应当好好学习研究这方面的理论，确立一种新型的体育教学观念，这就是体育的目的不仅是要达到身体的强健，还应该达到精神的强健。身体的强健只能使人受益一时，而精神的强健则能使人受益终身。学校体育的德育价值能否得到体现，主要也就取决于体育教师是否具有这种新型的体育教学观念。为了使学生在体育教学中能够得到较为全面的发展，体育教师应当确立这种新的教学观念，这其实也就是素质教育的观念。

第三节 新时代体育道德价值观的建构

一、体育道德的现状

社会主义市场经济体制的确立，为我国体育运动的发展和进步注入了生机与活力，它不仅为体育事业的发展提供了强大的经济、物质和技术支持，而且促进了体育管理体制的改革。就竞技体育而言，职业化、商业化和产业化的发展，不仅促进了体育人才的国际和国内的流动，打破了人才的部门所有制，为优秀人才的脱颖而出创造了良好的环境和条件，而且也培养了人们的平等观念、公平意识，极大地调动起人们的积极性、主动性和创造精神。运动员们在竞赛中所表现出来的勇敢、顽强、诚实、敬业、吃苦耐劳、不懈追求和团结协作的竞技体育伦理精神，给人们以极大的心灵震撼。体育道德已成为社会主义道德体系中的一个重要的组成部分，成为社会主义精神文明建设的重要内容。

我们在充分肯定体育道德所取得的成绩的同时，也应当看到目前体育运动中所存在的诸多现实的道德问题，例如：传统的集体主义观念和奉献精神正在受到越来越大的冲击，不少地方、部门和个人，在局部利益和个人利益的驱动下，滋生了小团体主义和个人主义，产生了种种不道德行为。有的为了赢得比赛，将竞赛中的公平竞争的道德原则要求置之脑后，如隐瞒运动员年龄，以大打小、职业运动员参加业余比赛，弄虚作假；有的甚至采用贿赂裁判或对手、服用违禁药物等手段，以"赢得"或"保持"胜利；有的在比赛场上辱骂对手、裁判，甚至大打出手；有的因过分追求工资、奖金和待遇，而罢练、罢训、罢赛；有的唯利是图，不讲信用随意转会跳槽。在体育赛场上，经常发生基于狭隘的地方意识而导致的赛场骚乱，部分"球迷们"对自己的球队，只准赢、不准输，否则，就要乱扔东西，围攻辱骂裁判和运动员，发泄不满，制造事端，甚至引发恶性暴力犯罪，等等。

当然，我们也不能因为存在上述不道德现象，就得出否定目前整个体育道德的结论。体育道德的主流仍然是好的，道德的滑坡只是局部的、暂时的现象。尽管如此，我们也决不可等闲视之。对体育领域中所存在的道德问题，如果不予以重视，加以克服，不仅会严重地影响体育事业的健康发展，而且还会极大地影响整个社会良好的道德风尚的形成，影响社会主义精神文明建设。

二、新时期体育道德价值观的规范要求

研究新时期体育道德价值观的规范要求，首先应当明确体育道德价值观建构的原则。中国经济体制从计划经济转变为市场经济，必然要求体育道德价值观随之变化与发展。依

据市场经济体制和体育事业健康发展的客观要求，社会主义市场经济条件下体育道德价值观的建构主要应当遵循以下原则。

（1）从实际出发原则。在社会主义市场经济条件下，体育道德价值观的建构，应该符合社会主义市场经济的要求，从市场经济的实际出发。社会主义市场经济从根本上说，是社会主义基本制度与市场经济的有机结合，是建立在社会主义基本制度之上的市场经济。因此，社会主义市场经济条件下的体育道德价值观的建构，一方面应具有社会主义基本道德要求的特性，另一方面又应当符合市场经济的一般要求，要与发生了合理变化的体育道德特点及其发展趋势相一致，既能够充分反映市场经济对体育活动参与者体育道德行为和体育道德素质的多样化要求，又能够满足他们在正常情况下对自我发展、自我实现的需要，切实体现以人为本的道德精神。

（2）利益兼顾原则。在社会主义市场经济条件下，体育道德价值观的建构，应当以社会主义核心价值体系为指导，贯彻利益兼顾原则。市场经济肯定体育活动参与者追求个人正当利益的合理性，并且也借助各种经济利益激励机制来激发他们积极投身体育实践的热情。但是，个人对自身利益的追求必须以兼顾（或不损害）他人、集体、国家的利益为基本前提，以国家、集体、个人三者利益的和谐一致作为价值导向。邓小平指出："在社会主义制度之下，归根到底，个人利益和集体利益是统一的，局部利益和整体利益是统一的，暂时利益和长远利益是统一的。我们必须按照统筹兼顾的原则来调节各种利益的相互关系。""利益兼顾"原则，是社会主义集体主义道德原则在体育活动中的体现，符合市场经济条件下体育发展的客观要求，符合广大体育活动参与者的道德追求。

（3）先进性要求与广泛性要求相统一原则。在社会主义市场经济条件下，体育道德价值观的建构，应当与我国社会主义初级阶段的经济、体育发展水平相一致，坚持先进性、引领性、普遍性、广泛性的有机结合，引导体育道德的健康发展。这就是说，体育道德价值观应当既适应体育活动参与者的现实体育道德觉悟水平，具有普遍性、广泛性，又能够体现体育道德循序渐进不断发展的客观趋势，具有引领性、先进性。总结过去这方面的经验教训，尤其要切忌超越社会发展阶段，违背市场经济要求，脱离体育活动参与者体育道德认识水平的实际。在建构体育道德价值观的过程中所提出的体育道德规范要求，不是调子越高越好，而是越切合实际越好。事实证明，以往那些偏重于先进性号召而忽视广泛性引导的体育道德要求和体育道德规范是缺乏实践基础的。

三、新时期体育道德价值观的具化表现

马克思主义认为，一切以往的道德论归根到底是当时的社会经济状况的产物。社会主义体育道德价值观随着社会经济结构的变化而具有鲜明的时代特征。在新时期，体育道德价值取向的多样性是客观存在的，这是社会经济基础和改革开放发展的必然反映。但这种多样性的存在，并不影响或者说更需要个体不同的体育道德价值取向依归或符合社会共同的体育道德价值导向；而社会共同的体育道德价值导向也只有有效引领广大体育活动参与者的体育道德价值取向，才能最终得以实现。

要使体育道德价值观的主要内容不仅传承中华民族的传统美德，而且适应新形势的客观需要，不仅为体育事业的健康发展提供精神动力和思想保障，而且为社会各界认识和参与体育事业提供正确导向和判断准则，就必须将社会主义荣辱观作为依据凝练体育道德价

值观的主要内容，把握社会主义荣辱观与中华体育精神之间的内在联结尤其是体育道德价值观的具化形式。以"为国争光、敬业奉献、科学求实、遵纪守法、团结协作、顽强拼搏"为主要内容的中华体育精神，体现了社会主义体育道德的规范和要求，在实际体育工作中发挥着重要的指导和鞭策作用，是广大体育活动参与者为社会主义体育事业的发展和壮大而不懈奋斗的动力源泉。以"八荣八耻"为主要内容的社会主义荣辱观为中华体育精神提出了更高的标准，注入了更新的内容。知荣明耻，人之根本；明辨荣辱，国之大策。新时期的广大体育活动参与者，不但应该具有荣誉感并懂得如何通过诚实劳动、顽强拼搏去获得荣誉，而且应该增强对耻辱感的认知能力。如今，社会主义体育事业蓬勃发展，体育活动在人们日常生活中的作用日益凸显，体育已经成为一个很好的载体，不论荣与耻，都可能会通过体育而产生放大效应。因此，广大体育活动参与者应该通过努力践行中华体育精神来弘扬社会主义荣辱观。

新时期的体育道德价值观不是抽象的而是具体的，不是静态的而是动态的，不是单一的而是多面的，它至少可以具化为体育运动或活动中的义利观、荣辱观、公私观、胜负观、苦乐观，引导每一个体育活动参与者正确认识这"五观"，处理好相应的关系，这是新时期体育道德价值观建构的应有之义。

1. 体育义利观

义利关系是中国传统道德的基本问题之一，是道德价值观的根本问题，其本质就是如何处理道德原则、规范与物质利益、欲求之间的关系。义利观作为人们对义与利的根本看法和态度，同样是新时期建构社会主义体育道德价值观需要解决的首要问题。在新的历史条件下，在体育事业中，"义"应既表现为在体育发展过程中，对国家、集体利益的遵从和强调，又表现为对个人正当利益的肯定和认同；"利"应既体现为对国家、集体利益的维护，又体现为对个人正当利益的尊重。义利统一与义利并重是社会主流意识形态所倡导的义利取向，它反对重义轻利、贵义贱利，也反对重利轻义、见利忘义。在社会主义市场经济条件下的体育事业发展实践中，每一个体育活动参与者都应将道义与功利、个人利益与国家和集体利益、物质利益与精神利益有机地统一起来，而不应背离社会主义的本质要求，把市场经济的价值规律及其观念简单地移植到体育领域，使"义"与"利"的关系失衡。应坚持以新时期辩证统一的体育义利观促进社会主义体育事业物质文明与精神文明的和谐建设、体育发展与社会进步的共同实现。

2. 体育荣辱观

在信息化社会里，现代体育既是承载荣誉的"母体"，在一定程度上也是记载耻辱的"音符"。它能给我们带来许多成功的荣誉和超越自我的欢乐，但同时也能让我们看到某些利欲熏心的贪婪和人性的狂躁。有些人把荣誉的标志物化或异化为简单的物质表现形态，而抛开了荣誉本身应该具有的精神实质。金钱的多少、地位的高低、享受的权利被看作了荣与辱的衡量标准。在发展社会主义市场经济的过程中，我们无疑要崇尚荣誉，但更要搞清楚以何为荣以及获得荣誉的正当途径和方式。荣誉要追求，但不能以牺牲道德为代价去强求；荣誉要争取，但不能以耻辱为代价去豪夺。体育活动参与者应当以公民基本道德规范为基础，以中华体育精神和体育道德规范为要求，在体育活动中明辨是非、择善而从；以崇高的荣誉观为激励，以耻辱观为鞭策，规范日常的体育道德行为，追求高尚的体育道德行为，自觉践行社会主义体育荣辱观，不断提升体育道德价值观的水平。

3. 体育公私观

"公"指社会、民族、集体的公共利益和公众事物；"私"指个人利益和个人私事。在体育领域，"公"具体体现为集体与国家的利益；"私"表现为个人的利益。体育活动参与者对集体、国家和个人利益的基本态度和根本看法集中体现为其公私观。体育活动参与者的公私观本质上反映的是对社会主义集体主义体育道德原则的认识与遵从的程度，表现为奉献精神的大小程度。马克思说过："正确理解的利益是整个道德的基础。"在社会主义市场经济条件下体育事业的发展，不但已经从道德上肯定每一个体育活动参与者追求个人正当利益的合理性，而且也通过建立或完善各种合理有效的体制机制来激发他们献身和参与体育事业的热情，为集体、为国家争取荣誉的斗志，这是国家和社会在体育道德观念上的与时俱进。但是，每一个体育活动参与者对自身利益的理解和追求，不能离开国家和集体的利益这个前提，不能片面化、绝对化。我国的基本经济制度和社会主义体育事业的根本性质，从本质上决定了国家与集体是为个人正当利益的实现创造条件并提供保障的真正主体。与国家、集体利益保持道德手段和目的上一致的个人利益才是正当的、可实现的个人利益。也就是说，在公与私的关系上，"公"是基础与保障，"私"是公的个体表现与实现。因此，在现阶段社会主义体育事业的发展实践中，公私兼顾是体育公私观首要的基本出发点，它既是社会主义集体主义体育道德原则的具体体现，符合市场经济发展的客观要求，又是新时期体育道德价值观在公私观上的基本指向，符合社会伦理道德的价值导向。在公与私发生矛盾的情况下，先公后私应该是我们奉行的基本原则，而公而忘私、大公无私则应当是我们崇尚的道德理想。

4. 体育胜负观

体育胜负观，其实质就是对体育目的的价值和取向的看法和态度。对胜负的态度在相当程度上会影响到为实现目的而采取的手段，而这种手段必然体现体育道德价值观的善恶与高低。在市场经济条件下，某些体育活动参与者参与体育活动的目的已经模糊或发生改变，对体育自身价值与功能的认识走入误区，否认或者不再把体育当作增进健康、完善自我的方式，而把体育仅仅当作一种获取各种利益的工具，使体育本身所具有的内在道德价值发生异变而陷入极端功利主义的泥潭，"更快、更高、更强"的背后被披上了更多利益的工具性外衣，体育比赛的获胜被当作其全部体育行为的指向与归宿，金牌与成绩成为全部的追求和唯一的目标，金牌所象征的荣誉被金钱所侵蚀。这就是当今体坛丑闻和暴力事件层出不穷、消极比赛及道德失范现象频频发生的深层原因。"更快、更高、更强"的奥运宗旨常被人津津乐道，但同样作为奥运宗旨的"参与比取胜更重要"却常被人所忽视。实际上这两者是辩证统一的，割裂这两者的关系，强调一方而忽视另一方都是对奥运宗旨的片面理解，都不利于参赛者树立正确的体育胜负观。实际上，对体育比赛的胜负态度，不单纯是对一个结果的认可，而是浓缩着文化、教育和道德信念的内涵。金牌是宝贵的，但金牌不是体育的全部，金牌所蕴含或反映的体育精神才是恒久而更具价值的。

5. 体育苦乐观

苦与乐都是由人的物质和精神需要而引起的主观体验和感受，相悖则为苦，相符则是乐。苦与乐是人生中的一个日常而永恒的话题，在体育领域同样如此。人们对苦与乐的基

第十章　体育教育中的道德

本看法和态度，在职业活动中直接表现为一种职业精神和状态。体育活动参与者，尤其是竞技体育活动参与者对苦与乐有着更加直接的感受，诸如训练之苦、伤痛之苦、离别之苦等等，没有长期亲身经历的人是很难深入理解的。"忧劳可以兴国，逸豫可以亡身。"如何看待苦与乐，是关系到社会主义体育事业发展的一个全局性问题。新中国的体育发展史就是一部艰苦创业的奋斗史。虽然随着国家经济实力的提高，国家对体育的投入不断加大，体育发展的物质环境得到很大改善，但是，体育本身的发展也在不断地迈向新的高度和境界，体育事业的发展仍不可避免地面临着极大的挑战和困难，我们依然应当发扬艰苦奋斗的精神，在体育实践活动中不畏艰难、坚韧不拔、奋勇向前。"宝剑锋从磨砺出，梅花香自苦寒来。"新时期的体育苦乐观正是要使广大体育活动参与者具有为社会主义体育事业发展努力贡献力量的决心和意志，使他们能够正确认识和领悟体育的巨大功能及其道德价值，能够将训练之苦、伤痛之苦、离别之苦转化为一种巨大的精神力量，化苦为乐、以苦为荣，把在体育中锻炼意志、完善自我、为国家和集体争取荣誉当作自己的快乐，在不懈的奋斗中逐步实现自身的价值和理想。

第十一章 大学生体育道德教育

第一节 大学生体育道德文化精神传承

智慧的人类，在任何一项体育竞赛中，都应该闪耀出道德的光辉。这也是奥林匹克精神的重要内涵。体育活动、体育锻炼及体育竞技，应该是伴随人类社会的形成就已经出现的，因为没有任何一个群体或者社会不重视自身的发展与强大。"体育文化"一词最早直译为身体文化。一般认为体育文化可以概括为"在增加健康，提高人们生活质量的过程中创造和形成的一切物质和精神的财富，包括与之相适应的社会组织及规范体育活动的各种思想，制度，伦理道德，审美观念，还包括为达成目标的各种改革举措以及相应的成果。"

体育文化主要包括体育观、体育价值观、体育行为准则、体育道德等在内的社会意识形态及反映这一形态的体育方式、民族风俗、人心理特征、审美情趣等。甚至包括体育科学和体育的价值、观念、意识、心理等社会因素。尽管人们对体育文化的认识还没有完全统一，对于概念使用范围还有争议，但体育文化事业的发展已经表明：作为映射着人类智慧之光的一种实践活动，它所产生的意识形态和知识体育，所创造的方法、手段、技术、器械、设施以及记录和传播所必需的组织、宣传机构等，已经在人类的社会生活中构成了一种独特的不可缺少的文化现象。此外，体育还是一种娱乐性和休闲性很强的文化。在现代社会生活中，体育运动日益成为人们改善生活方式和提高生活质量的重要内容，它为人们提供一种积极、健康向上的消遣，给人们带来无穷乐趣。体育娱乐性，按参加者在活动中的方式可分为观赏性娱乐活动和运动性娱乐活动。

体育是一种竞争鲜明的文化。体育的竞争，是指在运动场上，两个以上的个人或集体在同一规则下，争夺同一目标的活动。体育的竞争，不仅仅反映在竞技体育上，还反映在群众体育上，现代体育比赛，不仅比身体、比技术、比经验，而且比思想意志品质和顽强拼搏精神，是一种全面的竞争。教育性也是体育文化固有的特征和功能。体育的教育性有两层含义：一是从它产生之日起，就是教育的一个组成部分，它与德育、智育、美育等结合，是全面教育的重要内容和手段。二是寓教育于体育之中，在体育运动中培养人们的爱国主义、集体主义精神，以及培养人勇敢、顽强、拼搏进取的优良品质。

体育当然更是一种艺术性很强的文化，尤其以竞技体育最为典型。高水平的比赛，既是比技术水平，又是一种艺术的表演。高超、完美动作以及运动员矫健身姿给人以艺术的欣赏和美的享受，令人回味无穷。

体育是民族产物，具有民族特征。由于民族区域的生存环境、文化底蕴、社会和经济生活、历史和发展原因的不同,世界上各民族都有自己传统的体育项目。如中国武术,印度瑜伽,西班牙的斗牛等。当代体育和今后发展,虽然民族间差异继续存在,但这种差异又受到世界性的统一规律的严格限定,其共同点越来越多,渗透和融合不断加强。体育的全民性表现为全民的积极参与。随着社会不断进步和发展,人们从繁重生产劳动中解放出来,利用更多闲暇,积极参加体育锻炼,强身健体、愉悦身心;通过电视、网络、报纸、杂志等新闻媒体关心体育赛事;或亲自到体育现场观看比赛。总之,体育已日益成为人们现代生活不可缺少的内容。

体育文化之所以能够存在和发展,是与它具有特定的功能分不开的。研究体育文化的功能,可以使我们加深对体育文化的理解,进一步认识体育文化对社会发展、人民生活改善的重要意义,从而更有效、更自觉地发挥体育文化的功能。

竞争是体育运动的核心,体育的竞争包含着广泛而深刻的对人类认识能力和创造能力的挑战,这种挑战意识可以明显地迁移到广泛的社会生活中去。通过体育教育能够培养出当今社会人才所需的努力拼搏、不断创新、百折不挠、公平竞争和团结协作的团队精神;通过艰苦卓绝的训练和比赛,可以锻炼人的意志和胜不骄、败不馁的顽强韧性;比赛中胜负得失涉及集体、地区甚至国家的荣辱,从而培养人的责任心、使命感和爱国心;面对强劲对手,要不断地超越自我,超越对手,促使人们增强危机感和竞争意识,不断地向更高目标奋斗;严格的比赛规则和无私执法,可以诱导人们养成维护道德规范,遵纪守法的美德。

体育文化是人类社会文化的特殊组成部分,它的兴衰直接反映着社会政治、经济的发展;它的荣辱直接反映着国家、民族的精神,体现民族自尊。人类追求公平竞争,表现民族自尊的精神,在体育运动中得到完美的体现。青少年业余体育学校,一定要结合学校体育教育,恰当地实施必要的心理健康教育,及时发现并解决问题,从而保障青少年身心的健康发展。诸如正常的认识能力,稳定的情绪,优良的意志品质,良好的人际关系以及健全的人格等等。以积极进取的人生观作为自己人格的核心,并以此支配自己的心理和行为。以上标准,应视为一个统一的有机整体,其间有互相依存,互相影响的关系。上述心理活动和心理特征,就一个人的自然发展水平来说,当然未必就能满足运动学习和运动竞赛的需要,但是,在学生为了不断提高自己的运动水平或战胜对手而进行的运动活动中,健康的心理和道德情感是必不可少的。

第二节 大学生体育道德教育培养

一、体育道德教育的原则

体育道德的教育应是通过教师的长期教育,有意识、有计划地精心组织,在体育训练中进行的,是在极度的疲劳,汗与血的拼搏中,在承受痛苦的失败、绝望直至最后成功的喜悦之中,逐渐培养起来的。

1. 身体训练与体育道德训练同步进行原则

现代的体育理论和体育实践已经反复证明了这样一个科学的命题，运动员的成绩离不开体育道德，离不开良好的心理素质。世界体育先进国家的教练员、运动员，都是首先注重体育道德和心理素质的训练，甚至把其摆到更加重要的位置上去。

2. 正面教育原则

在体育教学中侧重对大学生体育道德观念的培养与训练，必须坚持正面教育原则，这不仅是对大学生进行心理素质训练的重要方法，亦是突出体育道德培养这一特殊教育模式的特点之一。

3. 因材施教原则

心理研究成果和体育训练实践反复证明：成功更容易培养起人们良好的体育道德观念，失败虽然也可能在一定程度上激发人们的进取心和责任感，但多次反复的失败则容易使人知难而退，自暴自弃，从而产生自卑、失落的心态。为了顺利达到培养学生良好的体育道德观念这一目的，教师必须坚持因材施教的原则。

体育道德教育的内容是十分丰富的，它不仅与体育训练的关系十分密切，二者相辅相成，而且也是衡量一个学生是否在心理上成熟，是否能成为一个真正合格的大学生的重要的标志之一。

二、体育道德教育的内容

体育道德教育的内容十分丰富，与身体锻炼的关系非常密切。良好的体育道德观念是引导学生积极、自觉、自愿地进行身体锻炼的思想基础，身体锻炼的同时也培养学生的体育道德观念，二者相辅相成。体育道德观念是人们意识形态领域中的重要内容之一，它所包含的内容十分丰富，直接影响到一个人形成什么样的世界观。从整体把握至少包含以下三方面的内容。

1. 中国特色社会主义新时代思想的教育

新时代是我们理解当前所处的历史方位的关键词。中国特色社会主义进入新时代，意味着近代以来久经磨难的中华民族迎来了从站起来、富起来到强起来的伟大飞跃。当代大学生是民族复兴伟大进程的见证者和参与者，也是社会主义事业的主力军。新时代需要强健的体魄，更需要与时代紧密结合的体育思想和体育精神。我们可以通过积极参加、观看各种类型的体育比赛，增加学生的荣誉感和使命感，增强集体主义观念；引导学生观看重要的国际赛事，丰富学生们的业余文化生活，提高其审美情趣，培养学生的爱国主义思想，增强学生的荣誉感、自豪感；组织学生参加国内外各种体育赛事，增强不甘落后、在各个领域都力争赶超世界先进水平，争创第一的信心和决心。

2. 体育精神的教育

奥林匹克精神是重在参与。目标是更快、更高、更强。奥林匹克的精髓正是体育精神的实质。拼搏本身就是努力、就是收获、就是荣誉。体育精神包括努力、勇敢、坚毅、自制力、自信心、进取心和公平竞争，体育精神并不是局限于体育运动之中，也不仅局限在运动员身上，它对每一个人在人生的各个方面、阶段都具有重要的作用，是一个人取得成功必备的意志品质。

3. 体育作风的教育

良好的体育作风是一个优秀运动员必备素质之一，亦是一个大学生在步入社会以后尽快适应社会，取得成功的关键。良好的体育作风包括：胜不骄，败不馁，服从裁判，尊重对方，注意与同伴的团结与协作。这一优良的体育竞赛作风，亦一定能广泛适用于大学生在步入社会以后的工作实践之中，是一个合格大学生正确对待社会问题的重要素质之一。

第五篇

大学生体质健康促进

第十二章 大学生体质健康

第一节 体质的基本概念

一、体质的定义

体质是人体的质量,它是在遗传性和获得性基础上表现出来的人体形态结构、生理功能和心理因素的综合的、相对稳定的特征。体育学科中的体质概念既受到传统中医理论影响,又在与西方的概念对接中形成了自己的理解。

二、体质与健康的关系

体质是健康的物质基础,健康是体质的外在表现。二者是紧密联系、不可分割的。体质与健康是一种"特质(质量)"与"状态"之间的关系。任何物质都有质量,人体的质量就是体质。同样是健康的人,体质可能千差万别。作为"特质"的体质是相对稳定的,不易改变的;作为"状态"的健康是相对不稳定的,易改变的。

根据平衡健康观对健康的定义:健康是一种动态平衡。那么,维持这种动态平衡的能力就是"体质"。因此,从体质与健康的关系角度可以认为,体质是人体维持良好健康状态的能力。"质量"与"能力"实际上并不矛盾,只是采用的定义方法不同。"质量"所采用的是一种本质定义方法,即体质从本质上说是一种质量;而"能力"所采用的是一种功能定义方法,即体质从它所发挥的作用方面来讲是一种能力。"质量"高即"能力"强,"能力"强即"质量"高,二者是统一的,并无矛盾。

第二节 大学生体质健康管理的现状与策略

一、大学生体质健康管理的现状

1.《国家学生体质健康标准》测试是体质健康管理重要组成部分

2002年,教育部、国家体育总局联合下发《学生体质健康标准(试行方案)》和《〈国家学生体质健康标准〉(试行方案)实施办法》。2007年,教育部、国家体育总局在总结试行工作的基础上,根据新的形势对《国家学生体质健康标准》进行了修改和完善,正式实行《国家学生体质健康标准》(简称《标准》)和《〈国家学生体质健康标准〉实施办法》(简称《标准》实施办法)。2014年4月,教育部制定了《学生体质健康监测评价办法》（简称《监测评价办法》），进一步补充和完善了体质健康管理工作，7月再次修订了《标准》。目前，《标准》《〈标准〉实施办法》《监测评价办法》这三份文件是我国大学生体质健康管理的法规性文件。

《标准》是从身体形态、身体机能、身体素质和运动能力等方面综合评定学生的体质健康水平，是促进学生体质健康发展、激励学生积极进行身体锻炼的教育手段，是学生体质健康的个体评价标准。

2. 《标准》测试实施办法

目前，《标准》测试范围广，要求在校生人人体测，并将《标准》测试成绩作为学生毕业、升学的重要依据，同时也作为学生评选三好学生、奖学金的基础条件。各级政府还将本地各级各类学校实施《标准》情况纳入教育督导内容和评估指标体系，并作为对各级各类学校进行评优、表彰的基本依据，教育部每年都汇总各地上报数据进行综合分析并反馈学生体质健康状况。

3. 大学生体质健康管理存在的主要问题及原因

首先，高校在实施《标准》过程中，学校的宣传力度不够，学生对《标准》的认识不深，往往对《标准》中测试的项目内容比较清楚，却不知其测试目的。学生年年测，思想上却不重视，应付完各项目测试了事，并不把此作为自身健康评判的依据，也没有把此作为自己锻炼的目标，完全达不到《标准》测试的效果。

其次，由于体质测试成绩与奖学金评定和毕业证书挂钩，为了获取体质测试高分，部分学生在测试的过程中弄虚作假，故测试数据的真实性得不到保证。同时，学生体质健康测试的及格率和优秀率与高校体育工作的各项评比挂钩，导致高校上报的学生体质健康测试数据存在作假现象。测试数据的失真使我们不能够正确了解学生的体质健康状况，从而不能及时、正确地采取措施干预学生的体质健康。

再次，国家实施《标准》的目的在于促进学生体质健康发展、激励学生积极进行身体锻炼。然而，《标准》测试和体育课没有太多的交叉，成绩相互不干涉，教师仅负责完成体质健康测试，对测试结果不负有责任。所以目前高校在实施《标准》过程中，重点放在了体质健康测试和数据整理上报方面，缺乏对学生有效的体质健康咨询指导和提高体质健康水平的干预服务。而恰恰后者是引导学生培养积极生活方式，实现学生体质健康长远发展的重要环节。

二、大学生体质健康管理的策略

高校教育要树立"健康第一"的指导思想，切实加强体育工作，加强《标准》的宣传力度，提高大学生对《标准》的认识，促使学生树立健康观念，提高自我体质健康管理的意识和能力，建立多条宣传渠道，如实地在宣传栏、校园网开辟宣传专题、开通微信宣传频道等，大力宣传《标准》以及《标准》测试方法；一年级新生发放《大学生体质健康测试指南》等宣传册，人手一册，对新生给予指导。做好宣传教育工作，让学生们认识、理解增强体质健康的先进理念和科学方法，让学生参加体育锻炼成为自觉的行动。学校还可以制定《大学生体质健康促进条例》等相关政策和措施，推动学校在公共体育课教学、体育赛事举办、阳光体育活动组织、体育场馆运营和体育社团组建等，营造出一个健康、积极向上的，能吸引大家全员参与体育锻炼的体育人文环境。

规范《标准》测试过程，提高测试数据的真实性、准确性，科学运用管理数据。制定规范的测试流程，监控流程以及数据管理流程。严格按照《标准》测试的操作方法，保证测试数据的准确性。严格监督测试的全过程，杜绝学生作弊现象。同时，对测试数据进行科学管理，执行严格的数据管理程序，杜绝学校虚假数据的形成。另外，《标准》测试和评优、毕业等如何关联，如何完善？仅用奖惩制度吗？这是一个需要深入研究探讨的宗旨导向问题。

建立闭环的体质健康管理模式，有反馈有干预，才能有提高。体质健康管理是一个长期的、连续不断、周而复始的过程，高校开展学生体质健康管理应采用：学生体质健康测试—数据采集评估—指导、干预措施—再测试—再采集评估—再指导、干预的管理模式，经过指导干预后的测试力争在体质健康水平上有所提高，以此形成螺旋上升的趋势，从而达到学生体质健康水平的不断提高。其管理的最大特点就是跟踪性的干预措施，高校在进行学生体质健康管理的过程中要转变重测试、评价，轻针对性指导、干预的现象。同时，在这种管理模式下逐步让学生学会如何进行自我体质健康管理，树立起"健康第一"的意识。

建立大学生体质健康网络管理服务平台，实现《标准》服务管理目标。通过网络平台不仅可以将大学生体质健康管理中的体质健康测试、体质健康评估、咨询与指导、健康干预四个环节有机地统一起来，还可实现学生体质健康测试信息发布与预约管理、学生体质健康成绩查询、体质健康教育等服务功能，真正体现《标准》的理念与目标。

转变体育教育观念，调整体育课程内容，指导干预学生体质健康。《高等学校体育工作基本标准》指出，要将增强学生体质和促进学生健康作为学校教育的基本目标之一和重要工作内容，使学生学会至少两项终身受益的体育锻炼项目，养成良好锻炼习惯。大学体育必须改变传统的体育技能教学单一模式，认识到运动技能学习仅是学生参与体育锻炼的形式和载体。大学公共体育课教学的重心须向培养学生运动锻炼习惯倾斜，在传授学生运动技能的同时，激发学生参与体育锻炼的内在动机，在体育课程外自觉加入到自我规划的体育锻炼中。同时，适时调整公共体育教学的内容、方法和手段，对学生普遍存在的体质健康问题采取有针对性的指导和训练。

高校开展大学生体质健康管理是一项系统工程，需要各个部门的齐抓共管，学校应调动每个大学生、广大教师（尤其体育教师）、体质测试管理者、辅导员、班主任、医务工作者、管理者以及学生社团、校团委、学生会、校医务所等组织的积极性，促使他们积极投入到体质健康管理和服务中，形成全员参与管理的局面；同时，须充分整合学校资源，发挥学校公共体育部、校体委、校团委、各院系体委的主导作用，从制定学校公共政策、创造支持性环境、强化院系行动、发展个人技能以及调整公共体育服务方向等方面，整体推动和实施大学生体质健康管理和提升工程。

第十三章 大学生体质健康标准与测量评价

第一节 《国家学生体质健康标准》（2014年修订版）

一、说明

1.《国家学生体质健康标准》（以下简称《标准》）是国家学校教育工作的基础性指导文件和教育质量基本标准，是评价学生综合素质、评估学校工作和衡量各地教育发展的重要依据，是《国家体育锻炼标准》在学校的具体实施，适用于全日制普通小学、初中、普通高中、中等职业学校、普通高等学校的学生。

2. 本标准的修订坚持健康第一，落实《国家中长期教育改革和发展规划纲要（2010—2020年）》《国务院办公厅转发教育部等部门关于进一步加强学校体育工作若干意见的通知》（国办发〔2012〕53号）和《教育部关于印发〈学生体质健康监测评价办法〉等三个文件的通知》（教体艺〔2014〕3号）有关要求，着重提高《标准》应用的信度、效度和区分度，着重强化其教育激励、反馈调整和引导锻炼的功能，着重提高其教育监测和绩效评价的支撑能力。

3. 本标准从身体形态、身体机能和身体素质等方面综合评定学生的体质健康水平，是促进学生体质健康发展、激励学生积极进行身体锻炼的教育手段，是国家学生发展核心素养体系和学业质量标准的重要组成部分，是学生体质健康的个体评价标准。

4. 本标准将适用对象划分为以下组别：小学、初中、高中按每个年级为一组，其中小学为6组、初中为3组、高中为3组。大学一、二年级为一组，三、四年级为一组。

5. 小学、初中、高中、大学各组别的测试指标均为必测指标。其中，身体形态类中的身高、体重，身体机能类中的肺活量，以及身体素质类中的50米跑、坐位体前屈为各年级学生共性指标。

6. 本标准的学年总分由标准分与附加分之和构成，满分为120分。标准分由各单项指标得分与权重乘积之和组成，满分为100分。附加分根据实测成绩确定，即对成绩超过100分的加分指标进行加分，满分为20分；小学的加分指标为1分钟跳绳，加分幅度为20分；初中、高中和大学的加分指标为男生引体向上和1000米跑，女生1分钟仰卧起坐和800米跑，各指标加分幅度均为10分。

7. 根据学生学年总分评定等级：90.0分及以上为优秀，80.0～89.9分为良好，60.0～79.9分为及格，59.9分及以下为不及格。

8. 每个学生每学年评定一次，记入《〈国家学生体质健康标准〉登记卡》。特殊学制的学校，在填写登记卡时可以按规定和需求相应地增减栏目。学生毕业时的成绩和等级，按毕业当年学年总分的50％与其他学年总分平均得分的50％之和进行评定。

9. 学生测试成绩评定达到良好及以上者，方可参加评优与评奖；成绩达到优秀者，方可获体育奖学分。测试成绩评定不及格者，在本学年度准予补测一次，补测仍不及格，则学年成绩评定为不及格。普通高中、中等职业学校和普通高等学校学生毕业时，《标准》测试的成绩达不到50分者按结业或肄业处理。

10. 学生因病或残疾可向学校提交暂缓或免予执行《标准》的申请，经医疗单位证明，体育教学部门核准，可暂缓或免予执行《标准》，并填写《免予执行〈国家学生体质健康标准〉申请表》，存入学生档案。确实丧失运动能力、被免予执行《标准》的残疾学生，仍可参加评优与评奖，毕业时《标准》成绩需注明免测。

11. 各学校每学年开展覆盖本校各年级学生的《标准》测试工作，《标准》测试数据经当地教育行政部门按要求审核后，通过"中国学生体质健康网"上传至"国家学生体质健康标准数据管理系统"。测试和数据上传时间由教育行政部门确定。

12. 本标准由教育部负责解释。

二、单项指标与权重

表13-1 单项指标与权重

测试对象	单项指标	权重（%）
小学一年级至大学四年级	体重指数（BMI）	15
	肺活量	15
小学一、二年级	50米跑	20
	坐位体前曲	30
	1分钟跳绳	20
小学三、四年级	50米跑	20
	坐位体前曲	20
	1分钟跳绳	20
	1分钟仰卧起坐	10
小学五、六年级	50米跑	20
	坐位体前曲	10
	1分钟跳绳	10
	1分钟仰卧起坐	20
	50米×8往返跑	10

（续表）

测试对象	单项指标	权重（%）
初中、高中、大学各年级	50 米跑	20
	坐位体前曲	10
	立定跳远	10
	引体向上（男）/1 分钟仰卧起坐（女）	10
	1000 米跑（男）/800 米跑（女）	20

注：体质指数（BMI）＝体重（kg）÷身高^2（m）。

三、评分表

1. 单项指标评分表

表 13-2　男生体重指数（BMI）单项评分表（单位：千克/米）

等级	单项得分	一年级	二年级	三年级	四年级	五年级	六年级	初一	初二	初三	高一	高二	高三	大学
正常	100	13.5~18.1	13.7~18.4	13.9~19.4	14.2~20.1	14.4~21.4	14.7~21.8	15.5~22.1	15.7~22.5	15.8~22.8	16.5~23.2	16.8~23.7	17.3~23.8	17.9~23.9
低体重	80	≤13.4	≤13.6	≤13.8	≤14.1	≤14.3	≤14.6	≤15.4	≤15.6	≤15.7	≤16.4	≤16.7	≤17.2	≤17.8
超重	80	18.2~20.3	18.5~20.4	19.5~22.1	20.2~22.6	21.5~24.1	21.9~24.5	22.2~24.9	22.6~25.2	22.9~26.0	23.3~26.3	23.8~26.5	23.9~27.3	24.0~27.9
肥胖	60	≥20.4	≥20.5	≥22.2	≥22.7	≥24.2	≥24.6	≥25.0	≥25.3	≥26.1	≥26.4	≥26.6	≥27.4	≥28.0

表 13-3　女生体重指数（BMI）单项评分表（单位：千克/米）

等级	单项得分	一年级	二年级	三年级	四年级	五年级	六年级	初一	初二	初三	高一	高二	高三	大学
正常	100	13.3~17.3	13.5~17.8	13.6~18.6	13.7~19.4	13.8~20.5	14.2~20.8	14.8~21.7	15.3~22.2	16.0~22.6	16.5~22.7	16.9~23.2	17.1~23.3	17.2~23.9
低体重	80	≤13.2	≤13.4	≤13.5	≤13.6	≤13.7	≤14.1	≤14.7	≤15.2	≤15.9	≤16.4	≤16.8	≤17.0	≤17.1
超重	80	17.4~19.2	17.9~20.2	18.7~21.1	19.5~22.0	20.6~22.9	20.9~23.6	21.8~24.4	22.3~24.8	22.7~25.1	22.8~25.2	23.3~25.4	23.4~25.7	24.0~27.9

(续表)

等级	单项得分	一年级	二年级	三年级	四年级	五年级	六年级	初一	初二	初三	高一	高二	高三	大学
肥胖	60	≥19.3	≥20.3	≥21.2	≥22.1	≥23.0	≥23.7	≥24.5	≥24.9	≥25.2	≥25.3	≥25.5	≥25.8	≥28.0

表 13-4　男生肺活量单项评分表（单位：毫升）

等级	单项得分	一年级	二年级	三年级	四年级	五年级	六年级	初一	初二	初三	高一	高二	高三	大一大二	大三大四
优秀	100	1700	2000	2300	2600	2900	3200	3640	3940	4240	4540	4740	4940	5040	5140
优秀	95	1600	1900	2200	2500	2800	3100	3520	3820	4120	4420	4620	4820	4920	5020
优秀	90	1500	1800	2100	2400	2700	3000	3400	3700	4000	4300	4500	4700	4800	4900
良好	85	1400	1650	1900	2150	2450	2750	3150	3450	3750	4050	4250	4450	4550	4650
良好	80	1300	1500	1700	1900	2200	2500	2900	3200	3500	3800	4000	4200	4300	4400
及格	78	1240	1430	1620	1820	2110	2400	2780	3080	3380	3680	3880	4080	4180	4280
及格	76	1180	1360	1540	1740	2020	2300	2660	2960	3260	3560	3760	3960	4060	4160
及格	74	1120	1290	1460	1660	1930	2200	2540	2840	3140	3440	3640	3840	3940	4040
及格	72	1060	1220	1380	1580	1840	2100	2420	2720	3020	3320	3520	3720	3820	3920
及格	70	1000	1150	1300	1500	1750	2000	2300	2600	2900	3200	3400	3600	3700	3800
及格	68	940	1080	1220	1420	1660	1900	2180	2480	2780	3080	3280	3480	3580	3680
及格	66	880	1010	1140	1340	1570	1800	2060	2360	2660	2960	3160	3360	3460	3560
及格	64	820	940	1060	1260	1480	1700	1940	2240	2540	2840	3040	3240	3340	3440
及格	62	760	870	980	1180	1390	1600	1820	2120	2420	2720	2920	3120	3220	3320
及格	60	700	800	900	1100	1300	1500	1700	2000	2300	2600	2800	3000	3100	3200
不及格	50	660	750	840	1030	1220	1410	1600	1890	2180	2470	2660	2850	2940	3030
不及格	40	620	700	780	960	1140	1320	1500	1780	2060	2340	2520	2700	2780	2860
不及格	30	580	650	720	890	1060	1230	1400	1670	1940	2210	2380	2550	2620	2690
不及格	20	540	600	660	820	980	1140	1300	1560	1820	2080	2240	2400	2460	2520
不及格	10	500	550	600	750	900	1050	1200	1450	1700	1950	2100	2250	2300	2350

表 13-5　女生肺活量单项评分表（单位：毫升）

等级	单项得分	一年级	二年级	三年级	四年级	五年级	六年级	初一	初二	初三	高一	高二	高三	大一大二	大三大四
优秀	100	1400	1600	1800	2000	2250	2500	2750	2900	3050	3150	3250	3350	3400	3450
优秀	95	1300	1500	1700	1900	2150	2400	2650	2850	3000	3100	3200	3300	3350	3400
优秀	90	1200	1400	1600	1800	2050	2300	2550	2800	2950	3050	3150	3250	3300	3350

(续表)

等级	单项得分	一年级	二年级	三年级	四年级	五年级	六年级	初一	初二	初三	高一	高二	高三	大一大二	大三大四
良好	85	1100	1300	1500	1700	1950	2200	2450	2650	2800	2900	3000	3100	3150	3200
	80	1000	1200	1400	1600	1850	2100	2350	2500	2650	2750	2850	2950	3000	3050
及格	78	960	1150	1340	1530	1770	2010	2250	2400	2550	2650	2750	2850	2900	2950
	76	920	1100	1280	1460	1690	1920	2150	2300	2450	2550	2650	2750	2800	2850
	74	880	1050	1220	1390	1610	1830	2050	2200	2350	2450	2550	2650	2700	2750
	72	840	1000	1160	1320	1530	1740	1950	2100	2250	2350	2450	2550	2600	2650
	70	800	950	1100	1250	1450	1650	1850	2000	2150	2250	2350	2450	2500	2550
	68	760	900	1040	1180	1370	1560	1750	1900	2050	2150	2250	2350	2400	2450
	66	720	850	980	1110	1290	1470	1650	1800	1950	2050	2150	2250	2300	2350
	64	680	800	920	1040	1210	1380	1550	1700	1850	1950	2050	2150	2200	2250
	62	640	750	860	970	1130	1290	1450	1600	1750	1850	1950	2050	2100	2150
	60	600	700	800	900	1050	1200	1350	1500	1650	1750	1850	1950	2000	2050
不及格	50	580	680	780	880	1020	1170	1310	1460	1610	1710	1810	1910	1960	2010
	40	560	660	760	860	990	1140	1270	1420	1570	1670	1770	1870	1920	1970
	30	540	640	740	840	960	1110	1230	1380	1530	1630	1730	1830	1880	1930
	20	520	620	720	820	930	1080	1190	1340	1490	1590	1690	1790	1840	1890
	10	500	600	700	800	900	1050	1150	1300	1450	1550	1650	1750	1800	1850

表 13-6　男生 50 米跑单项评分表（单位：秒）

等级	单项得分	一年级	二年级	三年级	四年级	五年级	六年级	初一	初二	初三	高一	高二	高三	大一大二	大三大四
优秀	100	10.2	9.6	9.1	8.7	8.4	8.2	7.8	7.5	7.3	7.1	7.0	6.8	6.7	6.6
	95	10.3	9.7	9.2	8.8	8.5	8.3	7.9	7.6	7.4	7.2	7.1	6.9	6.8	6.7
	90	10.4	9.8	9.3	8.9	8.6	8.4	8.0	7.7	7.5	7.3	7.2	7.0	6.9	6.8
良好	85	10.5	9.9	9.4	9.0	8.7	8.5	8.1	7.8	7.6	7.4	7.3	7.1	7.0	6.9
	80	10.6	10.0	9.5	9.1	8.8	8.6	8.2	7.9	7.7	7.5	7.4	7.2	7.1	7.0
及格	78	10.8	10.2	9.7	9.3	9.0	8.8	8.4	8.1	7.9	7.7	7.6	7.4	7.3	7.2
	76	11.0	10.4	9.9	9.5	9.2	9.0	8.6	8.3	8.1	7.9	7.8	7.6	7.5	7.4
	74	11.2	10.6	10.1	9.7	9.4	9.2	8.8	8.5	8.3	8.1	8.0	7.8	7.7	7.6
	72	11.4	10.8	10.3	9.9	9.6	9.4	9.0	8.7	8.5	8.3	8.2	8.0	7.9	7.8
	70	11.6	11.0	10.5	10.1	9.8	9.6	9.2	8.9	8.7	8.5	8.4	8.2	8.1	8.0

(续表)

等级	单项得分	一年级	二年级	三年级	四年级	五年级	六年级	初一	初二	初三	高一	高二	高三	大一大二	大三大四
及格	68	11.8	11.2	10.7	10.3	10.0	9.8	9.4	9.1	8.9	8.7	8.6	8.4	8.3	8.2
	66	12.0	11.4	10.9	10.5	10.2	10.0	9.6	9.3	9.1	8.9	8.8	8.6	8.5	8.4
	64	12.2	11.6	11.1	10.7	10.4	10.2	9.8	9.5	9.3	9.1	9.0	8.8	8.7	8.6
	62	12.4	11.8	11.3	10.9	10.6	10.4	10.0	9.7	9.5	9.3	9.2	9.0	8.9	8.8
	60	12.6	12.0	11.5	11.1	10.8	10.6	10.2	9.9	9.7	9.5	9.4	9.2	9.1	9.0
不及格	50	12.8	12.2	11.7	11.3	11.0	10.8	10.4	10.1	9.9	9.7	9.6	9.4	9.3	9.2
	40	13.0	12.4	11.9	11.5	11.2	11.0	10.6	10.3	10.1	9.9	9.8	9.6	9.5	9.4
	30	13.2	12.6	12.1	11.7	11.4	11.2	10.8	10.5	10.3	10.1	10.0	9.8	9.7	9.6
	20	13.4	12.8	12.3	11.9	11.6	11.4	11.0	10.7	10.5	10.3	10.2	10.0	9.9	9.8
	10	13.6	13.0	12.5	12.1	11.8	11.6	11.2	10.9	10.7	10.5	10.4	10.2	10.1	10.0

表 13-7 女生 50 米跑单项评分表（单位：秒）

等级	单项得分	一年级	二年级	三年级	四年级	五年级	六年级	初一	初二	初三	高一	高二	高三	大一大二	大三大四
优秀	100	11.0	10.0	9.2	8.7	8.3	8.2	8.1	8.0	7.9	7.8	7.7	7.6	7.5	7.4
	95	11.1	10.1	9.3	8.8	8.4	8.3	8.2	8.1	8.0	7.9	7.8	7.7	7.6	7.5
	90	11.2	10.2	9.4	8.9	8.5	8.4	8.3	8.2	8.1	8.0	7.9	7.8	7.7	7.6
良好	85	11.5	10.5	9.7	9.2	8.8	8.7	8.6	8.5	8.4	8.3	8.2	8.1	8.0	7.9
	80	11.8	10.8	10.0	9.5	9.1	9.0	8.9	8.8	8.7	8.6	8.5	8.4	8.3	8.2
及格	78	12.0	11.0	10.2	9.7	9.3	9.2	9.1	9.0	8.9	8.7	8.6	8.5	8.4	
	76	12.2	11.2	10.4	9.9	9.5	9.4	9.3	9.2	9.1	8.9	8.8	8.7	8.6	
	74	12.4	11.4	10.6	10.1	9.7	9.6	9.5	9.4	9.3	9.2	9.1	9.0	8.9	8.8
	72	12.6	11.6	10.8	10.3	9.9	9.8	9.7	9.6	9.5	9.4	9.3	9.2	9.1	9.0
	70	12.8	11.8	11.0	10.5	10.1	10.0	9.9	9.8	9.7	9.6	9.5	9.4	9.3	9.2
	68	13.0	12.0	11.2	10.7	10.3	10.2	10.1	10.0	9.9	9.8	9.7	9.6	9.5	9.4
	66	13.2	12.2	11.4	10.9	10.5	10.4	10.3	10.2	10.1	10.0	9.9	9.8	9.7	9.6
	64	13.4	12.4	11.6	11.1	10.7	10.6	10.5	10.4	10.3	10.2	10.1	10.0	9.9	9.8
	62	13.6	12.6	11.8	11.3	10.9	10.8	10.7	10.6	10.5	10.4	10.3	10.2	10.1	10.0
	60	13.8	12.8	12.0	11.5	11.1	11.0	10.9	10.8	10.7	10.6	10.5	10.4	10.3	10.2
不及格	50	14.0	13.0	12.2	11.7	11.3	11.2	11.1	11.0	10.9	10.8	10.7	10.6	10.5	10.4
	40	14.2	13.2	12.4	11.9	11.5	11.4	11.3	11.2	11.1	11.0	10.9	10.8	10.7	10.6

(续表)

等级	单项得分	一年级	二年级	三年级	四年级	五年级	六年级	初一	初二	初三	高一	高二	高三	大一大二	大三大四
不及格	30	14.4	13.4	12.6	12.1	11.7	11.6	11.5	11.4	11.3	11.2	11.1	11.0	10.9	10.8
	20	14.6	13.6	12.8	12.3	11.9	11.8	11.7	11.6	11.5	11.4	11.3	11.2	11.1	11.0
	10	14.8	13.8	13.0	12.5	12.1	12.0	11.9	11.8	11.7	11.6	11.5	11.4	11.3	11.2

表 13-8　男生坐位体前曲单项评分表（单位：厘米）

等级	单项得分	一年级	二年级	三年级	四年级	五年级	六年级	初一	初二	初三	高一	高二	高三	大一大二	大三大四
优秀	100	16.1	16.2	16.3	16.4	16.5	16.6	17.6	19.6	21.6	23.6	24.3	24.6	24.9	25.1
	95	14.6	14.7	14.9	15.0	15.2	15.3	15.9	17.7	19.7	21.5	22.4	22.8	23.1	23.3
	90	13.0	13.2	13.4	13.6	13.8	14.0	14.2	15.8	17.8	19.4	20.5	21.0	21.3	21.5
良好	85	12.0	11.9	11.8	11.7	11.6	11.5	12.3	13.7	15.8	17.2	18.3	19.1	19.5	19.9
	80	11.0	10.6	10.2	9.8	9.4	9.0	10.4	11.6	13.8	15.0	16.1	17.2	17.7	18.2
及格	78	9.9	9.5	9.1	8.6	8.2	7.7	9.1	10.3	12.4	13.6	14.7	15.8	16.3	16.8
	76	8.8	8.4	8.0	7.4	7.0	6.4	7.8	9.0	11.0	12.2	13.3	14.4	14.9	15.4
	74	7.7	7.3	6.9	6.2	5.8	5.1	6.5	7.7	9.6	10.8	11.9	13.0	13.5	14.0
	72	6.6	6.2	5.8	5.0	4.6	3.8	5.2	6.4	8.2	9.4	10.5	11.6	12.1	12.6
	70	5.5	5.1	4.7	3.8	3.4	2.5	3.9	5.1	6.8	8.0	9.1	10.2	10.7	11.2
	68	4.4	4.0	3.6	2.6	2.2	1.2	2.6	3.8	5.4	6.6	7.7	8.8	9.3	9.8
	66	3.3	2.9	2.5	1.4	1.0	−0.1	1.3	2.5	4.0	5.2	6.3	7.4	7.9	8.4
	64	2.2	1.8	1.4	0.2	−0.2	−1.4	0.0	1.2	2.6	3.8	4.9	6.0	6.5	7.0
	62	1.1	0.7	0.3	−1.0	−1.4	−2.7	−1.3	−0.1	1.2	2.4	3.5	4.6	5.1	5.6
	60	0.0	−0.4	−0.8	−2.2	−2.6	−4.0	−2.6	−1.4	−0.2	1.0	2.1	3.2	3.7	4.2
不及格	50	−0.8	−1.2	−1.6	−3.2	−3.6	−5.0	−3.8	−2.6	−1.4	0.0	1.1	2.2	2.7	3.2
	40	−1.6	−2.0	−2.4	−4.2	−4.6	−6.0	−5.0	−3.8	−2.6	−1.0	0.1	1.2	1.7	2.2
	30	−2.4	−2.8	−3.2	−5.2	−5.6	−7.0	−6.2	−5.0	−3.8	−2.0	−0.9	0.2	0.7	1.2
	20	−3.2	−3.6	−4.0	−6.2	−6.6	−8.0	−7.4	−6.2	−5.0	−3.0	−1.9	−0.8	−0.3	0.2
	10	−4.0	−4.4	−4.8	−7.2	−7.6	−9.0	−8.6	−7.4	−6.2	−4.0	−2.9	−1.8	−1.3	−0.8

表 13-9 女生坐位体前曲单项评分表（单位：厘米）

等级	单项得分	一年级	二年级	三年级	四年级	五年级	六年级	初一	初二	初三	高一	高二	高三	大一大二	大三大四
优秀	100	18.6	18.9	19.2	19.5	19.8	19.9	21.8	22.7	23.5	24.2	24.8	25.3	25.8	26.3
	95	17.3	17.6	17.9	18.1	18.5	18.7	20.1	21.0	21.8	22.5	23.1	23.6	24.0	24.4
	90	16.0	16.3	16.6	16.9	17.2	17.5	18.4	19.3	20.1	20.8	21.4	21.9	22.2	22.4
良好	85	14.7	14.8	14.9	15.0	15.1	15.2	16.7	17.6	18.4	19.1	19.7	20.2	20.6	21.0
	80	13.4	13.3	13.2	13.1	13.0	12.9	15.0	15.9	16.7	17.4	18.0	18.5	19.0	19.5
及格	78	12.3	12.2	12.1	12.0	11.9	11.8	13.7	14.6	15.4	16.1	16.7	17.2	17.7	18.2
	76	11.2	11.1	11.0	10.9	10.8	10.7	12.4	13.3	14.1	14.8	15.4	15.9	16.4	16.9
	74	10.1	10.0	9.9	9.8	9.7	9.6	11.1	12.0	12.8	13.5	14.1	14.6	15.1	15.6
	72	9.0	8.9	8.8	8.7	8.6	8.5	9.8	10.7	11.5	12.2	12.8	13.3	13.8	14.3
	70	7.9	7.8	7.7	7.6	7.5	7.4	8.5	9.4	10.2	10.9	11.5	12.0	12.5	13.0
	68	6.8	6.7	6.6	6.5	6.4	6.3	7.2	8.1	8.9	9.6	10.2	10.7	11.2	11.7
	66	5.7	5.6	5.5	5.4	5.3	5.2	5.9	6.8	7.6	8.3	8.9	9.4	9.9	10.4
	64	4.6	4.5	4.4	4.3	4.2	4.1	4.6	5.5	6.3	7.0	7.6	8.1	8.6	9.1
	62	3.5	3.4	3.3	3.2	3.1	3.0	3.3	4.2	5.0	5.7	6.3	6.8	7.3	7.8
	60	2.4	2.3	2.2	2.1	2.0	1.9	2.0	2.9	3.7	4.4	5.0	5.5	6.0	6.5
不及格	50	1.6	1.5	1.4	1.3	1.2	1.1	1.2	2.1	2.9	3.6	4.2	4.7	5.2	5.7
	40	0.8	0.7	0.6	0.5	0.4	0.3	0.4	1.3	2.1	2.8	3.4	3.9	4.4	4.9
	30	0.0	−0.1	−0.2	−0.3	−0.4	−0.5	−0.4	0.5	1.3	2.0	2.6	3.1	3.6	4.1
	20	−0.8	−0.9	−1.0	−1.1	−1.2	−1.3	−1.2	−0.3	0.5	1.2	1.8	2.3	2.8	3.3
	10	−1.6	−1.7	−1.8	−1.9	−2.0	−2.1	−2.0	−1.1	−0.3	0.4	1.0	1.5	2.0	2.5

表 13-10 男生 1 分钟跳绳单项评分表（单位：次）

等级	单项得分	一年级	二年级	三年级	四年级	五年级	六年级
优秀	100	109	117	126	137	148	157
	95	104	112	121	132	143	152
	90	99	107	116	127	138	147
良好	85	93	101	110	121	132	141
	80	87	95	104	115	126	135
及格	78	80	88	97	108	119	128
	76	73	81	90	101	112	121
	74	66	74	83	94	105	114

(续表)

等级	单项得分	一年级	二年级	三年级	四年级	五年级	六年级
及格	72	59	67	76	87	98	107
	70	52	60	69	80	91	100
	68	45	53	62	73	84	93
	66	38	46	55	66	77	86
	64	31	39	48	59	70	79
	62	24	32	41	52	63	72
	60	17	25	34	45	56	65
不及格	50	14	22	31	42	53	62
	40	11	19	28	39	50	59
	30	8	16	25	36	47	56
	20	5	13	22	33	44	53
	10	2	10	19	30	41	50

表 13-11　女生 1 分钟跳绳单项评分表（单位：次）

等级	单项得分	一年级	二年级	三年级	四年级	五年级	六年级
优秀	100	117	127	139	149	158	166
	95	110	120	132	142	151	159
	90	103	113	125	135	144	152
良好	85	95	105	117	127	136	144
	80	87	97	109	119	128	136
及格	78	80	90	102	112	121	129
	76	73	83	95	105	114	122
	74	66	76	88	98	107	115
	72	59	69	81	91	100	108
	70	52	62	74	84	93	101
	68	45	55	67	77	86	94
	66	38	48	60	70	79	87
	64	31	41	53	63	72	80
	62	24	34	46	56	65	73
	60	17	27	39	49	58	66
不及格	50	14	24	36	46	55	63
	40	11	21	33	43	52	60

（续表）

等级	单项得分	一年级	二年级	三年级	四年级	五年级	六年级
不及格	30	8	18	30	40	49	57
	20	5	15	27	37	46	54
	10	2	12	24	34	43	51

表 13-12 男生立定跳远单项评分表（单位：厘米）

等级	单项得分	初一	初二	初三	高一	高二	高三	大一大二	大三大四
优秀	100	225	240	250	260	265	270	273	275
	95	218	233	245	255	260	265	268	270
	90	211	226	240	250	255	260	263	265
良好	85	203	218	233	243	248	253	256	258
	80	195	210	225	235	240	245	248	250
及格	78	191	206	221	231	236	241	244	246
	76	187	202	217	227	232	237	240	242
	74	183	198	213	223	228	233	236	238
	72	179	194	209	219	224	229	232	234
	70	175	190	205	215	220	225	228	230
	68	171	186	201	211	216	221	224	226
	66	167	182	197	207	212	217	220	222
	64	163	178	193	203	208	213	216	218
	62	159	174	189	199	204	209	212	214
	60	155	170	185	195	200	205	208	210
不及格	50	150	165	180	190	195	200	203	205
	40	145	160	175	185	190	195	198	200
	30	140	155	170	180	185	190	193	195
	20	135	150	165	175	180	185	188	190
	10	130	145	160	170	175	180	183	185

表 13-13 女生立定跳远单项评分表（单位：厘米）

等级	单项得分	初一	初二	初三	高一	高二	高三	大一大二	大三大四
优秀	100	196	200	202	204	205	206	207	208
	95	190	194	196	198	199	200	201	202
	90	184	188	190	192	193	194	195	196

(续表)

等级	单项得分	初一	初二	初三	高一	高二	高三	大一大二	大三大四
良好	85	177	181	183	185	186	187	188	189
	80	170	174	176	178	179	180	181	182
及格	78	167	171	173	175	176	177	178	179
	76	164	168	170	172	173	174	175	176
	74	161	165	167	169	170	171	172	173
	72	158	162	164	166	167	168	169	170
	70	155	159	161	163	164	165	166	167
	68	152	156	158	160	161	162	163	164
	66	149	153	155	157	158	159	160	161
	64	146	150	152	154	155	156	157	158
	62	143	147	149	151	152	153	154	155
	60	140	144	146	148	149	150	151	152
不及格	50	135	139	141	143	144	145	146	147
	40	130	134	136	138	139	140	141	142
	30	125	129	131	133	134	135	136	137
	20	120	124	126	128	129	130	131	132
	10	115	119	121	123	124	125	126	127

表13-14　男生1分钟仰卧起坐、引体向上单项评分表（单位：次）

等级	单项得分	三年级	四年级	五年级	六年级	初一	初二	初三	高一	高二	高三	大一大二	大三大四
优秀	100	48	49	50	51	13	14	15	16	17	18	19	20
	95	45	46	47	48	12	13	14	15	16	17	18	19
	90	42	43	44	45	11	12	13	14	15	16	17	18
良好	85	39	40	41	42	10	11	12	13	14	15	16	17
	80	36	37	38	39	9	10	11	12	13	14	15	16
及格	78	34	35	36	37								
	76	32	33	34	35	8	9	10	11	12	13	14	15
	74	30	31	32	33								
	72	28	29	30	31	7	8	9	10	11	12	13	14
	70	26	27	28	29								
	68	24	25	26	27	6	7	8	9	10	11	12	13

(续表)

等级	单项得分	三年级	四年级	五年级	六年级	初一	初二	初三	高一	高二	高三	大一大二	大三大四
及格	66	22	23	24	25								
	64	20	21	22	23	5	6	7	8	9	10	11	12
	62	18	19	20	21								
	60	16	17	18	19	4	5	6	7	8	9	10	11
不及格	50	14	15	16	17	3	4	5	6	7	8	9	10
	40	12	13	14	15	2	3	4	5	6	7	8	9
	30	10	11	12	13	1	2	3	4	5	6	7	8
	20	8	9	10	11		1	2	3	4	5	6	7
	10	6	7	8	9			1	2	3	4	5	6

注：小学三年级～六年级：1分钟仰卧起坐；初中、高中、大学：引体向上。

表13-15　女生1分钟仰卧起坐单项评分表（单位：次）

等级	单项得分	三年级	四年级	五年级	六年级	初一	初二	初三	高一	高二	高三	大一大二	大三大四
优秀	100	46	47	48	49	50	51	52	53	54	55	56	57
	95	44	45	46	47	48	49	50	51	52	53	54	55
	90	42	43	44	45	46	47	48	49	50	51	52	53
良好	85	39	40	41	42	43	44	45	46	47	48	49	50
	80	36	37	38	39	40	41	42	43	44	45	46	47
及格	78	34	35	36	37	38	39	40	41	42	43	44	45
	76	32	33	34	35	36	37	38	39	40	41	42	43
	74	30	31	32	33	34	35	36	37	38	39	40	41
	72	28	29	30	31	32	33	34	35	36	37	38	39
	70	26	27	28	29	30	31	32	33	34	35	36	37
	68	24	25	26	27	28	29	30	31	32	33	34	35
	66	22	23	24	25	26	27	28	29	30	31	32	33
	64	20	21	22	23	24	25	26	27	28	29	30	31
	62	18	19	20	21	22	23	24	25	26	27	28	29
	60	16	17	18	19	20	21	22	23	24	25	26	27
不及格	50	14	15	16	17	18	19	20	21	22	23	24	25
	40	12	13	14	15	16	17	18	19	20	21	22	23

(续表)

等级	单项得分	三年级	四年级	五年级	六年级	初一	初二	初三	高一	高二	高三	大一大二	大三大四
不及格	30	10	11	12	13	14	15	16	17	18	19	20	21
	20	8	9	10	11	12	13	14	15	16	17	18	19
	10	6	7	8	9	10	11	12	13	14	15	16	17

表 13-16　男生耐力跑单项评分表（单位：分·秒）

等级	单项得分	五年级	六年级	初一	初二	初三	高一	高二	高三	大一大二	大三大四
优秀	100	1'36"	1'30"	3'55"	3'50"	3'40"	3'30"	3'25"	3'20"	3'17"	3'15"
	95	1'39"	1'33"	4'05"	3'55"	3'45"	3'35"	3'30"	3'25"	3'22"	3'20"
	90	1'42"	1'36"	4'15"	4'00"	3'50"	3'40"	3'35"	3'30"	3'27"	3'25"
良好	85	1'45"	1'39"	4'22"	4'07"	3'57"	3'47"	3'42"	3'37"	3'34"	3'32"
	80	1'48"	1'42"	4'30"	4'15"	4'05"	3'55"	3'50"	3'45"	3'42"	3'40"
及格	78	1'51"	1'45"	4'35"	4'20"	4'10"	4'00"	3'55"	3'50"	3'47"	3'45"
	76	1'54"	1'48"	4'40"	4'25"	4'15"	4'05"	4'00"	3'55"	3'52"	3'50"
	74	1'57"	1'51"	4'45"	4'30"	4'20"	4'10"	4'05"	4'00"	3'57"	3'55"
	72	2'00"	1'54"	4'50"	4'35"	4'25"	4'15"	4'10"	4'05"	4'02"	4'00"
	70	2'03"	1'57"	4'55"	4'40"	4'30"	4'20"	4'15"	4'10"	4'07"	4'05"
	68	2'06"	2'00"	5'00"	4'45"	4'35"	4'25"	4'20"	4'15"	4'12"	4'10"
	66	2'09"	2'03"	5'05"	4'50"	4'40"	4'30"	4'25"	4'20"	4'17"	4'15"
	64	2'12"	2'06"	5'10"	4'55"	4'45"	4'35"	4'30"	4'25"	4'22"	4'20"
	62	2'15"	2'09"	5'15"	5'00"	4'50"	4'40"	4'35"	4'30"	4'27"	4'25"
	60	2'18"	2'12"	5'20"	5'05"	4'55"	4'45"	4'40"	4'35"	4'32"	4'30"
不及格	50	2'22"	2'16"	5'40"	5'25"	5'15"	5'05"	5'00"	4'55"	4'52"	4'50"
	40	2'26"	2'20"	6'00"	5'45"	5'35"	5'25"	5'20"	5'15"	5'12"	5'10"
	30	2'30"	2'24"	6'20"	6'05"	5'55"	5'45"	5'40"	5'35"	5'32"	5'30"
	20	2'34"	2'28"	6'40"	6'25"	6'15"	6'05"	6'00"	5'55"	5'52"	5'50"
	10	2'38"	2'32"	7'00"	6'45"	6'35"	6'25"	6'20"	6'15"	6'12"	6'10"

注：小学五年级～六年级：50 米×8 往返跑；初中、高中、大学：1000 米跑。

表 13-17 女生耐力跑单项评分表（单位：分·秒）

等级	单项得分	五年级	六年级	初一	初二	初三	高一	高二	高三	大一大二	大三大四
优秀	100	1'41"	1'37"	3'35"	3'30"	3'25"	3'24"	3'22"	3'20"	3'18"	3'16"
	95	1'44"	1'40"	3'42"	3'37"	3'32"	3'30"	3'28"	3'26"	3'24"	3'22"
	90	1'47"	1'43"	3'49"	3'44"	3'39"	3'36"	3'34"	3'32"	3'30"	3'28"
良好	85	1'50"	1'46"	3'57"	3'52"	3'47"	3'43"	3'41"	3'39"	3'37"	3'35"
	80	1'53"	1'49"	4'05"	4'00"	3'55"	3'50"	3'48"	3'46"	3'44"	3'42"
及格	78	1'56"	1'52"	4'10"	4'05"	4'00"	3'55"	3'53"	3'51"	3'49"	3'47"
	76	1'59"	1'55"	4'15"	4'10"	4'05"	4'00"	3'58"	3'56"	3'54"	3'52"
	74	2'02"	1'58"	4'20"	4'15"	4'10"	4'05"	4'03"	4'01"	3'59"	3'57"
	72	2'05"	2'01"	4'25"	4'20"	4'15"	4'10"	4'08"	4'06"	4'04"	4'02"
	70	2'08"	2'04"	4'30"	4'25"	4'20"	4'15"	4'13"	4'11"	4'09"	4'07"
	68	2'11"	2'07"	4'35"	4'30"	4'25"	4'20"	4'18"	4'16"	4'14"	4'12"
	66	2'14"	2'10"	4'40"	4'35"	4'30"	4'25"	4'23"	4'21"	4'19"	4'17"
	64	2'17"	2'13"	4'45"	4'40"	4'35"	4'30"	4'28"	4'26"	4'24"	4'22"
	62	2'20"	2'16"	4'50"	4'45"	4'40"	4'35"	4'33"	4'31"	4'29"	4'27"
	60	2'23"	2'19"	4'55"	4'50"	4'45"	4'40"	4'38"	4'36"	4'34"	4'32"
不及格	50	2'27"	2'23"	5'05"	5'00"	4'55"	4'50"	4'48"	4'46"	4'44"	4'42"
	40	2'31"	2'27"	5'15"	5'10"	5'05"	5'00"	4'58"	4'56"	4'54"	4'52"
	30	2'35"	2'31"	5'25"	5'20"	5'15"	5'10"	5'08"	5'06"	5'04"	5'02"
	20	2'39"	2'35"	5'35"	5'30"	5'25"	5'20"	5'18"	5'16"	5'14"	5'12"
	10	2'43"	2'39"	5'45"	5'40"	5'35"	5'30"	5'28"	5'26"	5'24"	5'22"

注：小学五年级～六年级：50米×8往返跑；初中、高中、大学：800米跑。

2. 加分指标评分表

表 13-18 男生 1 分钟跳绳评分表（单位：次）

加分	一年级	二年级	三年级	四年级	五年级	六年级
20	40	40	40	40	40	40
19	38	38	38	38	38	38
18	36	36	36	36	36	36
17	34	34	34	34	34	34
16	32	32	32	32	32	32
15	30	30	30	30	30	30

(续表)

加分	一年级	二年级	三年级	四年级	五年级	六年级
14	28	28	28	28	28	28
13	26	26	26	26	26	26
12	24	24	24	24	24	24
11	22	22	22	22	22	22
10	20	20	20	20	20	20
9	18	18	18	18	18	18
8	16	16	16	16	16	16
7	14	14	14	14	14	14
6	12	12	12	12	12	12
5	10	10	10	10	10	10
4	8	8	8	8	8	8
3	6	6	6	6	6	6
2	4	4	4	4	4	4
1	2	2	2	2	2	2

注：1分钟跳绳为高优指标，学生成绩超过单项评分100分后，以超过的次数所对应的分数进行加分。

表13-19 女生1分钟跳绳评分表（单位：次）

加分	一年级	二年级	三年级	四年级	五年级	六年级
20	40	40	40	40	40	40
19	38	38	38	38	38	38
18	36	36	36	36	36	36
17	34	34	34	34	34	34
16	32	32	32	32	32	32
15	30	30	30	30	30	30
14	28	28	28	28	28	28
13	26	26	26	26	26	26
12	24	24	24	24	24	24
11	22	22	22	22	22	22
10	20	20	20	20	20	20
9	18	18	18	18	18	18
8	16	16	16	16	16	16

(续表)

加分	一年级	二年级	三年级	四年级	五年级	六年级
7	14	14	14	14	14	14
6	12	12	12	12	12	12
5	10	10	10	10	10	10
4	8	8	8	8	8	8
3	6	6	6	6	6	6
2	4	4	4	4	4	4
1	2	2	2	2	2	2

注：1分钟跳绳为高优指标，学生成绩超过单项评分100分后，以超过的次数所对应的分数进行加分。

表13-20　男生引体向上评分表（单位：次）

加分	初一	初二	初三	高一	高二	高三	大一大二	大三大四
10	10	10	10	10	10	10	10	10
9	9	9	9	9	9	9	9	9
8	8	8	8	8	8	8	8	8
7	7	7	7	7	7	7	7	7
6	6	6	6	6	6	6	6	6
5	5	5	5	5	5	5	5	5
4	4	4	4	4	4	4	4	4
3	3	3	3	3	3	3	3	3
2	2	2	2	2	2	2	2	2
1	1	1	1	1	1	1	1	1

表13-21　女生1分钟仰卧起坐评分表（单位：次）

加分	初一	初二	初三	高一	高二	高三	大一大二	大三大四
10	13	13	13	13	13	13	13	13
9	12	12	12	12	12	12	12	12
8	11	11	11	11	11	11	11	11
7	10	10	10	10	10	10	10	10
6	9	9	9	9	9	9	9	9
5	8	8	8	8	8	8	8	8
4	7	7	7	7	7	7	7	7
3	6	6	6	6	6	6	6	6

(续表)

加分	初一	初二	初三	高一	高二	高三	大一大二	大三大四
2	4	4	4	4	4	4	4	4
1	2	2	2	2	2	2	2	2

注：引体向上、1分钟仰卧起坐均为高优指标，学生成绩超过单项评分100分后，以超过的次数所对应的分数进行加分。

表 13-22　男生 1000 米跑评分表（单位：分·秒）

加分	初一	初二	初三	高一	高二	高三	大一大二	大三大四
10	−35″	−35″	−35″	−35″	−35″	−35″	−35″	−35″
9	−32″	−32″	−32″	−32″	−32″	−32″	−32″	−32″
8	−29″	−29″	−29″	−29″	−29″	−29″	−29″	−29″
7	−26″	−26″	−26″	−26″	−26″	−26″	−26″	−26″
6	−23″	−23″	−23″	−23″	−23″	−23″	−23″	−23″
5	−20″	−20″	−20″	−20″	−20″	−20″	−20″	−20″
4	−16″	−16″	−16″	−16″	−16″	−16″	−16″	−16″
3	−12″	−12″	−12″	−12″	−12″	−12″	−12″	−12″
2	−8″	−8″	−8″	−8″	−8″	−8″	−8″	−8″
1	−4″	−4″	−4″	−4″	−4″	−4″	−4″	−4″

表 13-23　女生 800 米跑评分表（单位：分·秒）

加分	初一	初二	初三	高一	高二	高三	大一大二	大三大四
10	−50″	−50″	−50″	−50″	−50″	−50″	−50″	−50″
9	−45″	−45″	−45″	−45″	−45″	−45″	−45″	−45″
8	−40″	−40″	−40″	−40″	−40″	−40″	−40″	−40″
7	−35″	−35″	−35″	−35″	−35″	−35″	−35″	−35″
6	−30″	−30″	−30″	−30″	−30″	−30″	−30″	−30″
5	−25″	−25″	−25″	−25″	−25″	−25″	−25″	−25″
4	−20″	−20″	−20″	−20″	−20″	−20″	−20″	−20″
3	−15″	−15″	−15″	−15″	−15″	−15″	−15″	−15″
2	−10″	−10″	−10″	−10″	−10″	−10″	−10″	−10″
1	−5″	−5″	−5″	−5″	−5″	−5″	−5″	−5″

注：1000米跑、800米跑均为低优指标，学生成绩低于单项评分100分后，以减少的秒数所对应的分数进行加分。

第二节　大学生体质健康测试方法与要求

一、身高

1. 测试目的

测试学生身高，与体重测试相配合，评定学生的身体匀称度，评价学生生长发育的水平及营养状况。

2. 场地器材

身高测量计。使用前应校对 0 点，以钢尺测量基准板平面至立柱前面红色刻线的高度是否为 10.0 厘米，误差不得大于 0.1 厘米。同时应检查立柱是否垂直，连接处是否紧密，有无晃动，零件有无松脱等情况并及时加以纠正。

3. 测试方法

受试者赤足，立正姿势站在身高计的底板上（上肢自然下垂，足跟并拢，足尖分开成 60°角）。足跟、骶骨部及两肩胛区与立柱相接触，躯干自然挺直，头部正直，耳屏上缘与眼眶下缘呈水平位（见图 13-2-1）。测试人员站在受试者右侧，将水平压板轻轻沿立柱下滑，轻压于受试者头顶。测试人员读数时双眼应与压板水平面等高进行读数，记录员复述后进行记录。以厘米为单位，精确到小数点后一位。测试误差不得超过 0.5 厘米。

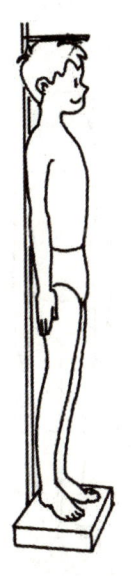

图 13-2-1　身高测试方法示意图

4. 注意事项

（1）身高计应选择平坦靠墙的地方放置，立柱的刻度尺应面向光源。

（2）严格掌握"三点靠立柱""两点呈水平"的测量姿势要求，测试人员读数时两眼一定与压板等高，两眼高于压板时要下蹲，低于压板时应垫高。

（3）水平压板与头部接触时，松紧要适度，头发蓬松者要压实，头顶的发辫、发结要放开，饰物要取下。

（4）读数完毕，立即将水平压板轻轻推向安全高度，以防碰坏。

（5）测量身高前，受试者应避免进行剧烈体育活动和体力劳动。

二、体重

1. 测试目的

测试学生的体重。与身高测试相配合，评定学生的身体匀称度，评价学生生长发育的水平及营养状况。

2. 场地器材

杠杆秤或电子体重计。使用前需检验其准确度和灵敏度。准确度要求误差不超过0.1‰，即每百千克误差小于 0.1 千克。检验方法是：以备用的 10 千克、20 千克、30 千克标准砝码（或用等重标定重物代替）分别进行称量，检查指标读数与标准砝码误差是否在允许范围。灵敏度的检验方法是：置 100 克重砝码，观察刻度尺变化，如果刻度抬高了 3 毫米或游标向远移动 0.1 千克而刻度尺维持水平位时，则达到要求。

3. 测试方法

测试时，杠杆秤应放在平坦地面上，调整 0 点至刻度尺水平位。受试者赤足，男性受试者身着短裤；女性受试者身着短裤、短袖衫，站在秤台中央（见图 13-2-2）。测试人员放置适当砝码并移动游标至刻度尺平衡。读数以千克为单位，精确到小数点后一位。记录员复诵后将读数记录。测试误差不超过 0.1 千克。

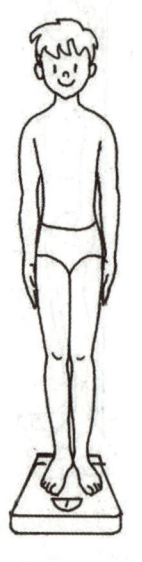

图 13-2-2　体重测试方法示意图

4. 注意事项

（1）测量体重前受试者不得进行剧烈体育活动或体力劳动。

（2）受试者站在秤台中央，上下杠杆秤动作要轻。

（3）每次使用杠杆秤时均需校正。测试人员每次读数前都应校对砝码标重以避免差错。

三、肺活量

1. 测试目的

测试学生的肺通气功能。

2. 场地器材

电子肺活量计。

3. 测试方法

房间通风良好；使用干燥的一次性口嘴（非一次性口嘴，则每换测试对象需消毒一次，每测一人时将口嘴向下倒出唾液并注意消毒后必须使其干燥）。肺活量计主机放置平稳桌面上，检查电源线及接口是否牢固，按工作键液晶屏显示"0"即表示机器进入３工作状态，预热5分钟后测试为佳。

首先告知受试者不必紧张，以中等速度和力度尽全力吹气效果最好。令受试者手持吹气口嘴，面对肺活量计站立试吹1至2次，首先看仪表有无反应，还要试口嘴或鼻处是否漏气，调整口嘴和用鼻夹（或自己捏鼻孔）；学会深吸气（避免耸肩提气，应该像闻花似的慢吸气）。测试时，受试者进行一两次较平日深一些的呼吸动作后，更深地吸一口气，屏住气向口嘴处慢慢呼出至不能再呼为止，防止此时从口嘴处吸气，测试中不得中途二次吸气。吹气完毕后，液晶屏上最终显示的数字即为肺活量毫升值。每位受试者测三次，每次间隔15秒，记录三次数值，选取最大值作为测试结果。以毫升为单位，不保留小数。

4. 注意事项

（1）电子肺活量计的计量部位的通畅和干燥是仪器准确的关键，吹气筒的导管必须在上方，以免口水或杂物堵住气道。

（2）每测试10人及测试完毕后用干棉球及时清理和擦干气筒内部。严禁用水、酒精等任何液体冲洗气筒内部。

（3）导气管存放时不能弯折。

（4）定期校对仪器。

四、仰卧起坐

1. 测试目的

测试学生的腹肌耐力。

2. 场地器材

垫子若干块（或代用品）、铺放平坦。

3. 测试方法

受试者仰卧于垫上，两腿稍分开，曲膝呈90°角左右，两手指交叉贴于脑后。另一同伴压住其踝关节，以固定下肢。受试者坐起时两肘触及或超过双膝为完成一次（见图13-

2-3)。仰卧时两肩胛必须触垫。测试人员发出"开始"口令的同时开表计时，记录 1 分钟内完成次数。1 分钟到时，受试者虽已坐起但肘关节未达到双膝者不计该次数，精确到个位。

图 13-2-3　仰卧起坐测试示意图

4. 注意事项

（1）如发现受试者借用肘部撑垫或臀部起落的力量起坐时，该次不计数。
（2）测试过程中，观测人员应向受试者报数。
（3）受试者双脚必须放于垫上。

五、引体向上

引体向上是反映学生上肢肌肉力量和耐力的常用指标，其成绩与体育锻炼程度有关。该指标的测试适用于初中至大学各个年级的男生。

1. 测试目的

测试学生的上肢肌肉力量的发展水平。

2. 场地器材

高单杠或高横杠，杠粗以手能握住为准。

3. 测试方法

引体向上采用高单杠或高横杠进行测试，杠的粗细以受试者手能握住为准。

受试者面向单杠，自然站立；然后跃起正手握杠，双手分开与肩同宽，身体呈直臂悬垂姿势。

待身体停止晃动后，两臂同时用力，向上引体；引体时，身体不得有任何附加动作。当下颌超过横杠上缘时，还原，呈直臂悬垂姿势，为完成 1 次。

测试人员记录受试者完成的次数。以次为单位。

使用电子引体向上测试仪时，应将臂带绑在受试者上臂中部。测试完毕后，显示屏显示引体向上的次数。

4. 常见错误

（1）受试者反手握单杠，应纠正。
（2）下颌达不到横杠上缘或引体时，身体有摆动、曲膝、挺腹等动作，该次不计数，立即纠正，继续测试。

5. 注意事项

（1）测试前，受试者需做充分的准备活动。

（2）受试者向上引体时，两次引体向上的间隔时间超过 10 秒即终止测试。
（3）若受试者身高较矮，不能自己跳起握杆时，测试人员可以提供帮助。
（4）测试时，应有相应的保护措施，防止伤害事故的发生。

六、坐位体前曲

1. 测试目的

测量学生在静止状态下的躯干、腰、髋等关节可能达到的活动幅度，主要反映这些部位的关节、韧带和肌肉的伸展性和弹性及学生身体柔韧素质的发展水平。

2. 场地器材

坐位体前曲测试计。

3. 测试方法

受试者两腿伸直，两脚平蹬测试纵板坐在平地上，两脚分开约 10～15 厘米，上体前曲，两臂伸直前，用两手中指尖逐渐向前推动游标，直到不能前推为止（见图 13-2-4）。测试计的脚蹬纵板内沿平面为 0 点，向内为负值，向前为正值。记录以厘米为单位，保留一位小数。测试两次，取最好成绩。

图 13-2-4　坐位体前曲测试

4. 注意事项

（1）身体前曲，两臂向前推游标时两腿不能弯曲。
（2）受试者应匀速向前推动游标，不得突然发力。

七、立定跳远

1. 测试目的

测试学生下肢爆发力及身体协调能力的发展水平。

2. 场地器材

沙坑、丈量尺。沙面应与地面平齐，如无沙坑，可在土质松软的平地上进行。起跳线至沙坑近端不得少于 30 厘米。起跳地面要平坦，不得有坑凹。

3. 测试方法

受试者两脚自然分开站立，站在起跳线后，脚尖不得踩线（最好用线绳做起跳线）。两脚原地同时起跳，不得有垫步或连跳动作。丈量起跳线后缘至最近着地点后缘垂直距离。每人试跳三次，记录其中成绩最好一次。以厘米为单位，不计小数。

4. 注意事项

（1）发现犯规时，此次成绩无效。三次试跳均无成绩者，应允许再跳，直至取得成绩为止。

（2）可以赤足，但不得穿钉鞋、皮鞋、塑料凉鞋参加测试。

参考文献

[1]中国体育科学学会,香港体育学院.体育科学词典[M].北京:高等教育出版社,2000.

[2]张力为,毛志雄.运动心理学[M].上海:华东师范大学出版社,2003.

[3]季浏.体育锻炼与心理健康[M].上海:华东师范大学出版社,2006.

[4]张力为,任未多.体育运动心理学研究进展[M].北京:高等教育出版社.2000.

[5]陈智勇.新编大学体育教程[M].北京:北京航空航天大学出版社,2007.

[6]大学体育理论教程编委会.大学体育理论教程[M].北京:高等教育出版社,2003.

[7]谢香道,刘贺余.大学体育教程[M].上海:立信会计出版社,2005.

[8]李平,刘宇星.大学体育与健康教育[M].北京:中国经济出版社,2007.

[9]张岫峰.中国传统养生学[M].北京:新华出版社,1996.

[10]邱丕相.中国体育养生学[M].北京:人民体育出版社,2007.

[11]谭华.体育史[M].北京:高等教育出版社,2005.

[12]乔凤杰.中华武术与传统文化[M].北京:社会科学文献出版社,2006.

[13]刘纪清,李国兰.实用运动处方[M].哈尔滨:黑龙江科学技术出版社,1993.

[14]黄玉山.运动处方的理论与应用[M].桂林:广西师范大学出版社,2005.

[15]邓树勋,洪泰田,曹志发.运动生理学[M].北京:高等教育出版社,1999.

[16]金其贯,刘洪珍.运动处方的原理与应用[M].北京:人民体育出版社,2002.

[17]任保莲,王德平.走跑健身运动全书[M].北京:北京体育大学出版社,2002.

[18]罗时铭,谭华.奥林匹克学[M].北京:高等教育出版社,2007.

[19]周丛改.2008北京奥运会大盘点[M].武汉:湖北科学技术出版社,2008.

[20]卢元振.中国体育文化纵横谈[M].北京:北京体育大学出版社,2005.

[21]杨弢,姜付高.中西方体育文化比较[M].北京:社会科学文献出版社,2008.

[22]徐彪,沈振骐.奥林匹克精神与文化[M].北京:电子工业出版社,2008.

[23]文超.中国田径百年[M].北京:人民体育出版社,2006.

[24]李相如,王港.田径裁判新视觉[M].北京:人民体育出版社,2004.

[25]张英波.田径体能训练[M].北京:北京体育大学出版社,2005.

[26]尹君,郑亚平.趣味田径游戏理论与方法[M].北京:北京体育大学出版社,2006.

[27]姜涛.乒乓球教育[M].长春:吉林大学出版社,2010.

[28]王丹虹,林学政.乒乓球入门[M].福州:福建科学技术出版社,2010.

[29]姜涛,徐睿卿.乒乓球入门[M].合肥:吉林科学技术出版社,2010.

[30]刘同众.乒乓球技巧图解[M].合肥:安徽科学技术出版社,2010.